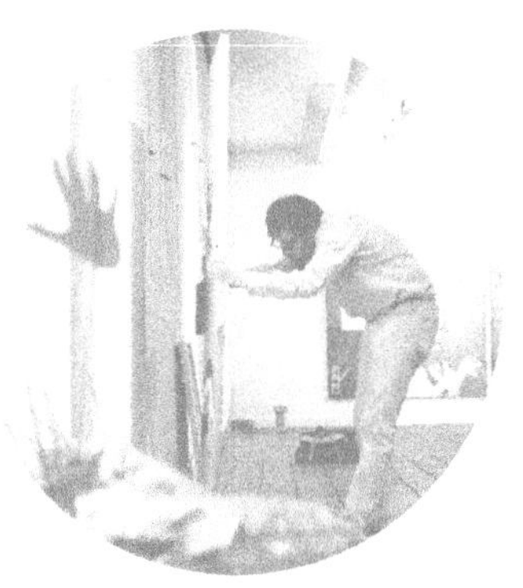

Become a Curator
a cura di Gianni Romano

Traduzioni dall'inglese di Antonella Bergamin,
Alessandro D'Isanto e Marco Enrico Giacomelli

In copertina: foto di Federico Minetti, Basilea 2018

www.postmediabooks.it
isbn 9788874902071

Become a Curator

a cura di Gianni Romano

postmedia●books

Un altro racconto dell'arte 7
Breve storia delle mostre e delle
grandi esposizioni
Cristina Casero

In difesa delle biennali 25
Massimiliano Gioni

Sono possibili mostre di ricerca e al 35
contempo popolari?
Fabio Cavallucci

Storia e storie: esperienza educativa e 67
ricerca artistica
Alessandro Castiglioni

La curatela nell'era Post-Internet 75
Boris Groys

Curatela e cambiamento sociale 85
Dorothee Richter

L'artista come curatore 97
Quando la mostra diventa forma
Elena Filipovic

Subway 117
Roberto Pinto

Arte per tutti 139
Storia della High Line Art
Cecilia Alemani

Fotografia e curatela 161
Il caso del Villaggio Snia
Matteo Balduzzi

Strategie espositive per l'arte 173
digitale: esempi e considerazioni
Domenico Quaranta

Zapatos Rojos 195
Note critiche e curatoriali su
un'opera simbolo della lotta al
femminicidio
Francesca Guerisoli

Il Teatro Continuo di Alberto Burri 215
Gabi Scardi

Da Cloaca Maxima a Do it 239
Hans Ulrich Obrist

Tutto racconta 261
Fare storytelling
Andrea Quartarone

Curare 277
Roberta Valtorta

Art House 291
Adrian Paci

David Zwirner 305
L'arte del gallerista
Randy Kennedy

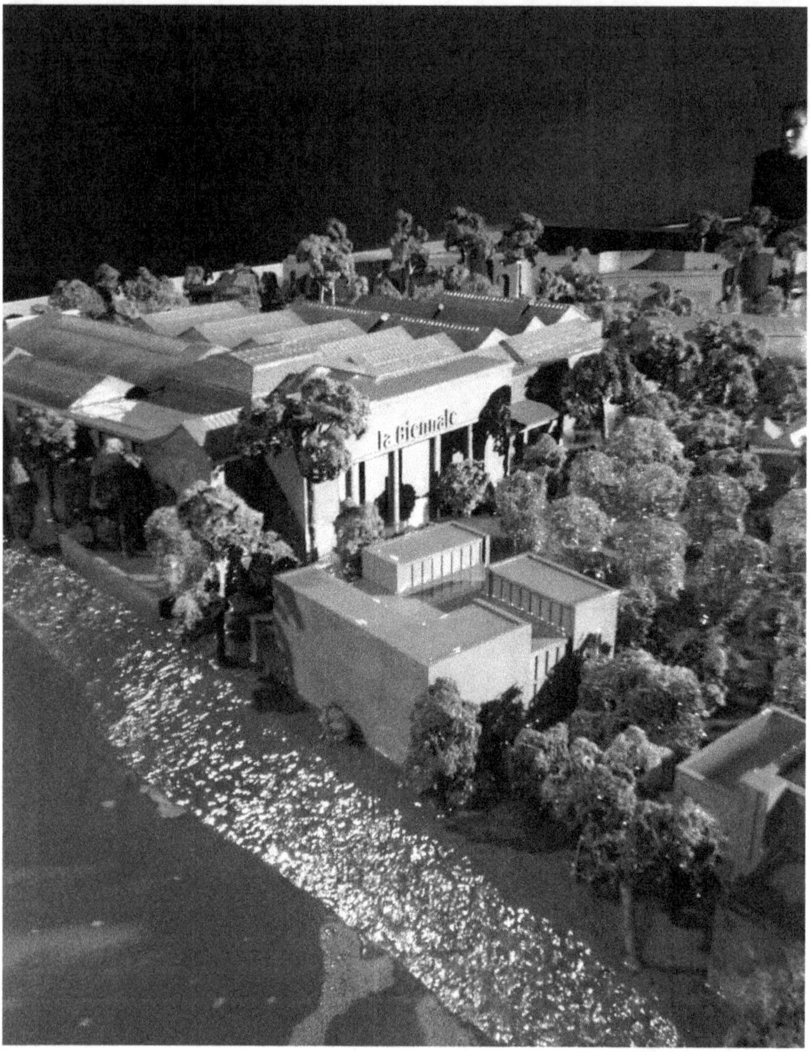

Alfredo Jaar, *Venice Venice*, 2013. Padiglione del Cile alla 55. Biennale di Venezia

Un altro racconto dell'arte: breve storia delle mostre e delle grandi esposizioni

Cristina Casero

Le mostre d'arte contemporanea sono oggi molto diffuse, si trovano al centro di un grande interesse, pure mediatico, e non di rado di accesi dibattiti[1]. La quantità di queste esposizioni[2], la frequenza con cui vengono allestite e l'impegno – anche economico – che comportano, ne fanno degli eventi di notevole importanza, sul piano culturale ma soprattutto su quello sociale ed economico, con delle ripercussioni di varia natura sul cosiddetto sistema dell'arte, che si era definito e consolidato nel corso del Novecento. Come nota Roberto Pinto,

> [...] negli ultimi anni le esposizioni tematiche e le biennali - e per altri aspetti anche le grandi fiere d'arte - hanno spesso rubato la scena alle collezioni museali, percepite come statiche e poco adatte a mettere in luce gli aspetti emergenti dell'arte e , al contempo, si sono ritagliate il ruolo di occasione di incontro e di scambio privilegiato per una comunità artistica sempre più mobile, itinerante e culturalmente complessa[3].

La centralità assunta dalle esposizioni, siano esse mostre perenni, grandi rassegne tematiche o ricche monografiche, ha comportato soprattutto dagli ultimi decenni del Novecento una serie di cambiamenti all'interno delle istituzioni e, per conseguenza, nuove questioni da affrontare, in particolare in relazione al mutamento, per numerosità e tipologia, del pubblico. Già una ventina di anni fa, Francesco Poli osservava:

Uno dei problemi più delicati da risolvere, per un direttore di un museo di arte contemporanea, è quello di riuscire a trovare, per quello che riguarda la sua politica espositiva, un equilibrio ottimale fra le esigenze di un'azione culturale più innovativa e necessariamente elitaria, indirizzata all'attenzione degli addetti ai lavori e a quella di un pubblico relativamente ristretto di amatori d'arte (che comunque svolge una funzione essenziale per l'affermazione dei nuovi trend del gusto artistico), e le esigenze di un' azione più divulgativa, di più facile accesso per un pubblico allargato[4].

Le esposizioni di arte contemporanea, però, in sé non sono certo un fenomeno attuale, anzi esistono da molto tempo e si sono sviluppate, dapprima, in stretta relazione con gli ambiti accademici e ufficiali, risultando essere sin da allora dei grandi eventi, anche dal punto di vista commerciale.

Sebbene, per questo loro aspetto istituzionale, esse inizialmente fossero destinate ad un pubblico limitato, aristocratico e competente, per lo più composto da intellettuali e ricchi collezionisti, in seguito, col passare degli anni, non sono mancate aperture ad un pubblico più indifferenziato di acquirenti e amatori. Tali importanti mutamenti accadono nel momento in cui si delinea con più precisione – soprattutto nell'immaginario bohémien – il profilo dell'artista moderno, così come viene descritto da Balzac nel celebre racconto *Il capolavoro sconosciuto*, pubblicato in due parti sulla rivista *L'Artiste* nel 1831. Il protagonista del racconto, Frenhofer, incarna alla perfezione il mito dell'artista romantico. Si staglia, così, su quelle pagine una nuova figura, che lavora in tutta autonomia, misurandosi con la sua opera quasi in un duello, mettendo in gioco il suo sentire. D'altro canto, come si diceva, in quei primi decenni dell'Ottocento si amplia il pubblico borghese, che le istituzioni spesso vogliono 'educare': le grandi rassegne, così, seppur legate all'ambiente accademico, permettono un primo, non sempre facile, rapporto col pubblico e con il mercato dell'arte. Le manifestazioni espositive, dunque, si avviano a diventare un fenomeno compartecipato da un numero sempre maggiore, per quanto ancora relativo, di persone e si incentrano, sempre più spesso, sulla produzione artistica contemporanea, diventando il canale principale a disposizione degli artisti per far conoscere le loro opere, e per venderle.

Dunque l'esposizione intesa come strumento di diffusione della produzione artistica diventa un fenomeno importante mano a mano che la figura dell'artista si emancipa dalla committenza, si libera e si rende autonoma: emblematico, in questo senso, il caso della Francia ottocentesca dei Salon. Come scrive Antonello Negri, i Salon, grandi esposizioni che nascono alla fine del Seicento ma che raggiungono il momento di massima gloria nell'Ottocento, gradatamente, da manifestazione della magnificenza del sovrano, protettore delle arti, e dimostrazione dei raggiungimenti dei suoi artisti, i *Salon* sarebbero diventati l'occasione di ammirare e acquistare pitture e sculture contemporanee per un emergente pubblico di appassionati d'arte, aristocratici e borghesi. E nel corso dell'Ottocento, anche un pubblico popolare avrebbe cominciato a frequentare le esposizioni, facilitato da innovazioni quali l'introduzione della energia elettrica combinata ad aperture serali, con la possibilità dunque di vedere le opere in momenti di libertà dal lavoro[5].

Se l'organizzazione dell'evento espositivo resta istituzionale, nasce in questo contesto la figura più autonoma del critico. Agli inizi è per lo più un intellettuale, un filosofo (come nel celebre caso di Diderot), un letterato, un sodale che frequenta gli artisti e ne comprende il lavoro, spesso condividendone la poetica: esemplare il caso di Charles Baudelaire, poeta simbolista, che nelle sue recensioni ai Salon parigini combatte vivamente l'arte "positivista", sostenendo forme artistiche che trovano una diretta corrispondenza nella sua poetica. Così, se da un lato artisti e intellettuali sviluppano una loro posizione, alternativa e non istituzionale, le mostre, che si diffondono e moltiplicano nella seconda metà del XIX° secolo, sono spesso riconducibili a manifestazioni internazionali di grande valore politico, simbolico ed economico, in tanti casi eventi di ampia portata in seno ai quali viene inserita anche l'arte, come in occasione delle grandi esposizioni, prestigiose vetrine in cui gli artisti proponevano il meglio della loro produzione, o i pezzi più facilmente vendibili, alla stregua degli altri prodotti commerciali. La fortuna 'artistica' di queste manifestazioni ancora nel Novecento è testimoniata, per citare solo un caso, dall'Esposizione Internazionale di Parigi del 1937, quando nel padiglione spagnolo era esposto uno dei capolavori di Picasso, *Guernica*.

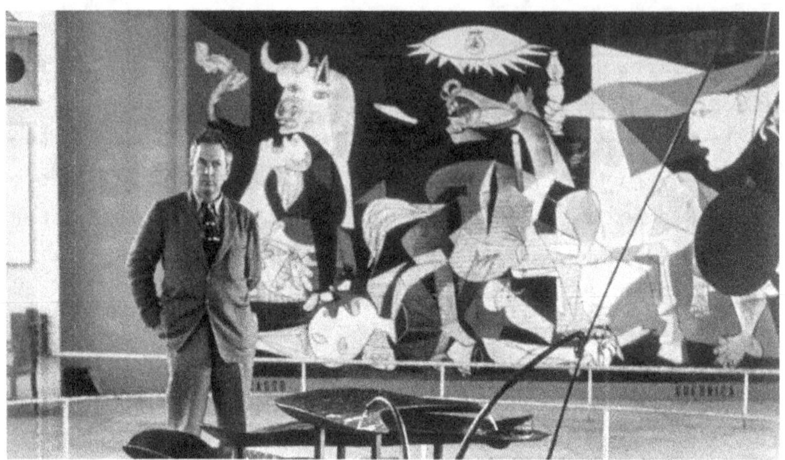

Alexander Calder posa accanto alla sua scultura Mercury Fountain e davanti a Guernica all'interno del Padiglione spagnolo del 1937 all'Expo «Arts et Techniques dans la Vie moderne» si tenne a Parigi dal 25 maggio al 25 novembre del 1937. Questa edizione dell'Expo venne visitata da 31 milioni di visitatori

In un analogo tessuto culturale possiamo collocare anche la nascita della Biennale veneziana, nel 1895, che avviene quando l'Italia sta facendo i conti con l'ancora recente unità, in una partita nella quale la componente culturale gioca un ruolo essenziale. La Biennale subito diviene "il luogo privilegiato di discussione sul regionalismo e sulla recente unità italiana, grazie alla volontà di riunire a beneficio di un ampio pubblico opere e artisti contemporanei provenienti da diverse realtà nazionali"[6]. Certamente il compito di questa mostra perenne era quello di costituire un luogo di aggiornamento e di confronto per gli artisti italiani e al contempo di dare a Venezia, e alla giovane Italia tutta, un prestigio culturale, un riconoscimento internazionale. Recentemente, Clarissa Ricci ha chiarito molto bene quanto anche l'aspetto commerciale non fosse affatto secondario per una manifestazione come la biennale veneziana, il cui Ufficio vendite anzi rappresenta, dal primo momento fino all'inizio degli anni Settanta, "un importante esempio di piattaforma commerciale per l'arte"[7].

Nel corso dell'Ottocento guadagna spazio anche il fenomeno, conclamato nella vis polemica del *Pavillon du réalisme* allestito nel 1855 da Gustave Courbet, delle mostre che gli artisti si organizzano – in contrasto con le istituzioni – per diffondere la loro ricerca o quella dei colleghi, come nel celebre caso delle esposizioni degli impressionisti. Si mette, così, più puntualmente a fuoco il ruolo essenziale della esposizione come momento di conoscenza e di confronto all'interno, e all'esterno, del mondo artistico. A partire dalla metà dell'Ottocento, infatti, si incrementa la presenza di circuiti alternativi all'ufficialità istituzionale, che introducono sulla scena nuovi luoghi artistici, attivi sia sul piano espositivo sia per conseguenza su quello del mercato: nascono così spazi gestiti direttamente dagli artisti e le gallerie private.

> [...] A partire dalla fine del Settecento, esposizioni di [arte contemporanea] dominarono – indipendentemente da benefici e ritorni – la vita degli artisti, e svolsero un ruolo epocale nello sviluppo dell'arte moderna. Tutto cominciò, sembrerebbe, dalla presentazione del *Giuramento degli Orazi* di David al *Salon* parigino del 1785, per continuare con celebri avvenimenti quali il *Salon* 'romantico' del 1824, il Salon des Refusés del 1863 e le mostre degli impressionisti organizzate a Parigi a partire dal 1874; poi con le varie esposizioni delle secessioni in Germania e in Austria durante gli anni novanta dell'Ottocento, con le mostre post impressioniste di Londra nel 1910 e nel 1912, con l'Armory Show di New York nel 1913 e molte altre ancora[8].

Dalla fine dell'Ottocento il fenomeno di queste mostre 'anti istituzionali', organizzate dagli artisti o comunque da persone competenti ma esterne agli ambienti ufficiali, diventa di vitale importanza e cresce sempre più, parallelamente al diffondersi della gallerie private e dei collezionisti/mercanti, colti e raffinati. Esse si impongono, paiono rivoluzionarie, e ora le leggiamo come degli snodi fondamentali per la storia dell'arte: basti pensare al Salon des Refusés o alla Secessione viennese, solo per fare degli esempi. Attraverso queste manifestazioni, gli artisti d'avanguardia hanno potuto mostrare i loro lavori al pubblico, senza censurare la propria poetica, come sarebbe accaduto in quelle ufficiali, in occasione delle quali la portata innovativa di queste ricerche non solo non sarebbe stata pienamente apprezzata, ma in taluni casi nemmeno accettata.

L'esposizione resta uno strumento fondamentale dal punto di vista mercantile ma anche per fornire indicazioni e influire sul gusto del collezionismo privato, che gioca ormai un ruolo importante nel sistema dell'arte. Gli stessi artisti, proprio attraverso le mostre, potevano aggiornarsi sulle più innovative correnti della loro epoca. Basti pensare alle mostre americane, prima quelle organizzate da Alfred Stieglitz tra il 1905 e il 1917 alla celebre Little Gallery di New York, più nota come '291', e poi l'Armory Show che, allestito nella primavera del 1913 dapprima a New York, poi a Chicago e Boston[9], ha rappresentato un momento di grande rilevanza, poiché gli artisti e il pubblico americani hanno potuto vedere le opere dei protagonisti delle principali correnti europee, in un primo concreto confronto tra l'arte del vecchio continente e quella del nuovo mondo.

Una mostra come quella dell'Armory Show, sebbene sia una grande rassegna che presenta opere di molti artisti, differenti tra loro per temi, poetiche e intenzionalità, ha un carattere differente rispetto alle grandi esposizioni della tradizione in quanto la sua valenza culturale, propositiva, va al di là della semplice volontà di presentare la produzione attuale. Siamo, infatti, nell'età delle avanguardie, il periodo in cui gli artisti cominciano

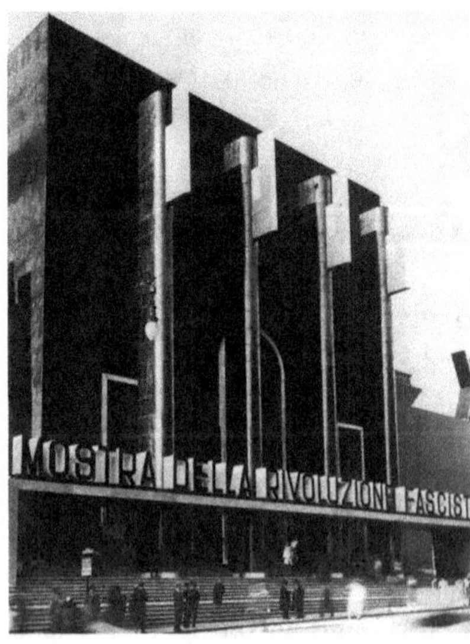

Ingresso alla Mostra della Rivoluzione fascista, Palazzo delle Esposizioni, Roma (28 ottobre 1932 - 28 ottobre 1934. La mostra registrò oltre 4 milioni di visitatori.

a concepire le mostre come trascrizioni dirette dei loro modi, quindi non semplici rassegne ma mezzi adatti a presentare e comunicare la loro arte. Strumenti ad hoc, insomma, che possono trasformarsi in interventi artistici, in articolate installazioni, anche in virtù dei mutamenti radicali che stanno avvenendo nell'arte, cambiandone profondamente lo statuto: basta pensare, in questo senso, alla grande mostra surrealista del 1938 a Parigi.

In quegli anni per altro, in Italia, si manifesta un fenomeno che mette in luce la natura in qualche modo anche autoreferenziale della mostra, come nel caso della *Mostra della rivoluzione fascista* allestita a Roma nel 1932. Una mostra politica, ovviamente, organizzata per glorificare il fascismo, che risulta interessante non per i contenuti ma per le modalità espositive, del tutto inedite in Italia, basate su un uso massiccio della fotografia e del fotomontaggio, considerati componenti linguistiche particolarmente efficaci per una moderna comunicazione di massa[10].

L'idea stessa che può essere sottesa ad una mostra, dunque, è diventata qualcosa di molto differente da quella delle esposizioni ottocentesche[11]. Essa si è trasformata in un luogo nel quale le opere acquistano senso, o addirittura prendono vita (duchampianamente parlando), agiscono in relazione allo spettatore nella flagranza dell'*hic et nunc*, si definiscono meglio proprio per il loro stare 'in mostra'. In alcuni casi, l'esposizione si trasforma *tout court* in un'installazione[12]. Una mostra è ora da intendersi come un "avvenimento collocato in uno spazio e in un luogo precisi, che a sua volta ricolloca le opere all'interno di un discorso alla seconda, che le supera nella loro dimensione singola per esaltarne i poteri relazionali, attraverso i nessi storici e critici. [...]. Una mostra è essa stessa un prodotto culturale, e non semplicemente un'ostensione di quello"[13]. Garante di questo prodotto culturale può essere l'artista stesso ma, in seguito sempre più sistematicamente, sarà il curatore, termine che inizialmente non designa una figura professionale, come ora, ma un ruolo, interpretato da critici, ormai professionisti, e storici dell'arte.

Infatti, le esposizioni – e non soltanto quelle di arte contemporanea, ma anche quelle degli 'antichi maestri' - nel corso del Novecento si rivelano essere un prezioso strumento proprio nelle mani degli storici dell'arte. Donata Levi affronta con chiarezza la questione:

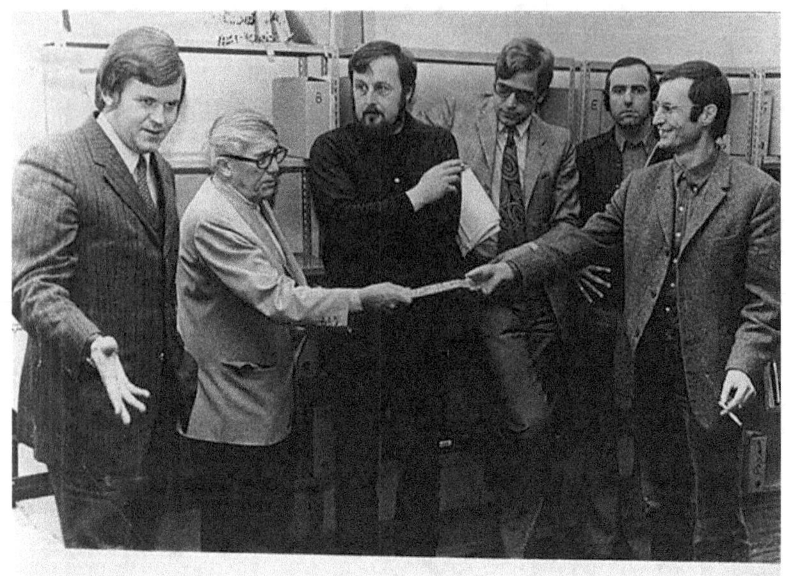

documenta 5, 1972. Da sinistra: Peter Iden, Arnold Bode, Harald Szeemann, Bazon Brock, Jean-Christophe Ammann, Ingolf Bauer. Courtesy: Documenta Archiv

Del resto, se esiste un paradigma disciplinare (o protocollo di studi, come direbbero i colleghi postmodernisti) che sembra attagliarsi in maniera particolarmente efficace all'idea della mostra in quanto tale, è proprio quello della storia dell'arte intesa nelle sue declinazioni più stilistico-materiali. Infatti qual è, banalmente, la funzione di un'esposizione? Raccogliere 'cose' – nel nostro caso oggetti che hanno valenza artistica – di varia provenienza, connetterli e rimontarli secondo una sintassi diversa e proporne una nuova 'narrazione', privilegiando – direbbe Brandi – la loro 'astanza', il loro essere elementi materiali e concreti. Ora è ovvio che un paradigma disciplinare che privilegi la messa in serie su basi stilistiche, il confronto visivo e nello stesso tempo materiale fra oggetti, che operi per comparazioni e confronti – vicinanze e distanze – di opere trovi proprio nella mostra un esito quasi 'naturale' e nello stesso tempo una sorta di consacrazione[14].

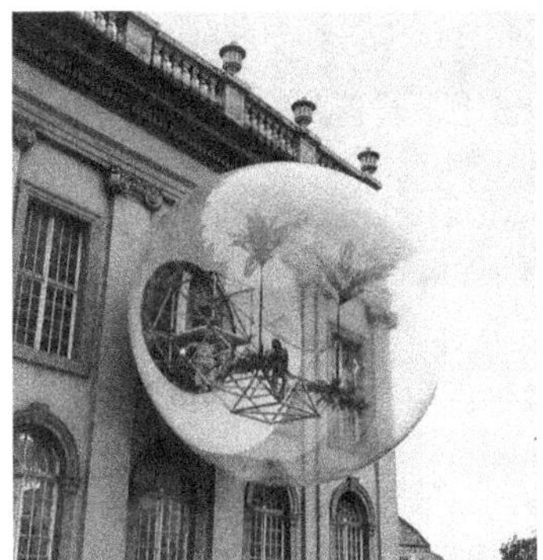
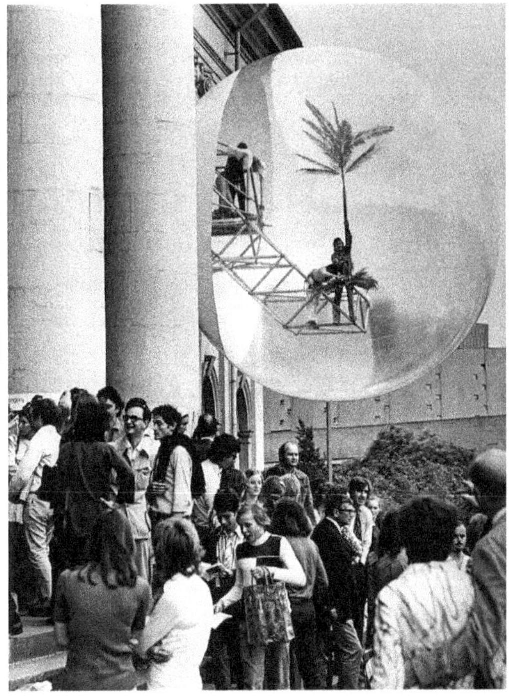

Haus-Rucker-Co, *Oase Nr. 7* (Oasis n.7),
installazione a Documenta 5, Kassel, 1972

Esporre opere d'arte è un modo di studiarle, di riflettere sui loro caratteri, e si traduce nella possibilità di parlare delle opere con le opere stesse. Una mostra così assume un duplice livello di senso: da un lato è l'esposizione delle opere degli artisti, dall'altro è la materializzazione di un'idea, di un progetto curatoriale.

Infatti, a partire dagli anni settanta, si impone la figura del critico- curatore, che nel corso dei decenni diventerà una figura professionale autonoma, una figura chiave per la trasformazione della mostra in un atto culturale. Nei musei, nelle sedi espositive pubbliche e nelle gallerie si realizzano esposizioni basate su un progetto preciso, con un taglio specifico, capaci di consacrare la nascita di gruppi e movimenti, o di dare consistenza materiale a una ipotesi interpretativa[15].

Emblematiche in questo senso le vicende di due rassegne di capitale importanza: la Biennale di Venezia e Documenta di Kassel. Negli anni cinquanta, il modello della mostra veneziana entra in crisi e ci si interroga su come rinnovare il format, passando da una dimensione più tradizionale, fondata sul 'mostrare' le opere ad una più ampiamente culturale, anche per via della concorrenza di altre neonate rassegne perenni, come la Biennale di San Paolo del Brasile e, nella stessa Europa, quella di Kassel, che nasce nel 1955 "con l'ambizione di reintrodurre la Germania del dopoguerra all'interno di un dialogo internazionale dal quale era stata forzatamente estromessa negli anni della dittatura, i cui effetti erano ancora in atto a seguito della frammentazione e della dispersione delle collezioni museali"[16]. Le prime edizioni di Documenta ricostruiscono la storia artistica novecentesca, non per nazioni, ma sulla base di movimenti e protagonisti, con un allestimento che suggerisce la lettura dell'opera in relazione al contesto culturale[17]. All'inizio degli anni settanta, i paradigmi su cui le più importanti rassegne europee si fondavano non reggono più i cambiamenti e nel 1972 si registra un importante novità: l'introduzione di un tema, di un taglio, e di curatori in grado si svilupparlo. Documenta è affidata a Harald Szeemann (che già aveva curato la storica *When Attitudes Become Form* alla Kunsthalle di Berna nel 1969):

> [...] sotto la sua direzione, Documenta prende la strada della mostra tematica, orientamento che, fatta eccezione per la settima edizione, non è stato più abbandonato. Proprio in virtù di questa scelta di fondo, che accompagna lo spettatore in una lettura 'guidata' delle opere in mostra, possiamo probabilmente considerare Documenta la prima delle grandi biennali che hanno concentrato l'attenzione anche sul ruolo del curatore[18].

Entriamo così nel vivo della contemporaneità ed emerge l'importanza della figura del curatore, con un suo progetto critico. Anche a Venezia si impone, infatti, un nuovo modo di intendere la storica rassegna, che trova il suo compimento nella biennale del 1976, *Ambiente, partecipazione, strutture culturali*, il cui perno è la mostra allestita nel padiglione centrale e curata da Germano Celant, in linea con le nuove forme artistiche che si stanno affermando, i cui caratteri innovativi impongono nuove regole espositive e allestitive. Volendo trovare un simbolo di questa nuova stagione artistica, possiamo pensare al *Centre Pompidou* di Parigi di Renzo Piano e Richard Rogers, la cui realizzazione termina nel 1977: è un centro per le arti contemporanee, concepito subito dopo il '68, un "museo 'freddo', a basso tasso di informazione, con alto potenziale partecipativo, capace di sollecitare un consumo attivo"[19]. Come le mostre, anche le sedi espositive devono ora rispondere a nuove esigenze, e quindi necessariamente cambiano pure la natura e la *mission* dei musei di arte contemporanea, che devono adeguarsi al nuovo modo di intendere, praticare e fruire l'esperienza artistica.

Sin dall'inizio del Novecento, il fenomeno delle mostre aveva messo in discussione la natura e i compiti dell'istituzione museale, così come era stata tradizionalmente concepita.

Bene interviene al proposito Stefania Zuliani:

> La centralità assunta nel recente dibattito dalle mostre, la cui crescente spettacolarizzazione non soltanto modifica i modi e i tempi della progettazione scientifica e della fruizione ma interviene anche sull'identità, comunque in trasformazione, dell'istituto museale; le prospettive diverse assunte dal rapporto tra opera e contesto, dentro e fuori dal recinto protetto del museo; la crisi ormai conclamata della critica d'arte, cui corrisponde l'affermarsi della professionalità, ancora e forse volutamente, imprecisa (talvolta condivisa) del curatore; l'azione che, in maniera sempre più consapevole, gli artisti esercitano in opere e pensieri nella ridefinizione (nella decostruzione e ricostruzione) dei luoghi e delle forme dell'esposizione; la presenza determinante del pubblico e, quindi, la necessità di proporre nuove, più efficaci strategie educative sono alcuni dei temi che ho tentato di affrontare [...], nella convinzione che il museo dell'arte presente, nella sua radicale *impossibilità*, sia crocevia irrinunciabile di tradizioni e culture, un dispositivo aperto e *discorsivo* (Belting) in cui artisti, storici dell'arte, museologi, critici, curatori, educatori hanno l'opportunità di immaginare e di costruire assieme al pubblico, inedite esperienze di conoscenza[20].

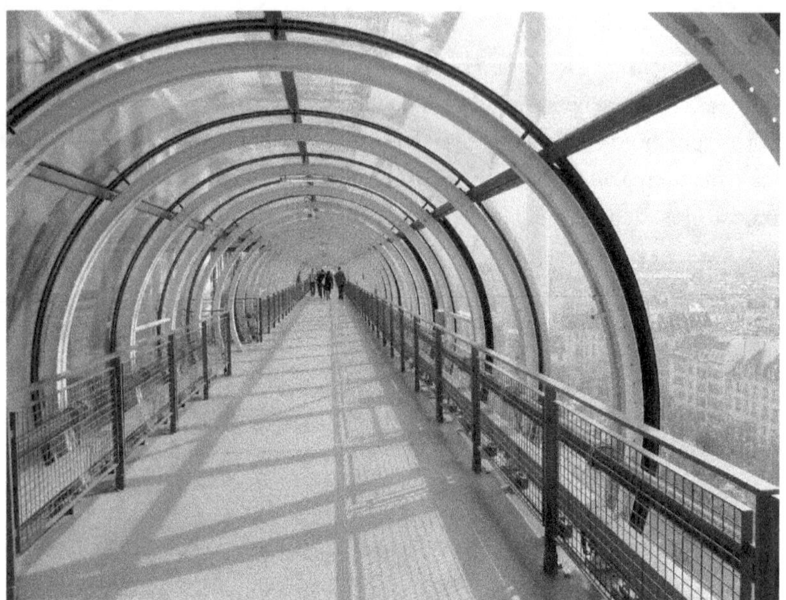

Centre Pompidou di Parigi, costruito da Renzo Piano e Richard Rogers, 1977

Nuovi spazi, nuovi luoghi, aperti ad un più ampio ventaglio di necessità, per mostre, che lungo la seconda metà del Novecento sino ai giorni nostri, sempre più rappresentano un momento di confronto dialettico con la cultura di massa, con un pubblico differente. E questa sfida comporta inedite difficoltà, portando con sé tutte le perplessità che il diffuso 'mostrismo', per dirla alla Barilli, non può non suscitare. (Ancora Levi si domanda: "Potrebbero mai gli storici dell'arte astenersi dall'accreditare quello che è ormai un sistema di spettacolo? Non lo credo proprio, ma - longhianamente – preferirei che, volendo assolvere un compito educativo, si dedicassero piuttosto ai musei")[21].

La questione, infatti, diventa presto controversa e il dibattito è ai giorni nostri acceso, anche in Italia.

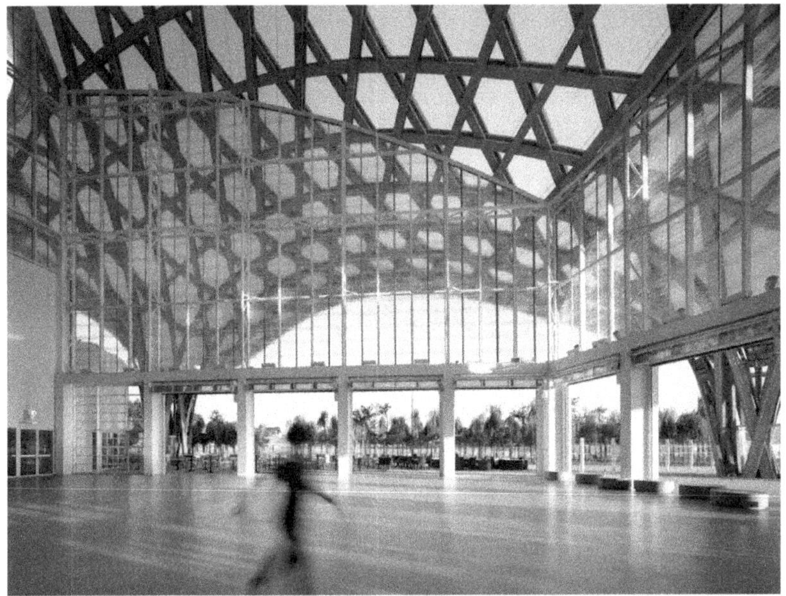

Il nuovo Centre Pompidou di Metz costruito da Shigeru Ban e Jean de Gastines, 2010

Nel nostro Paese, si sta sempre più diffondendo la filosofia di mostre occasionali e semplici: capaci, cioè di assecondare un desiderio esteso di intrattenimento pseudocolto. Poco conta se aggiungano qualcosa alla conoscenza di un pittore o uno scultore. Devono essere come luna park. Territori di svago: chi li frequenta può avere l'illusione di sapere qualche cosa di più sull'arte, senza alcuno sforzo. *Défilés* di opere sterilizzate del loro 'germe spirituale'. Non viene assegnata nessuna centralità a metodo adoperato dai curatori, ai criteri storiografici adottati, agli sforzi interpretativi o attributivi, alla sapienza impiegata per disegnare le scritture espositive. L'impegno profuso per far emergere inedite prospettive nella lettura dell'itinerario di un artista, per ricostruire il tessuto dei rapporti figurativi e per far riaffiorare la rete visiva entro cui una determinata opera è stata concepita? Sono attività che spesso vengono giudicate poco redditizie noiose, intellettualistiche[22].

Spesso, ma non sempre. Le posizioni critiche, d'altro canto, hanno anch'esse una loro storia. Le prime negative riflessioni intorno al fenomeno delle mostre temporanee riguardano le opere di arte antica e mettono in gioco la dialettica tra l'utilità e i rischi di movimentare dei capolavori[23].

In realtà, però, nel secondo dopoguerra le mostre riguardano in particolare l'arte contemporanea e si misurano, con fertili conseguenze, con la cultura pop, facendosi sempre più fenomeno rilevante e consistente, con ripercussioni su tutto il 'sistema' dell'arte. Claire Bishop, partendo esplicitamente da un intervento di Rosalind Krauss[24], riflette su come - anche in relazione ai caratteri architettonici dei nuovi musei, spesso gioielli di famose archistar - alla fine del Novecento abbiamo assistito a una proliferazione senza precedenti di nuovi musei di arte contemporanea, in parallelo con l'aumento delle loro dimensioni e lo sviluppo di stretti legami con le grandi imprese: due aspetti cruciali del passaggio dal museo del XX secolo - un'istituzione aristocratica al servizio di una cultura elitaria - alla sua attuale reincarnazione sotto forma di tempio populista dello svago e dell'evasione. Oggi però si sta sviluppando un modello più radicale: un museo votato alla sperimentazione, meno condizionato dalla cornice architettonica e capace di uno sguardo politico sulla attuale fase storica[25].

Dunque, ora, come dice Belting, "non è la consistenza del patrimonio, ma le attività, a decidere del futuro dei musei"[26]. Tipica l'esperienza del *Palais de Tokio*, costruito per la celebre Expo del 1937 e dal 1961 Museo d'arte moderna della città di Parigi, che ha dedicato uno spazio all'arte contemporanea, uno spazio aperto, con funzioni diverse, che "inizialmente progettato e curato da un'equipe di curatori indipendenti, artisti e architetti mossi dalla volontà di reinventare l'istituzione artistica, in relazione alle nuove modalità e pratiche della ricerca contemporanea"[27], sotto la direzione di Nicolas Bourriaud e Jérôme Sans negli anni 2000 è diventato un museo disponibile a "trasformare in pratiche espositive le ipotesi critiche di un'estetica relazionale"[28].

Tale esigenza di elasticità, in linea con le più attuali espressioni artistiche, si traduce anche nella nascita di più adeguate istituzioni espositive, luoghi dinamici di esperienze estetiche, quanto di aggregazione sociale. Spazi alternativi, spazi innovativi, spazi extracircuito, ma anche fondazioni private che, coniugando queste necessità di profili nuovi con quelle economiche, altrettanto pressanti nell'organizzazione di una mostra, trovano sempre

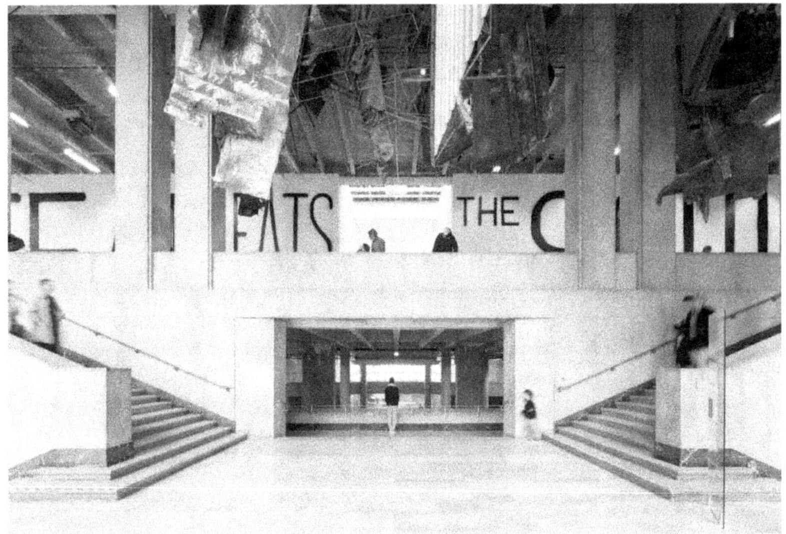

Dopo un lungo cantiere firmato da Anne Lacaton e Jean-Philippe Vassal, il Palais de Tokyo (Site de création contemporaine) apre al pubblico nel gennaio del 2002 con un progetto curatoriale ad hoc studiato da Nicolas Bourriaud e Jerome Sans, direttori del museo fino al 2006 quando verranno sostituiti da Marc-Olivier Wahler.

più ragione di essere (nella sola Milano basti pensare a Prada, Trussardi e all'Hangar Bicocca). Enti privati che agiscono attivamente ed efficacemente nel pubblico senza i vincoli dell'istituzione museale, esse incarnano una nuova e aggiornata forma di mecenatismo, che va oltre il puro fenomeno espositivo. Le mostre, infatti, ormai non viaggiano sole: attorno ad una mostra, anche per scopi promozionali e commerciali, ruotano iniziative varie che rendono le esposizioni dei fenomeni sempre più complessi, a cavallo tra l'evento culturale, lo spettacolo capace di attirare pubblico e l'operazione economica, quando non esplicitamente almeno implicitamente sottesa. In un'epoca in cui il valore cultuale e il valore di mercato dell'arte, di benjaminiana memoria, sembrano sovrapporsi l'uno all'altro, la mostra si è trasformata in un fatto complesso, articolato e oggetto di differenti interpretazioni e finalità: comunque, ancora in trasformazione.

1. Per una fondata polemica sull'eccessiva diffusione delle mostre, di arte contemporanea ma non solo, basti pensare al recente Montanari T., Trione V., *Contro le mostre*, Einaudi, Torino 2017.

2. Basti pensare a una rassegna 'itinerante' come *Manifesta* (1996) e alle numerose biennali: Biennale di San Paolo (1951), Biennale dell'Avana (1983), Biennale di Istanbul (1987), Gwangju Biennale (1995), Biennale di Johannesburg (1995), Shangai (1996).

3. Pinto R., *Nuove geografie artistiche. Le mostre al tempo della globalizzazione*, PostmediaBooks, Milano 2012, p. 13.

4. Poli F., *Il sistema dell'arte contemporanea*, Laterza, Roma-Bari 1999, p. 130.

5. Negri A., *L'arte in mostra. Una storia delle esposizioni*, Bruno Mondadori, Milano 2011, p. 5.

6. Martini F., Martini V., *Just Antoher Exhibition. Storia e politiche delle biennali*, PostmediaBooks 2011, p. 13. A questo volume si rimanda per le vicende relative a questa grande rassegna.

7. Ricci C., "Breve storia dell'Ufficio vendite della Biennale di Venezia 1895 – 1972. Origini, funzionamento e declino", in "Ricerche di S/Confine", vol. VIII, n.1 (2017) – www. ricerchedisconfine.info, p. 1. Ricci afferma, inoltre: "La Biennale è infatti in linea con il sistema ottocentesco di produzione e circolazione delle opere che trova la sua radice nel sistema dei Salon francesi. In tali mostre l'artista vedeva consacrato il proprio status al quale seguiva anche un riconoscimento economico tramite vendite e commissioni. I modello dei Salon non è l'unico al quale la biennale si ispira. Essa si struttura anche in seguito ad altra esperienze di cui mette a sintesi gli aspetti salienti. Si veda la forma dello statuto che si modella sull'esperienza della secessione monacense, mentre per le aspirazioni all'intenzionalità, che furono centrali fin dall'inizio negli scopi della Biennale, a farle da guida c'è la fortunata esperienza delle expo. La Biennale e le Fiere d'arte condividono dunque nei fatti i loro antecedenti" (Ricci C., op.cit., p. 3).

8. Haskell F., *La nascita delle mostre. I dipinti degli antichi maestri e la nascita delle esposizioni d'arte*, Skira, Milano 2008 (ed. or. 2000), p. 17.

9. L'*International Exhibition of Modern Art* (nota, appunto, come Armory Show) fu inaugurata il 17 febbraio del 1913 nei locali dell'armeria del 69° reggimento di fanteria in Lexington Avenue a New York, per poi essere portata a Chicago (Art Institute, dal 24 marzo al 16 aprile) e a Boston (Copley Society, dal 28 aprile al 19 maggio (Negri A., op cit., p. 153; a questo testo si rimanda anche per una approfondita analisi delle più importanti esposizioni del periodo).

10. Negri A., op. cit., p. 193.

11. "D'altra parte era la logica stessa delle grandi esposizioni di origine ottocentesca, con la loro pretesa totalizzante e una presunta esaustività basata su un sistema burocratico e sula certezza dell' autorità, a essere entrata definitivamente in crisi. Il sistema dell'arte aveva già scelto altre strade. Movimenti d'avanguardia organizzati, ma anche singoli scrittori architetti, artisti, cenacoli di intellettuali, mercanti illuminati crearono, fin dal primo dopoguerra, un circuito espositivo privato, a volte in spazi occasionali, altre volte con la fondazione di gallerie o Case d'Arte, completamente indipendente dal sistema ufficiale delle mostre. Gli studi degli artisti, i caffè, le trattorie diventarono i luoghi di ritrovo e di discussione di intellettuali e artisti e le nuove gallerie d'arte gli spazi per la creazione e la promozione dell'arte contemporanea" (Pirani F., *Che cos'è una mostra d'arte*, Carocci, Roma 2010, p. 30).

12. In questo senso, è sufficiente pensare a pochi illuminanti esempi tra i tanti che si potrebbero citare: Lucio Fontana, *Ambiente Spaziale* alla Galleria del Naviglio nel 1949, Yves Klein, *La Vide*, Galleria Iris Clert, Parigi 1958 e Arman, *Le plein*, Galerie Iris Clert, Parigi, ottobre 1960.

13. Troncone A., *La smaterializzazione dell'arte in Italia 1967 – 1973*, PostmediaBooks, Milano 2014, pp. 7-8.

14. Levi D., *At what expense? And at what risk. Qualche riflessione sulla legittimità delle mostre*, in "Predella", anno IV, n. 16, dicembre 2005

15. Basti pensare all'Italia. Nella seconda metà degli anni sessanta nel nostro paese sono state allestite mostre che hanno lasciato un segno indelebile nelle letture storico critiche dell'epoca, tra cui *Lo spazio dell'immagine* a Foligno nel

1967, *Il teatro delle mostre* alla Tartaruga di Roma nel 1968, *Vitalità del negativo* a Palazzo delle esposizioni a Roma tra il 1969 e il 1970.

16. Zinelli A., *1955 – 1968: gli artisti italiani alle Documenta di Kassel*, Mimesis, Milano Udine 2017, p. 16. Per le motivazione che hanno portato alla nascita di Documenta si veda anche Zinelli A., *Kassel 1955: le origini di Documenta,* in Gallo F., Simonicca A. (a cura di), *Effimero. Il dispositivo espositivo tra arte e antropologia,* CISU, Roma 1016, pp. 141-150.

17. Pinto R., op.cit. pp.121 - 122.

18. Pinto, op.cit., p. 124.

19. Glusberg J., *L'ultimo museo. Musei freddi e caldi, vecchi e nuovi, immaginari, integrati,* Sellerio, Palermo 1983 (ed.or. 1980). Le categorie adottate si rifanno, come nota Zuliani, alla teoria di MacLuhan sui media.

20. Zuliani S., op.cit., p.2.

21.Levi D., op.cit., p. 23.

22.Montanari T., Trione V., op. cit., p. 7.

23.Haskell F., op.cit.

24. Krauss R., *The cultural logic of the late Capitalist Museum*, in "October", n.54, autunno 1990.

25. Bishop C., *Museologia radicale. Ovvero, cos'è "contemporaneo" nei musei di arte contemporanea?*, Johan &Levi Editore, Milano 2013, pp. 9-10.

26. Belting H., *Il museo: riflessione o sensazionalismo?* (2002) in F. Luisetti, G. Maragliano (a cura di), *Dopo il museo*, Trauben, Torino 2006, p. 220.

27. Nicolin P., *Palais de Tokyo. Sito di creazione contemporanea,* Postmedia Books, Milano 2006, p. 11.

28. Ibidem

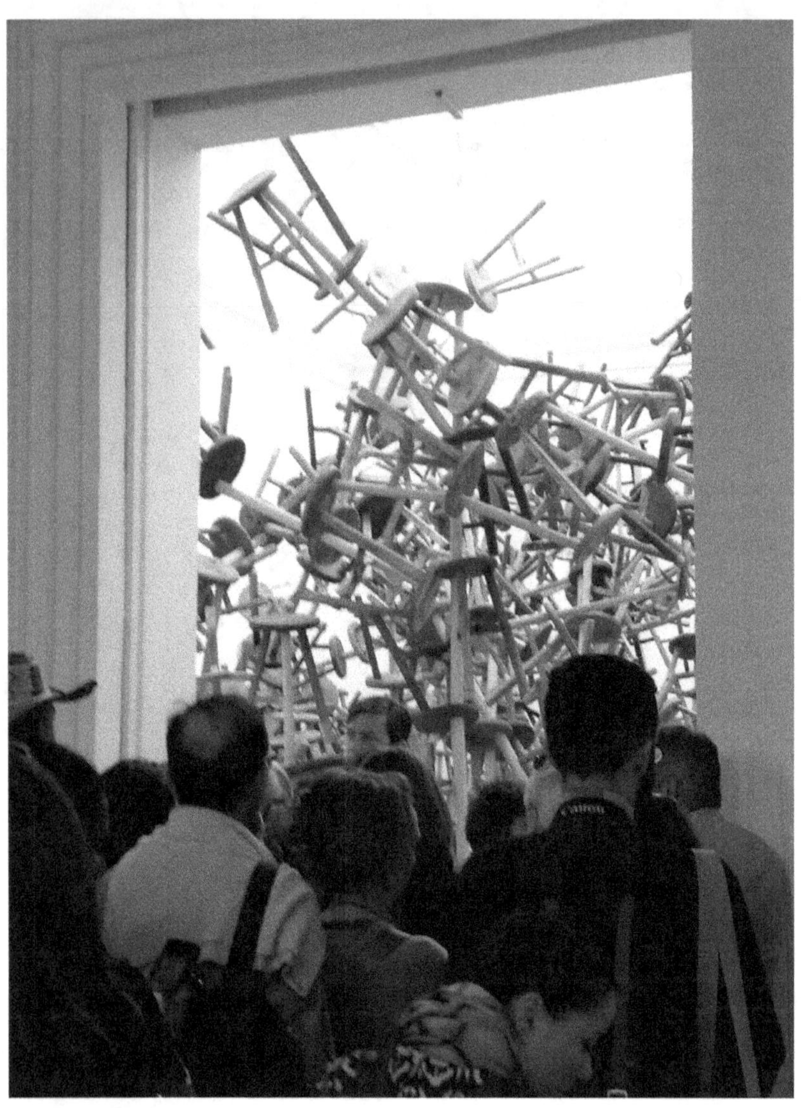

Ai Weiwei, *Bang*, entrata al Padiglione della Germania alla 55. Esposizione Internazionale d'Arte, Venezia 2013

In difesa delle biennali

Massimiliano Gioni

Forse dovrei iniziare dicendo che esistono poche cose che detesto più dei dibattiti, delle conferenze e degli articoli sulla teoria o pratica delle biennali. Il fenomeno delle biennali è esploso nel decennio – gli anni Novanta – che ha visto emergere professionalmente la figura del curatore, a cui è presto seguita la creazione di corsi accademici per curatori e, successivamente, un nuovo approccio didattico associato all'arte contemporanea.

Il risultato: il modello espositivo di mostre periodiche e ricorrenti è spesso accompagnato da critiche generiche e approssimative, da interminabili tavole rotonde paradossalmente tenute durante le stesse biennali, e una pletora di meta-riflessioni divenute un genere a sé stante.

Oltretutto temo che come risultato di queste a volte aggressive critiche del modello biennale, abbiamo assistito all'inizio del Ventunesimo Secolo al passaggio dalle esposizioni alle fiere d'arte. Mentre i sindaci, i politici (occasionalmente anche curatori ed artisti) – degli anni Novanta hanno sognato la nascita di nuove biennali, nel primo decennio degli anni Duemila le stesse persone hanno compreso che una fiera d'arte rappresenta un'opportunità molto più stimolante per ravvivare l'immagine della loro città. Non penso di doverlo dire chiaramente, ma se obbligato a scegliere tra una fiera d'arte e persino la peggiore tra le biennali, opterei sempre per la seconda, se non altro perché le opere non sono state selezionate per il loro valore di mercato.

Riflettendoci, il boom delle biennali negli anni Novanta ha avuto tutta una serie di conseguenze molto positive. Prima di tutto, la moltiplicazione delle biennali ha coinciso con una serie di operazioni atte a ridefinire i confini e ridisegnare la mappa dell'arte contemporanea. Certamente non è una coincidenza che nel 1993 la sezione Aperto della Biennale di Venezia mostrò i primi segni di un nuovo, globale mondo artistico, un fenomeno che era stato previsto, ma in una direzione molto più incerta, da Jean-Hubert Martin e la sua *Magiciens de la Terre* al Centre Georges Pompidou di Parigi nel 1989. Allo stesso modo non è una coincidenza che nel 2011 dozzine di Paesi stavano ancora cercando di affermare le loro identità nell'arena internazionale della Biennale di Venezia alla quale adesso partecipano quasi novanta nazioni provenienti da tutto il mondo. Le biennali, anche le più consolidate come quella di Venezia, sono terreni molto più aperti dei musei tradizionali; sono ambiti in cui i cambiamenti vengono realizzati più facilmente, e le categorie vengono mescolate più liberamente. E se pensiamo ad alcuni degli eventi più innovativi ed importanti, come la Biennale de L'Avana (istituita nel 1984), la Biennale di Gwangju (istituita nel 1995), la Biennale di Johannesburg (istituita nel 1995), la Biennale di Sharjah (istituita nel 1993), o, molto prima, la Biennale di San Paolo (istituita nel 1951) – escludendo molti altri esempi quali Manifesta, la Biennale di Berlino, e la Biennale di Tirana – diventa immediatamente chiaro quanto ognuna di queste istituzioni si sia aperta a nuovi canali o intellettualmente a nuovi "rotte commerciali" (in originale "Trade routes") – prendendo in prestito il titolo della Biennale di Johannesburg curata da Okwui Enwezor – che molto spesso hanno rivoltato o quantomeno riorganizzato il canone Occidentale della Storia dell'Arte, interpretando un ruolo fondamentale nell'accrescimento della biodiversità, per così dire, del mondo dell'arte contemporanea.

Certo, la più ovvia critica alle biennali ha origine esattamente da una considerazione opposta. Secondo il più prevedibile copione dello "sparlare delle biennali", il problema con queste esposizioni periodiche sta nel fatto che – specialmente negli anni Novanta – un certo gruppo di artisti oppure un certo tipo di artista poteva ritrovarsi in quasi tutte le biennali in giro per il mondo, in una sorta di circo itinerante dell'arte contemporanea. Le biennali sarebbero quindi responsabili del soffocamento della diversità locale semplicemente importando opere ed artisti i quali – in base ai motivi che tutti ormai conosciamo - arrivano inaspettatamente in una città "come UFO" senza "mettere radici", come "McDonald's o un franchising culturale". Ovviamente, esistono critiche di una certa validità ed importanza. È difficile negare che per molti ideatori ed organizzatori di biennali, queste esposizioni periodiche sono soltanto un'opportunità per inserirsi in un fenomeno di tendenza Occidentale. Il successo di una biennale è quindi misurato precisamente in base a quanto bene riesca ad imitare il modello originale, con la prevedibile scelta di grandi artisti, intrattenimento, e un ridondante, spesso interattivo, insensato lavoro – quel velenoso miscuglio che il critico Peter Schjeldahl ha perspicacemente definito "festivalismo". Col rischio di sembrare eccessivamente riduttivo e semplicistico, sono sempre stato tentato di rispondere a queste critiche dicendo che non esiste una cosa chiamata "modello biennale". Attualmente, se c'è un aspetto davvero liberatorio nel modo in cui le biennali si sono diffuse velocemente negli anni Novanta, è che al giorno d'oggi non esiste un solo modello. La loro moltiplicazione ha eliminato ogni apparenza di coesione. Dopo un'analisi più attenta, penso che la biennale non sia né un modello né un formato: piuttosto è uno strumento che può essere usato nel costruire mostre molto diverse e nell'ottenere risultati altrettanto differenti. È proprio quando una biennale viene ridotta ad un formato, ad una formula che rivela tutta la sua debolezza. In sostanza, il problema con le biennali è forse il modo in cui vengono usate, curate ed organizzate. Non è affatto un problema inerente alla loro natura, specialmente dato che da questo punto ci sono pochi aspetti da poter indicare come caratteristiche generali di questi eventi (l'unica eccezione è rappresentata dalla Biennale di Venezia, l'unica biennale ancora parzialmente definita dalla presenza di padiglioni internazionali). Tutto quello che le altre biennali in giro per il mondo hanno in comune è il fatto che siano mostre d'arte tenute ogni due anni. Mi rincresce se tale definizione possa sembrare vaga e semplicistica, ma è l'unica che si possa veramente applicare alle centinaia di esposizioni, tutte diverse tra loro, che noi chiamiamo biennali. A differenza di tutte le altre istituzioni artistiche, le biennali – proprio a causa della loro natura temporanea – sono, almeno in teoria, del tutto aperte al cambiamento e all'innovazione. Sono strumenti adattabili che aspettano solo di essere reinventati e trasformati ad ogni nuova edizione. Nessun museo o kunsthalle al mondo è predisposto a tali complessivi e radicali mutamenti

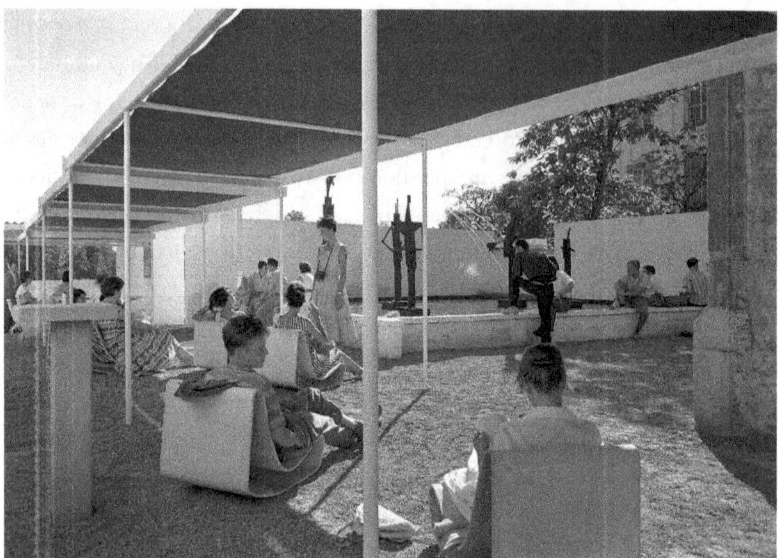

Pablo Picasso, *Les Baigneurs*, a documenta II, Kassel 1959. Foto: documenta Archiv

come lo sono le biennali, ed alcune, quali la Biennale di Berlino, Manifesta o Performa, ad esempio, non sono nemmeno legate a specifiche sedi, neanche a specifiche città – nel caso di Manifesta – e gli organizzatori di ogni edizione possono scegliere non solo gli artisti ma le strategie espositive, i luoghi, e i metodi impiegati per presentare le opere. Nessun'altra istituzione offre a curatori o direttori artistici l'opportunità di controllare l'intera coreografia di un evento, dalle grafiche alla scelta degli ambienti, dalla selezione di artisti ed opere alla programmazione formativa e culturale che accompagnano la mostra. Può essere che io guardi alle biennali dal concreto, pratico punto di vista di qualcuno che le ha progettate, ma sono propenso a credere sia responsabilità di curatori e direttori artistici reinventare e trasformare la mostra ogni volta, specialmente dal momento che le biennali offrono una condizione di libertà (si potrebbe persino dire impunità e imprudenza) che è completamente differente dall'ambientazione di un museo. Ipoteticamente, i curatori possono operare senza necessariamente preoccuparsi delle biennali successive e degli effetti che la mostra potrà avere sull'immagine dell'intera istituzione. Il curatore di ogni edizione sa che lui o lei andrà via alla fine della mostra e questa consapevolezza li mette spesso nella posizione privilegiata

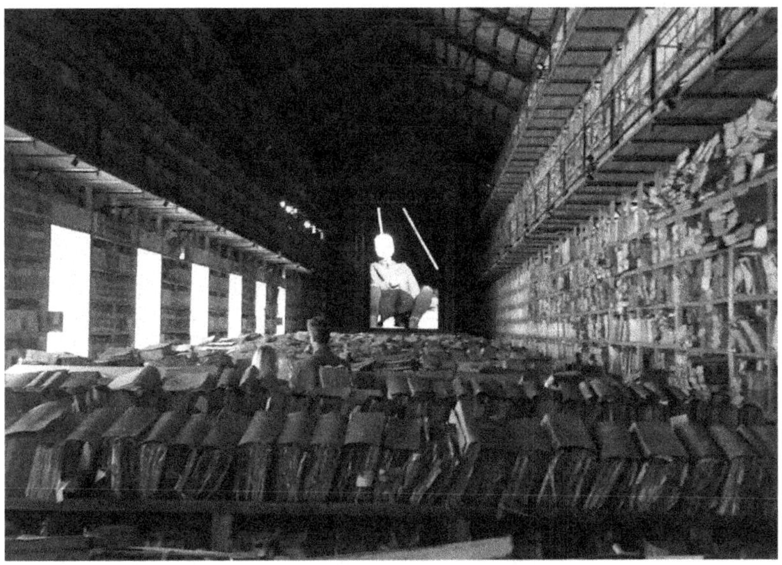

Installazione *Protocol no. 90/6* dei Masbedo all'Archivio di Stato, Manifesta 12, Palermo 2018

di riuscire ad evitare il tipo di compromessi che sono necessari continuando a lavorare per anni nella stessa organizzazione.

A mio parere, se una biennale è un fallimento – e molte lo sono – non è perché il modello è logoro, ma perché (sebbene forse io stia attribuendo troppa responsabilità ai singoli individui) i curatori non sono stati capaci di riconsiderare e modificare il mezzo, orientandosi verso nuovi obiettivi o scoprendo nuove ricchezze al suo interno. Il problema delle biennali non è quindi che il formato esista alla fonte e imponga scelte predeterminate. Il problema è quando le biennali si cristallizzano in un genere sempre uguale a se stesso.

Perciò come si può evitare il processo di fossilizzazione e ripetizione? Non ho rimedi o amuleti magici, naturalmente. Al massimo posso mostrare alcuni esempi concreti provenienti dalla mia esperienza personale. Lungi da me presentare questa come una lista di regole o comandamenti. Le annotazioni che seguono sono soltanto una serie di osservazioni sul campo che mi hanno aiutato nello strutturare le mie intenzioni. Sono molto semplici, ma, per questa stessa ragione, mi hanno trasmesso serenità durante la preparazione della biennale. Dovrei inoltre far notare che sono riflessioni col senno di poi.

Mentre ero impegnato nella preparazione di queste mostre, mi sono ritrovato a lavorare in una maniera molto più istintiva, senza seguire alcuna formula, ma posso certamente dire che in ogni biennale da me curata ho cercato, più o meno intuitivamente, di affrontare i seguenti argomenti. Nello scrivere questi appunti, ho provato ad essere il più sincero e chiaro possibile. Alcune affermazioni potranno sembrare generiche e superficiali, ma non è mia intenzione essere esaustivo, né proporre una dottrina sulle biennali. Questi sono soltanto alcuni dei pensieri che mi hanno guidato nella preparazione di alcune biennali, e spero saranno utili a coloro i quali prepareranno o studieranno le future biennali.

°° 1 °° Ogni biennale si adatta ad una sequenza diacronica e sincronica: In altre parole, quando lavori ad una biennale devi agire in contrasto e in relazione con la precedente, ma anche in contrasto e in relazione alle altre biennali in giro per il mondo. Personalmente, ogni volta che ho lavorato ad una biennale, ho trovato molto utile provare a riassumere in poche parole la "metafisica" della biennale in quel particolare momento, per esempio, il modello predominante. Se riesci a definire questo modello, allora sei nella posizione di dargli una forma diversa o perlomeno eviti di restare impantanato in sterili ripetizioni di formule prestabilite. Trovo inoltre vantaggioso individuare i tipi di biennali o mostre precedenti che sono state relegate in posizioni marginali all'interno della storia e del canone dell'arte contemporanea: le mostre che sono state fortemente criticate o dimenticate possono servire come interessante casi studio o ispirazione per trasformare il formato delle biennali; in altre parole, per trovare un nuovo modello da contrapporre al modello di biennale predominante.

°° 2 °° Ogni biennale è site-specific. Essa deve reagire e interagire con il contesto nel quale è stata allestita. Ma ci sono diversi modi di relazionarsi al luogo in cui una mostra è stata organizzata, e sono diffidente di quella sottocategoria di biennale che mescola una mentalità politica con banali mezzi per coinvolgere gli spettatori. In altri termini, è dovere del curatore della biennale inventare nuovi modi per interagire con il luogo e il suo pubblico. Trovo inoltre utile ricordare a me stesso quanto sia importante considerare non solo da dove l'arte proviene ma anche dove essa ti può portare. Cosa più importante, è necessario ricordare che l'arte interattiva e divertente non è l'unica strada per appassionare gli spettatori. Questi ultimi possono essere attirati attraverso la loro intelligenza e i loro occhi, non soltanto programmando consuete esperienze partecipative. In parte, ciò significa che una nuova biennale immagina e produce un nuovo tipo di spettatore. Ciò potrebbe anche voler dire che una nuova biennale immagina e produce un nuovo sito, o cambiando gli spazi in cui ha luogo, creando nuove connessioni tra le opere e gli spazi espositivi, oppure offrendo un'esperienza dei siti del tutto nuova rispetto a come sono stati usati tradizionalmente.

∘∘ 3 ∘∘ Una biennale è fondamentalmente soltanto una grande mostra, il che significa che essa deve ancora funzionare come una mostra, e se possibile, una mostra realizzata bene. Troppo spesso, le biennali sembrano trasformarsi piuttosto in un cacofonico tutti contro tutti, gettando via ogni proposito di coesione. Le biennali meno apprezzate utilizzano titoli generici per mascherare una quasi intercambiabile serie di opere. Forse per comodità o per pigrizia, i lavori sono solitamente presentati come elementi separati – spesso con un ambiente per ogni artista – tali che non è neanche previsto si uniscano in un qualche tipo di coerente tutt'uno. Al contrario, io penso che la biennale sia una forma di coreografia, e in quanto tale deve essere attentamente costruita ed esaminata. Una biennale priva di una visione, argomento o metodo coerente è semplicemente un'opportunità sprecata. A rischio di sembrare troppo conservatore, direi che le biennali esigono un abilità che ogni curatore ha il dovere di affinare e perfezionare (dalle grandi didascalie alle pareti ai cartelloni pubblici che accompagnano un'esposizione, dalla qualità del montaggio all'effettiva conservazione delle opere d'arte). Una biennale dovrebbe nel caso ideale essere valida quanto o migliore di qualunque mostra di un museo.

∘∘ 4 ∘∘ Mentre sto realizzando ampie affermazioni, potrei anche aggiungere che una biennale dovrebbe trattare grandi problemi. Essa dovrebbe osservare l'arte per esaminare e affrontare quesiti fondamentali che sono improrogabili per gli artisti e per la cultura in generale. Ciò può sembrare ambizioso, ma la portata di quasi tutte le biennali consente piani ambiziosi, ed è responsabilità dei curatori e degli organizzatori usare le biennali per dedicarsi ad argomenti cruciali persino al di fuori del mondo dell'arte. Ciò che rende una biennale una grande esposizione non è soltanto il numero degli artisti, ma il coraggio di prendere in esame grandi temi. La modernità di una biennale non risiede soltanto nella sua abilità nella scelta degli artisti del momento – se una cosa del genere sussiste – ma piuttosto nella sua capacità di interessarsi a problemi di attualità e in qualche modo essenziali. Certo, si dovrebbe aggiungere che molte recenti biennali sono state inconcludenti esattamente perché hanno affrontato progetti ambiziosi ma generici che non si sono radicati nella pratica e nelle opere degli artisti.

°° 5 °° Storicamente, le biennali hanno definito il canone per l'arte del momento. Ma non puoi stabilire un canone senza smantellarne altri. Quindi una caratteristica riscontrata nelle migliori biennali è che esse impongono una visione del mondo contemporaneo oltre a ridefinire una discendenza o storia. In breve, le biennali migliori sono revisioniste: esse devono mettere in scena il loro stesso passato, provando a ridefinire le categorie di una storiografia che tende a cristallizzarsi in generi e stereotipi. Le biennali sono musei temporanei nei quali devono essere introdotte nuove narrazioni storiche.

°° 6 °° Una biennale deve fornire agli artisti risorse, spazi e forze per portare il loro lavoro ad un nuovo livello di complessità, sebbene non in eguale misura. Non penso che le biennali siano ambientazioni nelle quali tutti gli artisti e tutte le opere debbano essere trattate allo stesso modo. È un fatto pressoché accettato in ogni luogo che le biennali siano particolarmente adatte a mettere in scena nuovi lavori. D'altra parte, quando le biennali smettono di essere soltanto una vetrina per nuovi progetti, rischiano di sovrapporsi a fiere e gallerie d'arte. Per quanto abusato possa sembrare, dobbiamo tenere a mente che nuovo non è sinonimo di buono. Un pensiero ecologico: cose nuove andrebbero realizzate solo quando strettamente necessarie.

°° 7 °° Dovrebbe esserci almeno un elemento di follia in ogni biennale; come minimo un progetto, segmento, o scelta della sede incredibilmente difficile da dimenticare. Deve esserci perlomeno una sfida finanziaria, logistica, diplomatica o addirittura organizzativa tanto da essere un incubo per il curatore o causargli attacchi di insonnia mentre prepara la mostra. Senza quell'elemento di pazzia, persino la migliore biennale sembrerà sempre insignificante.

°° 8 °° Le biennali richiedono danaro. Molto spesso fa parte del lavoro di un curatore trovare ulteriori finanziamenti che aiuteranno ad ampliare l'ambito della mostra. Per me è sempre stato piuttosto istruttivo ritenere le biennali che ho preparato delle esposizioni per le quali non avrei mai avuto le risorse per ultimarle in qualunque altra occasione. Insomma, è la biennale che giustifica il budget, non viceversa.

°° 9 °° Le biennali contengono molteplici opere, molteplici mondi, e molteplici platee. Devono essere in grado di spostarsi senza problemi da un livello micro ad un livello macro e viceversa. Una biennale è una mostra che deve consentire un incontro intimo, un faccia a faccia tra una minuscola opera e un minuscolo individuo. Devono inoltre essere in grado di operare sia su dimensione urbana, sia su larga scala. Le migliori biennali sono in grado di operare in entrambe queste dimensioni, proprio come riescono a parlare con la stessa chiarezza e complessità sia ad un pubblico erudito sia ad uno che di arte non sa quasi nulla.

°° 10 °° Contrariamente a quello che il loro nome potrebbe suggerire, le biennali in realtà si verificano solo una volta: di solito, i curatori sono invitati a organizzare soltanto un'edizione di una biennale; non molti artisti tendono ad apparire più di una volta allo stesso evento; e il pubblico ritorna ad ogni edizione per vedere quanto sia diversa dalla precedente manifestazione. È questa percezione di compimento, questo senso di unicità che può diventare un'eccezionale motivazione per ogni biennale per mettersi alla prova e procurarsi quello status di totale rinnovamento che è alla base di ogni illustre biennale.

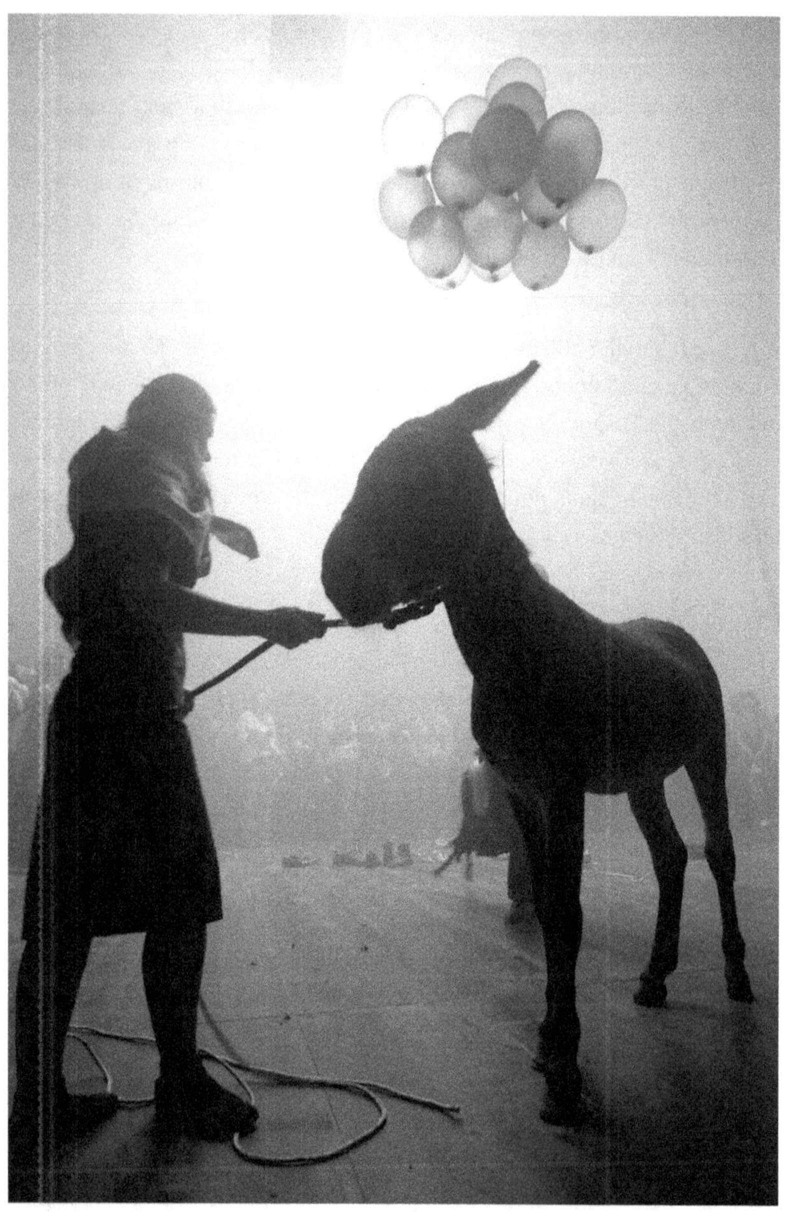

Cinthia Marcelle per il Premio Internazionale della Performance del 2006, organizzato dalla Galleria Civica di Trento e dal Drodesera Festival

Sono possibili mostre di ricerca e al contempo popolari?

Fabio Cavallucci

Avendo ricoperto quasi sempre la posizione di direttore - di varie istituzioni in Italia e all'estero - ho perlopiù affrontato il problema della curatela dal punto di vista di questa responsabilità, tenendo fortemente in considerazione un elemento del sistema dell'arte che spesso i curatori puri tralasciano: il pubblico. Un'istituzione artistica se da una parte non può esistere senza gli artisti, dall'altra non vive senza il pubblico che la frequenta. Questi due elementi della bilancia - l'artista e il pubblico - per quanto non necessariamente opposti, a volte possono confliggere. Una mostra eccessivamente d'avanguardia, rischia di essere autoreferenziale, di parlare solo a un ristretto gruppo di addetti ai lavori. Viceversa, un'esposizione troppo popolare può apparire banalizzante, non aggiungere nulla allo sviluppo dell'arte. La domanda pertanto diventa: come fa una ricerca inedita, il cui linguaggio non è ancora parte di un sapere comune, ad essere apprezzata da un largo pubblico? È possibile un'attività espositiva che sia al contempo profondamente innovativa ed estremamente popolare? È questa la questione che mi appassiona negli ultimi anni.

Se ai tempi delle avanguardie si fosse tenuto conto del presupposto dell'interesse del pubblico, probabilmente non avremmo avuto l'impressionismo che, non solo la gente comune, ma persino i critici d'arte di allora considerarono una degenerazione stilistica. Non avremmo avuto molte delle avanguardie, dal cubismo al dadaismo, apprezzate inizialmente solo da un ristrettissimo gruppo di cultori. E non avremmo nemmeno la memoria di centinaia di iniziative ed eventi visti al loro tempo solo da quattro gatti, a partire dalle performance seminali di Ulay e Marina Abramovic, di Vito Acconci o di Chris Burden.

Tuttavia un'arte senza pubblico, anche se bellissima, è inutile. La democratizzazione di tutti gli ambiti dell'agire umano, appoggiata ai principi di trasparenza e di libero accesso, tende a espandersi anche alla sfera culturale, dove non basta più una recensione sul "Corriere della Sera" per stabilire che qualcosa è valido, ma semmai vale la quantità di like. Pertanto anche l'arte contemporanea deve accettare la sfida della popolarità se vuole sperare di resistere. Per cercare di tenere insieme la ricerca avanzata e l'apprezzamento popolare, ho nel corso del tempo visto sviluppare e sperimentato personalmente varie strategie.

La prima e più comune, sfruttata da quasi tutte le grandi istituzioni, non è esattamente una strategia curatoriale, ma è una sorta di supercuratela che si esercita attraverso la scelta delle mostre da far convivere nello stesso periodo. La compresenza di mostre di diverso tipo decisa dai direttori o dai board dei musei serve a raccogliere contemporaneamente diversi target di pubblico. Quando a Vicente Todolì, allora direttore della Tate Modern, il suo board chiede di aumentare l'audience annuale, egli si vede costretto a fare mostre "di cassetta". Così, nel 2007, organizza un'esposizione di Salvador Dalí. In contemporanea, però, apre anche la prima grande mostra europea di Hélio Oiticica, un artista a quel tempo conosciuto solo da pochi cultori. I visitatori che accorrono alla Tate Modern per vedere Dalí avranno l'occasione di scoprire anche un artista brasiliano concettuale estremamente interessante di cui non avevano mai sentito parlare prima. Viceversa, il pubblico sofisticato degli addetti ai lavori e dei cultori avrà una ragione specifica per visitare il museo, al di là dell'ormai troppo inflazionato Dalí. È per questo motivo che le grandi istituzioni puntano ormai ad avere almeno tre o quattro mostre contemporaneamente. Il MoMA, ad esempio, nell'aprile del 2015, durante l'apertura del nuovo Whitney di Renzo Piano, cerca di accaparrarsi le visite del pubblico, che in quel momento potrebbero spostarsi verso il museo concorrente, con una serie di rassegne a largo spettro: inaugura la mostra pop della cantante Björk, ma anche si confronta direttamente con il museo antagonista con una esposizione di Jakob Lawrence, l'artista black degli anni Trenta che ha descritto la migrazione degli afroamericani dal sud al nord, accogliendo la sfida del Whitney di ripensare alla storia dell'arte americana con un occhio alle minoranze. Allo stesso tempo inaugura anche una mostra di architettura latinoamericana, e, come sempre, la collezione, con un highlight su opere recenti, da Rirkrit Tiravanija a Hito Steyerl. E tanto per non sbagliare subito dopo apre una retrospettiva di Yoko Ono, il cui nome per ovvie ragioni esce dal semplice consesso degli addetti ai lavori, ed una mostra sulla serie di *Campbell's Soup* di Andy Warhol.

Sono formule di bilanciamento: un po' di ricerca e po' di blockbuster, un po' per i palati fini e un po' per il pubblico generico. Questo sistema può funzionare, anche se è molto rischioso. Intanto, a che fine tutto ciò? Se la quantità di pubblico diviene il motivo principale per cui si fanno le mostre, qual è la ragione di esistenza dell'istituzione? I musei in questo modo sembrano diventare "macchine celibi", autoreferenziali, perdono un chiaro indirizzo di ricerca, che credo dovrebbe sempre guidare l'esercizio della funzione di direttori e curatori. Inoltre, se non ben concettualizzato, se non si trova una sintonia tra le iniziative, l'istituzione rischia di apparire un pout pourri, un po' come un mall, un centro commerciale. Per ovviare a questo problema, Francesco Manacorda, quando nel 2011 divenne direttore della Tate Liverpool, presentò un progetto del museo come una rivista, in cui le varie rubriche ruotano ogni volta attorno a un tema portante.

L'altro metodo per attirare un pubblico largo è quello di fare mostre di artisti molto noti, tali da essere conosciuti anche dai non addetti ai lavori. Palazzo Strozzi a Firenze, ad esempio, con la direzione di Arturo Galansino, porta avanti una serie di personali di artisti cult: Ai Weiwei, Bill Viola, Marina Abramovic. Così non c'è modo di sbagliare, sia sul versante del pubblico che su quello della qualità, perché di solito, a parte i gusti personali, gli artisti celebri sono tali proprio perché sono ottimi artisti. Ovviamente, anche in questo caso il rischio è che l'istituzione appaia come una macchina attira-pubblico, che non ci sia nel suo dna nessuna traccia di una ricerca specifica, caratterizzante. Ma i grandi nomi, presentati uno dopo l'altro, possono finire anche per dare un carattere all'istituzione. Eckart Schneider è riuscito a restare abbastanza a lungo a capo della Kunsthaus Bregenz da costruirne l'immagine con una successione di artisti, allora un po' meno importanti, ma già chiaramente sul punto di essere riconosciuti come i massimi della loro generazione: da Olafur Eliasson a Pierre Huyghe, da Santiago Sierra a Maurizio Cattelan. Tra il 2000 e il 2008 la Kunshaus era diventata abbastanza in voga, e Schneider l'aveva trasformata in un luogo nel quale gli artisti di qualità ambivano ad essere esposti, sebbene Bregenz non sia proprio al centro del mondo. Ora che se ne è andato, l'istituzione pare ripiombata nell'anonimato. Finito poi a dirigere la Fondazione Pinchuk a Kiev, Schneider ha trasferito lì il suo metodo, con mostre di Hirst, Koons, Kapoor. A Kiev, dove c'era anche una certa sete di scoprire i valori artistici "occidentali", di solito si formavano le file davanti allo stretto ingresso della Fondazione.

Un altro sistema per raggiungere un pubblico vasto è quello della provocazione: l'arte fora la cortina mediatica quando propone temi scottanti, quando le sue proposte fanno discutere, scatenano polemiche. Sono molti gli artisti che, negli ultimi decenni, hanno lavorato in questa direzione e altrettanti i curatori che li hanno supportati.

Ovviamente ciò non vuole dire che tutte le volte che un lavoro o una mostra fanno discutere ci troviamo di fronte a una proposta di qualità. Nel 1895, durante la prima Biennale di Venezia, il lavoro più discusso fu *Il supremo convegno* di Giacomo Grosso, raffigurante delle ragazze discinte in una danza invasata attorno a un feretro in una chiesa. Per l'artista era la fine di un libertino, ma si pensò a un *sabbah* infernale. La Chiesa lo attaccò e invitò il pubblico a boicottare la mostra. Il divieto, di solito è il modo più sicuro per ottenere l'effetto opposto, e infatti il pubblico andò in massa. Se questo servì a lanciare l'allora neonata manifestazione lagunare, non è stato altrettanto foriero di lunga fama per il suo autore, finito presto nel dimenticatoio.

Bisogna ammettere che una volta scoperto il meccanismo, ci sono artisti (o sedicenti tali) che hanno usato la polemica pubblica solo per ottenere attenzione. Ma la provocazione spesso può essere sincera. Come meglio manifestare il dramma fisico della morte se non gettando la testa di una vacca in mezzo allo spazio espositivo, come fece Damien Hirst in una delle prime mostre da studente, facendola poi diventare, dopo qualche anno, *A Thousand Years*, origine di nugoli di mosche che vanno a morire in una trappola elettrica, racchiudendo in un lavoro l'intero ciclo dell'esistenza? Certo, discussioni, polemiche e grande attenzione mediatica sono stati gli ingredienti che hanno lanciato gli YBA. Più se ne parla, più il pubblico accorre.

L'attenzione del mondo della comunicazione, tuttavia, non è garanzia che il messaggio passi nel modo corretto. Spesso i media deformano, e soprattutto, quando dalle pagine della cultura si passa a quelle della cronaca, non c'è più nessuna difesa da parte dell'apparato artistico: l'opera è in balia del sistema di comunicazione e delle opinioni del pubblico generico, generalmente entrambi poco preparati. Il lavoro del curatore, in questo caso, è un po' di garanzia culturale per il lavoro e po' di salvaguardia dell'istituzione.

Quando si invitano tali artisti bisogna anche avere ben presente che, al di
là del rischio di polemiche, c'è anche quello ancora più grave di doversi
manifestare come censore per il bene dell'istituzione. Sono fermamente
convinto della necessità di libertà dell'arte, ma talvolta, se la polemica si
allarga, la difesa dell'istituzione potrebbe richiedere un comportamento più
conservatore. E non è detto che il curatore, o il direttore, riescano sempre a
tenere l'equilibrio. Pare che Bartomeu Marì, direttore del Macba di Barcellona,
abbia appreso all'ultimo minuto della presenza in una mostra di una scultura
di Ines Douiak raffigurante l'ex sovrano di Spagna Juan Carlos penetrato dalla
leader delle lavoratrici boliviane Domitila de Chúngara, a sua volta penetrata
da un cane pastore tedesco, su un letto di elmetti delle SS. Di ragioni per
polemiche e discussioni ce n'erano ammassate tante: critica alla monarchia,
provocazione sessuale, riferimenti al nazismo… Come comportarsi? Non è
facile, anche perché il suo giudizio sull'opera probabilmente non era molto
positivo. Il direttore chiede ai due curatori, Valentín Roma e Paul B. Preciado,
di togliere il lavoro dalla mostra. Al loro rifiuto decide di cancellare l'intera
esposizione. Ma poi, sommerso dalle proteste, qualche giorno dopo la apre
comunque. E infine si vede costretto a dimettersi, licenziando al contempo
i due curatori. Visto da fuori, il suo operato può risultare criticabile sia da
una parte che dall'altra. Ma vi garantisco che non è per nulla facile gestire
situazioni del genere.

Anche a me è capitato più volte di invitare artisti che con le loro opere
suscitavano polemiche e discussioni. E ciò non è accaduto per caso, ma
come conseguenza del mio interesse all'espansione dell'arte nella sfera
pubblica. E qui, ovviamente, nell'ambito pubblico, è più facile imbattersi
in differenti, talvolta opposti, punti di vista. Per farlo nel modo più sicuro
possibile, ho nel tempo elaborato una metodologia: quella di costituire
una rete di salvaguardia prima che l'evento o la mostra potenzialmente
provocatori abbiano luogo. Un caso è stato quello di Cai Guo-Qiang a Trento.
Nel 2002, da poco nominato direttore della locale Galleria Civica per l'Arte
Contemporanea, avevo invitato l'artista cinese vincitore del Leone d'oro alla
Biennale di Venezia del 1999, maestro della pirotecnica declinata in senso
artistico, a realizzare la sua prima mostra personale in Italia. Sui lavori in
galleria non c'erano problemi particolari, anche se uno (la riproposizione
dei datzebao del dibattito feroce avuto in Cina all'uscita di *Chung-Kuo, Cina
di Antonioni*, con attacchi durissimi al regista) avrebbe potuto spiacere alle

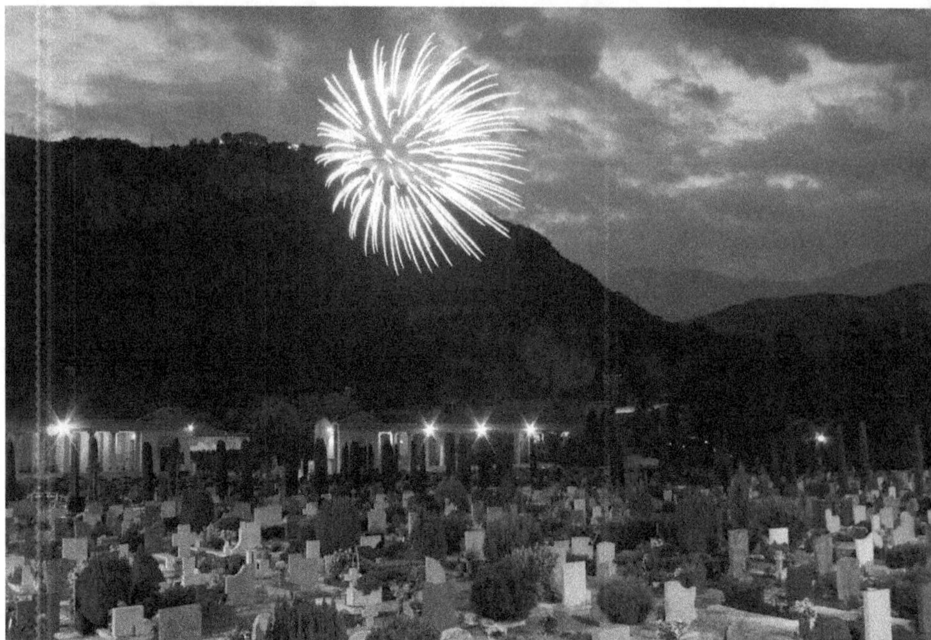

Cai Guo-Qiang, *Ethereal Flowers*, Galleria Civica di Arte Contemporanea, Trento 2002

attuali autorità cinesi e un altro (un sottile fiume di fuoco che si snodava nel seminterrato) poneva rilevanti problemi di sicurezza. Ma quello che presentava il maggior grado di rischio, in termini di controversie pubbliche, era il progetto esterno per la città, che io stesso avevo chiesto all'artista con insistenza di pensare. Avevo in mente il dragone di fuoco che era apparso nel cielo sopra la Kunsthalle di Vienna per pochi secondi tra le gru installate nel Museumquarter durante la sua ristrutturazione. Oppure uno dei progetti per extraterrestri in cui l'artista si metteva al centro di cerchi concentrici di polvere da sparo che poi faceva esplodere in un instante brevissimo e intenso.

Eravamo in giro per la città della quale mostravo le bellezze architettoniche come ero solito fare quando cercavo di suggestionare un artista perché gli sorgesse un'idea: il Castello del Buonconsiglio, la Torre Vanga, il Duomo... Cai era indeciso. Ricordando la prima forte impressione che avevo avuto la prima volta che ci ero andato io stesso, decisi di portarlo in cima a Sardagna,

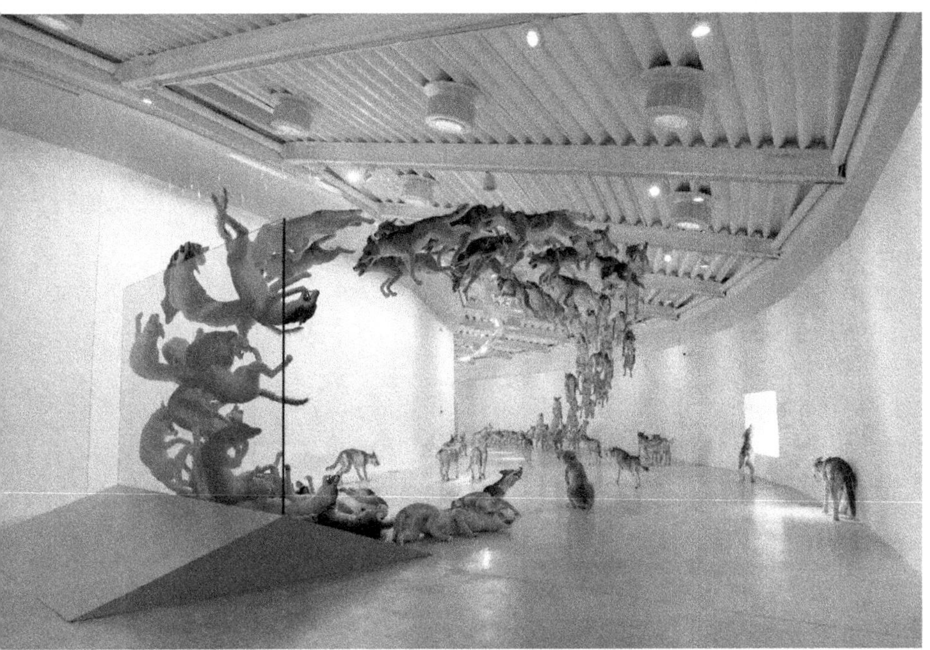

Cai Guo-Qiang, *Head On*, 2006 (*La fine del mondo*, Centro per l'Arte Contemporanea Luigi Pecci, 2016)

il picco che sovrasta Trento e si raggiunge con la teleferica dalla città. Lassù, dall'alto, vidi che lo sguardo di Cai si andava a fissare su un rettangolo preciso della città. "Lì", indicò. "Lì dove?", chiesi, sperando di aver capito male. "Lì. Il cimitero".

Capite cosa avrebbe significato un'esplosione di fuochi d'artificio sul cimitero di Trento, la città che era stata sede del Concilio e che del severo cattolicesimo conciliare manteneva ancora il carattere? La sera a cena, Cai mi spiegò meglio il progetto: "Noi siamo i vivi, e siamo sopra, sulla montagna. Giù ci sono i morti, nella terra. Dall'alto vediamo i fuochi esplodere in basso come tanti fiori che sbocciano". E accompagnava il racconto con gesti della mano che simulavano esplosioni lente e silenziose: "Pfuhhhh, pfuhhhh... Sono fiori in omaggio ai defunti".

Non c'era bisogno di approfondire il significato del fuoco nella cultura orientale - elemento di distruzione e di morte ma anche di rigenerazione - per comprendere la poesia che sprigionava da questo progetto. Una serie di fiori che sbocciano, piccoli, silenziosi, in basso, visti da lontano: sarebbe stato da ottusi non realizzare un progetto così.

Ma il percorso non sarebbe stato semplice. Come ottenere le necessarie approvazioni? Come far sì che il dolore della povera vedova che non si capacita del perché sulla tomba del suo caro estinto sia stata fatta una festa di esplosioni colorate non venga strumentalizzato per fini politici? E soprattutto come ottenere che passi il messaggio corretto e i media divengano strumento positivo di comunicazione della giusta interpretazione del lavoro?

Per prima cosa decisi di rivolgermi al massimo rappresentante politico della Provincia, che in quanto autonoma ha tutte le funzioni di un piccolo stato e il suo presidente è ancora un po' una sorta di principe-vescovo. Chissà, forse perché per la prima volta un direttore chiedeva di incontrarlo non per pretendere soldi ma per promuovere una performance, oppure perché qualche anno prima, appena divenuto giovanissimo sindaco di Trento, i fuochi delle Feste Vigiliane avevano incendiato il bosco sotto Sardagna e questo gli aveva portato fortuna nella carriera politica, Lorenzo Dellai decise di appoggiare il progetto. "Tutto fatto", direte voi. In realtà le critiche e le strumentalizzazioni, di solito, vengono dalle opposizioni. Quindi occorreva garantirsi anche l'appoggio del Centrodestra. La fortuna volle che un importante rappresentante dell'Udc trentina, il senatore Renzo Gubert, fosse presidente dell'associazione interparlamentare di amicizia Italia-Cina. Alla richiesta di collaborazione il Senatore fu ben disponibile, anche perché Cai Guo-Qiang, a suo tempo fuoriuscito, era sul punto di rientrare ormai nei favori del governo cinese e questa mostra avrebbe potuto suggellarne il passaggio a livello diplomatico. Non a caso, sarà proprio in questa occasione che per la prima volta un diplomatico cinese, il viceambasciatore, presenziò ad un'inaugurazione dell'artista. Infine valeva la pena coinvolgere anche l'Università. Il terzo importante viaggiatore europeo in Cina, dopo Marco Polo e Matteo Ricci, è stato il trentino Martino Martini. A Trento esiste un Centro Studi, connesso alla Facoltà di Sociologia, dedicato al monaco gesuita, con lo specifico fine di sviluppare i rapporti tra le due nazioni. Così anche sul piano culturale, ci fu chi ebbe interesse e ragioni per lavorarci. Perché non coinvolgere direttamente anche la stampa, direte voi? La stampa fa sempre il suo mestiere: se ha un segreto in mano, lo pubblica. Quindi va evitato qualsiasi contatto prima che sia giunto il momento di far conoscere un progetto.

A questo punto il lavoro era fatto. La rete di difesa costituita. Quando la maggioranza dei trentini sentì le esplosioni e vide le faville ricadere sul cimitero, mentre solo un'esigua minoranza informata si trovava sulla cima della montagnola ad assistervi come a una fugace fioritura, non ci fu molto spazio per le polemiche. I giornali provarono il giorno successivo a fomentare un poco le discussioni, ma appena si capì che la copertura politica era totale, tutto si smorzò rapidamente. La Galleria Civica, che fino allora era poco conosciuta, cominciò ad essere nota in città, anche se non ancora necessariamente visitata.

Il lavoro del curatore, in questi casi, diviene un po' quello del diplomatico: occorre sapersi muovere tra uomini politici e personalità di vario tipo al fine di disinnescare preventivamente le ripercussioni sull'istituzione. Ciò, ovviamente, è molto più sentito quando si è responsabili di un museo o di centro d'arte pubblico. Il curatore *free lance*, non legato specificamente a un'istituzione, potrebbe anche non essere interessato a creare un sistema di questo tipo, dal momento che la ricaduta negativa di un evento polemico non investirebbe lui, ma principalmente l'istituzione per cui è organizzata.

Un altro caso interessante per il quale ho dovuto costruire una rete consistente di salvaguardia è stata la mostra di Maurizio Cattelan realizzata nel 2012 a Varsavia, quando dirigevo il Centro per l'Arte Contemporanea del Castello Ujazdowski, un grande centro d'arte collocato in un castello barocco ricostruito. Già la mostra metteva alla prova i palati più indulgenti, dato che l'artista vi aveva concentrato almeno tre o quattro tra i suoi lavori più controversi, a partire da uno dei tre "bambini impiccati" pendente da un portabandiera all'ingresso del Castello. Poi il cavallo con il cartello con la scritta INRI piantato nel costato, la donna crocefissa, e via di questo passo. Per di più, il titolo che Cattelan aveva voluto dare all'esposizione era *Amen*, che nella cattolicissima Polonia sembrava (o forse era) fatto apposta per essere sicuri che non passasse inosservata. Ma ancora una volta il lavoro che più avrebbe scosso gli animi era quello esterno, collocato in città, che io per un ostinato desiderio di coinvolgimento del territorio quasi sempre tendo a richiedere agli artisti. Nel 2012 Cattelan aveva già pubblicamente affermato di essere andato "in pensione" e quindi non realizzava più nuovi lavori, semplicemente ricollocava quelli vecchi. Ma la collocazione di un lavoro in un nuovo spazio può aggiungere molti significati.

Ricordate l'Hitlerino bambino in ginocchio, con le braccia conserte in preghiera? *Him*, un lavoro che già aveva fatto scalpore, con quel corpo minuto ma quel volto così spaventoso, e che era anche già passato in asta per la cifra considerevole di due milioni di dollari (poi, dopo questo episodio, raggiungerà i 17 milioni). Dove collocarlo? Nel ghetto di Varsavia, ovviamente. Nel luogo che ha più sofferto della crudeltà del soggetto ispiratore. Detto così può sembrare pura provocazione. In realtà bisognerebbe aver visto l'installazione reale: la scultura venne collocata in uno dei pochi palazzi del ghetto rimasti come allora, in un corridoio che dava su un cortile interno, visibile solo dalla strada attraverso un buco sul portone di legno chiuso. Visto di spalle, controluce, in lontananza, *Him* sembrava un bambino in preghiera. Solo i manifesti dell'esposizione mostravano il suo terribile volto. Il concetto era che il male, non riconoscibile a prima vista, si può trovare ovunque, anche nelle sembianze di un bambino che prega. Del resto, anche Hitler è stato a suo tempo un bambino innocente.

Non facile dunque, anche qui, realizzare l'intervento, e tanto meno salvarsi dagli attacchi e dalle polemiche. Ottenere i permessi fu relativamente semplice. Più complesso costruire una rete di alleanze, anche perché ero in un paese straniero, in cui mi muovevo inevitabilmente con più difficoltà. La Chiesa polacca, che avrebbe potuto avere qualcosa da ridire soprattutto sulle opere in mostra, era in qualche modo già stata coinvolta quando, qualche tempo prima, avevamo tentato di esporre *La nona ora*, il papa Woytila colpito da un meteorite, in una chiesa di Varsavia. Senza riuscirci, ma con l'appoggio a sorpresa del Cardinale Nycz, il Primate della Capitale. Ma ora il nodo maggiore era rappresentato dalla comunità ebraica. Ricordo che organizzammo una serie di incontri, insieme a Justyna Wesołowska, curatrice della mostra, e Joanna Szwajcowska, vicedirettrice del Centro. Vedemmo, uno dopo l'altro, il Direttore del museo ebraico, poi il Presidente del nuovo museo degli ebrei polacchi (che era l'ex Ministro della Cultura Waldemar Dabrowski), il rabbino di Varsavia Michael Schudrich, e infine Władysław Bartoszewski, un polacco ritenuto estremamente importante per la comunità ebraica in quanto aveva salvato numerosi ebrei durante l'Olocausto. Non ottenemmo da tutti un consenso: Dąbrowski ad esempio ci mise in guardia dai rischi. Il rabbino, che ritenevamo una figura chiave, fu abbastanza favorevole. Ciò che ci sembrò allora dirimente fu la positività di Bartoszewski, con cui parlammo per interposta persona. Da ultimo incontrammo anche il Ministro

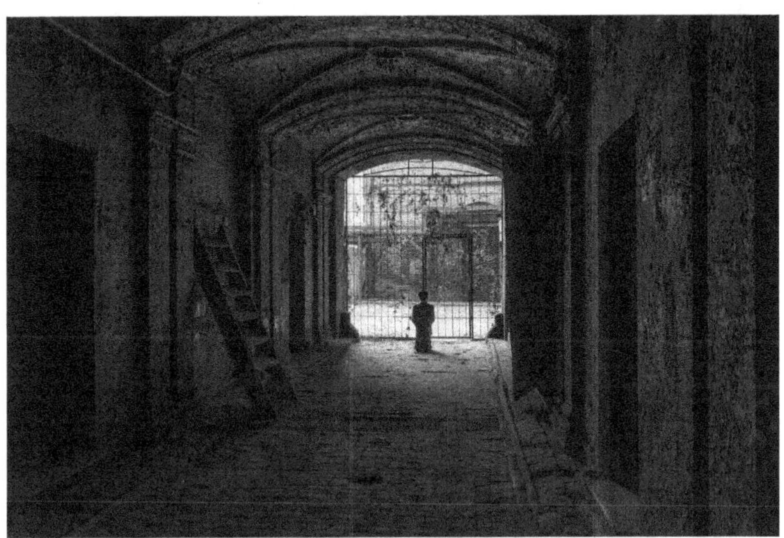

Maurizio Cattelan, *Him*, 2002, esibito nel ghetto di Varsavia, 2012. Foto: Zeno Zotti

Bogdan Zdrojewski, per informarlo dell'intero proposito. I Ministri della Cultura, in quegli anni, in Polonia, non si sarebbero mai permessi nemmeno di accennare a censurare un progetto artistico, pena diventare invisi a tutta la comunità culturale. Il che, oggi, è radicalmente mutato, dopo la presa del potere della Destra di Kaczyński.

Così l'operazione prende il via. Qualche critica ai riferimenti religiosi da parte di webfanzine di estrema destra, un paio di interpellanze parlamentari sul bambino impiccato all'esterno del Castello Ujazdowski, ovviamente articoli di giornale, tanto pubblico alla mostra, l'*Him* nel ghetto guardato a vista notte e giorno dalla strada e dal retro, ma niente di più. Cattelan era persino scontento e preoccupato che il lavoro non avesse funzionato.

È passato più di un mese ormai dall'inaugurazione, quando da Israele arriva un comunicato stampa del Centro Simon Wiesenthal, l'organizzazione degli agguerriti cacciatori di teste naziste: "una provocazione senza senso che insulta la memoria degli ebrei vittime del nazismo". Subito il comunicato fa il giro del mondo. Giornali cinesi, russi, americani, ma anche televisioni arrivano da tutti i continenti e fanno servizi riprendendo l'immagine

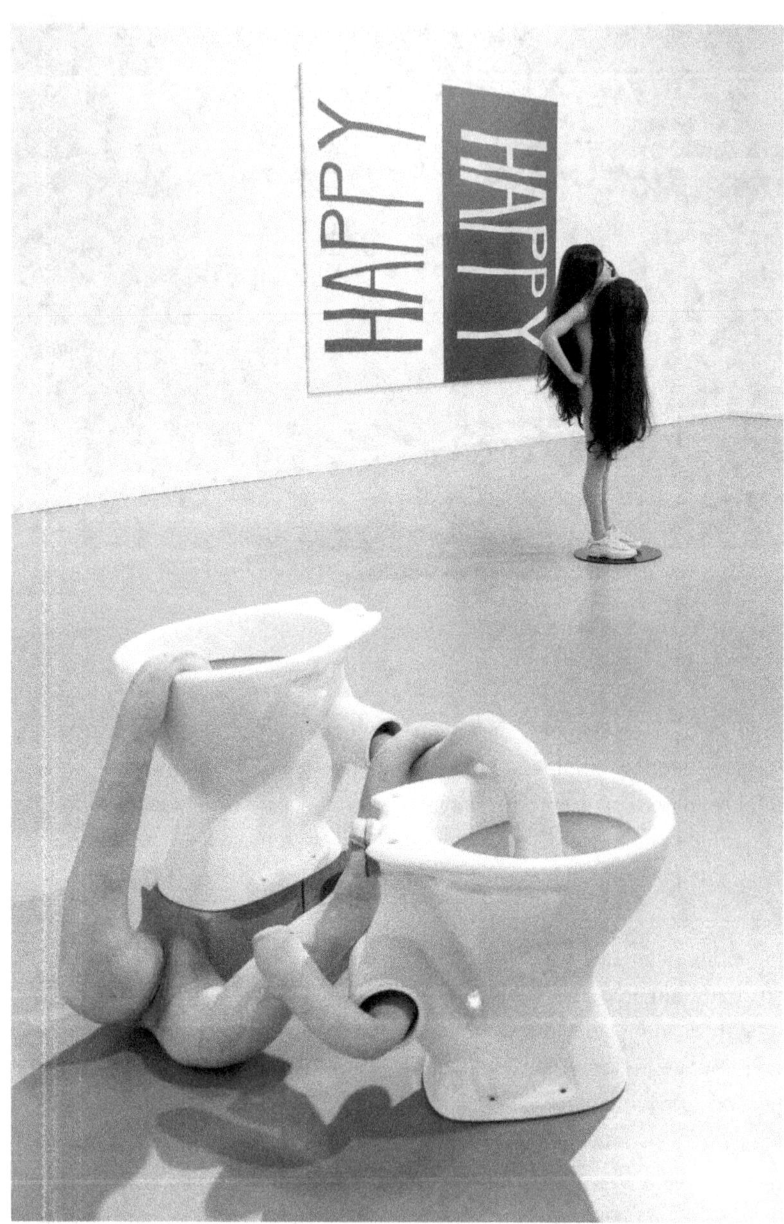

British British Polish Polish, a cura di Marek Goździewski e Tom Morton, Castello Ujazdowski, Varsavia 2013. Foto: B. Gorka. Courtesy: Artribune

dell'Hitlerino nel cortile del ghetto, chiedendo opinioni a persone per strada, intervistando i responsabili e personalità del mondo ebraico. Io ovviamente difendo il lavoro, raccontando la linea interpretativa del male nascosto potenzialmente ovunque. Il rabbino, che aveva scritto anche un testo per il catalogo, la prima volta ammette che sì, anche lui aveva ravvisato nel progetto un intento educativo. Ma poi, probabilmente assediato dalle telefonate, in una nuova intervista deve asserire che il progetto è sbagliato e l'artista e il direttore hanno fatto male a realizzarlo. Nel vortice comunicativo di quei giorni, il pubblico aumenta, l'esposizione diviene una delle più visitate del Centro. Così come è esploso, poi, il caso dopo pochi giorni si sgonfia, senza lasciare nessun segno alla mostra o all'istituzione, dimostrando la validità del sistema di rete che avevo adottato.

Si potrebbe pensare che le cose funzionino così comunque, che in realtà la rete di coperture precostituita sia sostanzialmente inutile. Se si osserva un altro caso, sempre accaduto durante la mia direzione al Castello Ujazdowski, ci si accorge che non è così. Siamo nel 2013 quando lancio l'idea di una mostra che metta a confronto gli Young British Artists con gli esponenti dell'Arte Critica Polacca, due movimenti paralleli, che all'incirca negli stessi anni avevano sviluppato tematiche simili, toccando i temi della vita e della morte, della malattia, del sesso, della religione, provocando in entrambi i casi discussioni e polemiche e, in entrambi i casi, aprendo le porte della popolarità all'arte contemporanea. Certo, con la differenza che i primi incontrarono lungo la strada Charles Saatchi e Jay Jopling, il Turner Prize e la Tate Modern, un sistema promozionale e commerciale che li ha imposti in tutto il mondo, mentre i secondi, a quel tempo, non pensavano nemmeno che l'arte potesse essere venduta. *British British Polish Polish,* era il titolo della mostra, curata da Tom Morton e da Marek Goździewski, che oltre alla generazione storica dei due movimenti, metteva a confronto anche la generazione successiva di artisti di entrambi i paesi. Da qui il raddoppiamento nel titolo.

L'arte critica polacca, all'inizio degli anni Novanta, aveva prodotto feroci polemiche e animate discussioni che conoscevo bene, ascoltate dalla viva voce di uno dei suoi protagonisti, Katarzyna Kozyra, tra i fondatori del movimento. L'artista era stata autrice di uno dei casi che più avevano scosso la Polonia appena uscita dal comunismo, quando, nel 1993, anno di grazia per l'intero gruppo, la maggior parte dei cui esponenti si diplomava al corso di Grzegorz Kowalski all'Accademia di Varsavia, come lavoro finale aveva presentato *La piramide degli animali*: un cavallo, un cane, un gatto e un gallo impagliati, ispirati ai musicanti di Brema, con a fianco, però, anche il video della drammatica uccisione del cavallo. Il che scatenò inevitabili critiche. Ciò che impose quella generazione di artisti fu il fatto che, avendo la Polonia conosciuto la censura durante il comunismo, nonostante i perbenisti considerassero quest'arte negativa e inopportuna, nonostante da qui nascessero violente polemiche e discussioni feroci come solo in Polonia possono accadere, alla fine la conclusione *vox populi* era: "meglio la peggior arte della censura".

La piramide degli animali e altri lavori di quegli anni erano in breve diventati l'emblema della nuova libera Polonia. Un po' confidando in questo principio, un po' perché ne parlai con il curatore polacco il quale mi rassicurò che il lavoro era stato esposto diverse volte, talvolta anche con la presenza del vescovo all'inaugurazione, non mi preoccupai più di tanto di un'altra opera, anch'essa realizzata per la prova finale dell'Accademia di Varsavia nel corso di Kowalski del 1993: *Adoracja* (Adorazione) di Jazek Markiewicz. Era un video in cui l'artista nudo, steso a terra, accarezzava un antico crocifisso ligneo. Nulla di pornografico: il lavoro era stato realizzato all'interno del Museo Nazionale Varsavia, che al tempo aveva anche concesso la possibilità di usare il crocifisso. L'intento dell'artista era di investigare il sentimento popolare pieno di carnalità che fa sì che le statue sacre vengano baciate e accarezzate dai fedeli.

British British Polish Polish stava ottenendo un grande successo, un folto pubblico arrivava quotidianamente al Centro, nulla di particolare si era rilevato sul piano delle rimostranze di carattere etico, anche perché si trattava fondamentalmente di una ricostruzione storica, di uno spaccato dell'arte polacca e britannica di una ventina di anni prima, mentre le generazioni più giovani non toccavano tematiche provocatorie. Dopo oltre un mese, nelle fanzine web dell'ultradestra cominciano a uscire degli articoli in cui si fa riferimento a un uomo nudo che "fa sesso con un crocefisso". Ciò che sappiamo, come insegna Gombrich, influenza ciò che vediamo. Da quel momento tutti, o perlomeno gli esponenti della destra e i cattolici conservatori, iniziarono a vedere nel video un uomo che faceva sesso con un crocefisso. Lo stesso Cardinale Nycz, che sul papa di Cattelan aveva manifestato un'apertura insperata, invia tre investigatori i quali tutti gli riportano che l'opera è esecrabile, e nonostante la stima nei miei confronti che mi fece pervenire per mezzo del suo segretario italiano, è costretto a condannarla pubblicamente. Un giorno, mentre mi trovavo a New York, apprendo che ci sono trecento persone, tra cui alcuni parlamentari, che stanno protestando con bandiere e striscioni davanti al Castello chiedendomi di chiudere la mostra. Da quel momento - eravamo ormai giunti alle ultime settimane di apertura - ogni giorno una decina di cattolici ortodossi entra nel Centro, pagando il regolare biglietto, e si mette con le spalle al video a recitare per tutto il tempo il rosario. Una performance che per non surriscaldare ulteriormente gli animi decidiamo di non contrastare. Giornali e televisioni si dedicano con sempre maggiore intensità alla vicenda. Una sera, intervistato dalla tv nazionale, mi trovo a parlare dell'argomento seguito da Jarosław Kaczyński in persona, io a difendere la libertà dell'arte, lui a confermare di essere sì contro la censura, ma sostenendo che esiste un'arte buona e una cattiva: quella buona la devono mostrare le istituzioni pubbliche, quella cattiva i privati. Che poi in tutta la Polonia esistessero in pratica solo un paio di fondazioni private e un numero non superiore alle dita di quattro mani di buone gallerie è questione di secondaria importanza.

Si arriva così al penultimo giorno della mostra. È un giovedì, giorno di ingresso gratuito. Nel Centro ci sono alcune migliaia di persone. Tra loro, oltre ai soliti manifestanti, c'è anche chi gira con cartelli sandwich contro il direttore. Dopo avere invano gettato topi tra i piedi delle persone che visitavano la mostra (che non so come il personale del Centro riesce prontamente a catturare), nonostante le potenziate misure di sicurezza qualcuno improvvisamente lancia delle uova riempite di colore rosso sulla proiezione e sul proiettore. Il risultato è che il video non può più continuare e sulla parete per l'ultimo giorno resta una bella opera informale di stile pollockiano.

Non voglio dire che se si fosse attuata una rete di sicurezza tutto ciò non sarebbe successo. I miei colleghi polacchi non si erano accorti di essere di fronte a un cambiamento sostanziale nella concezione della libertà dell'arte in questo paese, che da allora sta avvicinandosi a quella di molti altri paesi europei, dove l'arte è subalterna alla politica. Tuttavia, chissà, se il Cardinale Nycz fosse stato avvertito per tempo, se qualche esponente della destra fosse stato coinvolto, se si fosse subito sentito il vescovo che negli anni Novanta aveva partecipato senza fiatare alle inaugurazioni delle mostre in cui *Adoracja* era stato esposto, forse non ci saremmo trovati di fronte a queste conclusioni.

Il racconto di queste vicende non deve far immaginare che tutto si riduca ad una strategia di prevenzione. Un altro aspetto fondamentale è l'attività educativa. La quale non è da pensare solo per i bambini, per le classi che vengono scortate nei musei per attività che di solito, dopo qualche anno, non lasciano alcuna memoria e non li rendono adulti preparati e interessati, cosa su cui bisognerebbe cominciare a porsi qualche domanda. Parlo proprio dell'elemento educativo intrinseco alla mostra, quello che emerge dalla distribuzione delle opere, dai cartelli informativi, dalle didascalie e che, se ben gestito, può favorire la trasformazione di una mostra comune in un buon attrattore per il pubblico, consentendo un più facile accesso. Qui il compito del curatore è davvero importante, perché la modalità di presentazione delle opere influisce sulla loro leggibilità. La didascalia a fianco del lavoro, che a volte può sembrare banalizzante, assurge talvolta alla funzione di completamento dell'opera stessa. Provate ad esempio a capire qualcosa della lettera di Saint Théophane Vénard al proprio padre prima della decapitazione, esposta da Danh Vo, se l'artista non vi avesse allegato anche una breve spiegazione, che racconta che ciò che si vede è la copia fatta a mano da Phong Vo, padre all'artista, che non conosce il francese e pertanto l'ha riprodotta come puro fatto estetico, collegando le vicende del Santo a quelle personali, facendo così scaturire dalle intercapedini della realtà una sottile poesia.

Fui allarmato quando una mattina di gennaio del 2013, mentre ancora le polemiche sull'Hitler nel ghetto non si erano del tutto sopite, ricevetti un'e mail da Jan Truszczyński, direttore generale del Dipartimento di Cultura della Comunità Europea. In realtà non accennava minimamente alle polemiche: ringraziava per la bella mostra che aveva visitato, ma soprattutto si complimentava con la brava ragazza che l'aveva guidato e gli aveva spiegato il significato delle varie opere. Complice il basso costo del personale in Polonia, avevo arruolato degli studenti per informare gratuitamente chi avesse voluto conoscere di più sui lavori in mostra e sull'artista. I ragazzi stavano all'ingresso dell'esposizione e quando qualche visitatore manifestava interesse per ulteriori spiegazioni lo accompagnavano come discreti ciceroni. Diciamo che si tratta di un'evoluzione della didascalia. Ma siccome il pubblico il più delle volte è svogliato, si stanca a leggere, sopperire con la modalità acustica può essere un vantaggio. Questo spiega il grande successo delle guide acustiche, che però hanno il limite di non interagire, di restare passive e di non sollecitare il desiderio di partecipazione del pubblico. Insomma, l'aspirazione ultima, l'utopia, sarebbe di opere che parlano da sole in un reciproca interazione con lo spettatore.

Tutti gli esempi che abbiamo raccontato finora costituiscono in realtà dei corollari, delle forme accessorie rispetto allo strumento principale, ossia una mostra che sia in sé allo stesso tempo di ricerca e popolare.

L'arte non è un elemento autonomo, separato dal mondo, ma un mezzo atto a comprenderlo. Per questo non mi interessano tanto le dinamiche interne del tipo, che so, "l'arte americana dal 1930 al 1960", o "l'informale in Europa nel Dopoguerra", e così via. Il che non significa che mostre di questo tipo non abbiano senso. Solo che il mio interesse è maggiormente indirizzato verso ricerche che tentino di interpretare i cambiamenti a cui il mondo è sottoposto, soprattutto oggi, quando essi sono così tangibili e allo stesso tempo difficili da decifrare. Diceva McLuhan: "l'arte è uno strumento per riequilibrare la nostra percezione modificata dall'avvento di un nuovo medium". Ma l'arte è spesso stata capace di intuire prima i grandi cambiamenti. Quando i pittori del primo Quattrocento introducono la prospettiva, non solo inventano una modalità stilistica, ma cominciano a interpretare la realtà in modo razionale, matematico, modalità alla quale la scienza arriverà solo due secoli dopo. Ecco, dunque: ciò che mi interessa è utilizzare l'arte per capire il presente e possibilmente il futuro. Posta in questi termini l'arte dovrebbe interessare una fetta molto più larga di persone.

Il primo elemento per costruire un mostra che possa parlare a un largo pubblico è il tema. Se il tema è troppo intrinseco al sistema dell'arte, se non intende l'arte come strumento di lettura dei cambiamenti contemporanei, non è in grado di raccogliere un interesse vasto.

Al di là delle mostre che si riferiscono a periodi o movimenti storico-artistici di cui si diceva sopra, non amo molto le esposizioni il cui titolo è un motto, una frase sibillina, qualcosa che non comunica direttamente l'argomento, ma sembra voler essere intellegibile solo ad un'élite di iniziati. Così, ad esempio l'ottava Biennale di Berlino (2014), curata da Juan A. Gaytán, *Doable Sayble Thinkable* (Fattibile, dicibile, pensabile), o la 30ª Biennale di San Paolo dello stesso anno, *How to (Talk about) Things That Don't Exist* (Come parlare di cose che non esistono) a cura di Charles Esche, oppure, peggio ancora, *A Needle Walks into a Haystack* (Un ago cammina in un pagliaio) dell'ottava

Biennale di Liverpool del 2016, curata da Mai Abu El Dahab and Anthony Huberman. La soluzione estrema, in questa direzione, è stata certo la 12ª Biennale di Istanbul del 2011, curata da Adriano Pedrosa e Jens Hoffman, il cui titolo, tanto per non rischiare l'eccesso di chiarezza, fu *Untitled*.

C'è poi il titolo leggero, "debole", nel senso filosofico, quello che non rischia nessuna presa di posizione, come l'attuale Biennale di Berlino, *We Don't Need Another Hero*, curata da Gabi Ngcobo, tratto da una canzone di Tina Turner, quasi ad ammettere la propria limitatezza, l'impossibilità di affrontare con forza i grandi problemi dell'umanità.

Mi paiono più messaggi in codice per addetti ai lavori che aperture verso veri ambiti di ricerca. Così il titolo, che è componente essenziale della mostra, risulta scarico, rinuncia a divenire uno strumento di impatto, tale da fare presa su un largo pubblico.

Di questo se ne deve essere accorto Paolo Baratta, Presidente della Biennale di Venezia, che invece impone ai curatori della rassegna lagunare dei titoli - e dunque dei temi - molto larghi. *Fare mondi* (Daniel Birnbaum, 2009), *Illuminations* (Bice Curiger, 2011), *Tutti i futuri del mondo* (Okwui Enwezor, 2015), fino al vaghissimo e onnicomprensivo *Viva Arte Viva* dell'edizione di Christine Macel (2017). Ma a suo tempo, bisogna ammetterlo, il miglior titolo per la mostra lagunare lo aveva trovato Francesco Bonami che chiamò la Biennale del 2003 *Sogni e conflitti*, un'immagine molto poetica della situazione del nostro tempo, con un sottotitolo un po' meno lirico, ma che già alludeva all'autodeterminazione del pubblico che avrebbe potuto scegliere il suo percorso in mostra: *La dittatura dello spettatore*.

C'è poi il problema della rispondenza della mostra al titolo. Spesso, purtroppo, la mostra parla chiaramente solo al suo curatore e il pubblico, se non fosse per i cartelli e le didascalie, uscirebbe senza avere nemmeno capito il tema su cui verteva. Se un'esposizione è intitolata *Islands, Costellations and Galapagos*, come l'ultima Triennale di Yokohama, ci si attende di trovare qualcosa che ha a che fare con l'idea di isolamento e di possibile relazione tra diverse identità, magari proprio partendo dal concetto di arcipelago qual è il Giappone. Cosa c'entra dunque *Heavy Weight History* di Christian Jankowski, in cui l'artista ha fatto innalzare dei monumenti in giro per le piazze di Varsavia a dei sollevatori di pesi? O cosa ancora il video di Zhao Zhao, già assistente di

Ai Weiwei, che mostra il faticoso lavoro di un'intera compagnia di operai ed elettricisti per portare un cavo elettrico in cima ad una duna nel deserto consentendo così all'artista di estrarre una birra ghiacciata dal frigorifero? Per carità, il curatore avrà avuto ragioni profondissime per inserire questi lavori e potrà spiegarle in lucidissimi testi, ma lo spettatore uscirà dalla mostra sempre con il senso che qualcosa non abbia funzionato.

Qualche anno fa, nel 2008, quando sono stato coordinatore per il Trentino di Manifesta 7, la Biennale Europea di Arte Contemporanea itinerante che cambia luogo ogni due anni, i curatori della sede di Trento, Anselm Franke e Hila Peleg, avevano scelto come tema e titolo *L'anima*, partendo dal fatto che il Concilio Tridentino, svoltosi proprio in quella città dal 1545 al 1563, aveva stabilito che non solo le azioni malvagie realizzate, ma anche quelle solo pensate erano peccati da confessare, cominciando così a sviluppare quell'idea di coscienza che porterà poi al riconoscimento dell'esistenza di una vita interiore, separata dal comportamento esterno, che molti secoli dopo sarà definita come psiche: anima, appunto. Tema affascinante. Ma come trattarlo in una mostra? Tra l'altro con gli strumenti, per forza limitati, dell'arte contemporanea? È un po' come se si volesse scrivere un trattato di matematica utilizzando zappa e badile. Impossibile, ovviamente. Pertanto il pubblico usciva dal percorso un po' frastornato.

A volte ho pensato che sarebbe divertente, se non ci fossero banner e didascalie, intervistare le persone all'uscita di una mostra su quello che ritengono essere il tema dell'esposizione che hanno appena vista: sono sicuro che avremmo un ventaglio di risposte molto ampio.

Naturalmente molte cose si chiarirebbero leggendo i testi in catalogo. Ma è un dato di fatto che solo una minima parte dei visitatori compra i cataloghi delle mostre: in media meno dell'1 % e di questi bisognerebbe poi chiedersi quanti li leggono.

Io stesso ho compiuto un'esperienza che mi ha chiarito molti aspetti riguardo alla relazione tra mostra e tema e le cause della mancata corrispondenza: la XIV Biennale Internazionale di Scultura di Carrara. Dopo una presenza di qualche settimana a Carrara e numerosi incontri con vari operatori, immaginai che la Biennale potesse indagare il tema del monumento. È un argomento molto sentito sul territorio, che un tempo ha basato la sua ricchezza proprio sulla realizzazione di grandi sculture: celebrative, ornamentali, patriottiche, cimiteriali. Adesso che questa storia è finita, che la pratica della costruzione di monumenti è pressoché estinta, può divenire emblema della decadenza della stessa città. Ma è un tema che acquista anche un senso molto più largo, affronta la condizione dei valori simbolici oggi, la possibilità o meno che ci si possa riconoscere in immagini comuni, dopo la caduta delle ideologie, mentre stiamo camminando sulle rovine della storia.

Per realizzare la parte contemporanea della mostra (a cui avevo voluto affiancare anche una parte storica, da Bistolfi a Wildt, fino ai monumenti a Lenin e a Stalin) avevo invitato trentasei artisti, perlopiù chiedendo loro di realizzare nuovi lavori. C'erano alcuni dei migliori artisti del panorama contemporaneo: figure ormai affermate come Maurizio Cattelan, Paul McCarthy, Anthony Gormley, Santiago Sierra, Rirkrit Tiravanija; midcareer quali Damián Ortega, Daniel Knorr, Monica Bonvicini, Huma Bhabha, Terence Koh; giovani già pronti sul trampolino di lancio come Giorgio Andreotta Calò, Rossella Biscotti, Marcelo Citade, Cyprien Gaillard, che di lì a poco sarebbero diventati alcuni dei protagonisti della scena artistica mondiale. Inviavo a ciascuno un breve concept, gli artisti venivano in visita a Carrara, dialogavamo insieme sul possibile lavoro, l'artista elaborava un progetto e alla fine l'opera veniva prodotta. La mostra si realizzò in vecchi laboratori del marmo, spesso colmi di detriti che io volli lasciare sul posto, il che aggiungeva un sapore di decadenza: monumenti tra le rovine, tra le macerie del nostro presente. Tuttavia, vista con l'occhio di poi, devo ammettere che non tutti i lavori reggevano. Sopratutto non seguivano un filo logico. Ciascun artista, evidentemente, aveva interpretato il tema a suo modo, e la mostra, che avrebbe dovuto essere un discorso in qualche modo coerente, risultava frammentaria. Chi aveva realizzato un grande incenso di quattro metri che bruciava per tutto il tempo di apertura (Daniel Knorr), chi un Transformer di marmo ancora chiuso a uovo ma pronto a scattare (Damián Ortega), chi si era autoritratto in bianco statuario rannicchiato sulla spiaggia di fronte al mare (Therence Koh), chi aveva voluto erigere un monumento all'uomo comune, riprendendo in video la vita di alcuni lavoratori per ventiquattr'ore, notte e sonno compresi (Artur Zmijewski), chi aveva fotografato delle persone su un basamento nella posa che ciascuno preferiva, producendo una serie di monumenti a se stessi (Gillian Wearing). Ancora una volta, non so fino a che punto il visitatore al termine del percorso fosse uscito con la consapevolezza di avere visto un'esposizione sulla decadenza dei monumenti e sulla fine

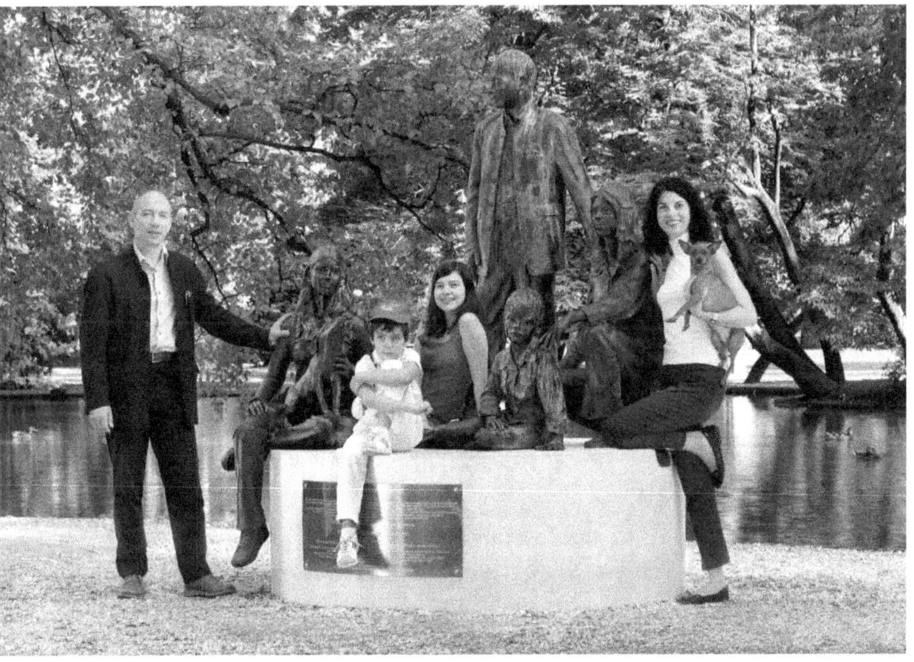

Gillian Wearing, *Family Monument*, 2007

della storia. Sarà questa la ragione che mi farà cambiare strategia nella grande mostra realizzata per la riapertura del Centro Pecci.

Perché qui è il punto: una mostra dovrebbe parlare il più possibile direttamente allo spettatore, con il minimo diaframma concettuale, dovrebbe rendere subito riconoscibile il tema che sta affrontando.

Naturalmente non è solo una questione di corrispondenza al titolo. Se si vuole allargare il panorama dei potenziali interessati, occorre individuare un tema che tocchi interessi molto larghi. Occorre affrontare contenuti sociali, antropologici, politici, psicologici: problemi che riguardino l'esistenza, se non di tutti, perlomeno di tanti. È questo, credo, uno degli atti necessari per riavvicinare l'arte alla società. Il sistema curatoriale-collezionistico, che l'ha sostenuta fino ad oggi, collocandola tra gli elementi più elevati del prestigio sociale, rischia di relegarla oggi ad una posizione marginale se non si corre ai ripari.

L'arte ha inoltre una nuova sfida davanti a sé: il confronto con le nuove tecnologie - i computer, gli smartphone, internet, i social networks, le app - che sono in grado di offrire una spettacolarizzazione della vita, perdipiù rendendo ciascuno direttamente protagonista. Senza nulla togliere alle forme d'arte che manifestano la loro intensità in modo raccolto, non appariscente, senza nulla togliere all'arte concettuale, i cui enigmi sono alla base dell'attitudine al dubbio dell'uomo contemporaneo, oggi c'è bisogno anche di un'arte che offra un'esperienza coinvolgente tale da parlare alla pancia, non solo alla testa del visitatore. Il che non significa, banalmente, diventare un luna park, concorrere con i videogiochi, adoperare tecnologie interattive. Significa manifestare sul piano fisico, esperibile attraverso i sensi - cosa che rimane una prerogativa dell'arte - le istanze che si vogliono trasmettere: far entrare lo spettatore dentro la mostra, sollecitare la sua percezione assopita, trasformare la visita da osservazione passiva in una vera e propria esperienza.

C'è ancora di più: oggi non ci possiamo accontentare di sollecitare un solo canale sensoriale. Le tecnologie contemporanee tendono ad attivare simultaneamente tutti i nostri sensi, stimolando una circolazione sinestetica. Se nell'antichità l'uomo era abituato a separare, a dividere le facoltà usandone una per volta (l'udito per la musica, la vista per l'arte…), negli ultimi decenni, in concorrenza con le tecnologie, gli artisti hanno teso a mescolarle, utilizzando il corpo, il movimento, il suono e tanti altri tipi di suggestioni percettive. Ma occorre considerare che oggi non può essere ritenuta arte solo quella che proviene dall'ambito tradizionale delle arti visive. Anche la musica, il cinema, danza, la letteratura, l'architettura, il design, tutte le forme di espressione umana atte a manifestare un contenuto in modalità creative sono arte. E dunque anche queste forme possono essere introdotte in una mostra. Aprendo così le porte anche a ulteriori problematiche, quale, ad esempio, quella di rendere continuativa l'istantaneità della performance, superando la modalità ormai tradizionale del video. Con un passato da danzatore, colui che ha introdotto con forza negli spazi espositivi gli attori in carne e ossa è Tino Seghal, talmente estremista da non consentire nemmeno altre modalità documentarie, come il video o la fotografia. Da allora esperienze di questo tipo si sono moltiplicate, soprattutto dopo che Marina Abramovic ha sviluppato il tema del *re-enactment*, della possibilità di ripetizione della performance artistica, fino allora perlopiù considerata esclusivamente azione *una tantum*, prima, in *Seven Easy Pieces*, nel 2005, al Guggenheim, riproducendo performance di altri, poi, nel 2010, nella celebre retrospettiva *The Artist Is Present*, al MoMA, facendo replicare ad attori alcune sue vecchie performance per tutto il tempo della mostra. È chiaro che l'incontro con persone reali conferisce al lavoro un impatto molto superiore a quella del video o della fotografia documentaria.

Anche al Centro Pecci di Prato sotto la mia direzione si è sperimentata questa modalità continuativa nella personale di Jêróme Bel curata da Antonia Alampi (la mostra conteneva anche altre modalità sperimentali che non è ora il momento di analizzare in dettaglio). Ovviamente pagare performers per lunghe sequenze di azioni è un altro paio di maniche rispetto all'esposizione di un video. Ma questo è un altro problema.

Se la performance artistica e la danza possono così trovare una presenza in mostra assai efficace, quanto alla musica e al cinema, ci siamo ormai da tempo abituati ad avere esposizioni in musei di tutto il mondo. Di solito, nel caso di rassegne dedicate ad un unico protagonista, si raccolgono cimeli, video, abiti di scena, talvolta scenografie e così via. Una grande mostra di Stanley Kubrick, qualche anno fa, ha fatto il giro di diversi musei d'Europa e d'America, toccando anche templi sacri dell'arte contemporanea come il Lacma di Los Angeles. Ma anche band e musicisti hanno avuto i loro momenti di attenzione, dalla mostra di David Bowie a quella dei Pink Floyd, entrambe passate anche in Italia, rispettivamente a Bologna e a Roma. Un caso particolare ha riguardato la personale di Björk al MoMA nel 2015. La mostra, curata da Klaus Biesenback, fu criticata duramente dai media, e la posizione del curatore e direttore del MoMA-Ps1, da sempre interessato alla performance, rischiò di vacillare. Pare che dei 66 trustees del MoMA solo due si siano presentati alla preview a loro riservata. Che poi questo atto fosse una manifestazione di sdegno per aver aperto le porte sacre del museo a una cantante pop, è cosa che ci vuole poco a intuire. Quando appresi la notizia, mi precipitai a New York per vedere la mostra e giudicarla di persona. Lì ho acquisito la convinzione di trovarmi di fronte a un'artista vera, il cui immaginario surreale trova origine nel profondo della sua personalità. Per questo decisi di inserire il suo lavoro *Black Lake*, una videoinstallazione prodotta proprio per il MoMA, nella mostra di riapertura del Centro Pecci *La fine del mondo* che stavo preparando.

Ma quando si parla di allargamento dei materiali di una mostra, oggi è possibile pensare anche ad elementi non provenienti dalla cultura alta. Le espressioni creative basse hanno cominciato ad acquisire valore culturale a partire dagli anni Sessanta, quando Umberto Eco, in *Apocalittici e integrati* (1964) ha cercato di dare una definizione di "cultura di massa" e contemporaneamente la Pop Art usava oggetti e loghi popolari riproducendoli artisticamente. Ma è con Jean Hubert Martin e la celeberrima *Magiciens de la Terre*, svoltasi al Centre Pompidou nel 1989, che oggetti non artistici, religiosi o rituali, trovarono posto in mostra. In questo senso, negli ultimi tempi, si è contraddistinto soprattutto Massimiliano Gioni, che prima nella Biennale di Gwangju del 2010 e soprattutto in quella di Venezia del 2013 ha introdotto oggetti provenienti da collezionisti e visionari, a partire dal modello del *Palazzo enciclopedico* di Marino Auriti che diede il titolo alla mostra.

L'inserimento in una collettiva di elementi tradizionalmente estranei all'ambito delle arti visive, non ha banalmente il fine di allargare il pubblico: se c'è Björk anche il pubblico interessato alla musica viene a vedere la mostra. No, non è questo. È che le tecnologie contemporanee e in particolare i sistemi di rete tendono già a realizzare questa miscellanea, che a questo punto diventa un presupposto fondamentale della percezione contemporanea. I livelli della cultura alta e di quella bassa non possono più essere tenuti separati, per un processo di democratizzazione della cultura. Qui si aprirebbe il capitolo del coinvolgimento diretto del fruitore nella formazione del prodotto culturale. Si potrebbe parlare del "museo partecipativo" (Nina Simon), dell'"estetica relazionale" (Nicolas Bourriaud) o dell'arte delle "moltitudini" (Toni Negri), ma tutto ciò ci porterebbe al momento troppo lontano.

Tenendo conto dei due summenzionati presupposti - l'avvicinamento dell'arte alla società e la mescolanza tra le arti - tra il 2014 e il 2015 mi accingevo a preparare l'esposizione per l'inaugurazione del rinnovato Centro per l'Arte Contemporanea Luigi Pecci di Prato, che dopo una chiusura di alcuni anni per ampliamento veniva riaperto il 16 ottobre 2016. Come ho detto, il mio intento era di costruire una mostra che fosse allo stesso tempo di ricerca e popolare, ritenendo che in generale l'arte contemporanea debba riavvicinarsi al pubblico e che un simile edificio, ora di oltre 12.000 mq complessivi e con oltre 3.200 mq di spazi espositivi, in quel territorio, si giustifichi solo con un ritorno ampio in termini di visitatori. Del resto un museo vuoto è come un deserto e, anziché stimolare energie positive, deprime il malcapitato visitatore.

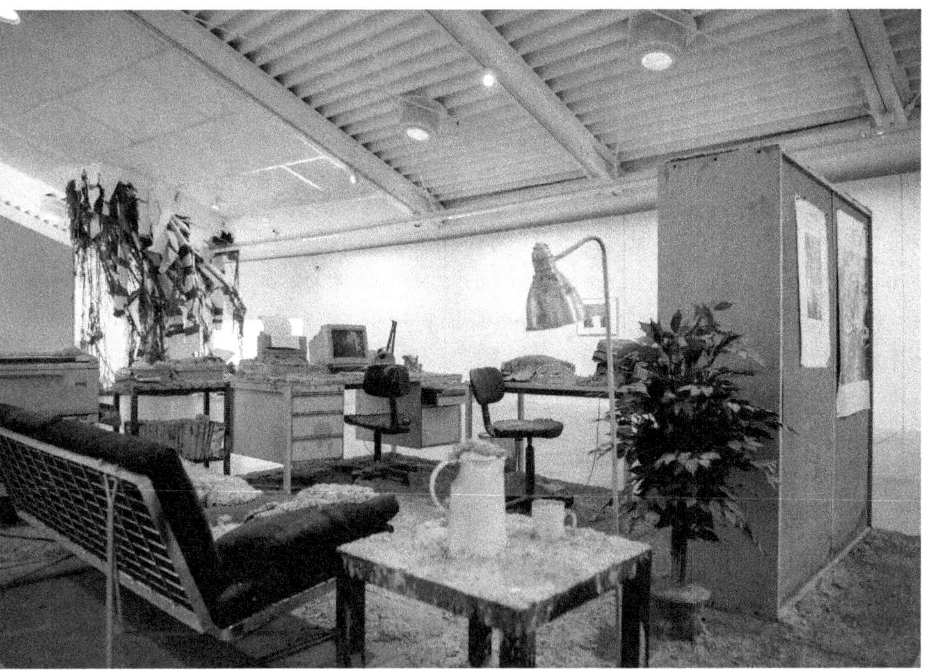

Jimmie Durham, *Petrified Forest*, 2003, (*La fine del mondo*, Centro per l'Arte Contemporanea Luigi Pecci, 2016)

Se si dovesse riportare all'arte la distinzione che Pasolini faceva tra cinema di prosa e cinema di poesia, direi che negli ultimi anni mi sono dedicato a realizzare "mostre di poesia", ossia mostre il cui concetto non è espresso direttamente, in modo logico, ma è suggerito da immagini (e suoni) che hanno a che fare con il nostro inconscio più che con la nostra parte razionale.

Un tema che mi intrigava, a quel tempo, era l'idea di un presente ormai superato, che mentre ci appare ancora davanti agli occhi è già inattuale, parte di ere geologiche passate.

Nel mio modo di lavorare, spesso parto da una suggestione iniziale, generalmente data da alcune opere, che poi si allarga a tutta la mostra. Ma in questo caso uno dei punti di partenza mi fu offerto da uno spot pubblicitario: una pubblicità comparativa della Pepsi-Cola degli anni Ottanta, che ricordavo di avere visto molti anni fa in televisione. Nello spot c'è un archeologo di un'epoca futura con un gruppo di allievi che sta scavando in un giacimento di reperti del nostro tempo. Gli studenti gli presentano alcuni oggetti: una pallina da tennis fossilizzata, una chitarra. L'archeologo spiega quale uso se ne faceva nella nostra epoca. Uno studente estrae dalle macerie una piccola bottiglietta sporca, incrostata di sedimenti, disgustosa. È la tipica bottiglia della Coca-Cola, ma il professore non sa di cosa si tratta: "I have no idea!", sibila un po' contrariato, mentre alle sue spalle, nel cielo, passa un'astronave con un grande logo "Pepsi- Cola". Nel futuro prossimo venturo la Coca-Cola sarà dimenticata, mentre la Pepsi avrà una presenza totalizzante. Al di là dell'ironia dello spot, ciò che mi aveva colpito era l'impressione del nostro presente sepolto sotto strati di intere ere geologiche.

Quel medesimo senso di residui fossili del nostro tempo si ritrovava in un vecchio lavoro di Jimmie Durham visto alla Galerie in Taxipalais di Innsbruck intorno alla metà degli anni Duemila: un ufficio anni Ottanta con scrivania, sedia, mobiletti, oggetti di cancelleria, tutti ricoperti di uno strato di cemento, pietrificati. Un'atmosfera simile mi era sembrata emanare anche dalla grande installazione di Thomas Hirschhorn per il Padiglione Svizzero della Biennale di Venezia del 2011, *Crystal of Resistance*, un percorso zeppo di oggetti avviluppati in chilometri di nastro e plastica trasparente. Era di grande effetto vedere dei telefoni cellulari di pochi anni prima, ma già desueti, con l'antenna o con l'apertura a due ante, modelli che erano stati l'ultimo ritrovato della tecnologia contemporanea, emergere tra cristalli di quarzo come se ormai fossero vecchi di millenni. Mentre fu possibile avere in mostra l'opera di Jimmie Durham, non si poteva ovviamente ricostruire l'intero Padiglione Svizzero. Per la mostra Thomas Hirschhorn raccolse un po' di quei vecchi telefonini in una vetrina, facendone una teca di reperti fossili da museo di scienze naturali.

C'era poi la suggestione che veniva dall'edificio: l'ampliamento del Centro Pecci allora in corso di realizzazione ad opera di Maurice Nio, un architetto di origine cinese cresciuto a Rotterdam. La struttura che Nio ha progettato, a forma di semi-anello, abbraccia e nasconde la vecchia costruzione del Centro Pecci, trasformandolo in una specie di grande astronave, anche per la forma convessa delle pareti e la copertura di metallo fiammante.

Almeno un altro elemento contribuì a dare un input importante all'idea che stava nascendo: la lettura del libro di Bill Bryson *Breve storia di (quasi) tutto* (trad. it.: Guanda, 2006), un bellissimo *excursus* in stile giornalistico

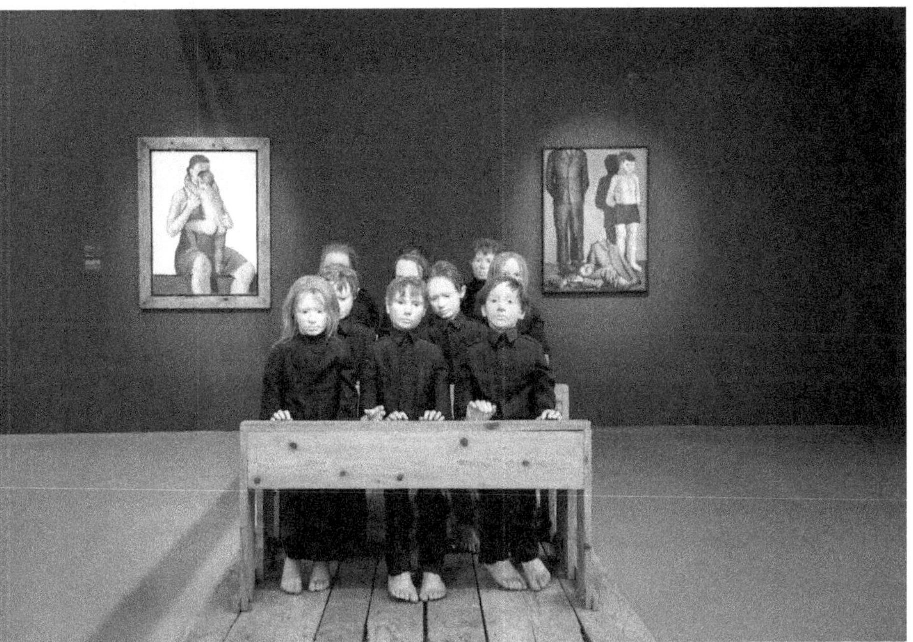

La fine del mondo, Centro per l'Arte Contemporanea Luigi Pecci, 2016, veduta della mostra (Tadeusz Kantor, *La classe morta*; Andrzej Wróblewski, *Madre con bambino morto* e *Fucilazione*)

tra le indagini scientifiche delle varie branche di studio dell'universo e della Terra, dalla fisica alla geologia, dall'astronomia all'antropologia preistorica. Completarono la ricerca le visite a decine tra musei dello spazio e di storia naturale, dallo Smithsonian di Washington ai Musei di Storia Naturale di New York, di Londra e di Parigi. Come si vede, una ricerca ben poco relativa all'ambito artistico.

Quando cominciai a pensare al titolo mi venne immediatamente *La fine del mondo*. Non pensavo però a una fine del mondo catastrofica, ma semmai alla manifestazione di una visione del nostro mondo da lontano, come se entrando nella navicella di Nio fossimo istantaneamente proiettati a qualche migliaio di anni luce di distanza e vedessimo il nostro presente come parte di ere geologiche passate.

"La fine del mondo" non è ovviamente la prima cosa a cui uno pensa alzandosi la mattina. Non è un problema sentito da una larga fetta di persone. C'era sullo sfondo la situazione drammatica del nostro presente: le guerre, gli attentati kamikaze, la crisi economica, i cambiamenti climatici, i profughi. Ma tutto ciò nella mostra restava in ombra. La mostra rifuggiva in gran parte da un'attualità così diretta, aspirava a rappresentare una condizione molto più sottile. Tentava di dare forma a quel sentimento di dubbio, di incertezza, che sempre più ci coglie di fronte alla difficoltà di comprendere cosa sta accadendo. Quel senso si inadeguatezza dei nostri mezzi, sia pratici che concettuali, a interpretare e modellare le vicende del nostro tempo. Era questo il sentimento che mi pareva si stesse allargando sempre più tra la gente. Ed era questo il sentimento che immaginavo l'arte avrebbe potuto esprimere in una mostra dai tratti poetici, più che razionali.

Per cercare di rendere nel modo più vicino possibile la condizione ispiratrice iniziale, decisi di non invitare gli artisti, ma di scegliere le opere. Ricordavo i difetti della Biennale di Carrara, che mancava di un chiaro filo conduttore nonostante la qualità degli artisti e questa volta non intendevo commettere lo stesso errore: dei due piatti della bilancia - gli artisti e il pubblico - avrei privilegiato in questo caso il secondo. Gli artisti sarebbero stati un po' meno contenti, meno liberi di creare ciò che volevano, ma il pubblico ne avrebbe guadagnato. Per il 90% le opere esposte erano state già realizzate. In qualche caso, quando si trattava di grandi installazioni non trasportabili, all'artista veniva richiesto di produrre qualcosa di simile a ciò che aveva già fatto, talvolta anche molti anni prima.

Per la ricerca degli artisti, oltre al personale del museo, costituii un gruppo di advisor internazionali, una decina di curatori da ogni continente. Infine avevo coinvolto anche alcuni curatori specifici per le aree del cinema, del teatro-danza, della musica e della letteratura.

Sarebbe ora troppo lungo descrivere qui il sistema di conferenze e di testi che cominciò ad essere sviluppato molto prima dell'inaugurazione della mostra, grazie anche alla collaborazione di Włodek Goldkorn, già responsabile delle pagine della cultura dell'"Espresso". Una sezione denominata Journal sul sito web del Centro Pecci si andava riempiendo di testi di importanti personalità italiane e straniere che discutevano il tema, contribuendo alla sua definizione. Una serie di interventi dal vivo anticipò il dibattito e continuò poi a costellare il periodo di apertura sviluppando gli argomenti durante lo svolgersi dell'esposizione. Figure note e professori locali, decine di persone entrarono a far parte dei cicli di conferenze. Per tutti basti citare le *lectio*

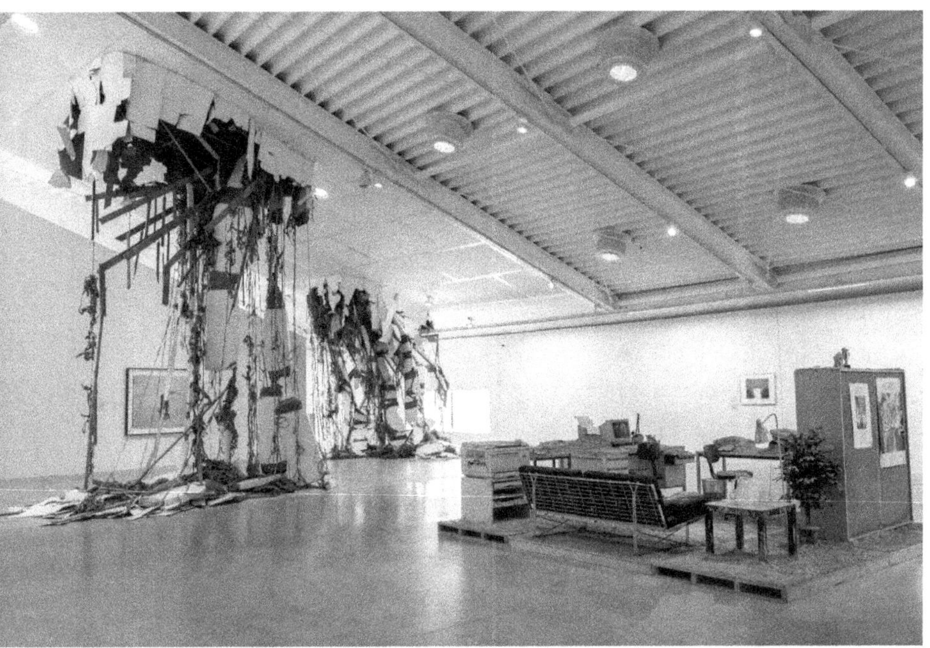

La fine del mondo, Centro per l'Arte Contemporanea Luigi Pecci, 2016, veduta della mostra (Thomas Hirschhorn, *Break Through*, 2013; Jimmie Durham, *Petrified Forest*, 2003)

magistralis sul tema *La fine del mondo* di Marc Augé e Zygmunt Bauman. Di quest'ultimo, purtroppo, fu anche l'ultimo incontro pubblico, tanto che poi la sua trascrizione è stata pubblicata in un libricino dal titolo *L'ultima lezione* (Laterza, Bari-Roma 2018).

Una mostra come un organismo vivente: ecco forse era questa l'aspirazione, magari l'utopia, che mi spinse a costellare il periodo di apertura anche con decine e decine di performance, proiezioni di film, concerti. Il tema doveva essere sviluppato non in una modalità statica, ma manifestarsi come ricerca continua, come un sistema che si sviluppa e si autodefinisce.

Non è qui il caso di ripercorrere tutti i dettagli della mostra, che anche per dimensioni assunse esplicitamente il formato di una Biennale, annoverando 66 artisti, provenienti da 30 Paesi. Si andava da maestri della storia dell'arte, quali Picasso, Duchamp, Boccioni, ai grandi nomi della nostra contemporaneità, da Thomas Hirschhorn a Cai Guo-Qiang, da Hanne Darboven a Marlene

Dumas, fino a tanti giovani, molti dei quali pochissimo conosciuti. L'avvio doveva un po' stupire il visitatore, con simulazioni del crollo del soffitto (*Break Trougth* di Thomas Hirschhorn), rispondendo al tema in questo caso in modo letterale. Ma poi la mostra allontanava lo sguardo dal nostro presente: alternava ritorni alle origini, discese negli antri della terra, visioni cosmiche. Anche suoni e rumori giocavano un ruolo importante intercalati a spazi di silenzio. Alcuni lavori uscivano dalla dimensione rappresentativa per accedere a quella ambientale: era il caso della grande installazione del brasiliano Henrique Oliveira, *Transcorredor*, che cominciava come una stanza regolare del museo, addirittura con alcune opere appese, per rivelare gradualmente l'inganno diventando un corridoio di mattoni, sempre più vecchi, persino antichi, quindi di pietra, poi una caverna e infine un cunicolo di legno, sorprendendo ancora il visitatore al termine del percorso quando si accorgeva di essere uscito dal cavo di un albero: una sorta di regressione attraverso i sistemi di riparo dell'umanità.

La mostra cercava di suggerire un senso di ciclicità, come un percorso nel cosmo, in cui si alternano pieni e vuoti, luce e buio, suoni e silenzi. La successione delle stanze del vecchio edificio aveva suggerito raggruppamenti tematici: la stanza dei minerali, quella del tempo, quella degli oggetti… In alcuni casi si trovavano delle ripetizioni, segni che anticipavano altri segni, come in un loop, un eterno ritorno.

Non si incontravano molti esseri viventi per gran parte di questo viaggio, fino a che non ci si avvicinava ad una zona che chiamavamo "il ventre della balena", dove si trovavano concentrate le tragedie, le passioni, le violenze, ma anche le speranze della nostra attualità: un caos di voci sovrapposte, decine di artisti, molti dei quali provenienti dalla fascia musulmana - dal Marocco all'Iran - e dai paesi dell'ex Unione Sovietica, luoghi ancora pieni di contrasti e quindi anche potenzialmente portatori di novità.

Se ne usciva attraverso una spettacolare installazione di Cai Guo-Qiang, *Head On*: novantanove lupi a dimensione naturale che corrono, spiccano un salto, volano, sbattono contro un muro di vetro, cadono a terra per poi tornare con la coda tra le gambe al punto di partenza, come in un'azione ciclica, un eterno ripetersi del medesimo errore. E infine la mostra terminava con una grande sala allestita da Robert Kuśmirowski, piena di oggetti bianchi appesi alle pareti, oggetti appartenuti a persone scomparse, ormai flebili segni del loro - del nostro - passaggio sulla Terra.

Non so se l'intento di realizzare una mostra di ricerca e allo stesso tempo popolare è stato compiuto con *La fine del mondo*. Di certo la rassegna ha ottenuto un grande successo di pubblico. Oltre 65.000 persone si sono assiepate nel Centro Pecci nei circa cinque mesi di apertura, in una città, come Prato, che non è il centro del mondo e in una zona difficilmente raggiungibile con mezzi pubblici. Anche gli strumenti promozionali non erano dei più larghi. C'era l'inaugurazione di un nuovo edificio, certo. Ma sono abbastanza esperto di gestione di spazi espositivi per sapere che questo ha influito per una parte molto modesta. Ciò che è scattato, a un certo punto, è stato il passaparola. Significa che la mostra stessa produceva sensazioni, pensieri, magari anche dubbi, che facevano sì che i visitatori ne parlassero favorevolmente con amici e conoscenti. Nelle 72 ore consecutive di apertura che si svolsero con una maratona di eventi negli ultimi tre giorni di apertura si avvicendarono ancora quattromila persone. Qualcuno era visitava l'esposizione per la sesta o la settima volta. Una signora che incontrai alle quattro di notte, quasi in pigiama, mi disse che questa mostra le aveva cambiato la vita.

Quanto alla ricerca, non mi aspettavo da un simile iniziativa una risposta sul tema prescelto, che ovviamente non attende soluzioni. Di certo i discorsi, i dibattiti, gli approfondimenti delle decine e decine di persone coinvolte avranno prodotto delle conseguenze, magari dando luogo ad altre idee e avviando altri progetti. Per conto mio sono soddisfatto di avere costruito insieme a tanti altri un possibile modello, in cui il lavoro del curatore non è fine a sé stesso, ma è parte di un sistema di ricerca teso a elaborare una visione del nostro stare in questo mondo.

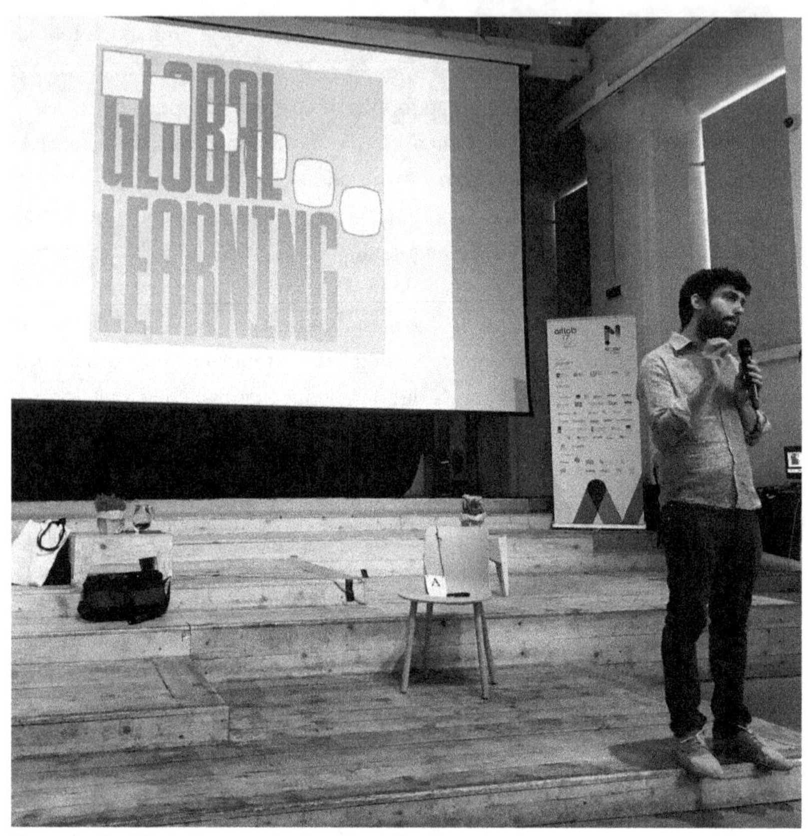

Alessandro Castiglioni a Become a Curator, Base, Milano 23 giugno 2017

Storia e storie: esperienza educativa e ricerca artistica

Alessandro Castiglioni

L'esperienza dell'arte si caratterizza per la complessa interazione tra dimensione individuale e collettiva. Perché se è vero che essa si sviluppa su un piano personale, cioè quello della relazione soggetto-opera, è altrettanto vero che tale dimensione si è sempre esercitata in una cornice sociale in cui la dialettica soggetto-oggetto interagisce con una piano comunitario. Ciò è accaduto e accade in ogni epoca, dai magici racconti delle scene di caccia nelle grotte di Lascaux, alla solenne processione del 9 giugno 1311 in cui la Maestà di Duccio di Buoninsegna viene portata nel Duomo di Siena, alle centinaia di migliaia di persone che ogni anno affollano biennali, fiere e mostre d'arte nella nostra contemporaneità.

L'esperienza dell'arte, dunque, si caratterizza per una dimensione collettiva, è un'occasione di costruzione di comunità. Ma nella nostra società, quella che Byung-Chul Han ha definito dell'"espulsione dell'altro", diventa cruciale interrogarsi *se* e *come* l'arte possa essere ancora oggetto di tale interesse, di sviluppo di coscienza sociale e dunque di cittadinanza attiva.

Altra premessa alla presente riflessione è la presa di coscienza della natura cognitiva e culturalizzata dell'esperienza dell'arte. Se per certi aspetti questa prospettiva pare scontata, come qualsiasi processo che necessita la codifica di segni, per altri significa spostare l'attenzione dall'interesse verso la così detta esperienza estetica, in termini puramente percettivi, per concentrarsi e comprendere in che modo la produzione artistica contemporanea possa porsi in continuità con una necessità radicata profondamente nello stesso processo artistico: quella di una costruzione di senso che che si articoli in un processo, dinamico e dialettico, con il proprio tempo.

In questa prospettiva è necessario sfatare il mito del "pubblico" come di una compatta ed indifferenziata massa a cui l'arte si rivolge e iniziare a parlare di pubblici con specificità, necessità, desideri, capacità e funzioni differenti.

Ciò che permette la costruzione di una cornice di senso tra tutte queste considerazioni, quella della relazione opera d'arte-comunità, quella dell'esperienza cognitiva dell'arte e la ridefinizione dell'idea di pubblico, è lo studio delle relazioni tra arte ed educazione. Sottolineo questa formula paratattica perché ritengo riduttivo parlare solo di educazione all'arte o anche educazione attraverso l'arte. Entrambe le prospettive sono rilevanti e dense di significato ma caratterizzate da limitanti stereotipizzazioni, soprattutto all'interno del dibattito artistico italiano contemporaneo. Cerco di essere più chiaro: quando parlo di "educazione all'arte" mi riferisco a tutte quelle pratiche di mediazione culturale atte all'alfabetizzazione ai linguaggi artistici, alla mediazione culturale, la conoscenza e la divulgazione della storia dell'arte o della sua fenomenologia. Quando parlo di "educazione attraverso l'arte" mi riferisco a tutti quei contesti di ricerca in ambito pedagogico, educativo e artistico in cui l'arte diviene piattaforma, ampio strumento utilizzato con finalità didattiche o formative più ampie, dall'insegnamento del funzionamento di colori e forme, alla matematica, alla teoria della percezione, giusto per fare qualche esempio.

In questo testo vorrei però portare esempi di alcuni casi riferibili ad una terza casistica, a mio avviso particolarmente significativi, di costruzione di processi comunitari, coscienti dei contesti e del significato del discorso dell'arte che differiscano dalle dimensioni citate, per inoltrarsi in un territorio più rischioso, ampio e inesplorato di sovrapposizione tra arte ed educazione in un'unica *materia* viva e pulsante, un accadimento in cui l'esperienza educativa diventa oggetto di ricerca artistica.

In generale si potrebbe così cercare di capire oggi in Italia quale discorso si stia sviluppando attorno all'idea di costruire dirette relazioni tra pratica artistica e attività di carattere educativo superando, inoltre, i tre riferimenti storici che nel XX Secolo hanno segnato la nascita e l'orientamento di questo specifico ambito di ricerca. Mi riferisco alla "Scuola d'Arte", sul modello Bauhaus in cui l'artista "maestro" porta la propria esperienza, il concetto di "scultura sociale" messo a fuoco da Joseph Beuys in una prospettiva dialogica e processuale e infine la teoria di un'estetica relazionale di Nicolas Bourriaud.

Nella nostra riflessione si vorrebbe capire dove, questi tre ambiti originari, hanno portato oggi la dimensione educativa nella ricerca artistica. Come già chiarito, parlo in questo senso cercando di superare gli ambiti tradizionali dell'insegnamento di tecniche, pratiche o storie dell'arte, ma anche quello dell'educazione attraverso l'arte o l'idea di arte come strumento di attivazione di relazioni e dinamiche sociali. Parlo invece di educazione come materia liquida, soggetto e oggetto della pratica artistica in una dimensione che tocca il problema dell'apprendimento, dell'autoapprendimento, della ricerca, della relazione, del dialogo ma anche della traduzione, produzione e storytelling.

Storia e storie

Analizzando la recente produzione di Marzia Migliora dalla talk Performance *Un caso* del 2015, alla mostra *Forza Lavoro* presso la Galleria Lia Rumma di Milano nel 2016, all'opera *Made in Italy* realizzata presso il Museo MA*GA di Gallarate, alla mostra *Velme* del 2017 presso Ca' Rezzonico, Museo Veneziano del Settecento, si trova la medesima tensione verso processi e metodologie di lavoro che pongono al centro una questione quale l'etica e la consapevolezza storica in merito a processi produttivi e le implicazioni, sia a livello sociale che individuale, come nel caso della rielaborazione della biografia dell'imprenditore Isidoro Danza che rapinò una banca per pagare lo stipendio ai suoi dipendenti (*Un caso*) o la storia della riecologizzazione del fiumiciattolo che attraversa la città industriale di Gallarate a causa del fallimento delle industrie tessili locali (*Made in Italy*). La questione che intendo sottolineare è il processo e il metodo di lavoro che pone al centro un lungo processo di ricerca e contestualizzazione dei propri progetti in una pratica che potremmo definire *site related*. In questa prospettiva la pratica artistica diviene misura consapevole e parte di un più ampio discorso politico relativo alle relazioni tra arte e individuo. La rilevanza del processo messo in campo da Marzia Migliora è dunque strettamente connesso con l'idea di dare forma, nel presente, ad una considerazione storica, che parla all'oggi. In questo senso non solo i grandi fatti storici, ma le vicende di cronaca e le micro-storie divengono parte di una narrazione che mette al centro pratiche di ricerca e dinamiche di carattere educativo. In qualche modo vorrei così mettere in luce il fatto che educazione e ricerca non rappresentino due diversi ambiti di ricerca ma, anzi, si caratterizzino per una continuità non solo nei metodi ma anche negli obiettivi, cioè nelle relazioni tra conoscenza, costruzione di senso, pratica artistica e forma, funzione o ruolo, dell'artista nel proprio contesto sociale.

Un altro progetto che mette in relazione, questa volta sotto una prospettiva storica, il dialogo ricerca-educazione, è il progetto di Alessandra Ferrini, *Negotiating Amnesia (2015)*. L'artista realizza un documentario, un video essay, a partire da una ricerca all'interno del fondo fotografico dell'Archivio Alinarini e della Biblioteca Nazionale di Firenze, raccontando il processo di mistificazione e riscrittura (o cancellazione) storica della violenza perpetrata dall'esercito italiano nelle colonie dell'Africa Orientale. Anche qui la vicenda non assume solo una valenza storica ma l'artista, attraverso una lunga serie di laboratori e workshop realizzati con studenti di diversi ordini e gradi dai Licei alle Accademie, si pone fattivamente un problema più ampio, attuale: cosa ne facciamo della nostra nostra storia, con quale consapevolezza del passato ci muoviamo nel presente e soprattutto come, a chi e perché la storia viene raccontata in un determinato modo piuttosto che un altro. Come per Migliora, la ricerca è un fatto militante: la conoscenza agisce sul presente perché l'opera parla all'oggi, ricomponendo, o evidenziando maggiormente, una frattura di tempi e storie. Dimensione di grande importanza è che *Negotiating Amnesia* rappresenta per l'artista un punto di partenza più che un punto d'arrivo poiché, in differenti contesti (Firenze 2016, Gallarate 2017) Ferrini lavora ad una serie di workshop ma anche installazioni partecipative nate da collaborazioni con studenti (soprattutto liceali) che rimettono in discussione le pratiche e le modalità con cui la storia si consulta e si racconta, attività queste che assumono una propria autonomia raccolte sotto il nome di *Notes on Historical Amnesia*.

Altra *storia* è quella raccontata da Barbara De Ponti che si interessa da anni alle relazioni che sussistono tra pratica artistica e saperi geografici, utilizzando, per la realizzazione delle proprie opere, fondi archivistici o ampi studi di carattere storico e scientifico. *Clay Time Code* si interroga su

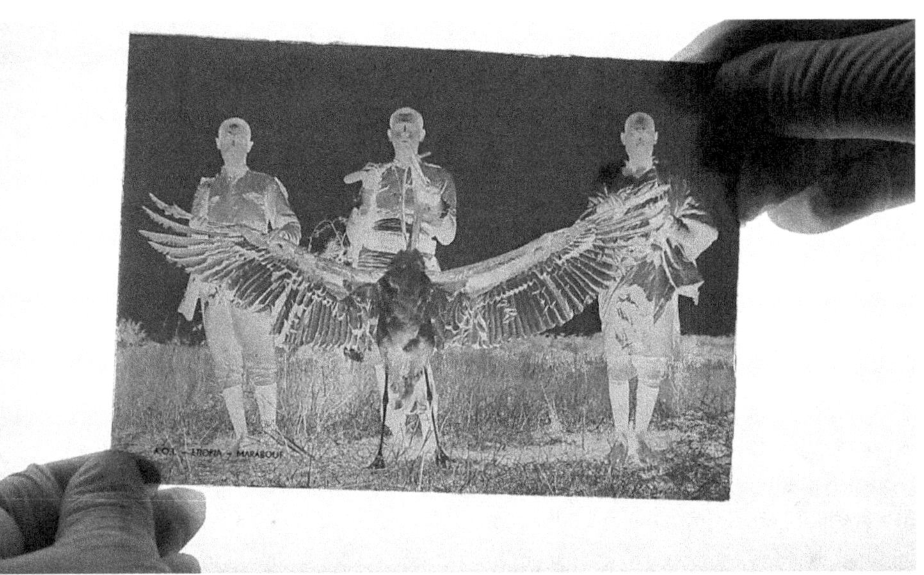

Alessandra Ferrini, *Negotiating Amnesia*, 2015, HD video. Video still

studi scientifici di carattere geologico legati ad alcune tipologie di argille che compongono gli strati geologici di alcuni specifici territori: le sabbie gialle più superficiali e argille azzurre antiche e profonde. Barbara De Ponti si interessa a queste terre, il cui nome (argille azzurre) ha origini leonardesche, e alle modalità con cui possono essere datate. Questo è un percorso che scorre verso un remoto elementare ed essenziale. Le scienze geologiche e la microbiologia hanno infatti scoperto i fossili di alcuni batteri (*Globorotalie punticolate* e *Gephyrocapse*) che fungono da veri e propri marker dell'età geologica delle argille azzurre. L'artista ricostruisce e riproduce in scala, attraverso la stessa argilla azzurra, questi micro organismi estinti che sono strumenti naturali di datazione temporale ma anche la traccia, ambigua, del passare del tempo. Questa visualizzazione che dà forma al tempo risponde di un'enorme accuratezza scientifica e crea delle icone che interrogano tempo e conoscenza aprendo ad ulteriori scenari di relazione tra pratica artistica, diffusione della conoscenza scientifica, divulgazione, educazione.

Vorrei concludere questa riflessione citando un caso in cui la pratica di ricerca assume un carattere più partecipativo, utilizzando gli spazi della conversazione per lo sviluppo di riflessioni, "forme dell'incontro", come le chiamerebbe Marion Baruch, che ripensano i luoghi e le modalità con cui si costruisce, condivide e ridiscute conoscenza e senso. Valerio Rocco Orlando realizza *Osmosis*, un ambizioso sistema dialogico in occasione dell'Educational Day di AMACI - Associazione Musei d'Arte Contemporanea Italiani nel 2016, mettendo in relazione in modo inaspettato il personale dei musei d'arte contemporanea italiani e il pubblico. In particolare il lavoro si svolge in oltre un anno di attività attraverso varie fasi: una prima di viaggio in cui l'artista incontra i professionisti che operano nei diversi dipartimenti educativi dei musei membri dell'associazione, con l'obiettivo di elaborare una serie di domande da porre direttamente al proprio pubblico. Queste domande diventano poi lo spunto per un più ampio lavoro di creazione di dialoghi, workshop, attività, laboratori che i musei svolgono contemporaneamente in tutta Italia, appunto durante l'Educational Day. In merito spiega l'artista: «Spinta, impulso, movimento: uno scambio reciproco tra unità interconnesse e indipendenti. Dichiarazione sentimentale, gesto politico, filosofico e poetico assieme: il desiderio di confrontarsi faccia a faccia con il pubblico delle arti contemporanee sulla qualità stessa della relazione. A partire dalla funzione pubblica del museo, dal ruolo chiave del dipartimento educativo nel processo di formazione della società, dall'esperienza di un artista che ripensa al proprio ruolo dentro e fuori l'istituzione. Un viaggio attraverso l'Italia in cui da ogni incontro scaturisce una domanda: questioni che entrano in dialogo nella pluralità della rete AMACI, attivando un dispositivo che si fa opera, personale e collettiva. Intelaiatura netta, realizzazione imprevista. A te la possibilità di entrare, condividere il senso, dire la tua».

Riassume l'intera operazione un neon prodotto da Valerio Rocco Orlando come atto conclusivo dell'intera operazione, una scritta scelte tra le varie domande elaborate durante il percorso di ricerca ma anche uno spunto per chiudere (o ri-aprire) il presente testo: «Ti son venute nuove idee?».

Nota metodologica

La qualità della pratica educativa, le relazioni nate da questa, in un orizzonte di confronto tra pratica e senso, si misurano nella parzialità, quanto mai

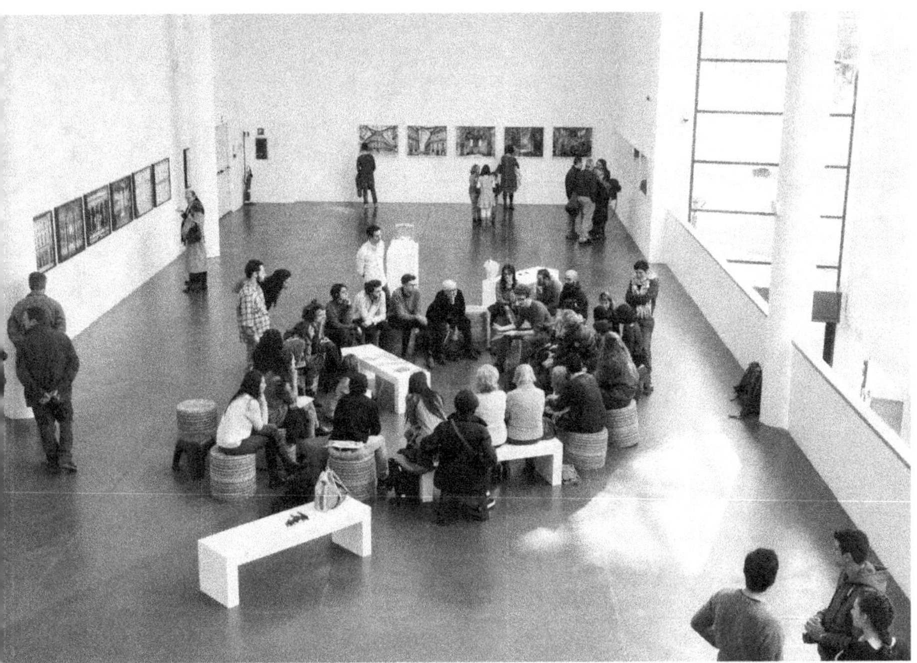

Valerio Rocco Orlando, *OSMOSIS*, 2016, progetto commissionato ad AMACI -Associazione Musei d'Arte Contemporanea Italiani

reale, dell'esperienza. Per questa ragione gli esempi qui raccolti sono in qualche modo il risultato di un più ampio percorso che ho avuto modo di condividere personalmente con persone, amici e colleghi, indispensabili per l'elaborazione delle considerazioni scritte. Di particolare importanza per lo sviluppo di questo saggio: le mostre presso il Museo MA*GA di Gallarate *Urban Mining – XXV Edizione Premio Nazionale Arti Visive Città di Gallarate* a cura di Michele Dantini, Carolina Italiano, Adachiara Zevi, Lorena Giuranna, Alessandro Castiglioni, Emma Zanella (2016); *Global Learning, Pratiche educative e attività artistica al MA*GA* a cura di Alessandro Castiglioni, Francesca Chiara, Lorena Giuranna (2017). Ricordo inoltre *A Natural Oasis, Transnational Research Program* (nelle sue due edizioni biennali 2014-2015 e 2016-2017) realizzato per BJCEM – Biennale des Jeunes Créateurs de l'Europe et de la Méditerranée a cura di Simone Frangi e Alessandro Castiglioni.

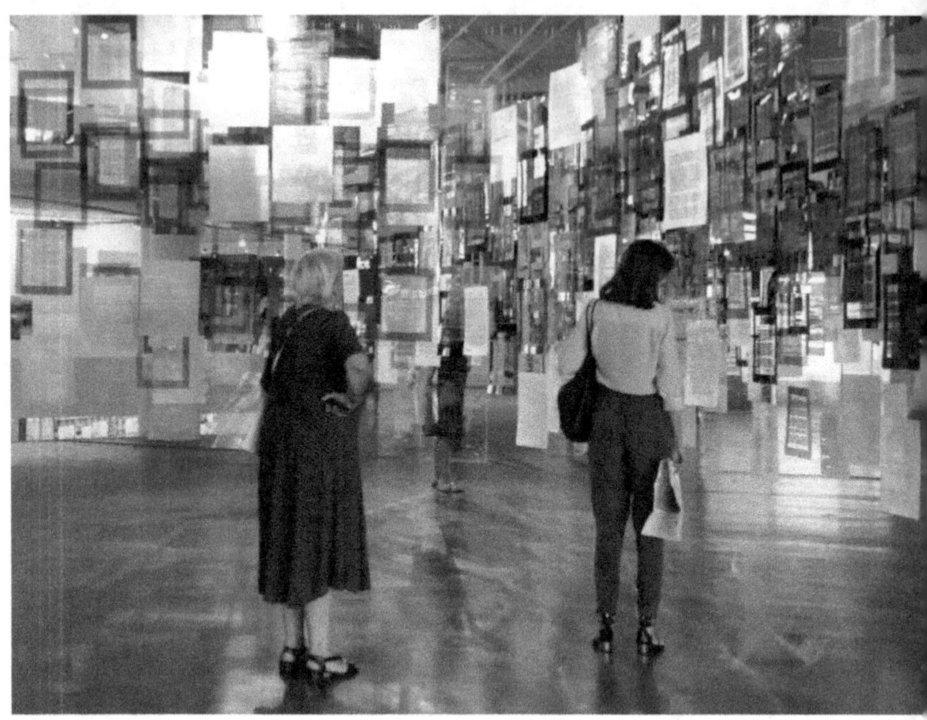

Voluspa Jarpa, *En nuestra pequeña región de por acá*, 2014-2016.
Installazione alla 33ª Bienal de Sao Paulo 2017

La curatela nell'era Post-Internet

Boris Groys

Si sente dire spesso che l'arte contemporanea è elitaria perché selettiva e che dovrebbe essere democratizzata. In effetti c'è una discrasia fra la pratica espositiva da un lato, i gusti e le aspettative del pubblico dall'altro. La ragione è semplice: il pubblico delle mostre d'arte contemporanea è spesso locale, mentre l'arte esposta è perlopiù internazionale. Questo non significa che l'arte contemporanea abbia una visione ristretta ed elitaria; al contrario, la sua è una prospettiva più ampia, universalistica, che può irritare il pubblico locale. Spesso si tratta dello stesso genere di irritazione che l'immigrazione provoca oggi in Europa. Qui siamo di fronte al medesimo fenomeno: l'attitudine più ampia e internazionalista viene percepita dal pubblico locale come elitaria, anche se i migranti sono ben lungi dal far parte di una qualsivoglia élite.

Una mostra contemporanea degna di questo nome non è una mostra d'arte locale nel contesto internazionale, ma una mostra d'arte internazionale nel contesto locale. Chiaramente il contesto locale lo si può considerare assodato, già familiare al pubblico locale, mentre il contesto di una mostra d'arte internazionale è inevitabilmente costruito dal curatore. Si può dire che ogni mostra è un montaggio, nella misura in cui non rappresenta un contesto locale reale in cui l'arte funziona, ma è sempre profondamente artificiale. Tale artificialità può irritare in svariate maniere. Ad esempio, ne *L'opera d'arte nell'epoca della sua riproducibilità tecnica*, Walter Benjamin – com'è noto – equipara l'esposizione di un oggetto alla sua riproduzione e definisce il "valore espositivo" dell'opera d'arte come un effetto della sua riproducibilità. Sia la riproduzione che l'esposizione sono operazioni che rimuovono l'opera dal suo luogo storico – dal suo "qui e ora" – e la avviano lungo un cammino di circolazione globale. Benjamin ritiene che, a causa di queste operazioni, l'opera d'arte perda il suo "valore di culto", il suo posto nel rituale e nella tradizione, la sua aura. Qui l'aura va intesa come l'inscrizione dell'opera d'arte nel contesto storico al quale originariamente appartiene, mentre la perdita dell'aura dipende dalla rimozione dell'opera stessa da quel mondo di esperienza vissuta. La copia si riferisce all'originale, ma non lo presenta veramente. Lo stesso discorso vale per l'opera d'arte esposta: si riferisce al contesto originale, ma di fatto impedisce al visitatore della mostra di esperirlo. Essendo stata liberata, isolata dal suo ambiente originario, l'opera d'arte resta materialmente identica a se stessa, ma perde il suo luogo storico e, dunque, la sua verità.

Quasi contemporaneamente, ne *L'origine dell'opera d'arte*, Martin Heidegger scrive: "Quando un'opera è ospitata in una collezione o presentata in una mostra, si dice anche che essa viene esposta. Ma questa esibizione è radicalmente diversa dall'esposizione vera e propria, cioè dalla costruzione di un palazzo, dall'erigere un monumento, dalla rappresentazione di una tragedia durante una celebrazione"[1]. Heidegger distingue ancora tra un'opera d'arte inscritta in un certo spazio-tempo storico e/o rituale e un'opera d'arte meramente esposta in un certo luogo ma rimovibile, quindi priva di contesto. Tuttavia, negli scritti successivi Heidegger inizia a sollecitare il carattere tecnologico, artificiale della nostra relazione con il mondo. Secondo Heidegger, il soggetto non ha una posizione esterna *vis-à-vis* al mondo ontologicamente garantita. Piuttosto, questa posizione è artificialmente costruita dalla tecnologia moderna. La tecnologia crea l'inquadratura o *Gestell* (apparato)[2] che permette di porsi come soggetto ed esperire il mondo come oggetto, come immagine. L'inquadratura definisce la nostra relazione con il nostro ambiente e guida invisibilmente le nostre esperienze al suo interno. Tuttavia, come spiega Heidegger, questo apparato resta celato ai nostri occhi, in quanto apre il mondo al nostro sguardo come se fosse qualcosa di familiare, di "naturale".

Ritengo che le mostre de-familiarizzino i contesti locali e rivelino il loro *Gestell* – la maniera in cui operano le loro inquadrature. In questo senso, la mostra va intesa non come un puro atto di presentazione, ma come la presentazione del presentare, come lo svelamento della propria strategia di inquadratura. In altre parole, la mostra non solo presenta alcune immagini al nostro sguardo, ma altresì di-mostra la tecnologia di presentazione, l'apparato e la struttura dell'inquadratura e il modo in cui il nostro sguardo è determinato, orientato e manipolato dalla tecnologia. Quando visitiamo una mostra, non guardiamo solo le immagini e gli oggetti esposti, ma riflettiamo anche sulle relazioni spaziali e temporali tra di essi – le gerarchie, le scelte curatoriali, le strategie che hanno prodotto la mostra e così via. La mostra mostra se stessa prima di mostrare qualsiasi altra cosa. Mostra la propria tecnologia e la propria ideologia. In realtà, l'inquadratura non è altro che una miscela di tecnologia e ideologia.

Per quanto riguarda le mostre, si può parlare di due tipi di sguardi, che possiamo chiamare sguardo frontale e sguardo dall'interno. Quando guardiamo un'immagine – che si tratti di un'immagine dipinta, di un'immagine sullo schermo di un computer o della pagina di un libro – utilizziamo lo sguardo frontale, che ci permette di scrutare l'oggetto in ogni suo aspetto. Se interrompiamo il processo di contemplazione, lo sguardo frontale permette di iniziare un nuovo processo dal medesimo punto nello spazio al quale ci siamo fermati. Ma questa precisione e stabilità della visione si ottiene ignorando il contesto della nostra esperienza visiva: siamo in una condizione di auto-oblio, distaccati dal mondo esterno, assorbiti e catturati dall'oggetto della nostra contemplazione.

Tuttavia, quando visitiamo un luogo nuovo – ad esempio, una nuova città o un nuovo Paese – non ci concentriamo soltanto su un particolare oggetto o su una serie di oggetti; al contrario, ci guardiamo intorno. Così facendo, diventiamo estremamente consapevoli della nostra posizione specifica. L'immagine del luogo nuovo non è di fronte a noi; piuttosto, siamo noi a essere dentro il luogo. Questo significa che non possiamo comprenderlo nella sua totalità e in tutte le sue sfumature. Lo sguardo dall'interno è sempre frammentario. Non è panoramico, poiché possiamo vedere solo quel che di volta in volta è di fronte a noi. Sappiamo di essere in un certo spazio, ma non possiamo visualizzare questa conoscenza nella sua interezza. Inoltre, questo sguardo è frammentario anche perché non può essere stabilizzato nel tempo. Se visitassimo lo stesso luogo in seguito, non potremmo mai riprodurre la medesima traiettoria, la medesima storia del nostro stesso sguardo. E ciò non vale soltanto nel caso della visita di un luogo nuovo, poiché si può dire lo stesso di un luogo familiare: è sempre visto dall'interno. È visibile e conosciuto, benché non sia necessariamente visualizzabile o riproducibile. Lo stesso si può dire di una mostra, perché è sempre vista dall'interno.

Nella nostra epoca, considerando il *Gestell* – l'inquadratura tecnologica della nostra visione del mondo –, è probabile che si pensi a Internet prima ancora di pensare alle mostre. Però, lo sguardo di un utente medio di Internet è uno sguardo rigorosamente frontale, concentrato sullo schermo. Quando si usa Internet, l'hardware e il software di quest'ultimo – il suo *Gestell* – rimangono nascosti agli utenti. Internet inquadra il mondo per il suo utente, ma non rivela la propria inquadratura. Ciò apre una possibilità per l'esposizione d'arte e, più in generale, per i dati che circolano su Internet. Tale forma di esposizione può tematizzare l'hardware e il software di Internet, rivelando così i suoi meccanismi nascosti di distribuzione e presentazione. Rendere esplicite queste regole di selezione le sottopone al contempo a domande e trasgressioni. In altre parole, Internet diventa un oggetto di indagine in quanto medium, in quanto forma materiale, e non in quanto mera somma di contenuti "immateriali".

Non a caso, su Internet gli artisti fungono da *content provider*. Si tratta, tuttavia, di un grande cambiamento per la storia dell'arte occidentale. Tradizionalmente, il contenuto disponibile per gli artisti era limitato a Gesù Cristo, alla Santa Vergine, ai santi cristiani, oltre che agli dèi del pantheon dell'Antica Grecia e ai personaggi storici più importanti. I *content provider* erano la Chiesa e le sue narrazioni storiche. Perciò l'artista doveva dare forma e figura a questi contenuti e illustrare queste pratiche più ampie per fornire contenuti, piuttosto che produrre contenuti specifici. Oggi qual è invece il contenuto che gli artisti forniscono a Internet? In parte sono rappresentazioni digitali di opere d'arte, le stesse che già circolano sul mercato dell'arte.

Più interessante è quando gli artisti utilizzano le possibilità proprie di Internet per produrre e distribuire arte. In quei casi, documentano contenuti che non sono diffusi dai media *mainstream*. Può trattarsi di qualcosa di troppo atipico o, al contrario, di troppo banale per essere registrato dal giornalismo di massa, o della documentazione di eventi storici dimenticati o pubblicamente rimossi. Ma possono anche essere contenuti prodotti dall'artista stesso – azioni, performance e processi che ha iniziato e poi documentato – o ancora una finzione totale, ma con la documentazione del processo di creazione della finzione. L'effetto cumulativo di queste strategie non è lontano dal realismo del XIX secolo, quando gli artisti combinavano approcci convenzionali alla rappresentazione con contenuti personalizzati e interpretazione soggettiva.

Questo significa che, su Internet, gli artisti utilizzano i mezzi di produzione e distribuzione prescritti dalla Rete per essere compatibili con i protocolli che sono solitamente impiegati per diffondere le informazioni. I teorici formalisti dell'arte del XX secolo come Roman Jakobson credevano che l'uso artistico dei mezzi di comunicazione presupponesse la sospensione – o addirittura l'annullamento – dell'informazione, che nel contesto dell'arte significa un totale assorbimento del contenuto da parte della forma. Tuttavia, nel contesto di Internet, la forma resta identica in ogni genere di comunicazione, immunizzando quindi il contenuto da questo assorbimento. Internet ristabilisce, a livello tecnico, le convenzioni di presentazione del contenuto che dominavano nel XIX secolo. Gli artisti d'avanguardia protestarono contro queste convenzioni per conquistare arbitrarietà e determinazione culturale. Ma una rivolta contro convenzioni di questo genere non ha senso nel contesto di Internet, perché le convenzioni sono già inscritte nella sua stessa tecnologia.

La situazione cambia, tuttavia, quando i dati provenienti da Internet vengono trasferiti in spazi espositivi offline. Online, gli artisti operano attraverso combinazioni di immagini, foto, video, sequenze sonore e testi che si trasformano in una meta-narrazione. Nello spazio espositivo, invece, sono presentati sotto forma di installazione. Gli artisti concettuali avevano già organizzato lo spazio dell'installazione per trasmettere un certo significato analogo all'utilizzo delle frasi nel linguaggio. Così, dopo un periodo dominato dal formalismo, alla fine degli anni Sessanta l'arte concettuale rese la pratica artistica nuovamente significativa e comunicativa. L'arte iniziò a produrre *statement* teorici, a comunicare esperienze empiriche e conoscenze teoriche, a formulare atteggiamenti etici e politici e a raccontare nuovamente storie.

Conosciamo tutti il ruolo fondamentale che ha avuto la "svolta linguistica" nella progressiva affermazione e sviluppo dell'arte concettuale. L'influenza di idee provenienti da fonti come Wittgenstein e lo strutturalismo francese si rivelò decisiva. Ma il nuovo orientamento verso il significato e la comunicazione non rendeva l'arte in qualche modo immateriale o la sua materialità meno rilevante, né il suo medium si dissolveva nel messaggio. Al contrario, ogni opera d'arte è materiale e può essere solo materiale. La possibilità di usare concetti, progetti, idee e messaggi politici nell'arte fu aperta dai filosofi della "svolta linguistica" proprio perché asserivano il carattere materiale del pensiero. Questi filosofi considerarono il pensiero come un utilizzo del linguaggio, che è interamente materiale – una combinazione di suoni e segni visivi. Un'equivalenza, o almeno un parallelismo, fu dimostrata tra la parola e l'immagine, tra l'ordine delle parole e l'ordine delle cose, tra la grammatica del linguaggio e la grammatica dello spazio visivo. Ma se la presentazione dell'arte su Internet si è standardizzata, la presentazione dell'arte nello spazio espositivo si è de-standardizzata. La ragione è semplice: lo spazio della mostra è vuoto, non è preformattato come un sito o una pagina web. Oggi il *white cube* svolge lo stesso ruolo della pagina vuota per la scrittura modernista o della tela vuota per la pittura modernista. Il *white cube* vuoto è il grado zero della pratica espositiva, e dunque la continua possibilità di un nuovo inizio. Questo significa che il curatore ha l'opportunità di definire una forma specifica, un'installazione specifica, una configurazione specifica dello spazio espositivo per la presentazione di materiale digitale o informazionale. Qui la questione della forma diventa nuovamente centrale. Il 'dare-forma' slitta dalle singole opere all'organizzazione dello spazio in cui sono presentate. In altre parole, la responsabilità del dare-forma è trasferita dagli artisti ai curatori, i quali utilizzano le singole opere come contenuti, stavolta però nello spazio creato dai loro stessi.

Ovviamente gli artisti possono reclamare la loro tradizionale funzione di creatori di forma, ma solo se iniziano a ragionare come curatori del proprio lavoro. Infatti, quando visitiamo una mostra d'arte contemporanea, l'unica cosa che ci ricordiamo davvero è l'organizzazione degli spazi, soprattutto se è originale e insolita. Tuttavia, se le singole opere possono essere riprodotte, la mostra può essere facilmente documentata. E se tale documentazione viene caricata su Internet, allora diventa contenuto, pronta per una nuova operazione di messa-in-forma nel museo. In questo modo, lo scambio tra spazio espositivo e Internet diventa uno scambio tra contenuto e forma. La mostra diventa il mezzo attraverso il quale la relazione tra forma e contenuto dell'arte su Internet può essere tematizzata e rivelata. Inoltre, mostre curate di questo tipo di arte possono rivelare i meccanismi nascosti della selezione che regolano la distribuzione di testi e immagini su Internet.

A un primo sguardo, la distribuzione delle informazioni su Internet non è regolata da alcuna norma che disciplini la sua selezione. Tutti possono utilizzare fotocamere per produrre immagini, per scrivere commenti in merito e distribuire i risultati con piccole censure o processi di selezione. Si potrebbe quindi pensare che le istituzioni artistiche tradizionali e i loro rituali di selezione e presentazione siano diventati obsoleti. Molti considerano ancora Internet globale e universale, anche se è sempre più evidente che, al contrario, il suo spazio è estremamente frammentato. Anche se tutti i dati in Rete sono accessibili a livello globale, in pratica Internet non conduce alla comparsa di uno spazio pubblico universale, ma piuttosto a una tribalizzazione del pubblico. La ragione è molto semplice: Internet reagisce alle domande dell'utente, ai suoi clic. L'utente trova su Internet solo ciò che lui o lei vogliono trovare.

Internet è un *medium* estremamente narcisistico, uno specchio dei nostri interessi e desideri. Non ci mostra ciò che non vogliamo vedere. Sui social media comunichiamo soprattutto con chi condivide i nostri interessi e attitudini, sia politici che estetici. Il carattere non selettivo di Internet è quindi un'illusione. Il suo effettivo funzionamento è basato su regole di selezione non esplicite mediante le quali gli utenti selezionano solo ciò che già conoscono o con cui hanno familiarità. Certo, alcuni motori di ricerca sono in grado di dragare l'intera Rete, ma hanno sempre particolari obiettivi e sono controllati da grandi *corporation* e non dai singoli utenti. Da questo punto di vista, Internet è l'opposto di uno spazio urbano, in cui siamo sempre costretti a vedere ciò che non necessariamente vorremmo vedere. Cerchiamo di ignorare queste immagini e impressioni indesiderate, tuttavia esse spesso provocano il nostro interesse e, più in generale, servono a espandere il nostro orizzonte di esperienza.

Per svolgere un ruolo simile, la selezione curatoriale dovrebbe essere una sorta di anti-selezione, o addirittura una selezione trasgressiva. L'atto diventa rilevante quando attraversa le linee di demarcazione che frammentano Internet e, più in generale, la nostra cultura. Ripristina il progetto universalista dell'arte moderna e contemporanea. Piuttosto che frammentare lo spazio pubblico, questa selezione rema contro, creando uno spazio di rappresentazione unificato in cui i diversi frammenti di Internet sono equamente rappresentati. La creazione di spazi universali siffatti era l'occupazione tradizionale del sistema dell'arte moderna.

La storia delle mostre del mondo moderno iniziò nel XIX secolo, com'è noto, con la Crystal Palace Exhibition del 1851 a Londra. Nel contesto artistico, grandi musei come il Louvre di Parigi, l'Hermitage di San Pietroburgo o il Metropolitan Museum of Art di New York, al pari di mostre come la documenta a Kassel o numerose biennali, si sono vantati e continuano a vantarsi di presentare l'arte mondiale. In questi casi, singoli elementi vengono rimossi dai contesti originali e posti in un nuovo contesto artificiale in cui le immagini e gli oggetti si incontrano storicamente o "nella vita reale", come altrimenti mai si sarebbe potuto verificare. Ad esempio, gli dèi egizi siedono accanto a divinità messicane o inca nei loro rispettivi universi, e in ulteriore combinazione con i sogni utopici irrealizzati delle avanguardie. Queste rimozioni e nuove disposizioni ricordano l'uso della violenza (come negli interventi economici o direttamente militari), dimostrando le forme dell'ordine, della legge e del commercio che regolano il nostro mondo, così come le rotture, le guerre, le rivoluzioni e i crimini ai quali questi ordini sono soggetti.

Tali ordini non possono essere "visti", ma possono essere – e sono – resi evidenti nell'organizzazione della mostra e nel modo in cui questa inquadra l'arte. Come visitatori, non siamo fuori da questa inquadratura, bensì al suo interno. Attraverso la mostra, siamo mostrati a noi stessi e agli altri. Per questo motivo, la mostra non è un oggetto ma un evento. L'aura non si perde quando un'opera d'arte è dislocata rispetto al suo contesto originale, locale, ma è piuttosto ri-contestualizzata e consegnata a un nuovo "qui e ora" nell'evento di una mostra, e quindi nella storia delle mostre. Questa è la ragione per la quale una mostra non può essere riprodotta. Si può solo riprodurre un'immagine o un oggetto posto di fronte al soggetto che guarda. Però una mostra può essere *reenacted* o rimessa in scena. In questo senso, la mostra è simile alla *mise-en-scène* teatrale, ma con un'importante differenza: i visitatori delle mostre non restano di fronte al palco, ma salgono sul palco per partecipare all'evento.

Viviamo all'interno di un sistema di Stati nazione. Tuttavia, in ogni cultura nazionale ci sono istituzioni che incarnano progetti universalisti e transnazionali. Ad esempio le università e i grandi musei. Infatti, fin dalla loro nascita, i musei europei sono stati istituzioni universaliste che tentano di presentare la storia dell'arte universale piuttosto che specifiche storie dell'arte nazionali. Ovviamente si potrebbe sostenere che questo progetto universalista riflette le politiche imperialiste degli Stati europei del XIX secolo, e in un certo senso è vero. Il sistema museale europeo ha origine nella trasformazione, durante la Rivoluzione Francese, degli oggetti usati dalla Chiesa e dall'aristocrazia in opere d'arte, oggetti soltanto da guardare, non da utilizzare. La Rivoluzione Francese abolì la contemplazione di Dio come massimo obiettivo nella vita e sostituì quest'atto con la contemplazione secolare della "bellezza" degli oggetti materiali. In altre parole, l'arte come la conosciamo oggi fu prodotta dalla violenza rivoluzionaria e, fin dall'inizio, è stata una moderna forma di iconoclastia. Questo per dire che i musei europei tentarono di sospendere esteticamente le proprie tradizioni culturali prima di estetizzare e sospendere le tradizioni culturali non-europee.

L'obiettivo dell'Illuminismo era la creazione dell'ordine mondiale universale e razionale: uno Stato universale in cui ogni particolare cultura sarebbe stata riconosciuta. Ma siamo ancora lontani dal raggiungere questo obiettivo. La nostra epoca è caratterizzata da uno squilibrio fra poteri politici ed economici, fra istituzioni pubbliche e pratiche commerciali. La nostra economia opera a livello globale, mentre le nostre politiche tendono a operare a livello locale. Tuttavia, l'attuale sistema dell'arte riveste un ruolo nella sostituzione simbolica di questo Stato universale con l'organizzazione di biennali, mostre come documenta e altre ancora che pretendono di presentare l'arte e la cultura universali e globali di uno Stato globale utopico inesistente. Nelle condizioni correnti, una mostra può essere rilevante solo se costruisce un tale contesto utopico e universalista, che ancora non esiste.

Questo testo è stato pubblicato con il titolo "Curating in the Post-Internet Age", *e-flux* #94, ottobre 2018 e tradotto in italiano per la seconda edizione di *In the Flow*, Postmedia Books, Milano 2018

1. Martin Heidegger, *L'origine dell'opera d'arte*, in Ib., *Sentieri interrotti*, trad. it. di Pietro Chiodi, La Nuova Italia, Scandicci 1997, p. 29.

2. Termine estremamente complesso e ramificato nell'idioletto di Heidegger, viene solitamente tradotto in italiano con 'impianto' o 'montatura'. Cfr. il *Glossario*, a cura di Franco Volpi, allegato a Martin Heidegger, *Nietzsche*, Adelphi, Milano 1995. [N.d.T.]

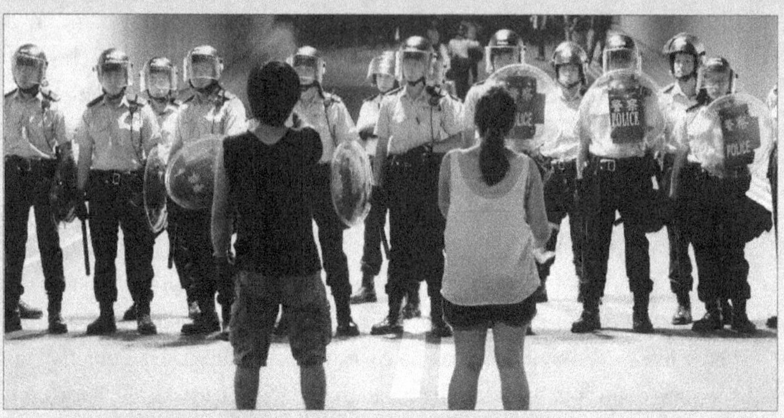

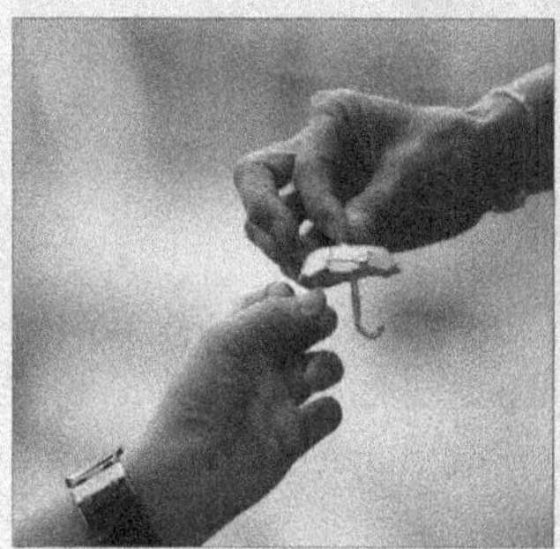

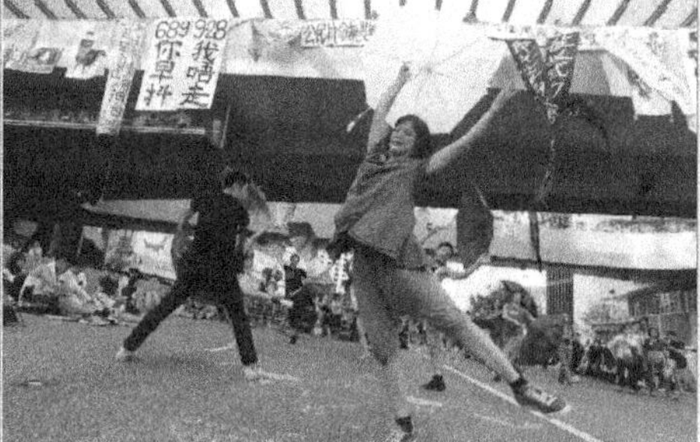

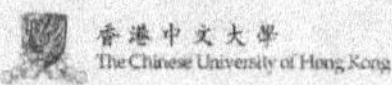

Manifesto della mostra *Artful Protest: Creative Expression and the Umbrella Movement*, Granoff Center for the Creative Arts at Brown University (Providence, Rhode Island, 29 aprile - 14 maggio 2016)
Le manifestazioni di Hong Kong del 2014, ora note come Umbrella Movement, hanno ispirato una comunità di makers che utilizzano l'arte come protesta, i partecipanti hanno lavorato con vari media, tra cui fotografia, installazione, testo, performance, film e illustrazione

Curatela e cambiamento sociale

Dorothee Richter

"Curating and Social Change" è un workshop che abbiamo organizzato con l'associazione Connecting Space Hong Kong, in cui i relatori di Hong Kong hanno delineato la loro situazione contemporanea, gli spazi pubblici in diminuzione, i cambiamenti dei sistemi politici, la censura visibile e quella non così visibile. Hanno parlato di vari artisti e interventi curatoriali che sono stati avviati nel corso dell'Umbrella Movement nel 2014, un grande movimento politico emerso durante le proteste democratiche a Hong Kong. Una grande urgenza ha guidato queste azioni; gli oratori di Hong Kong ci hanno spiegato le azioni e le pratiche artistiche che hanno usato negli ultimi anni. Per questo workshop, siamo stati in grado di per fornire uno spazio di incontro, uno spazio di discussione e le motivazioni della particolare situazione di Connecting Spaces Hong Kong-Zurigo, parte di un'università svizzera e si trova a Hong Kong, inoltre siamo stati in grado di fornire uno spazio sicuro.

Oltre agli obiettivi dedicati a una specifica questione curatoriale, vorrei sostenere che la curatela in quanto tale fa parte del cambiamento sociale nel campo delle pratiche culturali, e che ci sono dissensi nel campo dell'interpretazione che illustrerò nel seguente saggio, così come la nostra posizione e i nostri programmi[1] di teoria e pratica nell'arte contemporanea.

Questioni di potere

Come ha argomentato Beatrice von Bismarck[2], la lotta per il potere è iniziata con l'istituzione della nuova figura del curatore a documenta 5. A livello iconografico, il curatore imita la posizione di Dio, quella di un re o di un genio, ed è quindi profondamente coinvolta nell'istituzione della dominanza bianca e maschile negli anni Settanta, come ho dimostrato altrove[3]. La folla attorno al curatore è identificabile come la comunità artistica degli anni Sessanta che si è responsabilizzata e ha messo in discussione la funzione di guardiano dei musei e delle gallerie attraverso il superamento delle modalità di distribuzione, produzione e ricezione mediante la creazione di propri canali di presentazione dell'arte: nelle strade, nelle sale da concerto, attraverso newsletter, attivando comunità e superando ogni confine di genere. Questo movimento e le sue rivolte sono ancora presenti nell'immagine iconica di Harald Szeemann, ma anche attenuato.

Nel 2010, Anton Vidokle, uno dei tre promotori di *e-flux* e *e-flux Journal*, denunciava la crescente quantità di "arte senza artisti", e sottolineava i problemi associati alla posizione curatoriale. In questo ambito, egli si riferiva eplicitamente al progetto "Curating Degree Zero Archive", lanciato da me e Barnaby Drabble. Si trattava di un archivio itinerante che, in collaborazione con varie istituzioni, accademie e spazi espositivi, è stato esposto in diciotto città e diffuso ulteriormente dai nostri partner in ogni sede. Un aspetto fondamentale è stato quello di considerare l'archivio come occasione discorsiva: in ogni sede ci sono sono state discussioni su cosa intendiamo per prospettiva critica curatoriale, come si concepisce il rapporto tra l'artista e il curatore, cosa si intende per formazione curatoriale, ecc. Con il sostegno di Connecting Space stiamo anche preparando una piattaforma digitale, con varie interviste sulla curatela a Pauline J.Yao, Christina Li, Aric Chen, Qinyi Lim, Freya Chou, Cosmin Costinas, Yung Ma, Hammad Nasar e Lars Nittve.

Anton Vidokle si dimostra scettico sulla tendenza archivistica nella curatela: "Un altro esempio di una tale tendenza è rappresentato da Curating Degree Zero Archive, una mostra *curatoriale* itinerante concepita come una sorta di installazione artistica. Ideata dai curatori, la mostra circola attraverso una rete di istituzioni d'arte pubblica gestita in gran parte da curatori. La questione non è se i curatori debbano avere archivi o aprirli agli altri, o in che misura questo è interessante ma, piuttosto, se quelle persone che si trovano in un'area geografica incaricata di amministrare le mostre d'arte dovrebbero utilizzare spazi e finanziamenti disponibili per esporre le proprie opere d'arte, la lettura di liste, riferimenti e fonti come una sorta di opera d'arte"[4]. Il testo di Vidokle è pervaso dalla nostalgia per il soggetto tradizionale dell'artista. Nella sua argomentata risposta, Sabeth Buchmann osserva che la critica espressa da Vidokle nel suo saggio dall'allarmistico titolo "Arte senza artisti?" - nel senso che i curatori rivendicano "lo status di artisti e critici in modo inammissibile" - "....non era nuova"[5]. La cosa interessante è che, tra la mailing list di *e-flux*, uno spazio espositivo con cui collabora occasionalmente, la rivista online e altri archivi, lo stesso Vidokle persegue da una prospettiva d'artista un mix di campi d'azione artistici e curatoriali. Tra l'altro, egli svolge queste attività in un contesto economico, il che, come si potrebbe sospettare, implica altri problemi.

Anche Sabeth Buchmann fa riferimento agli anni Sessanta e agli anni Sessanta, ma descrive l'analisi e l'abbandono di campi professionali distinti da parte di Lucy Lippard che partendo da una posizione femminista rifiutava sempre più spesso il suo ruolo di critica d'arte allo scopo di progettare nuovi modelli concettuali di presentazione. La critica istituzionale, il superamento del genere/media e dei confini professionali sono stati intanto aspetti della riorganizzazione storica nel campo dell'arte. Per citare di nuovo Sabeth Buchmann: "Ciò che sorprende, in questo contesto, della dichiarazione di Vidokle è la sua affermazione di un punto di vista che si presume al di fuori del sistema e ignaro del contesto storico"[6]. Movimenti ed esperimenti diversi quali Fluxus e l'arte concettuale hanno innescato un processo di superamento delle classificazioni esistenti in precedenza. Cosa significa questo per il nostro modello di materialità e immaginazione? Come si producono significato e ideologia? Da un punto di vista positivo, la curatela fornisce ancora modi nuovi per la costruzione del significato, il che significa anche, per quanto opinabile, che abbiamo a che fare con uno strumento culturale che crea coinvolgimento e attenzione.

Ma cos'è successo esattamente? Perché la curatela per alcuni è concorrente alla pratica artistica e perché, d'altra parte, c'è questo enorme desiderio di chiamarsi "curatore"? E perchè c'è questa grande varietà di programmi di

"Studi curatoriali" o "Spatial and Curatorial Programmes" spesso istituiti dalla stessa università? Cosa c'è dietro il desiderio di questo concetto/ruolo? E può esistere una posizione di interesse comune tra artisti e curatori, un ruolo con cui si insiste su contenuti specifici? Il sospetto che la curatela possa in qualche modo essere correlata ai metodi di lavoro post-fordista era già stato avanzato da Olga Fernandez a un simposio che abbiamo tenuto al Fridericianum di Kassel, organizzato da me e Rein Wolfs[7]. Nel suo contributo, Olga Fernandez giustamente ha sostenuto che la curatela è rappresentativa proprio di quel cambiamento nel mondo del lavoro che può essere descritto come metodo di lavoro post-fordista o il cosiddetto lavoro immateriale: una nuova forma di generazione e organizzazione della conoscenza - anche se senza una maggiore equa distribuzione di valore aggiunto.

Secondo vari autori, la curatela è un vero e proprio paradigma di lavoro intellettuale, immateriale, ma anche dell'organizzazione di relazioni sociali, e l'apertura a relazioni sociali di collaborazione. Potrebbe essere sottolineata anche la collaborazione tra artisti e curatori dove categorie e ruoli inizierebbero a fondersi? Il curatore sempre in viaggio e con le amicizie giuste, tuttavia, va inteso come "figura nostalgica": queste nuove forme di produzione di conoscenza, evidentemente implicano la promessa di essere in grado di produrre significato in modo nuovo in un mondo caotico e in crisi. Il curatore sembra aver raggiunto una posizione autoritaria; nella Rete digitale lui o lei riescono ad adottare la posizione di un oratore. A mio parere, tuttavia, non è altro che l'illusione ideal-tipica di un curatore che comporta queste credenziali.

Da una parte, si valuta il reale, le condizioni di lavoro post-fordista e materiale, mentre dall'altra parte si immagina un impatto che vada oltre i confini del campo dell'arte, un impatto politico difficile da realizzare in maniera diretta. Il sociologo Maurizio Lazzarato delinea il lato negativo del lavoro immateriale: "Precarietà, ipersfruttamento, mobilità e gerarchia sono le caratteristiche più evidenti del lavoro immateriale metropolitano. Dietro l'etichetta di lavoratore indipendente 'autonomo', in realtà quello che troviamo è un intellettuale proletario, ma che è riconosciuto come tale solo dai datori di lavoro che lo sfruttano. Vale la pena di notare che con questo tipo di esistenza lavorativa diventa sempre più difficile distinguere il tempo libero da quello lavorativo. In un certo senso, la vita diventa inseparabile dal lavoro"[8]. Tutte caratteristiche inconsciamente familiari quando si pensa al lavoro curatoriale freelance contemporaneo.

La curatela come cura da un punto di vista femminista

Il tema della curatela come cura è stato ripreso da diversi autori, ad esempio, da Elke Krasny e la sua ricerca sul progetto di Susan Lacy "The International Dinner Party. A Curatorial Model Re-Mapping Affinities, Transnational and Feminist Practices". In questo contesto la curatela come cura è un concetto femminista esplicito che serve a creare rete tra le donne nell'arte[9]. La curatela così intesa si assume consapevolmente il compito di creare possibilità di produzione di piattaforme di interessi condivisi. Questo "essere con", questo spazio di negoziazione e di interessi condivisi al di là dei confini di genere e di ruoli specifici nel campo dell'arte, era ciò a cui aspirava Connecting Spaces. "Stare con", nel senso proposto da Jean-Luc Nancy, significherebbe mettere sempre in discussione qualsiasi forma di comunità istituzionalizzata[10].

D'altra parte, dobbiamo a Nanne Buurman il merito di aver posto per la prima volta l'attenzione sul fatto che il concetto di "curare come *labor of love*" [ndt: lavoro per passione, affettivo] e "curare come fare rete" collude problematicamente con il dispiegamento neoliberale dei tradizionali concetti di femminilità nelle società post-fordiste e nei loro regimi di lavoro immateriale e affettivo[11]. Buurman attribuisce questo cambiamento nel lavoro curatoriale, ad esempio, al lavoro realizzato da Carolyn Christoph Barkargiev con il libro *The Logbook* che accompagnava documenta 13[12].

Sono d'accordo con l'analisi di Buurman secondo la quale questo cambiamento si afferma come espressione culturale performativa che posiziona come naturalizzato l'immateriale e il lavoro affettivo. Biopolitica significa che, secondo l'uso di Foucault, questa tecnica di potere non si occupa di singoli soggetti nel modo in cui era formulato il concetto di interpellanza di Althusser, ma che questo enunciato culturale sarebbe stato formulato e influenzerebbe ancora di più le principali arti della società. Il lavoro immateriale e affettivo non è più marginale, ma si può considerare

– non solo nelle industrie creative, ma in tutto il mondo – un'attività
finanziaria a livello mondiale e a tutti i livelli di gestione, come vari autori
(Maurizio Lazzarato, Antonio Negri e Michael Hardt, Eve Chiapello e Luc
Boltanski), hanno sottolineato nelle loro teorie sul lavoro immateriale.

Ciò che hanno in comune i diversi approcci teorici è che vogliono esplorare
come viene riorganizzato il potere nel capitalismo globale, dove gli apparati
statali hanno perduto il loro ruolo centrale. Si pensi all'enorme quantità e alla
potenza dell'apparato statale della Cina continentale, che già influenza in
modo intensivo le politiche culturali di Hong Kong. Possiamo dire, in linea con
questo pensiero, che gli apparati ideologici hanno guadagnato terreno immenso
nell'influenzare le persone, il che rende quest'area sospetta anche per qualsiasi
superpotenza. Quindi ogni produzione di immagini è cruciale in questi giorni,
una circostanza di cui dovremmo essere più consapevoli. Allo stesso modo,
alcune modalità curatoriali e alcune rappresentazioni della curatela possono
considerarsi affermazioni delle condizioni di lavoro neoliberale.

Nozioni di curatela

Quindi ogni produzione di immagini è cruciale in questi giorni, una
circostanza di cui dovremmo essere più consapevoli. Allo stesso modo,
alcune modalità curatoriali e alcune rappresentazioni della curatela
possono considerarsi affermazioni delle condizioni di lavoro neoliberale.
Riprendendo la mia argomentazione diventa chiaro che curare non è una
pratica esistente in quanto tale; lo è, come lo sono le arti in generale, in
quanto campo controverso all'interno del quale si esibiscono ogni tipo di
prestazioni, o atti di parola, prodotti. Atti di parola che creano significato
funzionano come macchine egemoniche o antiegemoniche, per metterla
in modo approssimativo. Secondo noi, Curating Degree Zero Archive ha
creato, grazie al tour, agli ospiti invitati e alle presentazioni sperimentali, in
primo luogo la possibilità di discutere di tutto questo, le posizioni di potere,
gli atti di parola, la creazione di significato, con chi e come collaborare. Allo
stesso modo, il workshop curatoriale al Connecting Space di Hong Kong,
con il contributo di artisti e curatori locali (Yang Yeung, Kacey, Kacey Wong,
Michael Leung, Bo Zheng, Clara Cheung e Wen Yau), ha reso possibile la
produzione di una conoscenza condivisa, di discutere diverse forme di

espressioni attiviste/artistiche in una società in cui lo spazio pubblico è difficile da mantenere. Con la piattaforma digitale "Curating explored with a camera", speriamo di portare questo tipo di discussioni su spazi contestati ad una maggiore visibilità.

Qui di seguito, approfondisco il nostro approccio alla curatela:

∘∘ 1 ∘∘ Nei nostri programmi, intendiamo la curatela, o pratica curatoriale, non come concetto filosofico, ma come pratica profondamente coinvolta nella politica della rappresentazione, nella politica del luogo, con le politiche di trasferimento e traduzione, e ai regimi di visibilità. Si basa su un concetto di ricerca critica che comincia con l'indagare ciò che spesso è una comprensione troppo semplicistica del curatore come nuovo agente nei settori dell'arte e della cultura. Il programma comprende la pratica curatoriale come approccio multi-autoriale alla produzione di significato, e quindi intrinsecamente legato alle trasformazioni della società contemporanea, alla riorganizzazione del lavoro, alle politiche culturali, a politiche di inclusione/esclusione e alle problematiche poste dai punti di intersezione. Il problema della nozione di "curatoriale" è la nobilitazione di questa produzione complessa, e pertanto corre il rischio di diventare vaga. Inoltre, l'idea di insistere solo su un altro tipo di autorialità comporta i suoi problemi; curare può diventare una forza trainante esattamente nel momento in cui abbandoniamo il modello dell'autore singolo e diventa un progetto di condivisione di interessi comuni. Questo è stato anche l'approccio di Connecting Space Hong Kong, dove il metodo di lavoro collettivo era cruciale.

∘∘ 2 ∘∘ La curatela esiste in quanto interfaccia tra l'elemento spaziale, l'elemento teorico e quello visivo. La curatela produce significato negli stessi modi analizzati da Roland Barthes nelle sue *Mitologie* per i sistemi di segni complessi. Questo significato è prodotto in uno specifico momento storico in relazione alle arti, alla situazione politica, al contesto culturale e alla situazione sociale.

∘∘ 3 ∘∘ La curatela produce soggetti nel senso che ogni sua istanza consiste in un conglomerato mediatico che rappresenta una richiesta. I soggetti possono essere sopraffatti da ambienti emotivi e intensi, o essere posizionati in una situazione più generale; soprattutto, possono essere intrattenuti. Non è facile raggiungere una vera partecipazione; ciò è possibile solo quando sia il contenuto che la forma sono tenuti in attenta considerazione, dall'artista o dal curatore.

∘∘ 4 ∘∘ La curatela è una formazione discorsiva come l'ha descritta Michel Foucault; produce inclusioni ed esclusioni, regola ciò che è giusto o sbagliato ("buona" o "cattiva" arte), produce costellazioni di società e istituzioni discorsive, condizioni materiali (produzione, budget, ecc.). In questo senso, curare significa produrre conoscenza e verità (se è concepito come storicamente prodotto, con molti effetti specifici). Dal punto di vista strutturale, curare, come prodotto della produzione artistica culturale occidentale, comprende meccanismi di emarginazione razzista, sessista e sociologica (cioè orientata alle classi). Curare significa esserne consapevoli e sapere che la cultura viene prodotta continuamente. "Ciò che la gente chiama transcultura è la cultura nel momento in cui accade. La cultura viva è il suo esatto contrario. La transculturazione non è qualcosa di speciale e diverso. È un momento in una tassonomia della normalità di quella che si chiama cultura. Assegnare a se stessi lo speciale compito di traduzione culturale o pianificare una traduzione culturale va quindi inserito in un contesto politico"[13]. Seguendo questo discorso, Connecting Spaces intende la transculturalità non tanto come dialogo tra "Asia" e "Europa", dato che la comprensione della "cultura" tende a rimanere astratta oppure ha un effetto identitario. Ma le culture (al plurale) sono intese in costante migrazione, in un flusso continuo, e provocano ibridazioni a livello sociale e personale, senza limitarsi alla fissità geografica o all'identità civica, ma comprendono anche la provenienza disciplinare, il sesso o le origini sociali e le strutture di potere coinvolte.

∘∘ 5 ∘∘ La curatela ha luogo con le opere d'arte (che a loro volta spesso già rappresentano situazioni complesse), ma non necessariamente: l'atto di curare una tavola rotonda, un archivio, un'indagine sociale, un'indagine sociale, un sito web, ecc. è già un atto di produzione di significato attraverso la selezione e la combinazione di artefatti culturali nello spazio e nel tempo. In relazione all'arte, la curatela è un'attività subordinata (nell'ambito del quadro fornito dal sistema dell'arte, da un'istituzione, una città, una nazione, una pianificazione turistica, ecc.). Questo è ribadito da Magda Tyzlik-Carver quando scrive: "Quindi, cos'è un sistema curatoriale? In primo luogo, abbiamo bisogno di identificare i vari elementi che fanno parte di questo sistema. La curatela è uno di questi, ma anche le piattaforme online, gli strumenti in Rete, il software e un pubblico di utenti/produttori/ lavoratori immateriali. Tuttavia la nozione di sistema curatoriale riconosce anche l'interattività tra questi elementi, le relazioni generate e le forme di produzione mobilitate all'interno del sistema"[14].

°° 6 °° Curare significa negoziare. Avere accesso ad uno spazio di rappresentazione significa sempre e comunque lavorare in uno spazio conteso. Ne consegue l'invidia, vari gruppi e giocatori si sforzano di esercitare la propria influenza. Ogni curatore deve lavorare in una sfera di intersezioni, richieste e limitazioni contraddittorie. Felix Ensslin ci invita a esserne consapevoli e testarne i limiti quando esamina la curatela nel contesto del discorso dell'isteria e del discorso universitario[15]. Per questo motivo Connecting Spaces stessa ha a che fare con le tensioni tra quanto afferma l'istituzione che ne è committente e la critica istituzionale, tra le diverse forme di conoscenza e le sue pratiche. Può agire come uno spazio che si apre all'opportunità di lasciare l'università per un po' di tempo per tornarci con nuove domande e nuovi desideri.

°° 7 °° Non bisogna ridurre la curatela ad una forma di amministrazione, come succede in vari programmi di studio e di perfezionamento professionale. Questi corsi forniscono ai loro partecipanti un certo numero di strumenti organizzativi e gestionali, ad esempio, la conoscenza di contratti di prestito, rapporti sullo stato delle opere, assicurazioni, trasporti, collaborazione con le aziende, ecc. Se è vero che tutto questo può essere parte del lavoro curatoriale, restiamo consapevoli che si tratta solo della parte organizzativa della curatela.

°° 8 °° Come tutto nel campo dell'arte, la curatela è sempre e ovunque, inevitabilmente legata al mercato dell'arte. Non esistono posizioni al di "fuori dal discorso" o "fuori dal mercato". Per i curatori e gli artisti, ciò che è cruciale è decidere come ci si posiziona all'interno e in relazione al discorso/mercato.

°° 9 °° Come per qualsiasi discorso culturale, la curatela è in grado solo di interferire come attore attivo solo nel caso di cambiamento sociale, solo se la sua attività di produzione di significato collaborerà ad altre urgenze e richieste sociali. Chantal Mouffe e Ernesto Laclau hanno definito questa dinamica "formare una catena di equivalenza". Pertanto, torniamo al workshop "Curating and Social Change": la curatela può offrire uno spazio di rappresentazione, uno spazio di discussione, uno spazio di incontro, uno spazio di riflessione, uno spazio dove si impari gli uni dagli altri. Arte, curatela e azione politica non sono la stessa cosa, ma la cultura è uno spazio in cui si può creare consenso o dissenso rispetto ai sistemi politici. Quindi, i nostri programmi sono sviluppati in un contesto di analisi culturale, teorie del potere e comunitarie, si basano su posizioni femministe, gay, postcoloniali, ecologiche, postmarxiste e altre politiche di emancipazione. La maggior parte di queste posizioni emergono da lotte politiche o movimenti sociali. Consideriamo la produzione di conoscenza curatoriale come spazio per la negoziazione di accordi sociali, politici, culturali ed economici. Per questo motivo noi intendiamo la curatela come un organismo da cui emergono nuove costellazioni.

Questo saggio è stato pubblicato con il titolo "Propositions on Curating, or How Much Curating is Involved in Social change", in Nuria Krämer, Patrick Müller (a cura di), *WITH: a Bookazine on Collaboration between Cultures, Art Forms, and Disciplines, Connecting Spaces*, Hong Kong – Zürich 2013 – 2017, Hong Kong-Zürich 2018

1. The Postgraduate Programme in Curating, CAS/ MAS, Zurich University of the Arts, and the PhD in Practice in Curating programme, in collaborazione con The University of Reading. Vedi: www.curating.org

2. Beatrice von Bismarck, "'The Master of the Works': Daniel Buren's Contribution to documenta 5, Kassel 1972", in Nanne Buurman, Dorothee Richter (a cura di), "documenta: Curating the History of the Present", *OnCurating* n.33 (2017), pp. 54-60. Vedi: www.on-curating.org

3. Dorothee Richter, "Artists and Curators as Authors – Competitors, Collaborators, or Team-workers?", in Michael Birchall (ed.), "On Artistic and Curatorial Authorship", *OnCurating* Issue 19 (2013). http://www.oncurating.org

4. Anton Vidokle, "Art without Artists", in *e-flux Journal*, n. 16 (2010). http://www.e-flux.com

5. Sabeth Buchmann, "Curating with/in the System", in Dorothee Richter, Barnaby Drabble (a cura di), "Curating Degree Zero Archive: Curatorial Research", *OnCurating* n.26 (October 2015). http://www.on-curating.org

6. Sabeth Buchmann, "Curating with/in the System", in Dorothee Richter, Barnaby Drabble (a cura di), "Curating Degree Zero Archive: Curatorial Research," *OnCurating* n.26 (2015). http://www.on-curating.org

7. Olga Fernandez, "Just what is it that makes 'Curating' so different, so appealing?", in Dorothee Richter and Rein Wolfs (a cura di), "Institution as Medium: Curating as Institutional Critique?", *OnCurating*, n.8 (2011), p. 40. http://www.oncurating.org

8. Maurizio Lazzarato, "Immaterial Labor", in Paolo Virno and Michael Hardt (a cura di), *Radical Thought in Italy: A Potential Politics* (Minneapolis: University of Minnesota Press, 1996), pp. 133–47.

9. Elke Krasny, *The International Dinner Party. A Curatorial Model, Re-Mapping Affinities, Transnational and Feminist Practices*, PhD inedito, University of Reading, 2014

10. Vedi anche: *OnCurating* n.7, "Being-with: Community Ontological and Political Perspectives", Elke Bippus, Joerg Huber, Dorothee Richter (a cura di); dove viene discusso il concetto di "Being with". http://www.on-curating.org

11. Nanne Buurman, "Angels in the White Cube" e "CCB With...". Vedi anche: Buurman "Vom Gefängniswärter zur Heilerin. Kuratorische Autorschaften in vergeschlechtlichten Ökonomien", *Kritische Berichte*, n. 4 (December 2016), pp. 109-116.

12. Nanne Buurman, "CCB With... Displaying Curatorial Relationality in dOCUMENTA (3) The Logbook", in Nanne Buurman, Dorothee Richter (a cura di), "documenta: Curating the History of the Present", *OnCurating* n.33 (2017), pp. 69-85.

13. Gayatri Chakravorty Spivak, "More Thoughts on Cultural Translation", eipcp (2008). http://eipcp.net

14. Magda Tyzlik-Carver, "Interfacing the Commons. Curatorial System as a Form of Production on the Edge", (2017). http://www.kurator.org

15. Felix Ensslin, "The Subject of Curating – Notes on the Path towards a Cultural Clinic of the Present", in Dorothee Richter, Barnaby Drabble (a cura di), "Curating Degree Zero Archive: Curatorial Research," *OnCurating* n.26 (2015). http://www.on-curating.org

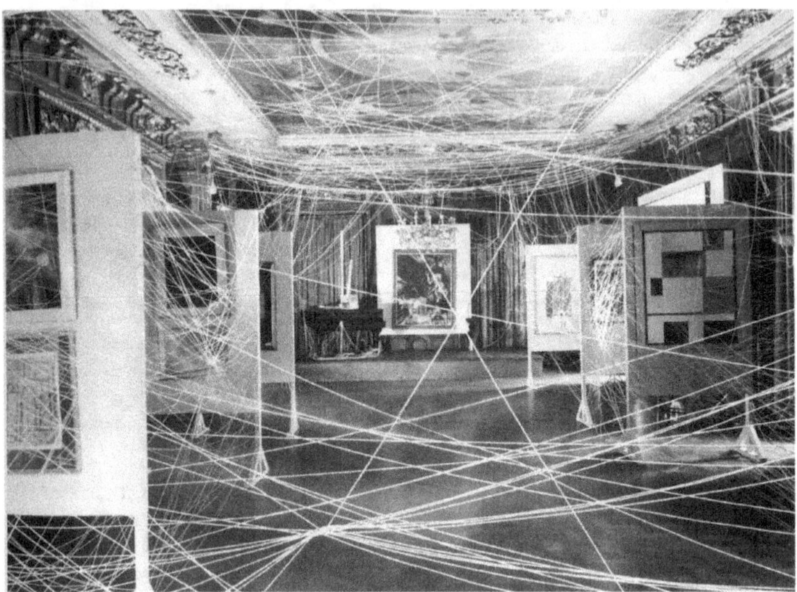

Veduta dell'allestimento di *First Papers of Surrealism*, a cura di André Breton e Marcel Duchamp, Reid Mansion, New York, 1942. Fotografia di John D. Schiff ora nell'archivio del MoMA

L'artista come curatore
Quando la mostra diventa forma

Elena Filipovic

Conosciamo bene alcune storie leggendarie, come quella di Gustave Courbet che organizzò la propria mostra proprio di fronte al Salon nel 1855 a Parigi. Quel padiglione pirata puntava a presentare la sua opera in modo diverso e migliore, affermava l'artista, rispetto a quanto avrebbe fatto lo Stato francese nell'affollata esposizione annuale dove i dipinti erano affastellati fino al soffitto con evidente disprezzo per l'integrità delle opere. I responsabili del Salon avevano rifiutato le principali opere dell'artista dell'epoca, comprese *L'atelier dell'artista* (1854–55) e *Funerale a Ornans* (1849–50), quindi la sua iniziativa imprenditoriale (una personale così organizzata era una novità assoluta per l'epoca) sarebbe stata, così egli pensava, non solo la risposta adeguata ma anche una vendetta nei confronti delle convenzioni espositive predilette dal Salon. Lo immaginiamo, magistrale esecutore della pittura realista, impegnato a vendere riproduzioni fotografiche dei suoi dipinti e a staccare i biglietti di ingresso per la mostra oltre che per riporre in guardaroba bastoni e ombrelli così da coprire le spese dell'iniziativa[1]. In un'epoca ben lontana ancora dall'avvento della specie totalmente professionalizzata del "curatore", un artista si impegnava, in autonomia, a scegliere la sede, organizzare la scenografia, operare la selezione delle opere da esporre e addirittura stilare un progetto di finanziamento, il tutto per far sì che la sua opera fosse fruita al meglio. Con il ventesimo secolo fecero la loro comparsa ulteriori ed evidenti anomalie di questo tipo: artisti che non si limitavano più a creare oggetti nel proprio studio ma prendevano le redini dello stesso apparato di presentazione e diffusione dell'opera che avevano prodotto, e spesso anche di quella di altri artisti.

Gli annali della storia dell'arte sono pieni di aneddoti come questo, anche se occupano senza eccezione una posizione marginale rispetto alle narrazioni ufficiali. Le ragioni di tale marginalizzazione sono forse tutt'altro che misteriose: malgrado la sua importanza fondamentale come contesto primario attraverso il quale l'arte viene inizialmente resa pubblica, diffusa, vista e discussa, l'esposizione è da sempre considerata come un oggetto quanto meno ambiguo di studio, in parte per via dell'inconsistenza del terreno ontologico dell'esposizione – di *qualunque* esposizione – a prescindere da chi l'abbia curata. Né un elemento stabile, immutabile, collezionabile (ciò di cui si occupa normalmente la storia dell'arte), né un prodotto chiaro di una mano identificabile (essendo, così come sono, determinate tanto dagli oggetti d'artista che comprendono, quanto dal curatore che organizza tali oggetti); decisamente non autonomo; spesso considerato "semplicemente" una cornice; e irrevocabilmente legato alla pragmatica banale dell'amministrazione (così apparentemente meno "pura" e "creativa" di un'opera d'arte): queste sono alcune delle ragioni che potrebbero spiegare perché la storia delle esposizioni, in generale, abbia tardato tanto ad affermarsi come oggetto di studio degno di tale nome[2]. Ciò detto, occorrono ancora altre spiegazioni per capire come mai il genere peculiare e specifico costituito dall'esposizione curata da un artista abbia richiesto un tempo ancora maggiore per essere teorizzato.

L'eventuale motivazione sarebbe sicuramente legata all'impurità ontologica delle esposizioni nel senso più ampio, ma gli esempi di mostre curate da artisti probabilmente rendono ancora più precaria la natura dell'esposizione, situandosi pericolosamente vicino all'opera artistica e, al tempo stesso, non essendo evidentemente tali da qualificarsi come opere d'arte. Anche se sono il prodotto di un artista o di un collettivo artistico, le esposizioni curate da artisti non possono essere concepite attraverso l'idea romantica dell'artista come produttore individuale di oggetti immutabili che seguono uno sviluppo progressivo, evolutivo di forme riferibili a un movimento artistico, a uno stile o a una "corrente". Né si comprende come considerarle in rapporto a un'opera artistica (ad esempio, è il caso di inserire l'esposizione curata da un artista nel suo catalogo ragionato? O inserirla nel curriculum insieme ad altre collettive? O ancora di considerarla invece una personale?). Né è chiaro se possano essere oggetto di utili comparazioni (così come lo sono le opere d'arte) nell'ambito di discussioni relative allo sviluppo di produzioni o movimenti artistici paralleli.

Parlando di storia delle esposizioni in generale, lo scrittore e curatore Simon Sheikh ha sollevato questo interrogativo: "Cosa significa spostare l'attenzione dagli oggetti alle mostre?... Dobbiamo chiederci non solo cosa ci possa dire una storia delle esposizioni a proposito dell'arte, ma anche cosa ci possa dire a proposito della storia, di come è scritta e letta, riscritta e riletta"[3]. Per rispondere a tale interrogativo, avanza questa ipotesi: se si decidesse di scrivere una storia delle esposizioni, forse dovrebbe essere basata sulla nozione di "storia concettuale" formulata dallo storico Reinhart Koselleck, in altri termini, una storia esaminata non attraverso dispositivi stilistici o cronologici, ma attraverso concetti e idee (materialmente riscontrati) che presumibilmente siano alla base delle mostre in questione[4]. Sheikh suggerisce, ad esempio, come esempi di tali possibili categorie, "democrazia", "lo Stato", "libertà" e "progresso". Benché stimolante, non è chiaro come si articolerebbe una simile storia concettuale delle esposizioni, particolarmente alla luce della natura profondamente ambigua dei concetti che egli suggerisce, né se tale metodologia possa adeguatamente affrontare la storia di quell'oggetto complesso e labile che è l'esposizione. Ciò detto, all'interessante gruppo di questioni di Shiekh si potrebbe aggiungere: una volta che abbiamo scritto quella storia, come ci rapportiamo al genere specifico che è la mostra curata da un artista? Cosa ci può dire *quel* genere sulla storia, la storia dell'arte *e* la storia delle esposizioni – su come queste sono scritte e lette, riscritte e rilette?

Come contestualizzare le esposizioni curate dagli artisti? La loro narrazione dovrebbe seguire (così come fa la maggior parte dei corsi di storia dell'arte che si continuano a proporre oggi) una direzione lineare, cronologica, anche progressiva (si pensi al famoso diagramma di flusso di Alfred H. Barr Jr.), a partire, poniamo, da Courbet per arrivare a Mark Leckey? O, invece, non sarebbe il caso di pensare in termini di tipologie invece che di cronologia (o di stile o di movimento)?[5] Tali tipologie potrebbero comprendere progetti individuali formulati come esposizioni (*The Store*, Claes Oldenburg, 1961; *Departement des Aigles*, Marcel Broodthaers, 1968–72); esposizioni di stampo politico-attivista (*AIDS Timeline*, Group Material, 1989; *The Potosi Principle*, Alice Creischer, Andreas Siekmann e Max Jorge Hinderer, 2010);

la riorganizzazione di collezioni museali o di altro tipo all'interno di esposizioni o concepite come esposizioni (*Raid the Icebox I, with Andy Warhol*, Andy Warhol, 1969; *Mining the Museum*, Fred Wilson, 1992); esposizioni come esperienze sensoriali (*Le Vide*, Yves Klein, 1958; *Concerto in Black and Blue*, David Hammons, 2002); e così via. All'interno di questo volume leggerete ampie riflessioni su molti di questi esempi. Tuttavia, forse il problema di fondo di tutti questi possibili principi organizzativi è il fatto che non riescono ad affrontare la condizione condivisa di tante di queste esposizioni curate da artisti: nello specifico, il fatto che i loro obiettivi, metodi, strutture e modalità di approccio compromettono, o addirittura snaturano, le idee prestabilite dell'esposizione.

Esaminiamo la straordinaria opera in due volumi di Bruce Altshuler, *From Salon to Biennial* e *Biennials and Beyond*, entrambi sottotitolati *Exhibitions that Made Art History*[6]. Tra le tante mostre di cui scrive troviamo: la prima mostra dei Blaue Reiter alla Moderne Galerie Tannhauser di Monaco, 1911; l'Armory Show, New York, 1913; *Cubism and Abstract Art*, Museum of Modern Art, New York, 1936; *The New American Painting*, Tate, Londra, 1959; *Primary Structures*, Jewish Museum, New York, 1966; *Magiciens de la Terre*, Centre Pompidou, Paris, 1989; e documenta 11, Kassel, 2002. Non vi è dubbio che tutti questi esempi meritino di far parte della storia delle esposizioni se non fosse altro perché hanno portato al pubblico una forma nuova d'arte. *Cubism and Abstract Art*, ad esempio, ha raccontato per la prima volta opere rappresentative di quei movimenti artistici per la prima volta nel 1936; *Primary Structures* ha portato in un contesto istituzionale i tipi di oggetti che sarebbero poi stati categorizzati nell'ambito del minimalismo per la prima volta nel 1966; *Magiciens de la Terre* ha messo in crisi le egemonie occidentali esponendo il primo panorama davvero "globale" dell'arte nel 1989, e così via. Al di là di quanto si possa dire di queste esposizioni davvero importanti che, come suggerisce Altshuler, "*hanno fatto* la storia dell'arte", erano indubbiamente classiche in molti sensi del termine. Nella maggior parte dei casi, hanno semplicemente portato il "nuovo" in uno spazio che da questo confronto usciva inalterato; solo in qualche caso hanno fondamentalmente o radicalmente sovvertito le convenzioni, le strutture e i protocolli dell'esposizione come *forma*[7].

Se è facile riscontrare che le esposizioni curate da artisti possono mettere in crisi la nostra stessa concezione di nozioni come "autonomia artistica", "autorialità", "opera d'arte" e "produzione artistica", meno evidente è il fatto che esse complichino ciò che si intende per "esposizione". Molte esposizioni curate da artisti – forse le più sensazionali e autorevoli del genere – derivano da come gli artisti trattano l'esposizione come medium artistico in sé, come *un'articolazione della forma*. In questo processo, spesso disconoscono o smantellano l'idea stessa di "esposizione" così come è convenzionalmente formulata, ponendo in gioco il suo genere, la sua categoria, il suo formato o i suoi protocolli e spostando, così, interamente i termini di ciò che un'esposizione può essere. L'esempio di Courbet suggerisce che l'impulso a prendere in mano l'organizzazione della mostra esisteva tra gli artisti già nel tardo Ottocento, anche se poi è toccato alle avanguardie del primo Novecento sviluppare ulteriormente le potenzialità dell'esposizione come medium. E, dopo di loro, una generazione di artisti del dopoguerra ha infine affrontato la forma con tale radicalità da aver fondamentalmente trasformato da quel momento in poi la forma delle esposizioni, non solo quelle curate da artisti, ma anche quelle generate da curatori professionisti.

Per capire meglio come gli artisti hanno affrontato la questione nell'Ottocento e nel Novecento, un esempio interessante e pioneristico viene dall'analisi del caso di Marcel Duchamp. Per quanto venga incensato grazie alla provocazione di dichiarare arte un oggetto comprato in un negozio, probabilmente il suo ruolo curatoriale non è stato un gesto meno radicale o influente. Per Dorothea von Hantelmann è stato lui a inaugurare il "paradigma curatoriale", un nuovo archetipo della creatività nel campo dell'arte che "Marcel Duchamp anticipò, articolò e realizzò paradigmaticamente". Secondo lei fu sua la scelta (che è poi ciò che considera curatoriale) che permise al readymade di segnare "la transizione da una società orientata alla produzione a una società orientata alla selezione"[8]. "Duchamp", continua Von Hantelmann, "trasformò l'atto della scelta in un nuovo paradigma della creatività. O, piuttosto, perfezionò una pratica che era sempre esistita in qualcosa che somigliava a un metodo". Che Duchamp abbia inaugurato un paradigma curatoriale mi sembra corretto, sebbene sia convinta che ciò non è dovuto solo alla sua "scelta" o "selezione" rispetto al readymade (né immagino che il curatore sia principalmente qualcuno che "seleziona" le cose). Duchamp, invece, ha inaugurato un metodo curatoriale grazie alla sua comprensione dell'esposizione come strumento di interrogazione, uno strumento grazie al quale analizzare criticamente i limiti dell'oggetto d'arte ma anche delle sue istituzioni, tutte cose che determinavano il destino dei suoi readymade anche più del semplice processo di selezione)[9].

Sebbene la professione di curatore quasi non esisteva quando Duchamp cominciò ad utilizzare operazioni curatoriali all'interno della sua pratica artistica, né lui avrebbe mai usato questo termine per descrivere quello che faceva, il concetto cominciò a materializzarsi nei cinquant'anni in cui lavorò, fino ad assumere il significato attuale, un professionista dell'arte che si occupa dei vari aspetti connessi alla cura dell'arte e della sua pubblica esposizione[10]. Eppure, il "curatore", al di là delle varie definizioni, aveva motivazioni e responsabilità molto diverse da quelle dell'artista e viceversa, facendo così sembrare del tutto insolite la frequenza e insistenza con cui si occupava di faccende curatoriali. Più che occupazioni o imprese occasionali secondarie rispetto al "vero" lavoro dell'artista e dell'opera, per Duchamp i compiti "curatoriali" diventano il lavoro di una vita e il catalizzatore fondamentale attraverso cui capire ed esporre l'opera d'arte in quanto tale[11]. Infatti, grazie alle sue profonde preoccupazioni riguardo a ciò che circonda l'opera – le istituzioni, i meccanismi e le convenzioni che la accompagnano e apparentemente mentono – Duchamp modificò i termini della mostra e dell'opera (e non solo, come si è creduto a lungo, grazie a quel gesto artistico – sia esso "invenzione", "dichiarazione" o "selezione" – che trasformò un orinatoio in *Fountain*).

Potremmo citare i suoi iniziali approcci alle mostre come preludio alle sue curatele. Ad esempio, nel 1916, rispondendo alle impazienti richieste di un gallerista che voleva inserire uno dei suoi quadri in una mostra collettiva, Duchamp replicò chiedendo di includere anche uno o due readymade, che sarebbero così comparsi per la prima volta in pubblico. Secondo le sue indicazioni gli oggetti vennero allestiti nell'area del ritiro cappotti (senza etichette, piedistalli, faretti speciali o altro), quindi, come era prevedibile, vennero totalmente ignorati[12]. In questo caso Duchamp non era il curatore della mostra, ma la sua macchinazione sembra trattare l'esposizione non solo come ambiente per la presentazione delle cose ma anche come luogo d'indagine, un banco di prova nel quale l'artista forse impara che un oggetto sembra arte solo in certe condizioni, una delle quale è essere esplicitamente *in mostra*, con tutti i protocolli che comporta. In seguito a questo episodio, Duchamp avrebbe ripetutamente chiesto di essere coinvolto nella curatela delle mostre, riconoscendo che gli apparati discorsivi e istituzionali intorno all'opera d'arte potevano così essere utilizzati, sperimentati, ripensati. In definitiva, come dimostrano le sue esposizioni dagli anni Trenta fino alla fine della sua vita, le sue mostre diventarono molto diverse dalla disposizione di manufatti appesi a un muro così come avveniva nei musei.

Solo un anno più tardi, nel 1917, Duchamp si ritrovò presidente del "comitato di allestimento" della mostra di apertura della Society of Independent Artists di New York[13]. Egli propose un sistema curioso per allestire la mostra non secondo uno stile, una scuola o cronologicamente, ma in ordine alfabetico e secondo il caso, a cominciare da una lettera presa a caso da un cappello, assicurando così che non vi fossero favoritismi e sfuggendo qualunque metodo conosciuto secondo i quali venivano organizzate le mostre. Non vi è dubbio che fosse proprio la sua carica di presidente a garantire che l'altra sua azione rimanesse anonima: con uno pseudonimo iscrisse all'esposizione un pezzo di idraulica intitolato *Fountain*. L'orinatoio, firmato "R. Mutt 1917", così racconta la storia, venne rifiutato prima di essere perso o distrutto (non si sa bene cosa avvenne)[14]. Ben pochi erano a conoscenza che fosse opera di un certo Marcel Duchamp; neanche i suoi amici e sostenitori, e lui stesso non ne fece alcun accenno in pubblico per decenni[15]. Seguendo la teoria del paradigma curatoriale di Dorothea Von Hantelmann, l'orinatoio avrebbe potuto essere un opera selezionata, ma nel 1917 non venne mostrata né notata, decisamente non era entrata nella storia dell'arte. In effetti, potrebbe anche non essere mai esistita[16].

Quando, alla fine, Duchamp rivelò di aver orchestrato *Fountain,* vale a dire, quando qualche decennio dopo decise di costruire una storia pubblica per un oggetto che a quel punto non esisteva più e che, inoltre, non aveva avuto alcun impatto durante la sua esistenza, la sua rivelazione dipendeva interamente dalle sue idee sulle mostre, sulle istituzioni artistiche e sulla loro gestione di ciò che conta in quanto "arte". L'"invenzione" del readymade aveva bisogno di essere curata; cioè, aveva bisogno di una pubblica esposizione che finalmente arrivò con una mostra congegnata in una valigia, *La Boîte-en-valise* (1938–1942). L'artista costruì una mostra portatile per *Fountain* (assieme alle riproduzioni di altre sessantotto opere d'arte) nel momento esatto in cui stava preparando la prima di quella che sarebbe stata una serie di elaborate mostre con i surrealisti delle quali era curatore (o "il mediatore generatore", nella sua stravagante terminologia così come in quella surrealista). Avrebbe ancora recitato quel ruolo, prima nel 1938, poi nel 1942, 1947, 1959 e nel 1960. In altri termini, l'indagine condotta da Duchamp riguardo alla capacità enunciativa e al funzionamento autorevole dell'esposizione propriamente detta è inseparabile dalla sua creazione di una versione in miniatura di una retrospettiva che gli consentiva, letteralmente, di mettere in scena il gioco del museo secondo le sue regole. D'altro canto, utilizzando le torce come illuminazione espositiva, i sacchetti di carbone sospesi come soffitto, e le porte girevoli del grande magazzino come sostegni per i quadri (come nell'*Exposition international du Surréalisme* del 1938), o con le opere d'arte appese in mezzo a una ragnatela di centinaia di metri di banalissima corda che impediva sia il passaggio che la visione (come in *First Papers of Surrealism* del 1942), per citare solo due esempi, le sue mostre erano, in ogni caso, riformulazioni radicali delle convenzioni espositive che si rivelarono straordinariamente importanti per le generazioni di artisti venute dopo di lui.

Vi sono, infatti, numerosi esempi di artisti che, ognuno a proprio modo, hanno successivamente affrontato la pratica della progettazione espositiva come medium critico. Nel periodo del dopoguerra, *an Exhibit*, mostra dal titolo programmatico di Richard Hamilton e Victor Pasmore del 1957 presenta dimensioni emblematiche. Formata da fogli di acrilico di vari colori e di variabili gradi di trasparenza, appesi al soffitto e posti ad angolo retto l'uno rispetto all'altro, la mostra si presentava come una struttura spaziale labirintica all'interno della quale i visitatori potevano muoversi liberamente. Si trattava di una mostra "senza immagini", che nelle intenzioni degli artisti significava senza opere d'arte propriamente dette e, per citare Hamilton, "senza soggetti, senza temi a parte sé stessa": vale a dire quasi nessuno degli elementi primari che renderebbero tale un'esposizione. Era invece, aggiungeva Hamilton, "autoreferenziale"[17], e, spiegando ulteriormente le

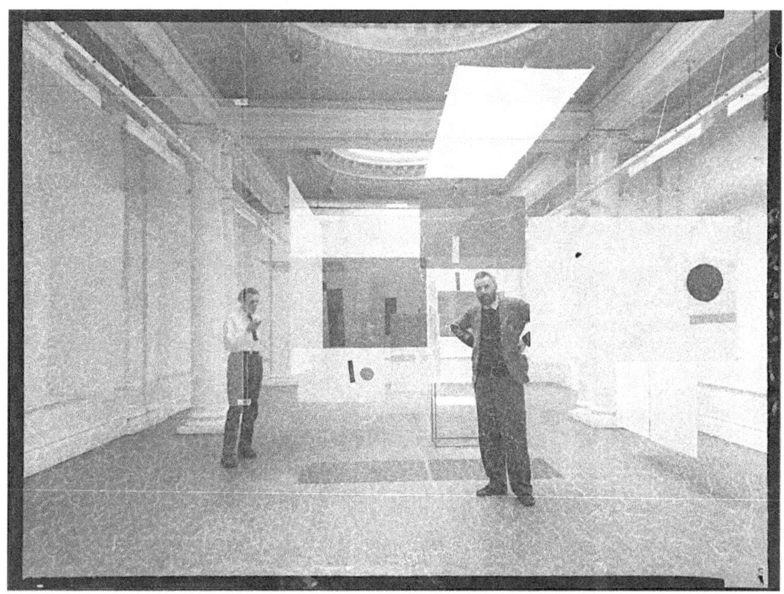

Richard Hamilton e Victor Pasmore durante l'allestimento di *an Exhibit* alla Hatton Gallery nel 1957

proprie intenzioni, "Volevo... trasformare l'esposizione in una forma d'arte in sé — *una mostra a proposito di una mostra*"[18]. In questo processo, gli artisti realizzarono l'*allestimento di un allestimento*. In quanto sia il contenuto che la metodologia guida dell'esposizione, "allestimento" diventava una superficie materiale e un catalizzatore di esperienza visiva e spaziale. Quello di Hamilton e Pasmore era un gesto di rinuncia: "non esporre" come modalità espositiva. Insieme a metodologie analogamente radicali proposte in una serie di altre esposizioni curate da artisti che si sarebbero succedute in seguito a *an Exhibit*, perseguiva il rovesciamento radicale del consueto mandato dell'esposizione artistica: interrogare, esplorare, re-immaginare ciò che potevano essere il contenuto e i termini dell'allestimento espositivo.

Meno di un anno dopo, per la mostra *Le Vide* (Il Vuoto), Yves Klein dipinse interamente di bianco l'interno dello spazio espositivo di una galleria d'arte parigina, asportando dallo spazio tutto il "contenuto" abituale e riconoscibile. Non si trattava solo di una galleria svuotata o semplicemente ridipinta: lo stesso biancore che era la cifra del cubo bianco moderno veniva esasperato in un estremo di sé stesso. Più bianco del bianco, l'attento lavoro di tinteggiatura di Klein era il risultato di diverse mani di puro pigmento bianco litopone mescolato alla sua speciale vernice fatta di alcol, acetone e resina vinilica[19]. Come ebbe a spiegare in seguito:

> L'obiettivo di questo tentativo: creare, stabilire e presentare al pubblico uno stato pittorico palpabile nei limiti di una galleria d'arte. In altri termini, la creazione di un ambiente, un autentico clima pittorico e, quindi, invisibile. Questo stato pittorico entro lo spazio della galleria dovrebbe essere così presente e dotato di vita autonoma che dovrebbe essere letteralmente ciò che è stato considerato finora come la migliore definizione generale della pittura: la radiosità[20].

L'inaugurazione fu un evento intenzionalmente provocatorio, decisamente preparato, con un utilizzo esagerato di molte convenzioni dell'esposizione d'arte: biglietti d'invito stampati per l'occasione (3500, all'epoca una cifra considerevole per una mostra in galleria), il testo commissionato a un critico, un biglietto d'ingresso (una novità per le gallerie commerciali, anche se diffuso nei musei), un discorso d'inaugurazione, un brindisi (a base di cocktail blu studiati per l'occasione) e personale di sicurezza all'esterno (addirittura due guardie repubblicane a cavallo). Quando Klein sorprese un giovane a disegnare per gioco sulla parete appena dipinta della galleria, chiamò immediatamente la sicurezza per farlo buttare fuori. Insomma, lo spazio funzionava secondo molte delle regole e politiche istituzionali che avrebbero normalmente accompagnato un'esposizione, salvo che per la radicale eliminazione della convenzionale *raison d'être* della stessa: non vi era assolutamente nulla che potesse anche erroneamente essere preso per un'opera d'arte in mostra.

Qualche anno dopo, nel dicembre 1966, Mel Bochner, all'epoca giovane docente presso la School of Visual Arts di New York, posizionò quattro raccoglitori ad anelli identici — contenenti ognuno cento copie di annotazioni di studio, disegni di lavoro e schemi raccolti e fotocopiati dall'artista — su piedistalli nella galleria della scuola in occasione della mostra invernale della stessa. Intitolò l'allestimento *Working Drawings And Other Visible Things On Paper Not Necessarily Meant To Be Viewed As Art*. Ogni raccoglitore contiene fotocopie di disegni preparatori di progetti di artisti: le proposte di installazioni luminose di Dan Flavin, gli schizzi di griglie bianche di Sol LeWitt, le progressioni numeriche di Eva Hesse, gli studi di poesia di Carl Andre e i piani di lavoro di Donald Judd (addirittura con una fattura per costi di produzione), oltre al disegno tecnico della fotocopiatrice usata per fare le copie nei faldoni stessi. Nel suo allestimento *Working Drawings* comprendeva alcune delle convenzioni più riconoscibili delle mostre dell'epoca — spazio a cubo bianco, pulizia estrema nell'allestimento, piedistalli — ma le utilizzava in modo da compromettere i pilastri stessi dell'esposizione operando secondo paradigmi minimi e concettuali invece di presentare opere che avrebbero potuto passare all'epoca per arte propriamente detta. *Working Drawings* "smaterializzava" l'aura dell'opera d'arte visiva in un'idea riproducibile, una notazione che sarebbe diventata un marchio del concettualismo fine anni Sessanta.

Presentando in mostra un documento riproducibile con tutti i crismi di un'opera d'arte, Bochner non solo privilegiava ciò che Siegelaub avrebbe poi definito le informazioni "secondarie" rispetto a quelle "primarie", ma addirittura ne faceva l'oggetto della mostra. Sembra che quando il Museum of Modern Art rifiutò l'offerta di Bochner di donare i raccoglitori come opere d'arte per la collezione del museo (dopo tutto, erano il prodotto di processi generativi di artisti), accettando invece di accoglierli come potenziale donazione per la biblioteca, Bochner oppose a sua volta un rifiuto. Anche se la storia è forse apocrifa, è indicativo il fatto che continui a circolare. Riguarda un museo che (come i musei sono soliti fare) tenta di difendere l'idea dell'opera d'arte individuale contro la minaccia percepita della "riproduzione". Tuttavia, per Bochner *Working Drawings* destabilizzava intenzionalmente le gerarchie tanto tra originalità e riproduzione quanto tra esposizione e opera d'arte.

Dall'altra parte del mondo, un gruppo di giovani artisti argentini originari di Buenos Aires e Rosario diede vita nel 1968 a una serie di eventi ed esposizioni dal titolo Experimental Art Cycle. Le loro attività sarebbero sfociate nella concezione di una grande campagna attivista di ricerca, informazione ed esposizione a sua volta intitolata *Tucuman Arde* (Tucuman brucia), organizzata successivamente lo stesso anno[21]. Nell'ambito del ciclo di eventi che portò a *Tucuman Arde* l'artista Graciela Carnevale inaugurò la sua *Accion del Encierro* (Azione di confinamento) in una galleria su strada vuota con vetrine che aveva oscurato con fogli di carta. L'evento consisteva nel fatto che i partecipanti all'inaugurazione venivano segregati nello spazio per oltre un'ora. Gli ospiti (o i "prigionieri", che ebbe a definirli in seguito l'artista) si rendevano conto solo in un secondo momento che il fatto di essere sequestrati nello spazio espositivo deserto (insieme alla confusione, alla paura, alla paranoia e al successivo tentativo di fuga che ne derivavano) *era* di fatto la mostra. Il fatto di essere confinati faceva sì, come racconta l'artista, che fossero "obbligati, con la violenza, a partecipare", un effetto in parte annullato da un passante che, vedendo la folla di disperati rinchiusi (che a quel punto avevano strappato i manifesti che coprivano la vetrina), ruppe il vetro per farli uscire[22]. Una volta usciti dal contesto espositivo, e appena prima che la polizia ponesse bruscamente fine all'esposizione-azione, i visitatori si videro consegnare una dichiarazione fotocopiata che proponeva un parallelo tra la loro esperienza e gli abusi perpetrati quotidianamente dalla dittatura militare argentina. Anche se *Accion del Encierro* era una performance attivista oltre che un'esposizione, il fatto che Carnevale avesse scelto specificamente il medium e il formato dell'esposizione come strumento per mettere in scena la sua versione di sospensione estetica, respingendo le aspettative generate dall'opera d'arte e il suo allestimento normativo e spettacolare, riveste una certa importanza.

Un rifiuto completamente diverso dal produrre un'esposizione di opere d'arte (o, in questo caso, la personale indicata nell'invito originale dall'artista) è rappresentato da *If You Lived Here...* di Martha Rosler organizzata alla Dia Art Foundation di New York nel 1989. La combinazione tra progetto di ricerca d'artista e esposizione collettiva curata (costituita a sua volta da tre cicli espositivi, quattro incontri pubblici e numerosi eventi di contorno), presentava un mix improvvisato e disordinato di oggetti artistici e non (tabelle, grafici, mappe, ritagli di giornale) realizzati da artisti più o meno famosi (ma anche da persone comuni) sul tema dei senzatetto e delle ingiustizie in ambito abitativo a New York, e sulle condizioni che rendevano possibili tali problematiche. Portando una critica implicita all'istituzione ospite, situata in un quartiere come SoHo, sede di un fiorente mercato dell'arte, il progetto poneva in relazione il suo contesto espositivo immediato con quelle problematiche più ampie (gentrificazione, corruzione, complicità, capitalismo rampante) che facevano dei senzatetto e della

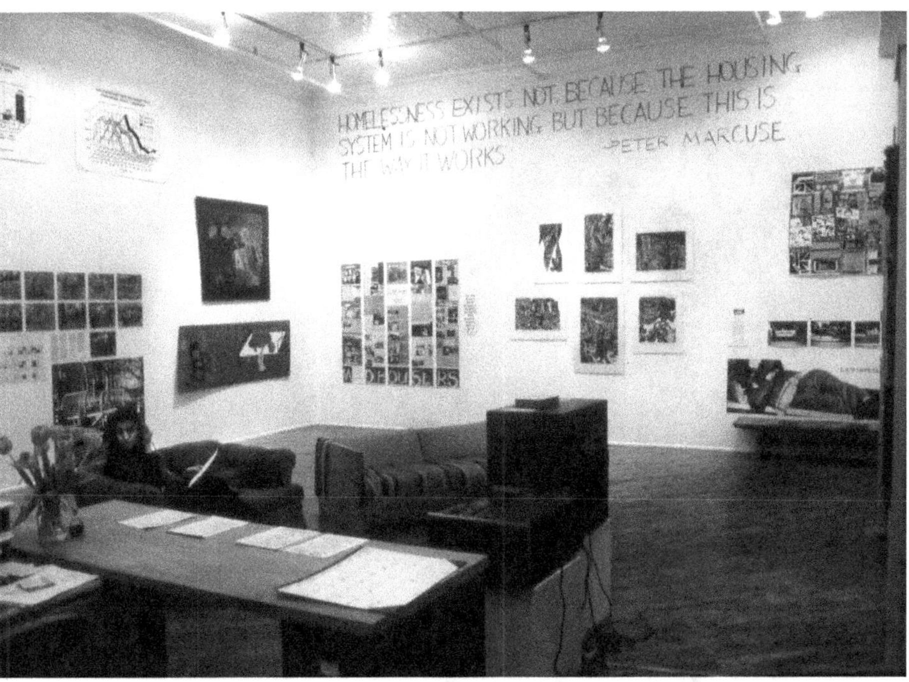

Particolare di Martha Rosler, *Homeless: The Street and Other Venues*, dalla personale *If You Lived Here* alla Dia Art Foundation, New York, 1989. Courtesy: Martha Rosler

precarietà umana un'emergenza sempre più grave. In termini pratici era uno spazio espositivo trasformato nell'aula di un consiglio comunale destinata a luogo di discussione, ricerca e informazione ma anche un luogo dove poter cucinare e dormire (dotato di sedie e posti letto improvvisati). Era un luogo concepito per stimolare l'attivismo, la partecipazione comunitaria e l'impegno. Si presentava e funzionava in modo diverso da una tipica mostra d'arte e la reazione sia da parte dell'istituzione ospite che della stampa locale rivelava quanto fosse difficile considerarla come tale (invece che, ad esempio, un'esperienza di attivismo sociale). A dispetto di ciò, questo progetto ha consentito a Rosler di ispirare un'intera generazione di artisti – da Liam Gillick a Rirkrit Tiravanija – e di pratiche partecipative nell'arte, oltre che di diventare un'influenza importante per quella che sarebbe stata definita l'"esposizione discorsiva", una svolta di tipo pedagogico e attivista nell'arte che utilizza l'esposizione come forum pubblico privilegiato.

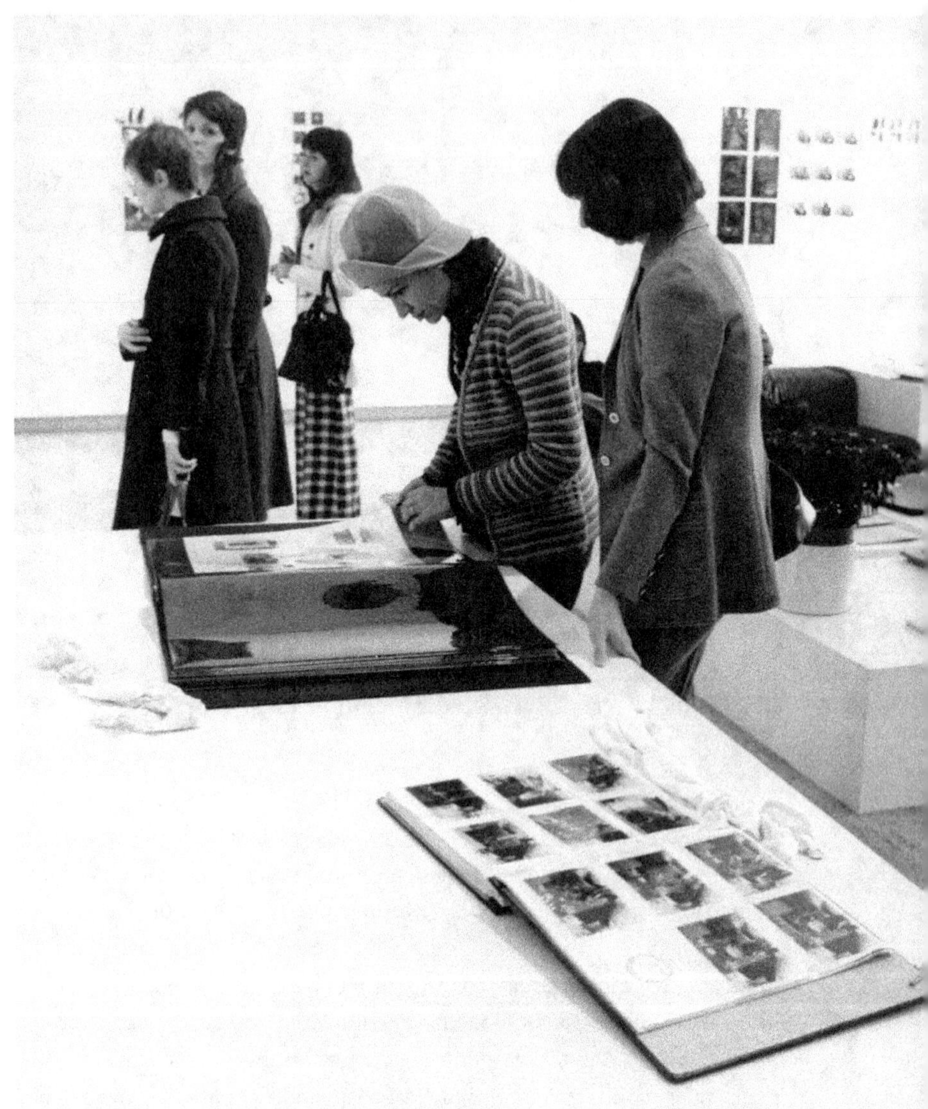

Veduta dell'installazione di "c.7,500", al Walker Art Centre (Minneapolis 1973). A dx: testi e immagini trasmessi dallo studio di N.E. Thing Co.'s alla Vancouver Art Gallery grazie a una Xerox Telecopier (antenato del fax) come propria opera dal titolo *Transmissions of Visual Sensitivity Information* (1970) parte di *Numbers*, la serie di collettive curate da Lucy Lippard dal 1969 al 1974, quattro mostre d'arte contemporanea note come le "mostre dei numeri" perché ognuna prendeva il titolo dalla popolazione della città in cui la mostra era organizzata: "557.087" a Seattle, "955.000" a Vancouver, "2.972.453" a Buenos Aires e "c.7.500" a Valencia (California).

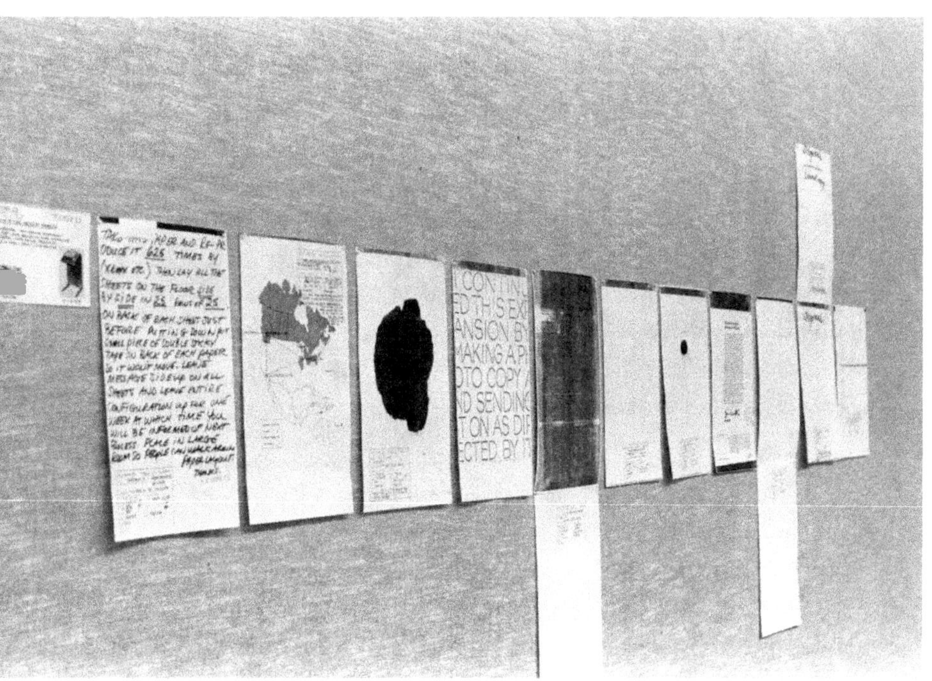

Potremmo citare ancora altri esempi di reazioni del tutto diverse alla questione di cosa potrebbe costituire un'esposizione, come la mostra non annunciata di David Hammons del 1994 presso Knobkerry, un laboratorio attivo a New York per la creazione di oggetti asiatici e africani, dove le sue opere si insinuavano in modo ambiguo nella normale produzione dell'emporio senza alcuna indicazione, presentazione o segnalazione sul diverso status di opere e oggetti. Nascondendosi senza nascondersi, come capita spesso con la sua opera e la sua persona, il progetto di David Hammons era al contempo un'indagine sulla relazione dell'opera d'arte con la merce e una riflessione sulla forma di un'esposizione d'"arte".

Un altro esempio è *Nova Popularna* (2003) di Lucy McKenzie e Paulina Ołowska, una mostra che prendeva la forma di un locale clandestino temporaneo a Varsavia. Impadronendosi di uno spazio carico di echi storici (era stato sede di happening dell'avanguardia nei decenni precedenti), le due artiste progettavano la loro personale tipologia di scenografia vernacolare o "neo-popolare" (dal bar alle tende alle loro stesse uniformi come cameriere del locale) come fondale sul quale presentare una sequenza a rotazione di opere d'arte, performance, concerti e altri eventi. Si potrebbero citare molti altri esempi – l'elenco di esposizioni curate da artisti degne di nota è lungo, e ci porta da *Le Vide* di Yves Klein (1958) a *The Uncanny* di Mike Kelley (1993); da *Pictures and Promises: A Display of Advertisings, Slogans and Interventions* di Barbara Kruger (1981) a *Intolerance* di Willem de Rooij (2011); da *Mining the Museum* di Fred Wilson (1992) a *Musee Precaire* di Thomas Hirschhorn (2004), e altri esempi ancora straordinariamente ricchi che non possiamo analizzare in questo volume ma che nel loro insieme provano come, dal periodo del dopoguerra a oggi, gli artisti abbiano trovato nell'esposizione un terreno di intervento incredibilmente potente.

Naturalmente non è automatico che le mostre organizzate dagli artisti puntino esplicitamente a riformulare i termini dell'esposizione stessa. Alcuni esempi riflettono più che altro le modalità particolari e insolite con cui l'artista opera la selezione, senza per questo intervenire in alcun modo sul tradizionale formato di presentazione. Mentre vi sono, viceversa, numerose esposizioni realizzate da curatori "professionisti" (o quanto meno non artisti), che sono riuscite nell'intento di re-immaginare la formazione dell'esposizione (pensiamo alle varie edizioni di *Numbers* di Lucy Lippard, 1969–74; a *Xerox Book* di Siegelaub, 1968; alle *Television Exhibitions I* e *II* di Gerry Schum, 1969–70; e a *Les Immateriaux* di Jean-Francois Lyotard e Thierry Chaput, 1985). Questi casi possono essere attribuiti all'intenzione da parte del curatore di trovare una forma espositiva capace di rispondere alla natura dell'opera in mostra, o al fatto che il curatore consentiva agli artisti, senza lasciare che si assumessero di fatto il ruolo di curatore, di avere voce in capitolo nella progettazione dell'esposizione. È capitato che curatori professionisti siano stati ispirati da esposizioni curate da artisti e siano stati stimolati a ripensare la forma esposizione a seguito di ciò. In altri termini, non esistono regole categoriche che distinguano le categorie che illustro al fine di facilitare la discussione dell'argomento. La questione è scivolosa. Tuttavia, questo progetto più ampio di considerare l'artista come curatore punta a illuminare quella che è stata la cifra di molte mostre curate da artisti; un guanto di sfida lanciato nei confronti dell'idea dell'esposizione come allestimento neutro di opere d'arte in un certo luogo e tempo per finalità didattiche o spettacolari.

Per quanto questo progetto possa apparentemente unificare il genere specifico che è la mostra curata da un artista, non suggerisce un'unicità o un'uniformità degli approcci adottati dagli artisti. Gli esempi, che i saggi presentati di seguito esaminano nel dettaglio, suggeriscono che le premesse che implicitamente supportano e perpetuano le nozioni più convenzionali dell'"esposizione" subiscono ormai da tempo l'azione sovversiva della pratica artistica. E mentre le iniziative curate da artisti soffrono da troppo tempo di una carenza di attenzione, sollevano le spinose questioni cui si accennava prima, a partire da quelle riguardanti i limiti dell'opera d'arte (dove finisce un'opera d'arte e dove inizia il suo contesto?), lo status dell'esposizione (un'esposizione curata da un'artista va considerata un'opera d'arte? Come va valutata in relazione alla produzione di un artista?), e così via. Quindi, questa antologia di saggi pensata in formula seriale analizza esempi recenti e meno recenti per offrire una riflessione più mirata su come le nozioni teoriche e storiche dell'esposizione siano state trasformate dall'influenza degli artisti. Ciò significa che questo progetto non riguarda tanto la costruzione di un canone di mostre "esemplari" (benché questo sia *anche* il tentativo di capire quali potrebbero essere i termini e i rischi di questo). Il suo scopo è semmai iniziare a immaginare linguaggi, strumenti e metodologie possibili per guardare a e parlare di come un certo tipo di progettazione espositiva formulata da artisti possa essere studiato oggi – insieme a ma forse anche in modo diverso dalla grande massa di esposizioni nel senso classico del termine.

L'ambizione di *The Artist as Curator* ha molteplici aspetti ma la riproposizione del mito del curatore, artista o meno che sia, non è decisamente tra questi. Si tratta, semmai, di un tentativo di riconoscere la validità delle operazioni e delle attività intraprese da artisti che, però, potrebbero non apparire "artistiche" nel senso più tradizionale del termine. Queste attività rivelano un'acuta consapevolezza da parte degli artisti in merito al potenziale latente dell'esposizione come forma che va messa in discussione, sfidata e persino disarticolata. Del resto, l'obiettivo cruciale di una storia delle esposizioni curate da artisti è proprio quello di individuare le particolarità non solo di ciò che viene esposto, ma anche la forma assunta dalle esposizioni. Quella forma può essere o meno considerata come un'opera d'arte, o addirittura come un'esposizione, ma i casi analizzati da questo progetto ci inviteranno fondamentalmente a riconsiderare cosa sono – o cosa potrebbero essere – un'opera d'arte o un'esposizione.

Introduzione al libro di Elena Filipovic (a cura di), *The Artist as Curator: An Anthology,* Mousse Publishing, Milano 2017

1. Si veda Patricia Mainardi, "Courbet's Exhibitionism", *Gazette des Beaux Arts,* n. 118 (dicembre 1991), pp. 253–65. Riferimenti occasionali a mostre curate da artisti sono incluse in storie delle esposizioni quali Brian O'Doherty, *Inside the White Cube: The Ideology of the Gallery Space* e Bruce Altshuler, *The Avant Garde in Exhibition: New Art in the Twentieth Century* che presentano rare e prime eccezioni con la dovuta attenzione alle mostre curate dagli artisti, inoltre ci sono saggi dedicati ad artisti-curatori e articoli sul fenomeno (si veda anche la bibliografia a fine volume). Però, incredibilmente, non esistono studi comprensivi che analizzano le mostre curate dagli artisti, né tentativi seri di teorizzare la specificità di queste mostre. Inoltre, le mostre curate dagli artisti spesso sono ignorate da grandi storie dell'arte che prediligono ancora discussioni sui singoli oggetti.

2. La ricostruzione di mostre storiche non è una novità, ma gli impressionanti sforzi che la Fondazione Prada ha compiuto nel ricostruire meticolosamente *When Attitudes Become Form* è indicativo e senza precedenti nello stabilire quanto siano inadeguate tali ricostruzioni. Si veda la notevole pubblicazione edita da Germano Celant e Chiara Costa, *When Attitudes Become Form: Bern 1969/Venice 2013* (Milan: Fondazione Prada, Ca' Corner della Regina, 2013).

3. Simon Sheikh, "A Conceptual History of Exhibition-Making", saggio presentato a Former West Conference, BAK, Utrecht, November 7, 2009.

4. Reinhart Koselleck, *The Practice of Conceptual History: Timing History, Spacing Concepts* (Stanford, CA: Stanford University Press, 2002).

5. Si veda la tesi di Pablo Lafuente di tipologie per storicizzare le mostre post-1989 nel suo "Exhibition Typologies Post-1989," saggio presentato a Former West Conference, BAK, Utrecht, November 7, 2009.

6. Si veda Bruce Altschuler, *From Salon to Biennial: Exhibitions That Made Art History, Volume 1: 1863–1959* (London: Phaidon, 2008) e *Biennials and Beyond: Exhibitions That Made Art History, 1962–2002* (London: Phaidon, 2013).

7. L'ambiguità della frase "mostre che hanno fatto la storia dell'arte" sembra intenzionale perché lascia intendere sia "mostre che ce l'hanno fatta a entrare nella storia dell'arte" che "mostre che hanno cambiato l'arte" o addirittura entrambe le cose.

8. Dorothea von Hantelmann, "The Curatorial Paradigm," *Exhibitionist* 4 (June 2011): 11–12.

9. Questa analisi del ruolo di Duchamp come curatore proviene dal mio libro *The Apparently Marginal Activities of Marcel Duchamp* (Cambridge, MA: MIT Press, 2016).

10. Negli anni Venti del Novecento, parallelamente alla diffusione di musei e collezioni pubbliche dedicati all'arte moderna, nacquero numerosi esempi di direttori-curatori nei musei, come Alexander Dorner in Europa e Alfred H. Barr Jr. negli USA. Ciascuno di questi contribuì a forgiare il modello di ciò che poteva essere il curatore moderno. Per ulteriori informazioni sullo sviluppo dei concetti di curatore, mostre e musei in età moderna si veda la bibliografia.

11. Senza dubbio è la pionieristica posizione di Duchamp che stabilisce le basi per lo sviluppo tra le generazioni successive di ciò che sarà definito "estetica amministrativa" dell'arte concettuale (per usare la formulazione di Benjamin Buchloh) e la critica delle istituzioni (*institutional critique*), secondo le quali i compiti curatoriali e amministrativi diventano parte centrale della pratica artistica. Si veda Benjamin H. D. Buchloh,

"Conceptual Art 1962–1969: From the Aesthetic of Administration to the Critique of Institutions", *October* 55 (winter 1990), pp. 105–43.

12. Si veda Thierry de Duve, *Kant after Duchamp* (Cambridge, MA: MIT Press, 1996), 102; e Bernard Marcadé, "Concept of Nothing," in *Voids* (Zurich: JRP|Ringier; Paris: Centre Pompidou, 2009), 236.

13. Per questa presentazione non era esplicitamente prevista alcuna "selezione"; era aperta a tutti. Eppure il presidente del comitato di allestimento era una figura molto vicina a quella del curatore così come lo intendiamo oggi.

14. Nonostante la mostra dichiarasse "nessuna giuria e nessun premio" e ammettesse chiunque avesse pagato i sei dollari di iscrizione – come aveva fatto R. Mutt – la presenza di un orinatoio rivelò come la pretesa inclusività priva di dogmi fosse alla fine una bugia. Censurato dalla mostra e dal catalogo il pezzo sembra fosse nascosto al pubblico da un divisorio e sparì, così almeno racconta la storia, altrettanto rapidamente di come era stato scelto tra le forniture idrauliche del negozio di J. L. Mott. Per una raccolta completa dei diversi resoconti su *Fountain*, si veda William Camfield, *Marcel Duchamp/ Fountain* (Houston: Menil Collection, Houston Fine Arts Press, 1989).

15. "Per trent'anni non ne parlò nessuno [dei readymade], e così feci anch'io", dichiarò Duchamp nell'intervista "Marcel Duchamp Talking about Readymades", di Philippe Collin, June 21, 1967, ristampata in Harald Szeemann (a cura di), *Marcel Duchamp* (Ostfildern, Germany: Hatje Cantz, 2002), pg. 40.

16. Non bisogna esagerarne l'importanza dato che molti esempi dell'orinatoio come riferimento principale dell'iconoclastia duchampiana mancano di tenere conto della sua mancanza di dimensione pubblica a quel tempo. Trattano *Fountain* come se nel 1917 fosse già quell'icona della storia dell'arte che è oggi, come se se ne potesse parlare senza considerare il ruolo fondamentale che la sua documentazione e rappresentazione (ritardata) durante la mostra (in altre parole, la sua cura) ha avuto per la sua interpretazione contemporanea.

17. "Pop Daddy: An Interview with Richard Hamilton by Hans Ulrich Obrist," *Tate Magazine*, March–April 2003, http://www. tate.org.uk/ context-comment/articles/ pop-daddy-richard-hamilton-early-exhibition.

18. Richard Hamilton, citato in *Fifty Years of the Future: A Chronicle of the Institute of Contemporary Art* (London: Institute of Contemporary Arts, 1998), il corsivo è mio. Si veda anche Richard Hamilton, *Collected Words, 1953–82* (London: Thames and Hudson, 1982).

19. Si vedano le descrizioni del processo utilizzato da Klein da parte di Sidra Stich in *Yves Klein* (London: Hayward Gallery, 1995), 135.

20. Yves Klein, "Le Vide Performance (The Void)," conferenza alla Sorbona, Parigi, 1959, tradotta e ristampata in *Yves Klein 1928–1962: A Retrospective* (Houston: Institute for the Arts, Rice University, 1982). Reperibile online: http:// web.tiscali.it/nouve- aurealisme/ENG/klein5.htm.

21. Oltre al saggio di Ana Longoni su *Tucumán Arde* in questo volume, si veda anche Longoni e Mariano Mestman, *Del Di Tella a "Tucumán Arde": Vanguardia artística y política en el '68 argentino* (Buenos Aires: El Cielo por Asalto, 2000).

22. La dichiarazione di Graciela Carnevale dice: "L'opera consiste nel preparare una stanza totalmente vuota, con mura spoglie. Uno dei muri, realizzato in vetro, doveva essere coperto per diventare uno spazio neutro nel quale inserire l'opera. In questa stanza viene rinchiuso il pubblico casuale dell'inaugurazione. La porta è chiusa ermeticamente e la gente lo sa. Ho fatto I miei prigionieri. Il punto è permettere alla gente di entrare e impedirgli di uscire. Ecco l'opera attivata e queste persone sono gli attori. Non c'è possibilità di fuga, in effetti gli spettatori non hanno scelta se non partecipare, violentemente. La reazione, positiva o negativa che sia, è sempre una forma di partecipazione". Graciela Carnevale, "El encierro— Project for the Experimental Art Series," Re.act Feminism, http://www. reactfeminism.org/

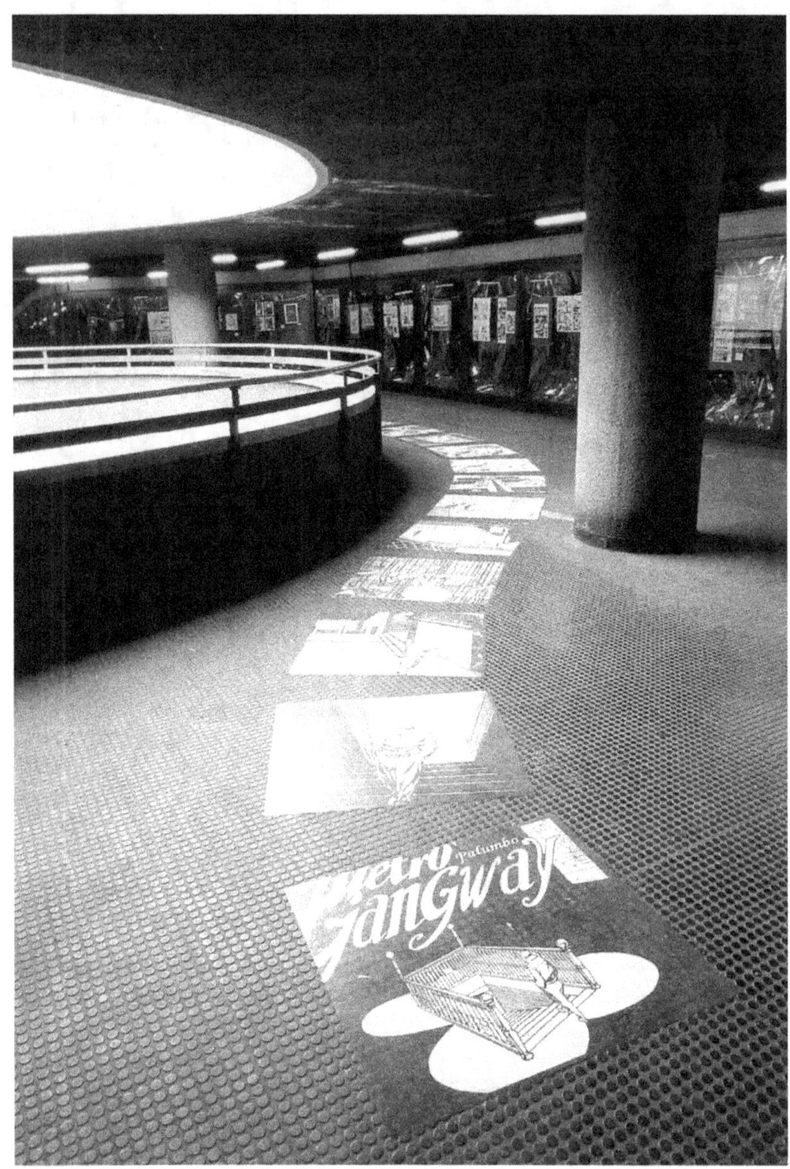

Giuseppe Palumbo, *Metro Gangway*, Sottopasso piazza Duca d'Aosta. Foto: Antonio Maniscalco

Note sulla curatela di *Subway*, un progetto di arte pubblica

Roberto Pinto

Il fruitore e gli spazi pubblici

In molteplici occasioni, per il mio lavoro di curatore e di storico dell'arte, mi sono interessato di interventi artistici realizzati in spazi urbani condivisi. Molti sono i fattori che mi hanno spinto a indagare l'arte pubblica[1] a partire dal particolare rapporto che le opere costruiscono con lo spettatore, una relazione necessariamente diversa da quella che instaurano negli spazi tradizionalmente deputati, quali musei e gallerie. In questi luoghi che non sono strettamente asserviti all'arte, ma che da sempre sono stati connotati anche dalla presenza di interventi artistici, l'opera è realizzata per un fruitore generico, nella maggior parte dei casi lontano dalle dinamiche artistiche e dai suoi codici. Tale spettatore interpreterà e giudicherà l'oggetto o l'immagine che incontrerà senza fare riferimento alle norme che la storia e la critica ci hanno fornito e probabilmente si servirà di associazioni mentali e (spesso) di pregiudizi che potrebbero spostare, anche in maniera molto sensibile, la sua lettura dagli intenti originari dell'artista o dalle interpretazione degli addetti ai lavori. Il reale destinatario del lavoro artistico non ha, dunque, chiesto un incontro con l'arte e, oltretutto, è costretto ad accogliere quel particolare manufatto all'interno di uno spazio che è (anche) suo. Tale insieme di complesse condizioni di partenza possono trasformare facilmente quell'incontro in un vero e proprio conflitto[2].

Oltre al controverso rapporto che si può instaurare con il fruitore, quando si progettano interventi nello spazio pubblico è importante avere presente che tali luoghi non assumono mai la condizione di neutralità e di asetticità (ammesso che questo possa avvenire), tipica delle sale bianche degli spazi espositivi e, evidentemente, non aspirano ad averla. Piuttosto, le condizioni espositive costituiscono un'ulteriore chiave di interpretazione dell'opera d'arte, uno dei più importanti fattori da considerare per la costruzione di opere site-specific. Il luogo interviene dunque quale elemento costitutivo dell'intervento tramite le sue peculiarità architettonico-spaziali, la sua storia e la sua memoria, le funzioni sociali che ha assunto nel tempo e per i simboli che contiene.

Se, per le ragioni sopra elencate, l'incontro tra arte e spazio pubblico risulta spesso molto problematico, allo stesso tempo quegli stessi motivi che rendono complicato ogni progetto possono diventare determinanti proprio perché possono fornire più di uno stimolo per sperimentare alcune delle aspirazioni delle ricerche più attuali — dall'attitudine relazionale alla possibilità di intervenire in un ambito sociale e politico — e per ragionare intorno allo statuto e all'autonomia dell'arte. Lavorare sugli spazi pubblici, permette quindi di fare una serie di riflessioni sulla fruizione e il ruolo dell'arte che non emergono necessariamente qualora l'esposizione prenda forma all'interno delle protettive mura degli spazi espositivi e, non ultimo, permette di capire alcune dinamiche preposte all'interazione tra l'arte e le istituzioni che sono chiamate a gestire lo spazio pubblico e che spesso lo amministrano attenendosi a regole che spesso non prevedono la presenza di progetti artistici o culturali, né un dialogo con i cittadini.

Tra le esposizioni di arte pubblica a cui ho lavorato[3] *Subway* (Pinto 1998), ideato per la città di Milano e organizzato dall'Assessorato ai Giovani e Sport del Comune, è quella a cui forse sono più legato sia perché per la prima volta curavo un progetto così complesso, che mi ha obbligato a confrontarmi con le problematiche connesse all'utilizzo degli spazi pubblici, sia perché è stato forse il più utopico, almeno tra quelli in cui sono stato coinvolto, soprattutto per il suo obiettivo di dialogare a più livelli con un'intera città. A distanza di quasi vent'anni dalla sua realizzazione, credo che questa esposizione, che per certi versi ritengo sia stata almeno in parte innovativa, possa essere utilizzata per riflettere non soltanto sulle sue specifiche dinamiche interne, ma anche al fine di cercare di evidenziare alcune imperfezioni e ingenuità nella progettazione, e dunque nella sua curatela, che hanno condizionato alcuni aspetti importanti della riuscita.

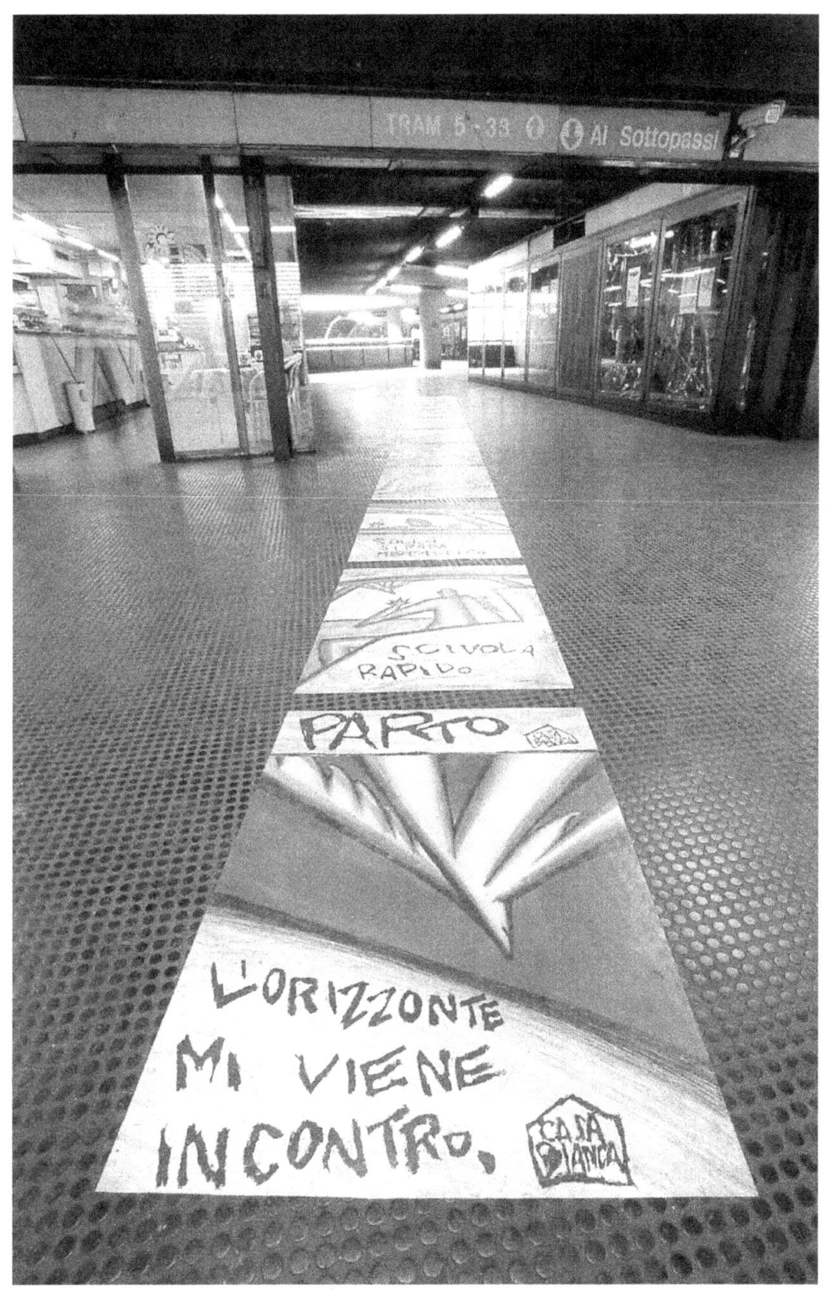

Paolo Casabianca, *Senza titolo*, Sottopasso piazza Duca d'Aosta. Foto: Antonio Maniscalco

Con questo scritto, dunque, mi piacerebbe provare a ragionare sulla genesi
e lo sviluppo di questa mostra, ma anche sulle fragilità che la natura stessa
del progetto portava con sé sperando che possa essere utile per chi avrà il
coraggio e la pazienza di provare a formularne altri dagli obiettivi simili.

La generazione delle immagini

*Subway. Arte, fumetto, letteratura e teatro negli spazi della metropolitana,
del passante ferroviario e delle stazioni ferroviarie* — questo è il titolo
completo dell'iniziativa — ha una lunga storia che prevedeva fasi successive
di elaborazione. Il primo passo è stato organizzare una serie di conferenze,
La generazione delle immagini. La città degli interventi[4], che ha avuto luogo
a cavallo tra il 1996 e il 1997 presso la Triennale di Milano. In quell'edizione
— curata assieme a Marco Senaldi e in cui sono intervenuti Antoni Muntadas,
Hans Haacke, Julie Ault, Alfredo Jaar, Mary Jane Jacob, Marc Augé, Pierluigi
Nicolin, Salvatore Falci, Emanuela De Cecco, Stefano Arienti, Giacinto Di
Pietrantonio, Piero Gilardi e Stefano Boeri — si è discusso a lungo sul valore
e le strategie dell'arte, sul dialogo che essa instaura con la cittadinanza, sulla
sua funzione negli spazi pubblici e sui suoi rapporti con le amministrazioni
pubbliche. In queste *lecture* gli artisti, gli architetti e i teorici ci hanno fatto
conoscere progetti molto diversi tra loro e animati da obiettivi e strategie
spesso inconsuete o poco conosciute nella nostra realtà, ci hanno fornito
stimoli e posto questioni. Ci hanno aiutato anche a chiarire quali potessero
essere le inevitabili ricadute sociali e politiche che si ottengono non appena
si decide di agire in uno spazio pubblico nonché ad approfondire alcune
tipologie di intervento che si possono attuare in questi spazi condivisi.

Questa lunga sequenza di incontri ha, dunque, permesso di riflettere su
alcune declinazioni artistiche che in quel momento mi sembravano tra gli
aspetti meno indagati nel panorama dell'arte italiana[5], e, infine, di presentare
al Comune di Milano, la stessa istituzione che promuoveva *La Generazione
delle Immagini,* una prima bozza del progetto *Subway* che aveva l'obiettivo
di coinvolgere la nuova generazione artistica in un progetto pubblico.

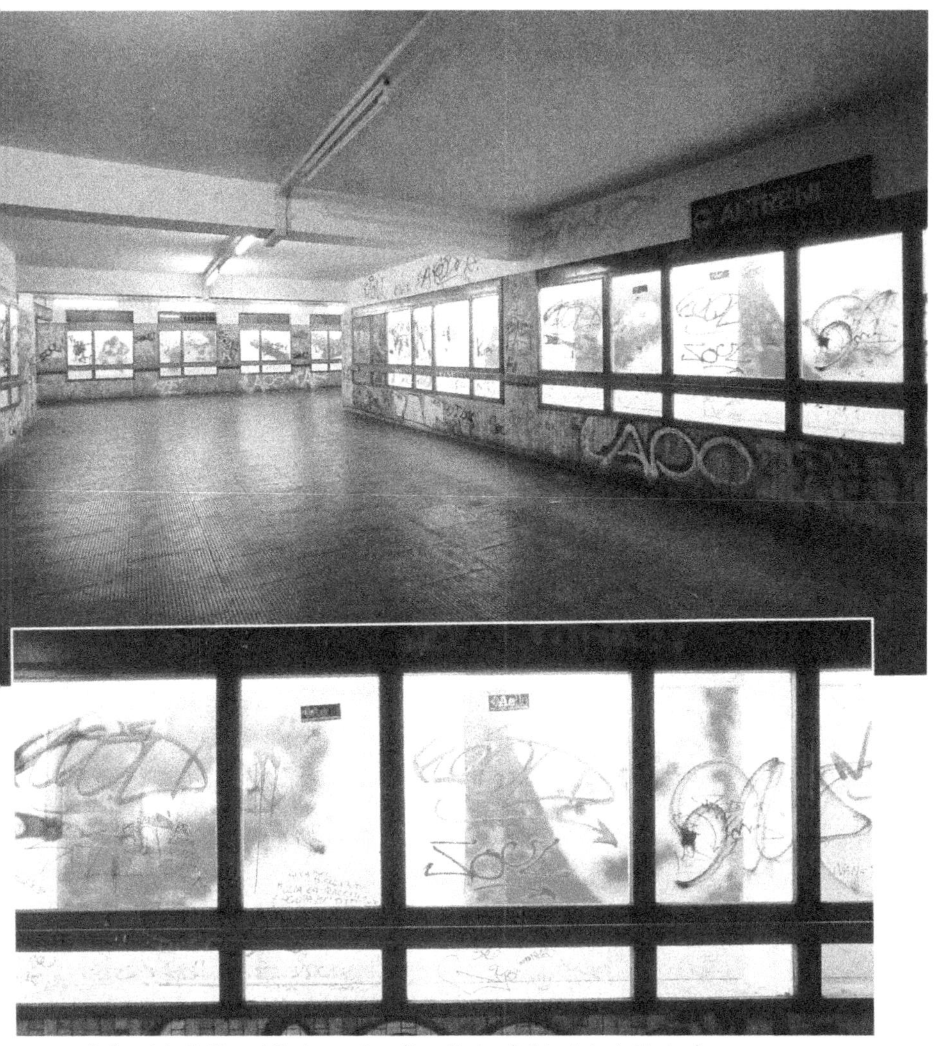

Stefano Arienti, *Diorami*, Stazione metropolitana De Angeli. Foto: Antonio Maniscalco

Il (non) luogo: la metropolitana di Milano

Il secondo *step*, dunque, è stato formulare un progetto che intendeva offrire ai giovani artisti la possibilità di realizzare opere che sarebbero dovute nascere in (e per) spazi pubblici. Nell'elaborazione del progetto la scelta del luogo è stata fin dall'inizio parte integrante della sua formulazione dato che siamo partiti da una delle caratteristiche più evidenti del capoluogo lombardo, la sua intensa mobilità. È facile, infatti, constatare quanto sia intenso il flusso di persone che non solo si spostano all'interno della città, ma che entrano e escono giornalmente da Milano, una città che funzionava come un polmone durante la respirazione che si riempie e si svuota seguendo i ritmi lavorativi. Il flusso quotidiano che nel 1997 utilizzava le vetture della metropolitana milanese per questi spostamenti era certamente inferiore ma non molto distante dai 1.316.000 passeggeri giornalieri dichiarati dall'azienda di trasporti nel 2015.

La metropolitana sembrava, dunque, un luogo — anzi un non luogo per riprendere la terminologia usata da Augé proprio in quegli anni (cfr. Augé 1992, preceduto da Augé 1986) — particolarmente rappresentativo dell'intero funzionamento cittadino e stimolante per un progetto che si poneva come obiettivo istaurare un dialogo con un pubblico totalmente generico che, soprattutto negli spazi claustrofobici della metropolitana, è poco incline a collaborare in un processo di interazione culturale o artistica. La sfida era proprio coinvolgere il tipico viaggiatore che intende restare sottoterra il tempo più breve possibile e raramente, anche in epoca pre-cellulare (i pochi che li possedevano non potevano comunicare per mancanza di connessione), distoglie lo sguardo da se stesso e dal proprio percorso che, nella maggior parte dei casi, viene ripetuto giornalmente, in modo meccanico.

Certamente era ben chiaro fin dall'inizio (e ogni dubbio ci venne tolto nel corso dei primi incontri con il personale tecnico e gli addetti alla sicurezza della metropolitana milanese) che intervenire negli spazi della metropolitana avrebbero comportato un lungo e paziente lavoro di mediazione tra le nostre idee e la concreta possibilità di realizzarle, con l'implicita accettazione di ingenti limiti nell'operatività e nella creatività degli artisti per le problematiche legate alla natura stessa del luogo e per la sua funzione. Soltanto per fare qualche esempio di tali complicazione tecniche ricordo che per adempiere ai

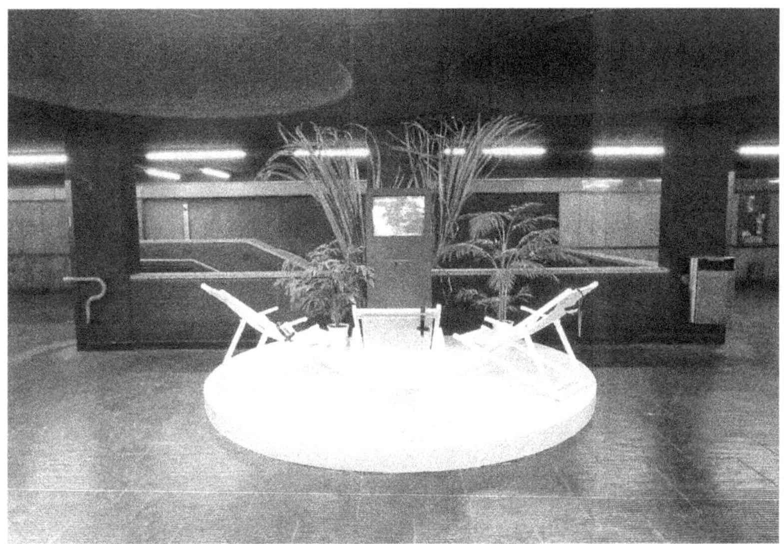

Bert Theis, *Enclave 1876*, Stazione metropolitana De Angeli. Foto: Antonio Maniscalco

parametri di sicurezza imposti dalla natura del luogo non si poteva aumentare il carico di incendio e dunque tutti i materiali dovevano essere certificati come ignifughi; nulla doveva intralciare i flussi di percorrenza dei viaggiatori; non si poteva lavorare intorno alla segnaletica per non creare fraintendimenti; gli eventuali suoni prodotti non dovevano impedire l'ascolto dei messaggi di avviso o quelli informativi; non si potevano usare gli spazi usati dalla pubblicità (a meno che non la si pagasse al prezzo di una qualunque inserzione); non si potevano realizzare opere che creassero degli assembramenti di persone. Tutti divieti assolutamente legittimi e ragionevoli (considerata la particolare natura del luogo) e che bisognava assolutamente tener presente fin dall'inizio del progetto, trasmettendo tutte queste informazioni ai partecipanti, per evitare equivoci e, soprattutto, per non vedere depotenziati nel loro agire comunicativo i singoli interventi proprio per non aver tenuto conto di tali impedimenti tecnici.

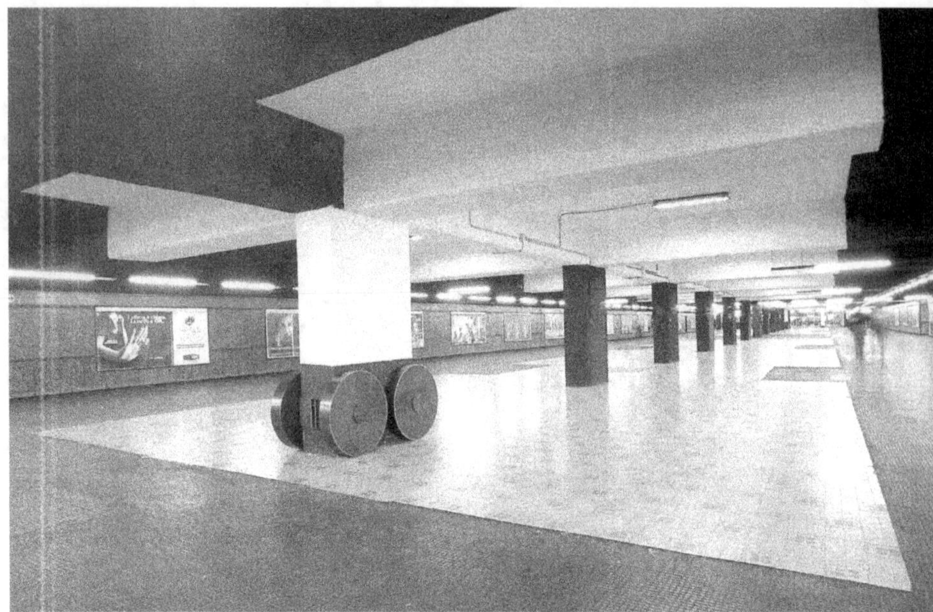

Umberto Cavenago, *Pilastri*, Stazione metropolitana Porta Venezia.
A dx: Luca Vitone, *Desideri*, Sottopasso Stazione Centrale. Foto: Antonio Maniscalco

Come credo sia già sufficientemente chiaro, un progetto come *Subway*, oltre alla possibilità di tentare un approccio aperto e, potremmo dire, "democratico" con la cittadinanza, doveva prevedere che proprio i confini e i limiti connaturati con l'uso dei differenti spazi pubblici fossero parte della progettazione degli interventi e che anche gli artisti dovessero accettare tali condizionamenti a priori come possibili sfide al proprio operare.

Un progetto multidisciplinare

Come già esplicitato nel sottotitolo, *Subway* non prevedeva soltanto un'esposizione di opere d'arte, ma un vero e proprio programma culturale che si articolava in una sezione di letteratura, curata da Oliviero Ponte di Pino, una di teatro, seguita da Antonio Calbi, una di fumetto nelle mani di Marco Teatro e quella riguardante l'arte contemporanea che ho personalmente curato. L'apertura a proposte provenienti da discipline diverse nasceva

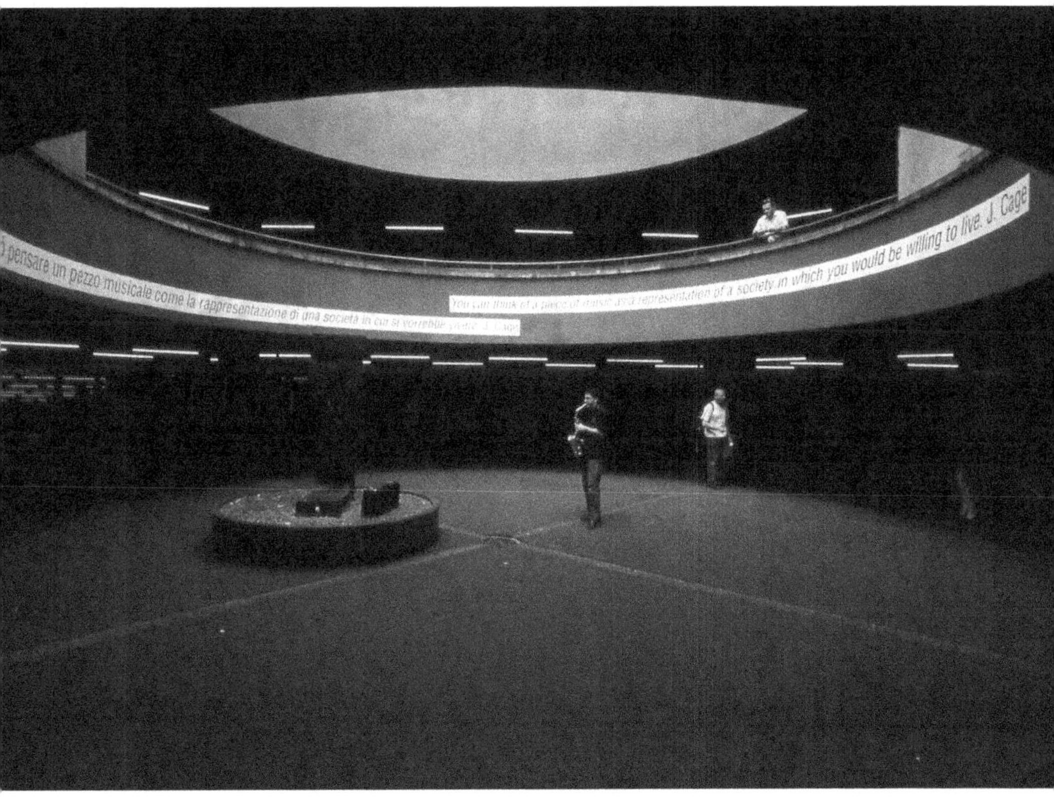

da una duplice ragione: una prima più teorica, che teneva conto del fatto che l'arte, soprattutto nel novecento, ha spesso contaminato i territori a lei limitrofi – teatro, musica, letteratura, l'architettura e le cosiddette arti minori – e si è ibridata con altri campi espressivi e, nella sua espansione, si è rivolta anche alle ricerche antropologiche, sociali e filosofiche. Potremmo affermare che l'arte abbia interiorizzato questo processo di continuo superamento dei propri confini facendolo diventare una caratteristica saliente dei suoi attuali modelli espressivi. Un processo che si può riscontrare, in modi diversi, anche nelle altre discipline. Dunque, in una situazione in cui si cercava di presentare le nuove realtà artistiche e culturali si è voluto tenere conto di tali mescidazioni e, al contempo, assicurare all'intero progetto un maggior numero di porte di accesso per dialogare con un pubblico il più eterogeneo e vasto possibile.

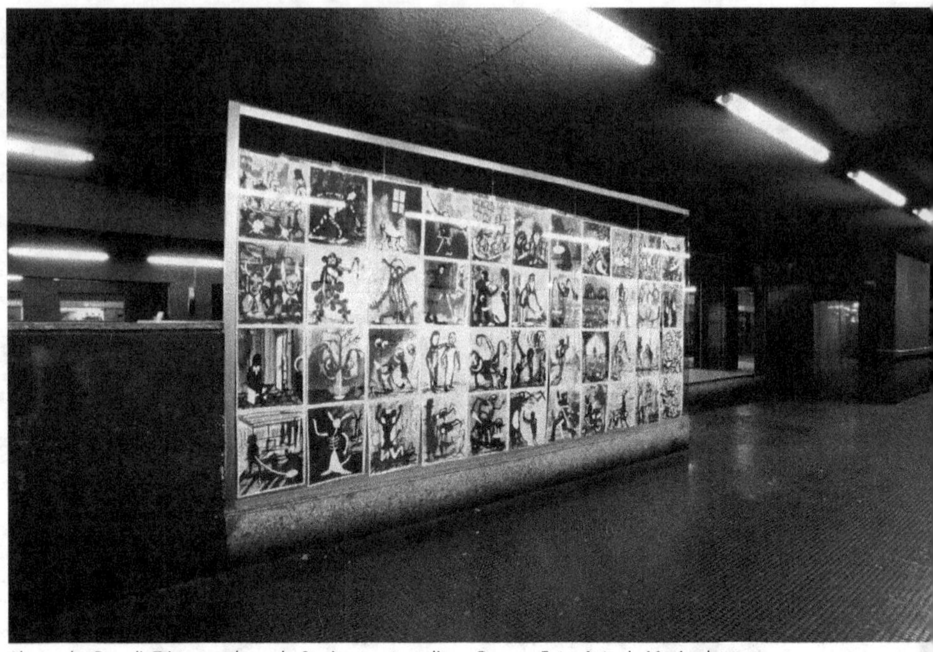

Alessandro Pessoli, *Triste mondo verde*, Stazione metropolitana Duomo. Foto: Antonio Maniscalco

La seconda ragione, strettamente legata alla prima, era dettata anche dalla necessità di erodere il pregiudizio che, soprattutto in Italia, vede l'arte contemporanea come una ricerca esclusivamente elitista e pretenziosa; uno stereotipo che ha contribuito a creare delle iniziali barriere da parte di un pubblico ampio nei confronti delle possibilità espressive legate a questo linguaggio complesso. Creare una manifestazione basata su un approccio multidisciplinare aveva, quindi, tra i suoi obiettivi anche quello di aprire un più ampio varco per la comprensione degli stretti legami e delle interconnessioni che si sono create tra i fenomeni culturali attuali.

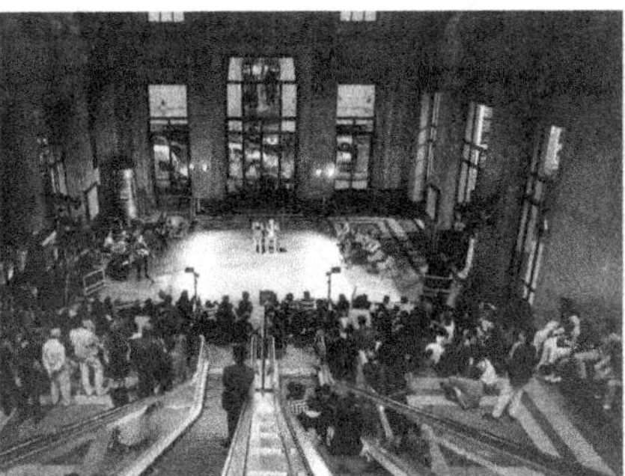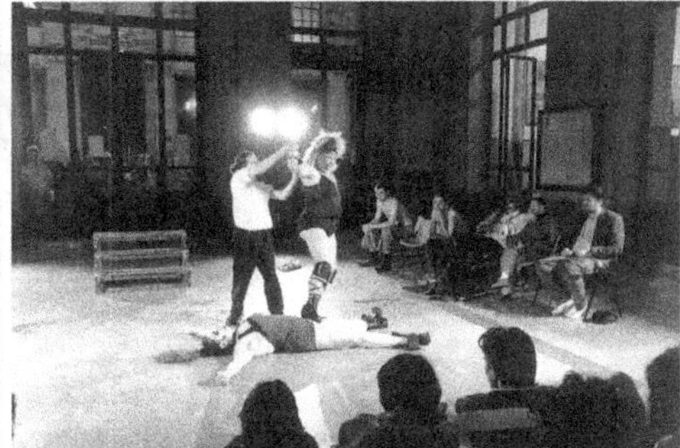

Compagnia Pippo Del Bono, *Barboni*, scalinata Stazione Centrale. Foto: Antonio Maniscalco

Subway letteratura, teatro e fumetto

La sezione letteratura è stata forse quella che ha avuto maggior fortuna e si è dotata di una vita autonoma che è durata ben oltre la mostra e coinvolgendo in seguito altre città come Roma e Napoli. Alla richiesta di formulare delle proposte che coinvolgessero la letteratura o la poesia in spazi pubblici quali le fermate della metropolitana Oliviero Ponte di Pino ha risposto, infatti, con un progetto molto articolato e strutturato che prevedeva la produzione di 15 racconti inediti di scrittori[6], ognuno stampato singolarmente (oltre che nel catalogo), che sarebbero dovuti essere ambientati proprio in quegli spazi della metropolitana in cui tali storie sarebbero state distribuite e anche lette. Questi libricini, stampati ognuno in trentamila copie, erano disponibili gratuitamente in un cosiddetto "juke-box letterario", ovvero un dispenser che si poteva trovare appena varcati i tornelli di oltre trenta fermate della metro. Ognuno di questi racconti, oltre al titolo e all'autore, portava stampato in copertina l'ipotetico numero di fermate che servivano per leggere la storia e il genere letterario di riferimento cui era riconducibile.

La sezione curata da Antonio Calbi aveva come obiettivo creare un palinsesto di spettacoli realizzati soprattutto da gruppi emergenti, con l'implicita richiesta di proporre interventi pensati (o riadattati) per questa specifica occasione. Il progetto ha visto rappresentazioni che spaziavano dalla performance di un singolo attore a spettacoli complessi come un estratto l'*Orlando Furioso*[7] dei Motus o *Barboni* della compagnia di Pippo del Bono[8].

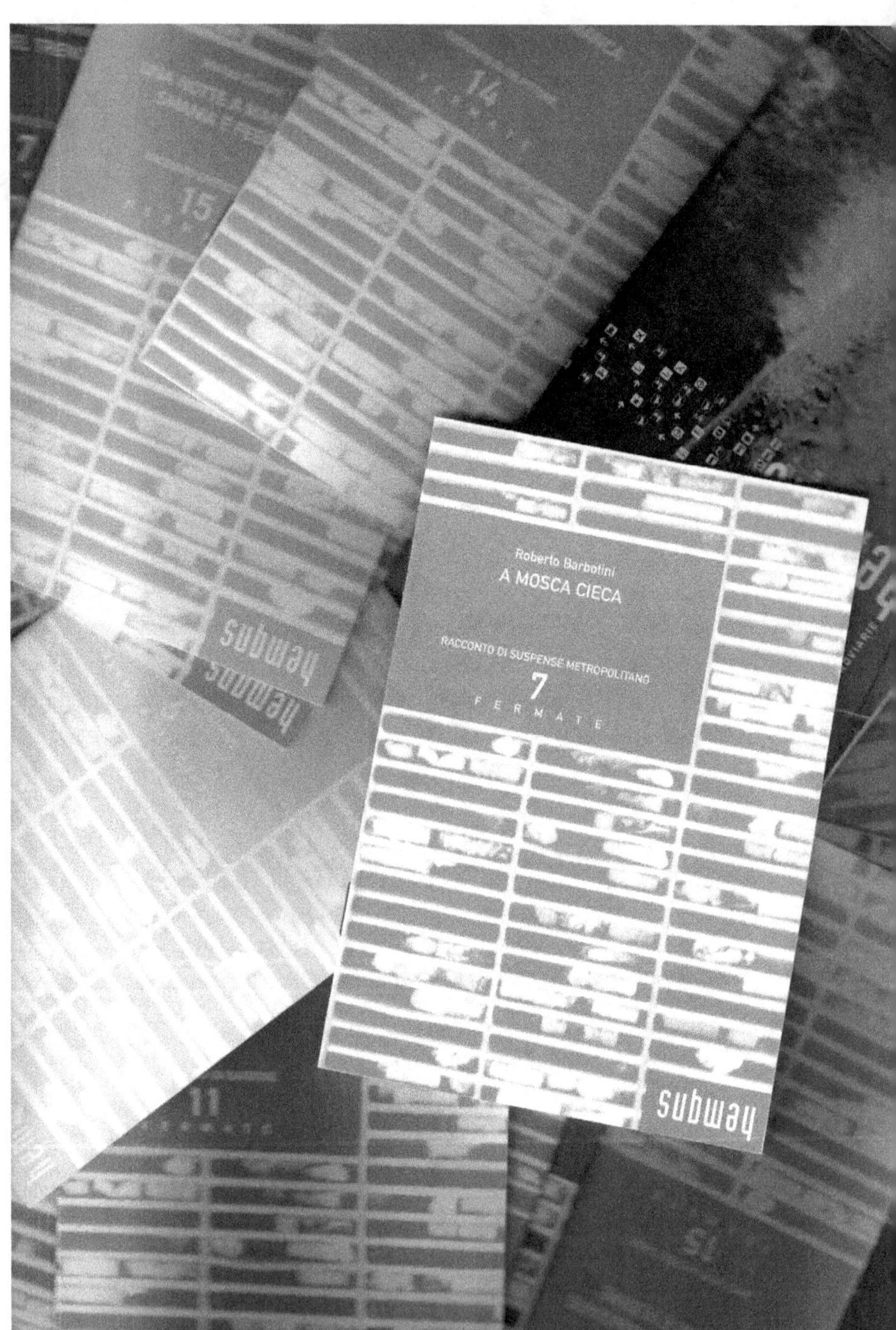
Roberto Barbotini
A MOSCA CIECA
RACCONTO DI SUSPENSE METROPOLITANO
7
FERMATE
subway

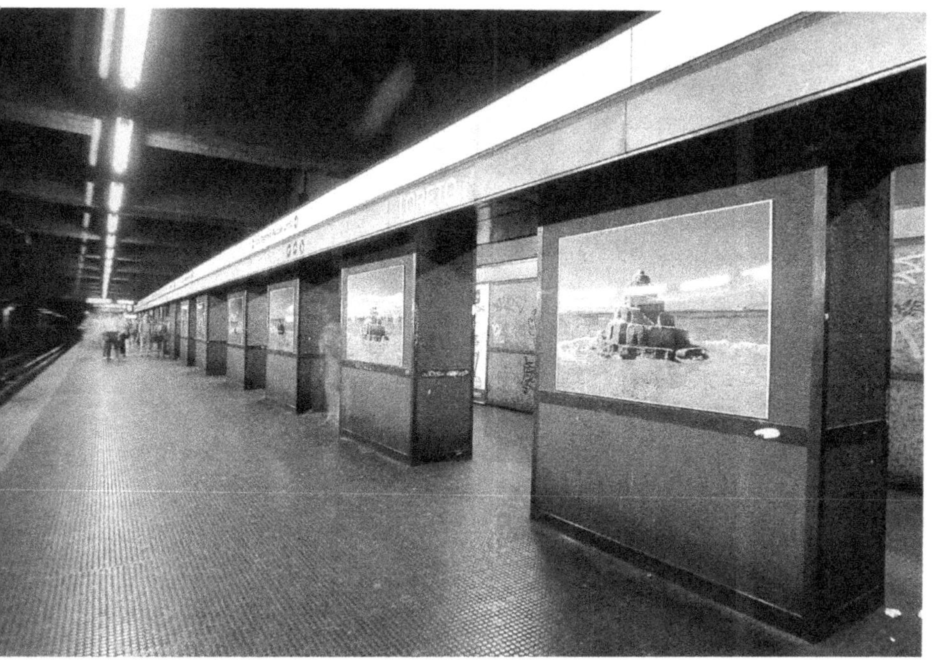

Sara Rossi, *Rena Bianca*, Stazione metropolitana Loreto. Foto: Antonio Maniscalco

Un ventaglio di proposte che avevano in comune l'attenzione ai luoghi scelti e la volontà di interagire non soltanto con il pubblico venuto appositamente per lo spettacolo ma anche con i viaggiatori in transito. Un esempio tra i più significativi è stato proprio lo spettacolo *Barboni*, un'idea nata dal concreto incontro tra l'autore e regista teatrale Pippo Del Bono e persone che avevano vissuto l'esperienza dell'essere homeless[9], che è stato riproposto in una delle ampie scalinate della Stazione Centrale di Milano. In tale occasione era evidente come uno spettacolo già collaudato in teatro traesse ulteriori significati e suggestioni da un luogo che entrava in risonanza con il testo tanto da creare delle sovrapposizioni tra la realtà e la sua rappresentazione. Un altro esempio, altrettanto significativo, ma quasi all'estremo opposto, è stata l'azione performativa di Teddy Bear Company che consisteva in una lentissima azione in cui un uomo seminudo sembrava dormire in una teca di vetro in cui erano stipati migliaia di insetti che si posavano continuamente sul suo corpo creando non poca sorpresa e scompiglio tra gli ignari utenti

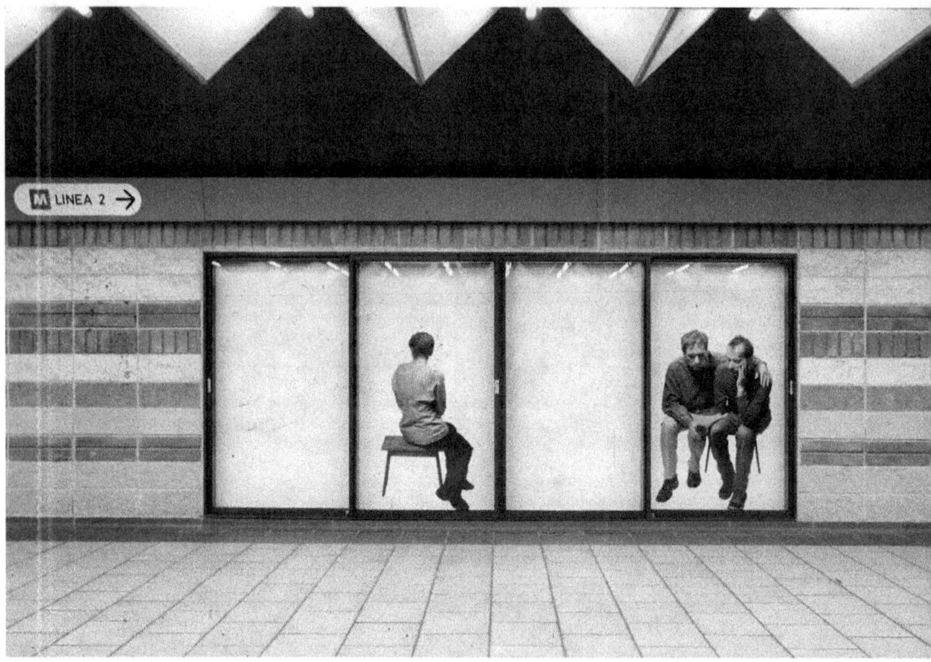

Roberto Marossi, *Senza titolo*, Passante ferroviario Garibaldi. Foto: Antonio Maniscalco

della Stazione Centrale di Milano che si imbattevano in questa performance inaspettata proprio di fronte alla biglietteria.

La sezione fumetto era interamente esposta negli spazi di comunicazione e nei sottopassaggi che collegano la Stazione Centrale alle linee della metropolitana che passano sotto di essa. L'idea di concentrarla in questi luoghi nasceva dalla considerazione che il fumetto era il linguaggio più naturale in uno spazio adiacente al piazzale della stazione, spesso frequentato da skater, ma anche perché c'erano numerose vetrine che a quell'epoca non erano usate per esporre merce o per scopi pubblicitari. Sia in questi espositori, dove c'era una vera e propria mostra di oltre quaranta autori, sia nei pavimenti, con sei disegnatori (Paolo Casabianca, Dast, Giuseppe Palumbo, Maurizio Ribichini, Sandro Staffa e Pasquale "squaz" Todisco) che hanno stampato su pellicole adesiva delle *strip* a tema, ci si poteva immergere in un mondo visivo in grande fermento.

Subway arte

La pattuglia degli artisti era probabilmente quella più diffusa in termini di quantità di stazioni utilizzate e di pluralità espressive coinvolte. Ho a lungo pensato quali potessero essere i più corretti criteri di scelta e ho optato per selezionare prioritariamente chi aveva già lavorato con modalità relazionali e comunicative o chi nel suo percorso avesse già creato lavori che si potevano adattare alle circostanze in cui sarebbero state esposte le opere.

A partire dai primi colloqui con gli artisti ho cercato di raccontare le esperienze che avevo avuto nella metropolitana, soprattutto quelle in cui ho attraversato tratte e visitato fermate che non erano all'interno dei miei abituali percorsi, ma che avevo visto, esplorato e conosciuto proprio per cercare di organizzare questa esposizione. Con quasi tutti gli artisti[10] ho provato a fare una sorta di visita guidata della metropolitana, a volte portandoli con me in piccoli gruppi, e con loro ho cercato di riflettere su pregi e difetti di quella particolare ambientazione per una mostra. Volevo trasmettere loro quanto fosse importante partire proprio dalle caratteristiche di quei luoghi e dalle peculiarità dell'esperienza di transito che ogni viaggiatore compie attraverso questi spazi ipogei della metropolitana milanese allo scopo di formulare ipotesi e di creare opere che fossero pensate proprio per quella particolare esperienza. Molti dei lavori hanno dunque giocato sull'effetto sorpresa, su una strana epifania del viaggiatore che si trovava davanti a oggetti eccentrici o a strane immagini che non erano quelle seducenti e conosciute della pubblicità, e che posizionate in un contesto così distante dall'arte e dagli spazi espositivi risultavano stranianti tanto da risultare difficile capire che cosa in effetti fossero. Un altro elemento di interesse, emerso in queste passeggiate nell' "underground" milanese e utilizzato spesso nei lavori in mostra, era sfruttare la possibilità che una gran parte dei viaggiatori avrebbero visto quelle stesse opere tutti i giorni, per l'intera durata della mostra. Poteva, dunque, essere estremamente importante riflettere sulla ripetizione dell'incontro con le stesse persone e sul potere di interazione tra l'immagine e l'ambiente che le ospitava. E anche se, come è giusto che sia, alcuni degli artisti hanno seguito strade molto distanti dai miei suggerimenti per realizzare i lavori credo che ciascuno di loro abbia davvero fatto uno sforzo per provare a ragionare a partire dalle peculiari condizioni in cui era chiamato a lavorare.

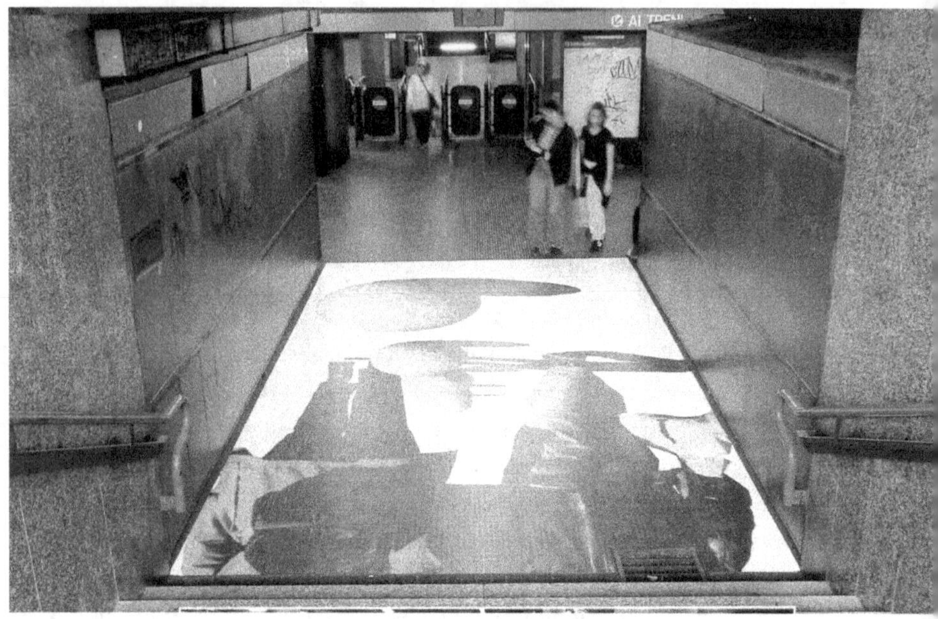

Pasquale Campanella, Samuele Lovaglio, Stefano Nuvolosi, Francesco Rosati e Maria Tassone, *Dalla città delle fabbriche alla città del lavoro*, Stazione metropolitana Sesto San Giovanni. Foto: Antonio Maniscalco

L'interazione con il pubblico

L'intero progetto era completato dalla possibilità di accedere anche tramite web alla manifestazione, una procedura non del tutto scontata nel 1998. Questa ulteriore sezione di *Subway* era stata pensata e realizzata dal gruppo Undo.net[11]. On line, oltre a offrire le principali informazioni sul progetto e sugli eventi a esso legati, erano stati costruiti dei veri e propri percorsi alternativi tra le opere e le discipline e, parallelamente, i navigatori della rete potevano contribuire alla narrazione di ulteriori storie affidando i propri racconti al sito stesso. Anche grazie a questo meccanismo è nato, sempre con la preziosa regia di Oliviero Ponte di Pino, un vero e proprio premio per i narratori, Subway Letteratura[12], dedicato agli scrittori esordienti.

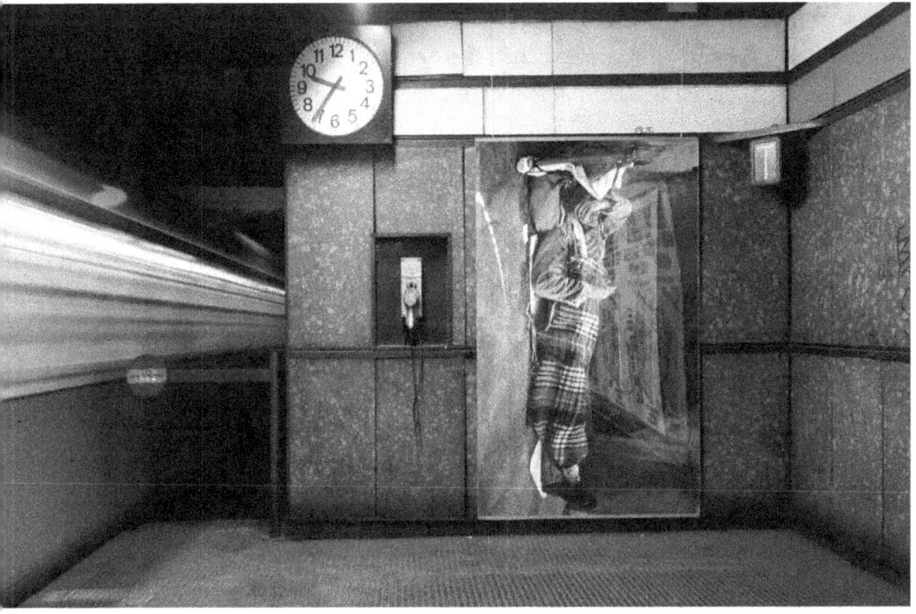

Paola Di Bello, *(...rischiano pene molto severe)*, Stazione metropolitana San Babila.
Foto: Antonio Maniscalco

I pregi: sono i suoi difetti

Redigere questo testo mi è servito anche per riguardare i numerosi materiali prodotti per questa iniziativa e, a distanza di anni, penso ancora che *Subway* facesse emergere questioni importanti. Oltre alla soddisfazione che mi ha dato rivedere il progetto, il tempo mi è servito anche per osservare con maggiore obiettività una serie di problemi affiorati durante la manifestazione; difetti che in parte coincidono con alcuni degli stessi aspetti che considero essenziali per un progetto di arte pubblica. Errori che in qualche modo sono stati, almeno in parte, commessi volutamente e che ritengo siano significativi dal punto di vista teorico per il progetto stesso. Mi riferisco in primo luogo all'estrema estensione degli interventi che hanno coinvolto oltre venti fermate della metropolitana, del passante ferroviario e le stazioni Centrale e Garibaldi (molte di più se contiamo i juke-box letterari). Quasi spinto da un vero e proprio furore ideologico non volevo, infatti, privilegiare soltanto il centro, ma spargere l'iniziativa anche all'estrema periferia per cercare di dialogare con la città intera. A una lettura più distaccata di *Subway* emerge che tale espansione avrebbe necessitato di un gruppo di lavoro molto più ampio e di un controllo più capillare sul funzionamento dei singoli lavori, soprattutto quelli che richiedevano interventi quotidiani. Mi riferisco per esempio alle opere che si avvalevano della presenza di video, di audio o di altre apparecchiature tecnologiche, che a volte non venivano accese o regolate adeguatamente (spesso per iniziativa dei singoli addetti al controllo dell'azienda della metropolitana).

La stessa distribuzione dei libricini è stata molto più complessa e laboriosa di quanto mi fossi immaginato. Purtroppo, lo devo ammettere, la maggior parte delle volte che ho girato in metropolitana ho trovato vuoti i juke box letterari. A mia solo parziale discolpa devo rilevare che nel suo coinvolgimento l'azienda ATM è stato per certi aspetti meravigliosamente generosa, ma su altri ha delegato completamente l'organizzazione e la gestione dell'iniziativa, senza neanche provare a venire incontro alle nostre necessità. Per tornare all'esempio della distribuzione dei libricini abbiamo avuto a disposizione, come deposito, soltanto una stanza alla fermata Cadorna. Per riempire i dispenser nelle varie fermate un nostro incaricato, dunque, doveva viaggiare tra una fermata e l'altra con uno zaino in spalla, tornando continuamente in quell'unico deposito per rifornirsi.

Gran parte di queste manchevolezza, ripeto, era dovuta a una sottovalutazione dei problemi organizzativi (come in parte già spiegato) e/o alla mancanza di risorse che non ci ha permesso di avere un gruppo di lavoro sufficientemente ampio per riuscire a fronteggiare la miriade di piccoli e grandi problemi sorti strada facendo. È chiaro, però, che ogni progetto deve essere costruito avendo sempre chiari i limiti che il budget impone.

Un ulteriore, non trascurabile, errore l'ho commesso nel sottovalutare il valore della comunicazione in un progetto vocato al pubblico come *Subway*. Nella gestione economica è stata pertanto privilegiata la realizzazione di progetti nella convinzione che la qualità dei lavori avrebbe parlato da sola. Inoltre, la complessità organizzativa prima evocata ha avuto come ulteriore conseguenza la mancanza del tempo necessario per elaborare un testo in catalogo che potessero spiegare, almeno a grandi linee, presupposti e obiettivi dell'intero progetto così come dei singoli interventi.

Infine, per concludere, rileggendolo a posteriori il testo introduttivo scritto allora mi sembra davvero molto superficiale, insufficiente per poter presentare un progetto così stratificato, e questa lacuna appare ancora più grave in considerazione del fatto che la manifestazione aveva luogo in quel contesto così poco abituato all'arte contemporanea. Raramente siamo riusciti a esplicitare o a spiegare all'interno del catalogo o negli altri materiali pubblicati la ricchezza e la qualità culturale e visiva di tutti quelle opere, degli spettacoli, dei disegni e degli scritti che ancor oggi mi sembrano importanti e culturalmente validi.

BIBLIOGRAFIA:

Augé, Marc (1992), *Non-lieux : introduction à une anthropologie de la surmodernité*, Edition du Sueil, Parigi.

Augé, Marc (1986), *Un ethnologue dans le metro*, Hachette, Parigi.

Birrozzi, Carlo; Pugliese, Marina, eds. (2007), *L'arte pubblica nello spazio urbano: committenti, artisti, fruitori*, Bruno Mondadori, Milano.

Cristallini, Elisabetta, ed. (2008), *L'arte fuori dal museo: Saggi e interviste*, Gangemi, Roma.

De Cecco, Emanuela, Pinto, Roberto, eds. (2001), *Transforms: 8 artisti per Trieste*, Conai edizioni, Milano.

Guida, Cecilia (2012), *Spatial Practices: Funzione pubblica e politica dell'arte nella società delle reti*, Franco Angeli, Milano

Lingwood, James, ed. (1995), *Rachel Whiteread. House*, Phaidon, Londra.

Mancini, Maria Giovanna (2011), *L'arte nello spazio pubblico. Una prospettiva critica*, Plectica, Salerno

Perelli, Lorenza (2006), *Public art. Arte, interazione e progetto urbano*, Franco Angeli, Milano.

Pinto, Roberto, ed. (1997), *La generazione delle immagini 3. La città degli interventi*, ed. Comune di Milano, Milano.

Pinto, Roberto, ed. (1998), *Subway. Arte, fumetto, letteratura e teatro negli spazi della metropolitana, del passante ferroviario e delle stazioni ferroviarie*, Electa, Milano.

Pinto, Roberto; Williams, Gilda, eds. (2001), *Arte all'arte 2000: arte , architettura, paesaggio,* Gli Ori, Prato.

Pinto, Roberto, ed. (2003), *Salon des Refusés, Mostra di progetti di arte pubblica internazionale non realizzati* Fondazione Bevilacqua La Masa, Venezia.

Pinto, Roberto, (2008), "Arte pubblica tra effimero e necessario" in Cristallini (2008),

Pinto, Roberto, (2010), "Alcune riflessioni su difficoltà e prospettive dell'arte negli spazi pubblici" in Meneguzzo, Marco, ed., (2010), *La scultura italiana del XXI secolo,* Fondazione Pomodoro, Milano.

Pioselli, Alessandra (2015), *L'arte nello spazio urbano: l'esperienza italiana dal 1968 a oggi,* Johan &Levi, Monza.

Scardi, Gabi, ed. (2011), *Paesaggio con figura: arte, sfera pubblica, trasformazione sociale,* Allemandi, Torino.

1. Uso il termine arte pubblica in senso estensivo, indicando con questo termine l'arte che si inserisce in spazi condivisi, non privatizzati e non soggetti al pagamento di un ingresso. Faccio questa precisazione perché spesso con arte pubblica si intende un'opera d'arte che oltre a essere collocata in uno spazio pubblico viene contraddistinta da un processo partecipativo esplicitamente cercato dall'artista, aspetto che ho spesso privilegiato ma che in alcuni dei progetti di cui mi occuperò con questo testo non è necessariamente primario.

2. A questo proposito risulta emblematico il caso di *House,* un progetto di Rachel Whiteread (cfr. Lingwood 1995).

3. Solo per rimanere nell'ambito delle mostre interamente basate sull'arte pubblica ho curato, infatti, la 5a edizione della mostra *Arte all'arte* (insieme a Gilda Williams), settembre 2000 - gennaio 2001 (Pinto, Williams 2001) — a cui sono stati invitati: Sislej Xsafa (Casole d'Elsa), Wim Delvoye (Montalcino), Kendell Geers (Volterra), Alberto Garutti (Colle di Val D'Elsa), Martin Creed (San Gimignano), Tania Bruguera (Poggibonsi), Jacqueline Riva and Geoff Lowe (San Gimignano) — e *Transform* (insieme a Emanuela De Cecco), 1 marzo - 1 aprile 2001 (De Cecco, Pinto 2001), con il contributo del Conai e il patrocinio del Ministero dell'Ambiente e del Comune di Trieste, in otto spazi pubblici della città di Trieste — a cui hanno partecipato: Enrica Borghi, David Hestie, Soo-Ja Kim, Alexander Melkonian, Lucy Orta, Luca Pancrazzi, René Francisco Rodriguez, Nari Ward. E anche ora mi sto occupando del progetto *ArtLine,* un parco di opere d'arte contemporanea permanenti a CityLife, Milano.

Degli stessi problemi mi sono occupato anche con *Salon des Refusés, Mostra di progetti di arte pubblica internazionale non realizzati* (Pinto 2003) con i contributi di Maria Thereza Alves, Minerva Cuevas, Carlos Garaicoa, Alberto Garutti, Kendell Geers, Eva Marisaldi, Callum Morton, Antoni Muntadas, Jorge Orta, Lucy Orta, Nedko Solakov, Bert Theis, Sislej Xhafa, Fondazione Bevilacqua La Masa, Venezia marzo/maggio 2003.

4. *La generazione delle Immagini* è stata una serie annuale di conferenze che ho curato (le prime tre edizioni assieme a Marco Senaldi) dal 1994 al 2002, come *Subway* realizzata dal settore Sport e Giovani del Comune di Milano. In ciascuna edizione veniva affrontata una diversa tematica (cfr. Pinto 1997).

5. Molti sono stati i successivi approfondimenti sull'argomento per esempio Perelli (2006), Birrozzi e Pugliese (2007), Cristallini (2008), Mancini (2011), Scardi (2011), Guida (2012), Pioselli (2015).

6. Gli scrittori selezionati erano: Biagio Bagini — con *Il palazzo isterico. Un bravo merlo. Casa Nuova. Tre racconti per bambini. 6 fermate ciascuno* —, Roberto Barbolini — *A mosca cieca. Racconto di suspense metropolitano. 7 fermate* —, Alessandro Bergonzoni — *Indovina. Racconto a misura Duomo. 9 fermate* —, Paola Capriolo — *Il mistero del treno scomparso. Racconto di un viaggio. 7 fermate* — Piero Colaprico — *A palazzo di giustizia. Racconto alla Scerbanenco. 14 fermate* —, Giuseppe Culicchia — *Unisex. Racconto su di te. 7 fermate* —, Matteo Curtoni — *Una notte a mangiare smania e febbre. Racconto erotico dark. 15 fermate* —, Paolo Di Stefano — *Un'ora dopo. Racconto su un barbone. 11 fermate* —, Luca Doninelli — *La parola che manca. Racconto di un pittore. 10 fermate* —, Antonio Franchini — *Un eroe di un altro tempo. Racconto su un personaggio. 18 fermate* —, Raul Montanari — *In viaggio. Azzurro. La vittoria segreta. Un bacio al mondo. Il dio rubato. Cinque pezzi brevi. 2 fermate ciascuno* —, Marco Philopat — *Saturo Caos. Racconto visionario punk. 8 fermate* —, Andrea G. Pinketts — *Piantala Begonia. Racconto della "scuola dei duri". 17 fermate* —, Tiziano Scarpa — *Body Building. Racconto su un padre. 8 fermate* — e Chiara Zocchi — *Linea Rossa. Racconto di fine millennio. 6 fermate*.

7. In questa occasione i Motus hanno ripresentato solo una parte dell'intero spettacolo.

8. L'elenco dei partecipanti a questa sezione prevedeva: Sic Teatro (con *Rinvoluzioni*), Pippo del Bono (*Barboni*), Teddy Bear Company (*Ba' Al-Zebúb*), Compagnia degli indesiderabili (*Tranci d'improvviso*), Motus (*Merry go round*), Extramondo-teatridithalia (*In Exitu*), Scuola d'arte drammatica Paolo Grassi (*Danze civiche*), Accademia degli artefatti (*Ecoego – Trasformazioni sotterranee*), Tanti così progetti – Antonella Piroli (*Testa a piedi*) e Scena Prima. Nuovi gruppi teatrali in Lombardia.

9. Per ulteriori informazioni cfr. http://www.pippodelbono.it/teatro-spettacoli-teatrali-compagnia-pippo-del-bono/item/19-barboni-in-repertorio.html.

10. Nella sezione arte erano presenti i lavori di Stefano Arienti, Pasquale Campanella (che ha partecipato assieme a Samuele Lovaglio, Stefano Nuvolosi, Francesco Rosati, Maria Tassone), Umberto Cavenago, Antonio De Pascale, Paola Di Bello, Gabriele Di Matteo, Salvatore Falci, Emilio Fantin (in collaborazione con Paul Vangelisti), Stefano Fontana, Paola Gaggiotti, Stefania Galegati, Luisa Lambri, Deborah Ligorio, Mauricio Lupini, Marcello Maloberti, Margherita Manzelli, Eva Marisaldi (con Enrico Serotti), Roberto Marossi, Pino Modica, Federico Pagliarini, Luca Pancrazzi, Marco Papa, Alessandro Pessoli, Cesare Pietroiusti, Premiata Ditta, Sara Rossi, Giandomenico Sozzi, Alessandra Spranzi, Alessandra Tesi, Bert Theis, Grazia Toderi, Tommaso Tozzi, Enzo Umbaca, Marco Vaglieri, Cesare Viel, Luca Vitone, Yumi (Karasumaru) e Igort.

11. Il network, fondato da Vincenzo Chiarandà e Anna Stuart Tovini (che avevano già lavorato a lungo con dei progetti installativi sotto la denominazione di Premiata Ditta), ha nel tempo collaborato con numerosi progetti artistici e culturali, compreso la *Generazione delle immagini*, creando dei percorsi e delle letture degli eventi parallele agli eventi fisici che erano stati realizzati. Ora il materiale è raccolto in: http://1995-2015.undo.net/it/progetto. php?p=%2Fsubway%2Fcopertina.htm.

12. Cfr. https://it.wikipedia.org/wiki/Subway-Letteratura.

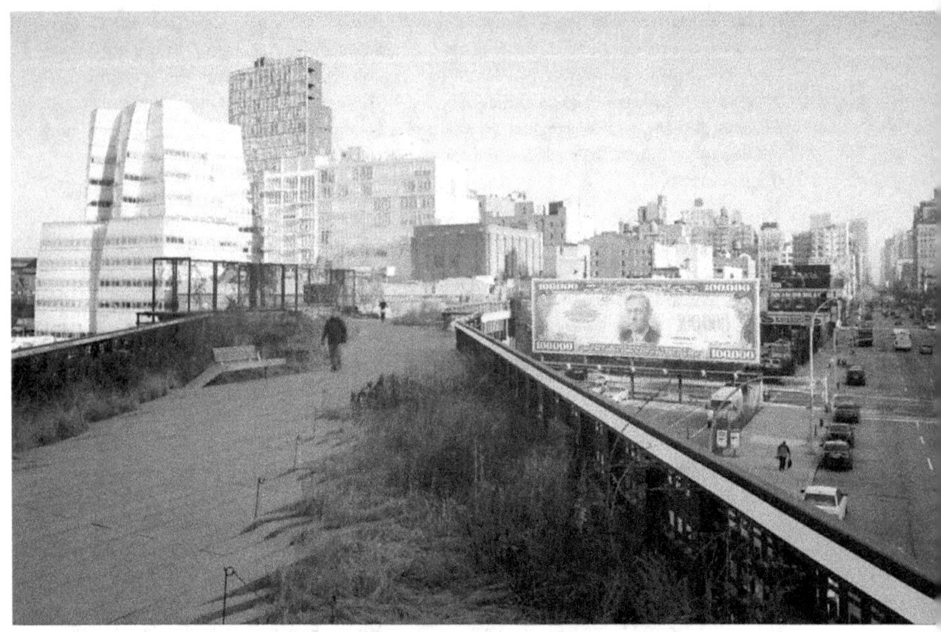

John Baldessari, *The First $100,000 I Ever Made,* esposto sulla High Line (tra West 18th Street e 10th Avenue) dal 2 al 30 dicembre 2011. Foto: Austin Kennedy. Courtesy: Friends of the High Line

Arte per tutti
Storia della High Line Art

Cecilia Alemani

La domanda da 100.000 dollari

Il 2 dicembre del 2011, sull'High Line, tra la Diciottesima Ovest e la Decima Avenue, comparve l'enigmatica rappresentazione di una banconota gigante da 100.000 dollari. Turisti e passanti erano interdetti: si trattava di un'inserzione pubblicitaria? E se sì, non mostrava l'immagine di nessun prodotto o alcun marchio, allora cosa stava davvero cercando di promuovere? Oppure si trattava di un qualche considerazione sulla crisi finanziaria che continuava a paralizzare l'economia globale? Si trattava solo di una testimonianza del ritratto perfetto della felicità? Da più punti di vista, la comparsa di questa banconota gigante sembrava denotare il tentativo di qualcuno di mettere in mostra pubblicamente i panni sporchi di qualcun altro. Ma anche se aveva intenzione di denunciare qualche operazione commerciale illegale, tuttavia continuava a sottrarsi all'interpretazione e alla comprensione.

Il cartellone suscitò molte reazioni: le persone lo additavano, ne ridevano, facevano foto, si interrogavano, scuotevano le loro teste per lo scetticismo; ogni individuo ha opinioni e reazioni diverse, e ogni persona continuò a chiedersi quale fosse il suo fine. In pochi potevano immaginare che la banconota da 100.000 dollari era in realtà un'opera elaborata dal leggendario artista John Baldessari come progetto inaugurale in una serie di interventi soprannominati High Line Billboard, un nuovo caratteristico progetto della High Line Art, il programma di arte pubblica della High Line nella città di New York.

Esatta replica di una banconota ad alto taglio emessa come "gold certificate" nel 1934 per consentire il trasferimento di valuta tra banche, la banconota di 100.000 dollari di Baldessari – recante il severo volto di Woodrow Wilson – è rimasta al di sopra del frenetico passaggio della Decima Avenue per tutto il mese del dicembre 2011, uno sfondo perfetto per il periodo delle feste. Con il suo come al solito irriverente umorismo e approccio ironico, Baldessari ha prodotto una potente opera pubblica: allo stesso tempo tagliente e provocatoria, divertente e critica, aperta a un infinito numero di interpretazioni, ed in grado di innescare una reazione a catena di confronti ed idee tutte legittime e plausibili, tutte ugualmente corrette e sbagliate.

Sebbene ogni spettatore interpreti l'inaspettata rappresentazione in modi diversi, ognuno ha condiviso l'intenzione di quest'opera d'arte di trasporsi in pubblicità e di questa pubblicità di trasporsi in opera d'arte. Questa immagine pubblica era a dirla tutta un'opera pubblica, e non semplicemente perché fosse installata all'esterno visibile da tutti, ma perché esigeva una forma collettiva di consapevolezza e partecipazione affinché coinvolgesse, fosse compresa, criticata, vagliata, e, alla fine, esistere in tutta la sua complessità. Come Gilbert & George, i cui lavori sono parimenti inclusi nel contesto della High Line Billboard, ci ricordano ogni giorno con il loro consolidato motto di "Arte per tutti", l'arte ha una funzione civile che si estende al di là dei restrittivi confini del mondo dell'arte.

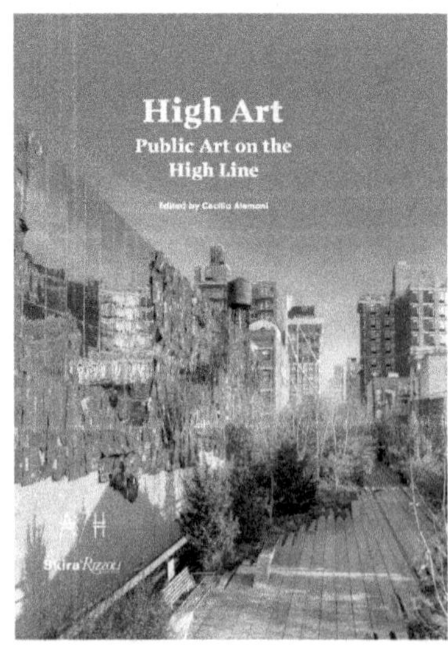

Copertina di *High Art: Public Art on the High Line,* a cura di Cecilia Alemani, Skira 2015

Il progetto di Baldessari – il primo che ho organizzato dopo essermi unita a Friends of the High Line nell'Ottobre del 2011 – arriva a riassumere molti dei valori che ho cercato di infondere nel programma artistico: la dedizione nel portare dell'arte contemporanea di alto livello ad un vasto e molteplice pubblico; il desiderio nel sorprendere gli spettatori con opere d'arte che utilizzano canali di comunicazione pubblici in modi nuovi e difficili, suggerendo loro di mettere in dubbio il ruolo e la funzione delle immagini negli spazi pubblici; e la convinzione che le opere d'arte sono prima di tutto luoghi d'incontro e scambio di opinioni e di esperienze.

La High Line e Friends of the High Line

La High Line non è certamente il luogo per l'arte pubblica più tradizionale, o facilmente percorribile: è una ferrovia sopraelevata abbandonata e riqualificata, trasformata in un percorso verdeggiante relativamente stretto e disposto a nove metri dal suolo. Con il suo design elegantemente minimal, eppur sofisticato, la High Line procede tortuosamente attraverso gli edifici del quartiere, offrendo un insolito scenario per l'arte. Una rigogliosa vegetazione corre lungo i vecchi binari, conferendo un aspetto naturale all'ambientazione che migliora ulteriormente la contemplazione delle opere d'arte da parte dello spettatore. Quando viene mostrata sulla High Line, l'arte sembra essere subito profondamente legata al parco stesso, nascosta nel verde o camuffata in mezzo al paesaggio architettonico, e malgrado tutto inspiegabilmente estranea, perennemente fuori posto. Mentre la High Line scorre tra le strade della città e procede lungo le sue avenue, dischiudendo rari panorami sul circostante ambiente edificato, intreccia l'arte nel tessuto della città. C'è qualcosa di perfettamente fotogenico nell'incontrare l'arte sulla High Line: come una promenade sospesa, essa incoraggia molteplici punti di vista sulla città e sull'arte disseminata tra le sue strade. Questo aspetto della sua struttura, una delle più straordinarie caratteristiche della High Line, consente agli spettatori di vivere l'arte in condizioni completamente differenti rispetto a quelle proposte dagli spazi delle gallerie tradizionali o dalle piazze circondate da uffici. Elevandosi dal suolo, la High Line funge da basamento naturale, qualsiasi oggetto posto su di essa viene immediatamente isolato, incorniciato, e innalzato, e contemporaneamente fiondato in un sistema di relazioni tra edifici adiacenti, vegetazione, prospettive, e l'incessante analisi dei passanti.

La High Line è stata costruita come ferrovia sopraelevata per il trasporto merci tra il 1931 e il 1934 parte del West Side Improvement Project. Originariamente, andava dalla Trentaquattresima Strada fino al St. John's Park Terminal sulla Spring Street a Soho. Costruita a nove metri dal suolo in modo da evitare i pericoli causati dai treni al livello della strada – infatti, prima della costruzione della High Line, la Decima Avenue era conosciuta come la "Death Avenue" a causa dei numerosi incidenti mortali che vi si verificavano – la High Line incrociava i quartieri industriali di Chelsea e il distretto di lavorazione delle carni, recapitando beni e prodotti direttamente ai vari magazzini e depositi dell'area, molti dei quali sono stati trasformati in gallerie d'arte e spazi espositivi. Ma la High Line era stata lentamente abbandonata a seguito della crescente popolarità dei mezzi di trasporto più convenienti che erano il risultato, prima di tutto, della liberalizzazione dell'industria dei trasporti, che aveva da allora dominato i trasporti commerciali negli Stati Uniti. La parte a sud era stata demolita negli anni Sessanta, e, nel 1980 si ebbe la corsa dell'ultimo treno, con un carico di tacchini congelati, dice la leggenda.

Costantemente a rischio di demolizione, la High Line era stata misteriosamente lasciata abbandonata e isolata per più di due decadi. Con la sua imponente struttura d'acciaio decorata con migliaia di rivetti e il suo peculiare colore grigio scuro, la sopraelevata era visibile soltanto dalla strada: elevata sui boulevard di New York come reliquia di un futuristico passato, evocava il paesaggio ultramoderno di una megalopoli fantascientifica, uno spettacolo degno dei deliranti sogni di Fritz Lang, come venne rappresentata nel suo leggendario film *Metropolis*, uscito nelle sale soltanto due anni prima che la High Line venisse costruita. Diversamente dai suoi esordi ipertecnologici, la High Line (in seguito abbandonata) cominciò a riavvolgere il tempo all'indietro: tra i vecchi binari arrugginiti, sporcizia e rottami accumulati, un giardino di fiori selvatici e piante autoctone ha cominciato sua sponte a crescere, indifferente alla città emersa improvvisamente tutt'intorno. Nel 2000 – 2001, vent'anni dopo l'obsolescenza forzata della High Line, Joel Sternfeld ha scattato delle incredibili fotografie della High Line in quattro stagioni diverse, immortalando uno stupendo lato selvaggio immerso nel paesaggio urbano ed un senso di puro isolamento che caratterizzava il parco nato spontaneamente.

Nel 1999, due residenti del quartiere, Joshua David e Robert Hammond, fondano Friends of the High Line, un'organizzazione no-profit con l'obiettivo di salvare la struttura sopraelevata dalla minaccia di demolizione trasformandola in un luogo pubblico. Dopo dieci anni di battaglie legali e raccolte fondi, e con l'enorme supporto delle comunità locali e della città, la High Line ha riaperto nel 2009 come giardino pubblico proprietà della città di New York, curato e gestito da Friends of the High Line: un'intesa tra pubblico e privato comune a molti parchi in giro per la città. La High Line è conosciuta per il suo ricercato design e orticultura, supervisionato da James Corner Field Operations in collaborazione con lo studio di architettura Diller Scofidio + Renfro e Piet Oudolf, un orticoltore olandese. Oudolf ha sostituito le piante che stavano crescendo sulla High Line con un giardino botanico elaborato con cura che salvaguardava, con studiata nonchalance, l'idea di un paesaggio spontaneo, incolto e rigoglioso, non troppo dissimile da ciò che aveva immortalato Joel Sternfeld soltanto pochi anni prima.

La prima parte della High Line, da Gansevoort Street alla Ventesima Ovest, è stata aperta nel 2009; la seconda parte, che va da Chelsea fino alla Trentesima Ovest, è stata inaugurata nel 2011; mentre la parte a nord, la più scenica, che corre dalla Trentesima Ovest fino alla Trentaquattresima Strada, ha aperto nel 2014, avvolgendo i piazzali della ferrovia che conducono alla Penn Station dominando ampie vedute del fiume Hudson. Nei suoi primi cinque anni, circa ventuno milioni di persone hanno visitato la High Line, una cifra che fa concorrenza ad alcune delle principali attrazioni di New York, incluse la Statua della Libertà, l'Empire State Building, e il Museum of Modern Art.

High Line Art

Il programma High Line Art è stato inaugurato nel 2009 insieme all'apertura del primo segmento del parco. C'erano molte ragioni per promuovere un progetto dedicato all'arte sulla High Line (Art Program): in primo luogo, il parco passa attraverso Chelsea, che, all'inizio degli anni Novanta, era diventato il fulcro artistico della città di New York, ospitando più di trecento gallerie commerciali, organizzazioni no profit e studi di artisti. L'Art Program era un modo di riconoscere e rendere omaggio alla storia artistica del quartiere, e allo stesso tempo puntava a mostrare l'arte contemporanea in maniera più familiare, e al più ampio pubblico di non intenditori, lontani dagli spazi ostili delle gallerie "white cube" a livello strada. Inoltre, alcuni dei primi sostenitori degli sforzi della Friends of the High Line erano state le stesse gallerie, ad esempio Mary Boone, Paula Cooper, Barbara Gladstone, e Matthew Marks, che credevano nell'utilizzo dell'arte come strumento per rivitalizzare un'area che aveva in precedenza ospitato principalmente distributori di benzina, concessionarie d'auto e depositi. Un progetto artistico era anche un modo per portare ulteriore vitalità al quartiere, di incoraggiare il costante sviluppo del parco e di invitare le comunità locali a tornare alla High Line.

Nel 2008, il cofondatore della Friends of the High Line, Robert Hammond, incontrò Donald R. Mullen, Jr. nella speranza che aderisse alla campagna di raccolta fondi per la High Line. Mullen era interessato a sostenere l'organizzazione, ma come appassionato amante dell'arte, la sua reale idea era riconducibile al progetto artistico, che allora era stato pianificato e supervisionato in collaborazione con Creative Time. Mullen immaginò l'importanza dell'arte pubblica sulla High Line e sottoscrisse la prima donazione per mantenere a tempo pieno l'incarico di curatore alla Friends of the High Line. Nel 2009, il curatore Lauren Ross venne designato come primo Donald R. Mullen, Jr. Curator & Director of High Line Art, il progetto artistico appena formato, e ha cominciato a commissionare e produrre opere d'arte temporanee. Cinque anni dopo la High Line Art presenta importanti e ambiziose opere d'arte ogni giorno dell'anno, con la pioggia o con il sole, e sempre gratuitamente.

Con la nuova sede del Whitney Museum of American Art al suo capolinea a sud, Culture Shed alla fine della parte nord (la cui apertura è prevista per il 2018, nel momento in cui scrivo questo testo) e le numerose gallerie e organizzazioni no profit che riempiono le strade di Chelsea, la High Line è diventata il ponte che collega tutta questa moltitudine di istituzioni artistiche, oltre ad essere un'importante via di comunicazione per far conoscere a milioni di visitatori l'arte contemporanea. Negli anni, la High Line si è trasformata non soltanto in un sorprendente parco, ma anche in un'istituzione culturale: attraverso l'arte e il suo ricco programma pubblico, la High Line crede nell'arricchimento della curiosità intellettiva insieme alla salute fisica, promuovendo una cultura del benessere sia per il corpo che per la mente.

High Line Art offre un'ampia scelta di opere d'arte, che si possono incontrare in diversi punti lungo tutto il perimetro e nelle vicinanze delle proprietà circostanti. Gli artisti utilizzano la High Line e la città come una piattaforma all'aria aperta per i loro progetti: passando dalle sculture tradizionali ad installazioni articolate, dalle video-proiezioni ai cartelloni al livello della strada, dai graffiti alle performance live, le opere d'arte presentate sulla High Line si relazionano con l'eccezionalità del parco, e la sua orticultura, e aggiungendo le sue vedute sulla città e i suoi visitatori come componenti fondamentali di una nuova esperienza artistica urbana.

Il programma della High Line Art è articolato in quattro diversi formati: High Line Billboard, High Line Channels, High Line Performances, e High Line Commissions.

High Line Billboard:
Quali immagini desideri?

La banconota da 100.000 dollari di Baldessari faceva parte della High Line Billboard, una serie di opere d'arte commissionate per un manifesto di enormi dimensioni collocato all'incrocio tra la Diciottesima Ovest e la Decima Avenue. Nei tre-quattro anni successivi, ogni mese, la High Line ha invitato gli artisti ad usare questo spazio ibrido come tela sulla quale esporre i loro ultimi lavori e quelli storici. Iniziata nel 2010, la serie di manifesti conta finora venti esemplari, proponendo i lavori di un variegato gruppo di artisti, quali Thomas Bayrle, Thomas Demand, Elad Lassry, Louise Lawler, Ryan McGinley, Paola Pivi, Faith Ringgold e Jonas Wood, fra gli altri. Invitando alcuni tra i più influenti artisti di oggi a partecipare, la serie High Line Billboard è diventata un avvenimento abituale e atteso per la comunità. Con le sua imponenti dimensioni di quasi 8 metri per 23 il *billboard* interrompe il bombardamento commerciale tipico delle città contemporanee, inserendo nello spazio pubblico opere d'arte forti, che giocano con l'immaginario figurativo e le fotografia accattivanti degli annunci pubblicitari, sovvertendo le strategie promozionali e le aspettative di chi guarda.

Mentre all'inizio esso appare nascosto nella costellazione di manifesti pubblicitari, l'High Line Billboard è contraddistinto dalla sua surreale comunicazione visuale e dagli ambigui messaggi che sembrano ogni volta lievemente assurdi e sommessamente irritanti, inquadrati come sono all'interno del più ampio paesaggio semiotico della città. Chi spia il gigante occhio di Anne Collier? Cosa stanno facendo le zebre di Paola Pivi sulla cima di una montagna? E cosa stanno fissando i giovani di Gilbert & George? Forse temono le gigantesche dita di Maurizio Cattelan e Pierpaolo Ferrari che sembrano quasi afferrare la città stessa.

Altri artisti hanno dato vita ad atmosfere più discrete: Darren Almond, Thomas Demand e Joel Sternfeld hanno utilizzato il cartellone pubblicitario come punto d'osservazione dal quale analizzare un ampio paesaggio – una visuale privilegiata per scrutare il panorama della città, e oltre. David Shrigley e Allen Ruppersberg hanno trasformato il cartellone in una gigantesca bacheca, scarabocchiando il cielo con versi liberi di poesia autoironica oppure disseminando manifesti che uniti formano un telegrafico messaggio romantico. Raymond Pettibon e Faith Ringgold hanno risposto a una dimensione collettiva e genuinamente politica del manifesto pubblicitario, mentre Jonas Wood ha sovrapposto spazio pubblico e privato.

Così come gli annunci pubblicitari mettono a nudo la merce, la serie della High Line Billboard spesso delinea una mentalità conflittuale nei riguardi delle immagini: allo stesso tempo estremamente seducente e intensamente critica, le opere esposte rispecchiano un profondo scetticismo e un irresistibile richiamo verso il potere capitalizzato nelle immagini che affollano i luoghi pubblici nelle odierne città. Mentre si erge diretta e audace, la serie della High Line Billboard è forse meno risoluta di quanto risulti inquisitoria. Nonostante la loro immediatezza, la richiesta di attenzione, portano alla ribalta una domanda la cui risposta sfuggente è spesso data per scontata: chi ha il diritto di disseminare la città di immagini, quali strategie portano alcune rappresentazioni a dominare sulle altre, e con quale fine?

Contemporaneamente fragorose e ostinatamente silenziose - poiché non hanno merce da pubblicizzare - le opere della High Line Billboard ci esortano ad interrogarci sullo scopo degli stimoli visuali negli spazi urbani, relazionandosi con i modi in cui viene data vita ai desideri e viene manipolata l'attenzione attraverso le immagini e le pubblicità.

High Line Channels:
La sinfonia della City

High Line Channels, due progetti video in mostra dall'autunno del 2011, utilizza la città stessa come uno schermo urbano. High Line Channel 22 mostra una serie di opere video proiettate su una parete adiacente alla High Line sulla Ventiduesima Strada Ovest in un'ambientazione che ricorda un cinema all'aperto, completo di tribuna per gli spettatori. High Line Channel 14, presentato nell'estate del 2012, viene trasmesso ogni giorno nel passaggio della Quattordicesima Strada, il cui spazio cavernoso è il posto ideale per presentare film e video. Con i suoi canali video, la High Line Art ha introdotto film d'arte e immagini in movimento nella High Line, rendendolo l'unico parco nella città di New York ad avere un progetto multimediale giornaliero. Gli High Line Channels hanno messo in mostra produzioni recenti e non, con opere di una variegata schiera di artisti internazionali, tra i quali Victor Alimpiev, Haris Epaminonda, Cinthia Marcelle, e Nicole Miller, oltre alle opere più memorabili dei pionieri della video art, come John Cage, Shigeko Kubota, Gordon Matta-Clark, e Sturtevant.

Nonostante la loro diversità, i lavori mostrati nell'ambito degli High Line Channels condividono un interesse per la città come essere vivente, un organismo pulsante che prospera sotto le fondamenta della stessa High Line. Guardando Sturtevant e sua la rielaborazione del film Empire State Building di Warhol, con l'odierno grattacielo in lontananza, trasforma l'esperienza visiva in una serie di immagini speculari che rimbalzano, sia metaforicamente che fisicamente, le superfici degli edifici adiacenti. Analogamente, le incisioni e i frammenti architettonici di Matta-Clark assumono un significato del tutto diverso se osservati nelle vicinanze dei cantieri che continuano a modificare il paesaggio del West Side di Manhattan, dove lo stesso Matta-Clark nel 1975 ha portato a termine *Day's End*, uno delle sue incisioni più leggendarie, sul Pier 52.

Questa archeologia urbana fa parte non poco della struttura della High Line Art. Anche un elemento gioioso come il suggestionante *The Way Things Go* (1987) di Fischli and Weiss, quando proiettato sulla parete di Channel 14, assume una forma più epica. Esso diventa un personaggio che partecipa a quella cacofonica sinfonia propria della città, una sinfonia che si ripete in eterno nell'infinita reazione a catena di auto e camion si fermano ad ogni incrocio per poi ripartire; di semafori lampeggianti in rosso, giallo e verde; di persone che si riversano nei quartieri alti e in centro come un banco di pesci. Il Rube Goldberg-giante film di Fischli and Weiss lentamente comincia a somigliare ad una versione miniaturizzata del balletto meccanico che ha luogo nelle strade sotto la High Line. Come i cineasti d'avanguardia Dziga Vertov e Walter Ruttmann sapevano perfettamente, il cinema e la metropoli moderna sono strettamente connessi.

I video di High Line Channels si relazionano con questa tradizione, invitando gli artisti ad affiancare le loro opere con la trama della città, come in un collage in continua evoluzione.

High Line Performances:
Un viso tra la folla

Nella sua performance *One Mile Parkour Film* (2012), l'artista di Los Angeles Jennifer West ha spinto al limite estremo la fusione tra esperienza cinematografica, realtà urbana e il senso del sublime architettonico che pervade le città contemporanee; situata sulla High Line, la performance ha assunto un'ancor più amplificata intensità. Il 13 settembre 2012, West ha affisso un miglio di pellicola di film per tutta la lunghezza della High Line e, per un'intera giornata, ha incoraggiato i visitatori a lasciare le loro impronte sulla striscia di 35 mm di celluloide ingrandita. I passanti hanno distrattamente camminato sul film, mentre a bambini e gruppi scolastici veniva richiesto di disegnarci su con pastelli e pennarelli. Altri visitatori la incidevano usando chiavi o la graffiavano con sassolini. Un gruppo di atleti parkour ingaggiati dall'artista hanno persino calpestato e volteggiato sulla pellicola. Questi atti di sottile vandalismo sono stati letteralmente incisi sulla superficie della pellicola, che è stata poi trasferita su un supporto digitale e proiettata su una parete adiacente alla High Line il mese successivo. Il

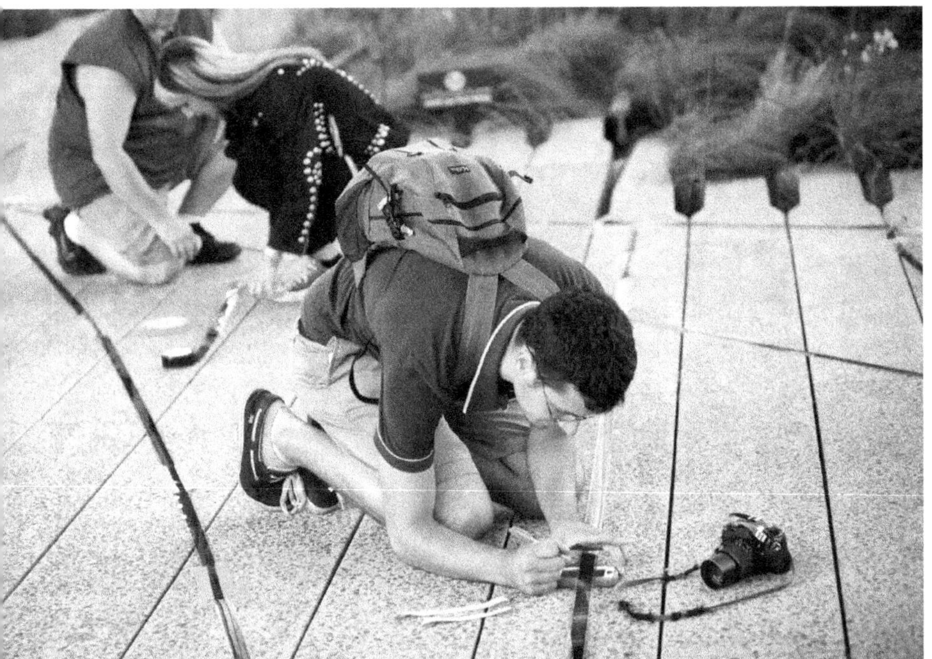

Jennifer West, still da *One Mile Film*, 2012. Foto: Liz Ligon. Courtesy: Friends of the High Line

risultato assomigliava ad un film Strutturalista degli anni Sessanta o ad un film astratto dell'avanguardia del primo Novecento, che evoca ricordi delle astrazioni ritmiche di Hans Richter e delle vibrazioni pulsanti di Paul Sharits. Ma a differenza dei suoi predecessori, West aveva trasformato il film stesso in una mappa, o meglio, in un palinsesto, conservando i segni di un giorno nella vita della città. Più precisamente, è stata la città stessa ad aver lasciato la sua impronta sul film di West, calpestando sul nastro di celluloide e sulla High Line tutta la sua mitologia degli shock modernisti e dell'intrattenimento postmoderno senza attriti. Srotolando la storia del cinema sulla superficie stessa della città, il progetto di West evidenziava le qualità cinematografiche che caratterizzano qualsiasi promenade lungo la High Line. Dopotutto, una passeggiata sulla High Line è simile ad una carrellata fattasi persona: lo spettatore si trasforma in una cinepresa su un dolly, la High Line in un sentiero che si insinua attraverso i canyon dei grattacieli.

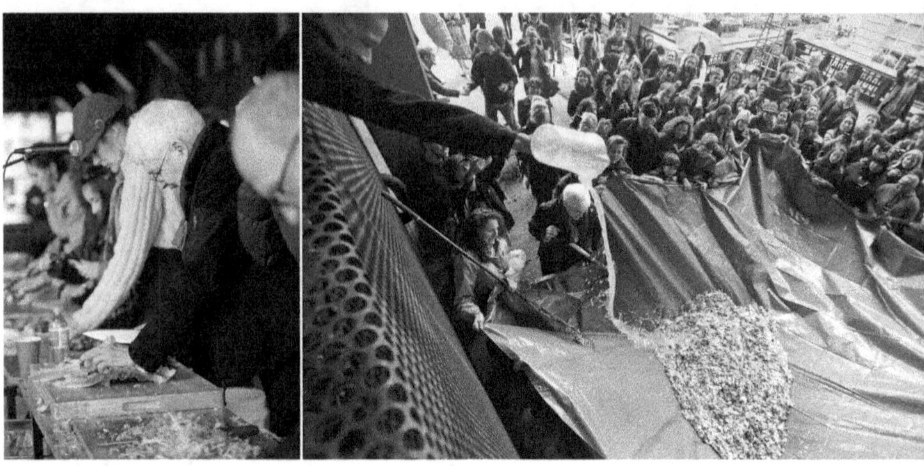

Alison Knowles, *Make a Salad,* performance al Chelsea Market Passage del 22 aprile 2014.
Foto: Liz Ligon. Courtesy: Walker Art Center

Come risulta dal video, il progetto di West è nato come parte della High Line Performances, un programma di opere e incursioni dal vivo che si svolgono su e intorno alla High Line. La piattaforma sopraelevata della High Line ha un'inconfondibile qualità teatrale: la si percepisce immediatamente come un palcoscenico. Diller Scofidio + Renfro si sono istintivamente adattati a questa peculiare caratteristica e l'hanno persino enfatizzata creando diversi anfiteatri e spazi in cui la città e il pubblico sono da sperimentare come spettacolo, incorniciato su un palco e ritagliato in una scena. La ristrettezza della High Line ha anche un impatto forte e insolito sull'interazione tra i visitatori. Come un'interminabile passerella o una delle promenade tipiche di molte città europee, la High Line è un luogo in cui gli estranei si guardano l'un l'altro mentre camminano in direzioni opposte, trasformando una passeggiata in una sorta di esibizione spontanea. Gli artisti invitati a presentare il loro lavoro sulla High Line hanno risposto entusiasticamente a queste particolarità, immaginando performance o costruendo interventi che coinvolgono sia l'architettura che gli spazi comuni del parco. Alcuni hanno approfittato della folla che si forma lungo la sua estensione; con un record di presenze giornaliere di oltre sessantaduemila persone, la High Line può attribuire un effetto quasi virale a qualunque performance, amplificando ogni azione in un momento di esuberanza collettiva. Performance come il classico evento (event-score) Fluxus di Alison Knowles *Make a Salad*, ad esempio, assumono un diverso grado di rilevanza quando vengono presentati sulla High Line e con la complicità di centinaia di partecipanti. La sfrontatezza assurda, un po 'esoterica così tipica delle avanguardie degli anni '60 si trasforma in un rituale comune in cui i partecipanti delle comunità vicine, i professionisti del mondo dell'arte e i passanti sono accalcati tutti gli uni accanto agli altri. Ciò che forse si è perso nella specificità si è guadagnato nella pervasività. E davvero è notevole l'energia incondizionata che una folla come questa può produrre nell'ambito di una performance. Quando centinaia di persone si uniscono nell'atto un po' insensato di preparare un'insalata, la verve sovversiva e la sensazione gioiosa di appartenenza e partecipazione perseguiti così entusiasticamente dagli artisti Fluxus vengono rilasciati con rinnovato vigore, elevato a un nuovo livello di grandezza e potenza.

Diversi spettacoli e opere di danza classici degli anni Sessanta e Settanta, sia sconosciuti che celebri, sono stati rimessi in scena all'interno e intorno al parco nel contesto di High Line Performances. Channa Horwitz ha presentato *Poem / Opera, The Divided Person* (1978) e Simone Forti, un'importante pioniera della danza contemporanea, ha eseguito una nuova versione del suo lavoro *Huddle* (1961), mentre la riproposizione della leggendaria coreografa Trisha Brown *Roof Piece* (1971) sugli edifici che circondano il Meatpacking District era visibile dalla passerella sopraelevata. Quando vengono presentati sulla High Line, queste rappresentazioni storiche incontrano un vasto pubblico, spesso inconsapevole di dover affrontare l'arte. L'effetto può essere esaltante, inebriante e talvolta persino esasperante, ma è proprio questa esperienza artistica multistrato che High Line Art cerca di creare e promuovere.

Senza tirare fuori il solito esercito di Situazionisti - o Mikhail Bakhtin, Michel de Certeau, Michel Foucault e Henri Lefebvre - non si può fare a meno di osservare come la High Line, isolata dai suoi "trampoli", tenda ad agire come un transitoria zona autonoma separata fisicamente e concettualmente dalle routine quotidiane che si susseguono al livello più basso. Come ogni parco potrebbe, la High Line sembra incoraggiare un certo grado di libertà e autenticità, una carnevalesca e gioiosa atmosfera di partecipazione e di espressione individuale. È a questo sensazione di temporanea ed esuberante sospensione delle regole che hanno attinto molti degli artisti che hanno presentato le loro esibizioni sulla High Line. I concerti di Mungo Thomson e Jamal Cyrus, ad esempio, avevano per loro una natura quasi farsesca, un›assurdità da circo che li rendeva estranei e accattivanti. Altri artisti sono entranti in contatto più esplicitamente con la folla, fronteggiandola come si farebbe durante un›assemblea politica. Ryan McNamara, ad esempio, ha trasformato uno dei discorsi dell›ex presidente degli Stati Uniti Jimmy Carter in uno spartito di musica e danza eseguito da un gruppo di ballerini vestiti in un pigiama psichedelici degli anni Settanta. Mentre declamavano il loro mantra di slogan politici e promettevano più sangue, sudore e lacrime, gli artisti si esibivano in pose acrobatiche degne di un ammasso di cheerleaders ad un evento di Merce Cunningham.

Ma è stato forse l'equilibrata operazione di David Lamelas *Time Line on the High Line* (2014) che più distintamente e più sobriamente ha rivelato la complessa interazione tra libertà personali e comportamenti assoggettati che delimitano gli spazi pubblici e le attività del tempo libero. In *Time Line on the High Line* Lamelas invitava i partecipanti ed i passanti a stare in piedi su una linea fissata al suolo investendo, o forse sprecando, tempo assieme, mentre provavano a tenere il conto del passaggio di un singolo minuto. La performance cominciava con l'artista ad un estremità della linea che annunciava ad alta voce l'orario corrente. La persona a lui vicina cominciava poi a tenere il tempo per un minuto, ed alla fine dei sessanta secondi, declamava ciò che lui o lei pensava fosse l'ora corrente prima di passare il compito al partecipante successivo. In questo gioco del telefono, le relazioni tra singoli individui e la folla, tra il privato ed il pubblico, era stata resa sommessamente chiara.

Questa tensione tra la propria percezione di ciò che è il proprio spazio personale e della propria posizione all'interno di un ambiente collettivo è al centro di un altro progetto della High Line Art nato come crocevia tra performance, installazione e intervento urbano. *Pier 54* è stato uno speciale progetto creato nel 2014 come tributo ad un evento storico chiamato *Pier 18*, che era stato pianificato dal visionario artista e curatore Willoughby Sharp. Nel giro di pochi giorni, a ventisette artisti maschi fu richiesto di mettere in scena eventi artistici su Pier 18; da semplici gesti a performance

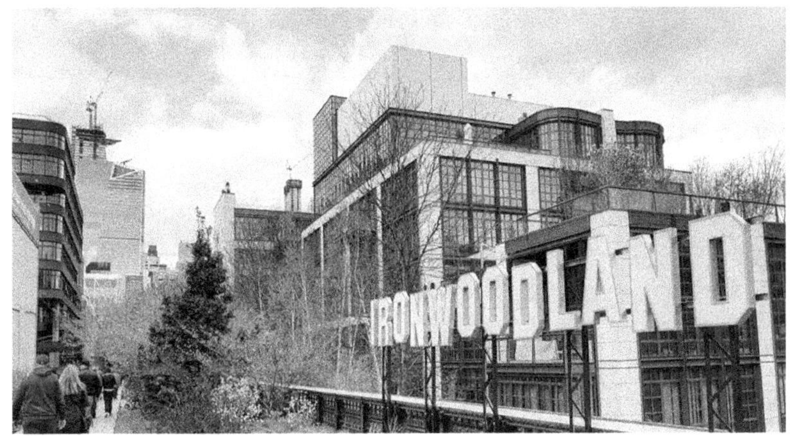

Sable Elyse Smith, C.R.E.A.M., 2018

complesse che coinvolgono parecchie persone, gli eventi erano tutti documentati su pellicola e non per un pubblico dal vivo. *Pier 18* si concluse con una mostra fotografica al Museum of Modern Art, dove le pareti di una project gallery erano coperte da oltre trecento fotografie in bianco e nero che immortalavano le azioni di un gruppo di artisti che non erano ancora diventati alcuni dei più importanti artisti concettuali nella città di New York. Con lo stesso spirito, abbiamo invitato ventisette artisti a *Pier 54*, questa volta tutte donne, per mettere in scena eventi sul molo 54 dell'Hudson River Park, un molo abbandonato sulla Tredicesima Strada Ovest, visibile dalla High Line. Le artiste Rosa Barba, LaToya Ruby Frazier, Liz Glynn, Sharon Hayes, Margaret Lee, Marie Lorenz, Jill Magid e Sara VanDerBeek, tra le altre, hanno rappresentato opere che andavano dalle frasi giganti scritte sull'asfalto e successivamente fotografate da un elicottero a giri in barca sotto il molo per esplorare le stalattiti calcaree sedimentate sulla parte inferiore, e da un faro cinematografico la cui luce veniva proiettata da un edificio adiacente a una drag queen che si esibisce, in un costume integrale, alla fine del molo. Le fotografie, scattate da Liz Ligon, sono state esposte nell'autunno del 2014 in uno spazio espositivo a Chelsea e nell'ambito di High Line Channel 14.

High Line Commissions:
Monumenti in senso inverso

Mentre tutti quei progetti presentati nei diversi format di High Line Billboard, Channels, e Performances sono temporanei, e in alcuni casi addirittura effimeri nella loro immediatezza, le opere presentate nella categoria High Line Commissions restano in mostra per un anno intero. Si tratta solitamente di opere più facilmente identificabili con il genere di sculture che ci aspetteremmo di vedere nei parchi e nelle città: oggetti di dimensioni medio-grandi in materiali durevoli come bronzo, cemento, marmo e acciaio. Come con tutti i progetti della High Line Art, il processo di curatela è sempre accompagnato da un impegno consapevole rivolto al rendere complicate - e divertirsi con - le aspettative e gli stereotipi che circondano le sculture pubbliche. In quanto tale, insieme alle più caratteristiche sculture monumentali o individuali collocate nel paesaggio, le High Line Commissions spesso presentano installazioni ambientali, opere sonore e graffiti che animano e incoraggiano il dialogo con la High Line e i suoi dintorni. Come disse il precursore della Pop Art, Ed Rucha, presentando la sua pittura murale *Honey, I Twisted Through More Damn Traffic Today* (1977/2014), il suo primissimo progetto d'arte pubblica nella città di New York, "Mi piace sia vicino agli alberi, così potranno vederlo anche uccelli, scoiattoli e lucertole".

In mostra per tutto l'anno, High Line Commissions in apparenza cambia aspetto ad ogni stagione che passa. In primavera, quando la maggioranza dei progetti sono stati svelati, le opere potrebbero essere le uniche presenze visibili nel parco, svettanti su giovani fusti d'albero e l'erba bassa. In estate, nascoste tra la rigogliosa vegetazione, le sculture giocano a nascondino con l'ambiente naturale. In autunno, le superfici lucenti di alcune opere d'arte catturano i colori del nascente fogliame, mentre in inverno sono ricoperte da uno strato di neve. Le mutevoli condizioni del paesaggio hanno sia messo alla prova che ispirato gli artisti presenti sulla High Line; quando partecipano alle High Line Commissions, gli artisti sanno di essersi imbattuti in un contesto lavorativo che non può essere trovato in nessun altro luogo e che possono sfruttare appieno l'unicità della sede in cui è esposto la loro opera.

Questa sensibilità contestuale può portare a una molteplicità di approcci diversi. L'artista ghanese El Anatsui, ad esempio, ha installato il suo immenso

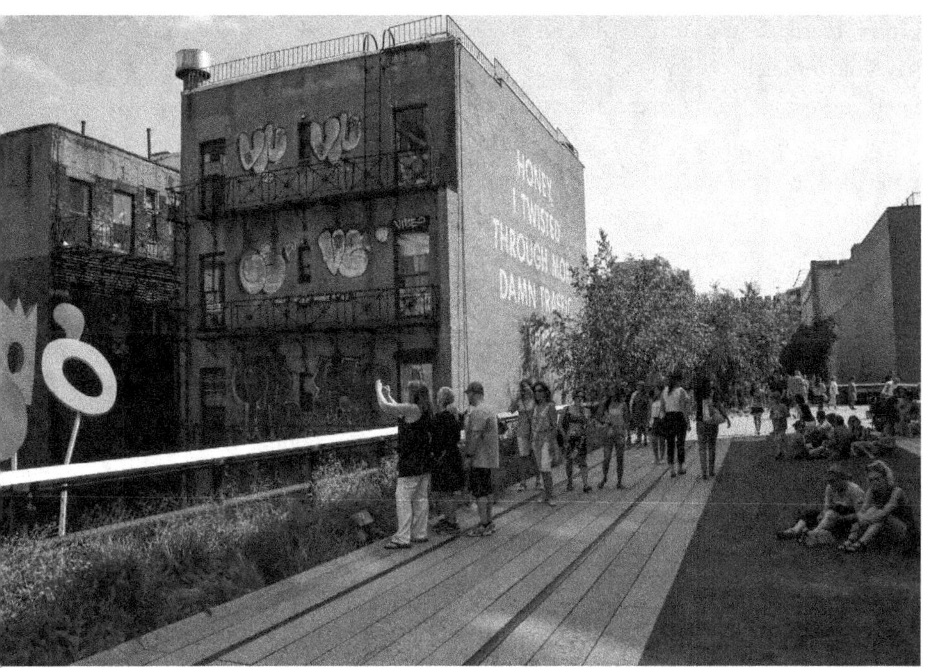

Ed Ruscha, *Honey, I Twisted Through More Damn Traffic Today*, 2018

Broken Bridge II (2012) sul lato di un edificio adiacente alla High Line, che circonda un intero isolato tra la Ventunesima e la Ventiduesima Ovest. Tessuto in questo gigantesco arazzo di schegge di metallo arrugginito c'erano ampie strisce di superfici lucide che catturavano e rifrangevano il paesaggio circostante e gli incessantemente mutevoli colori del cielo. Questa sintesi iper-Cubista tra architettura, natura e vita cittadina è forse una delle caratteristiche distintive dell'arte tangibile sulla High Line. Sarah Sze ha ideato un'installazione che ricopriva anche il ruolo di casette nido per uccelli, suggerendo una poetica corrispondenza tra un ammasso di volumi, edilizia popolare e nidi d'allevamento in voliera. Marianne Vitale ha preso ispirazione dalla storia della High Line e ha innalzato una serie di incroci ferroviari trasformate così in figure totemiche. Josh Kline, invece, ha lavorato avendo in mente un pubblico specifico, dirigendo la sua installazione verso, o forse contro, quel multiforme gruppo di famiglie, studenti, giovani professionisti, turisti o fuori sede che compongono la grande maggioranza dei visitatori della High Line. La sua opera *Skittles* (2014) consisteva in un frigorifero gigante completamente pieno di bevande energetiche dagli ingredienti sospetti, come sneakers macinate con carte di credito polverizzate e patatine di verza, quinoa e disinfettante per mani. Chiusi a chiave dietro un vetro trasparente, i rilucenti prodotti di Kline ridicolizzavano i pensieri bramosi falsificati dai marchi che influenzano il nostro stile di vita. Gli altri artisti hanno scelto posti insoliti, collaborando con i vicini di casa della High Line per disseminare arte in contesti ancora più inaspettati. L'opera d'are di Virginia Overton, per esempio, consisteva in un furgoncino pickup piazzato su un parcheggio verticale adiacente alla High Line e alla Ventesima Ovest, mentre Richard Artschwager, nel sua ultima opera pubblica prima della sua morte, ha visto uno dei suoi *Blps* dipinti a più di 27 metri dal suolo su una gigantesca ciminiera.

High Line Commissions ha inoltre presentato mostre collettive a tema, che hanno incluso generalmente fino a dieci artisti i cui lavori sono stati esposti sparpagliati ovunque all'interno del parco. *Lilliput*, la prima mostra collettiva inaugurata nel 2012, era una replica scherzosa alla convinzione tipica che l'arte pubblica debba essere vasta e imponente, e mise in mostra una serie di opere in miniatura che offrivano una compensazione ai boriosi mammut bronzei senza necessità che continuamente invadono le piazze della città. Nonostante le loro modeste dimensioni – o forse in virtù di queste – divennero immediati punti di riferimento. *Carson* (2012), una scultura dell'artista giapponese Tomoaki Suzuki, era così amata, e ininterrottamente toccata, accarezzata e fotografata che richiedeva interventi periodici di restauro e molteplici lavori di ridecorazione. Analogamente, dopo una notte particolarmente fredda, sciarpe minuscole lavorate a maglia da un ignoto appassionato d'arte sono apparse attorno al collo e alle teste bronzee delle scimmie realizzate da Francis Upritchard. Questa interazione partecipativa con le sculture negli spazi pubblici non può essere semplicemente liquidata come manifestazione superficiale di una cultura goliardica dello spettacolo, sovrastata dalla passione per i selfie. Questi comportamenti affondano infatti le loro radici più in là nel tempo, almeno fino al Sedicesimo con la tradizione romana delle pasquinate: poemi satirici spesso accompagnati da manufatti e disegni affissi su ciò che venivano chiamate "statue parlanti", risalenti all'antica

Roma. Le piazze e le strade delle città in giro per il mondo sono piene di sculture toccate e logorate per motivi religiosi o legati alla superstizione. E vestiti ed alimenti vengono abitualmente donati alle effigi in città e nazioni in tutto il mondo, anche in culture che orgogliosamente si considerano non religiose e illuminate. Questo amore per le sculture, in particolare per quelle figurative, rivela una complessità di sentimenti nei confronti delle immagini e delle effigi nei luoghi pubblici. Ed è da tali reazioni che possiamo imparare tanto sul potere e la funzione degli oggetti visuali nel costruire identità e sostenere convinzioni.

Alcuni di questi temi erano esplicitamente affrontati nelle opere presentate nell'ambito della mostra collettiva *Busted* del 2013, che offriva una serie di interpretazioni e riflessioni contemporanee sulla vita dei monumenti pubblici e sculture urbane che hanno ricoperto le strade e le piazze per secoli. La scultura iper-realista *Human Statue (Jessie)* (2011) dell'artista americano Frank Benson è diventata un'altra assediata eroina della High Line – o qualche tipo di feticcio rituale – dal momento che i visitatori le offrivano denaro e addirittura la vestivano con i colori dell'arcobaleno per il Gay Pride. Anche la collettiva in mostra nel 2014, intitolata *Archeo*, ha preso ispirazione dalla stessa High Line, questa volta focalizzata su opere d'arte che si occupavano del legame tra tecnologia e obsolescenza programmata, tra novità e storia. Come reliquia di un'era industriale lontana, la High Line è essa stessa un esempio di industria archeologica conservato meravigliosamente.

La combinazione tra diverse temporalità che sembrano coesistere nell'unico scenario della High Line era stata resa ancora più evidente dal progetto dell'artista, residente a Brooklyn, Carol Bove, che nel 2013 è stata invitata ad elaborare per la High Line una grande installazione site-specific alla Rail

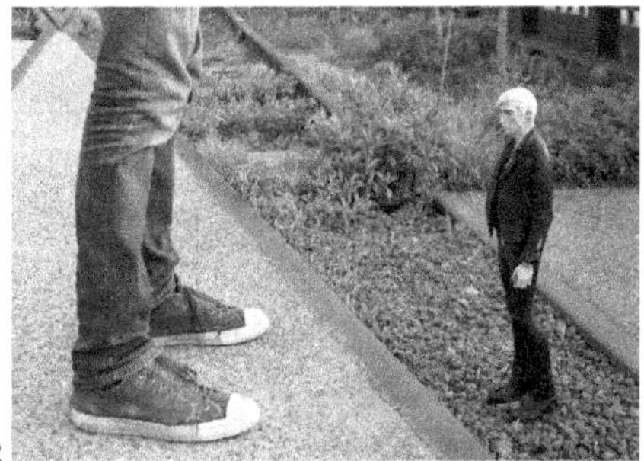

Tomoaki Suzuki, *Carson*, 2012

Yards, una sezione della High Line lunga mezzo miglio, all'epoca ancora chiusa al pubblico. Bove aveva installato una serie di sette sculture astratte che comprendevano ampie spirali d'acciaio verniciate a polvere bianca, travi d'acciaio arrugginite e lastre di bronzo ossidate, tutte delicatamente adagiate sulla High Line come stupende ed esotiche belve misteriosamente intrappolate in un cortile. Montate tra la vegetazione spontanea e l'abbandonato, non ancora rivitalizzato paesaggio, le opere di Bove contemplavano il tratto finale della High Line come un'enorme scultura ritrovata, un readymade urbano, sul quale le sue preziose strutture erano state montate come gioielli un una corona. All'epoca della loro installazione, il tratto era accessibile soltanto attraverso visite guidate gratuite tenute da ranger del parco (più di cinquecento visite pubbliche sono state organizzate per questa occasione) che contribuiva all'illusione d'essersi imbattuti nelle tracce di una misteriosa ed elegante civiltà antica.

Un simile combinazione di natura incolta ed architettura era alla base del progetto di Adrián Villar Rojas, un artista argentino, invitato come Bove ad esporre una grande installazione alla Rail Yards, coincidente con l'apertura del tratto più a nord della High Line nel settembre del 2014. La commission di Villar Rojas presentò una serie di sculture geometriche astratte costruite in cemento, argilla e terra, che incorporavano materiali organici e inorganici in un'installazione ambientale che sembrava rispondere all'ambiente architettonico e all'estetica minimalista evidente in tutta New York.

Un'idea nomade di Arte

Gli artisti esposti sulla High Line provengono da diversi contesti e da diversi nazioni. High Line Art è un programma oltremodo internazionale, che in cinque anni ha presentato artisti provenienti da oltre venticinque nazioni, oltre a una vasta gamma di artisti della città di New York. Emergenti e a metà carriera, affermati e trascurati, tutti gli artisti che hanno partecipato alla High Line sembrano condividere una stessa opinione nonostante le loro molte differenze: proprio come tutti coloro che sono coinvolti con la High Line, sono profondamente impegnati nell'idea che l'arte debba parlare a un pubblico ampio e di non intenditori e che dovrebbe accogliere conversazioni stimolanti e fornire incontri significativi.

C'è una tradizione lunga secoli dell'arte che viene mostrata e vissuta in città, e, nella città odierna, spesso il problema con tali presentazioni è che riducono l'arte, nel migliore dei casi, ad un punto di riferimento, e nel peggiore, ad un noioso complemento di arredo urbano, dissolvendo ogni sensazione di contrasto all'interno della struttura dell'opera d'arte e del suo rapporto con il pubblico e l'ambiente circostante. Con la sua natura temporanea e location mutevoli, High Line Art propone un'idea nomade di arte pubblica, in cui le potenzialità dirompenti dell'arte non sono semplicemente neutralizzate e trasformate nella vulgata statica e innocua della scultura urbana. Come parte della High Line Art, l'opera d'arte non è semplicemente posizionata e identificata in quanto tale, ma è attiva ed è in grado di impartire lezioni allo spettatore senza preavviso. Per sopravvivere in città, infatti, l'arte ha bisogno di essere costantemente in movimento e costantemente sorprendente, imparando da - e misurandosi con - quello stesso caleidoscopico panorama di forti emozioni e spettacoli incessanti che animano le città contemporanee. Il problema allora sarà creare arte che eviti di cadere nella trappola dell'intrattenimento innocuo, che oggi è la controparte consolatoria dell'esperienza di turbamento aduso a definire la metropoli moderna. Ma questo è precisamente il lavoro dell'artista, le cui opere ci aiutano a conservare una consapevolezza critica della nostra esperienza di vita in città, scuotendoci fino a svegliarci quando stiamo quasi per sprofondare passivamente nel brusio delle megalopoli.

La High Line potrebbe assomigliare ad una strada o ad una passerella sopraelevata, ma in realtà funziona più come una piazza, come un'agorà: è un luogo in cui le opinioni devono essere scambiate e le distanze attenuate. Come luogo in cui l'atto del vedere è più che mai al centro di ogni attività, la High Line stimola un costante scambio di punti di vista, che è esattamente ciò che l'High Line Art incoraggia.

Questo saggio è stato pubblicato in lingua inglese in *High Art: Public Art on the High Line,* a cura di Cecilia Alemani, Skira 2015

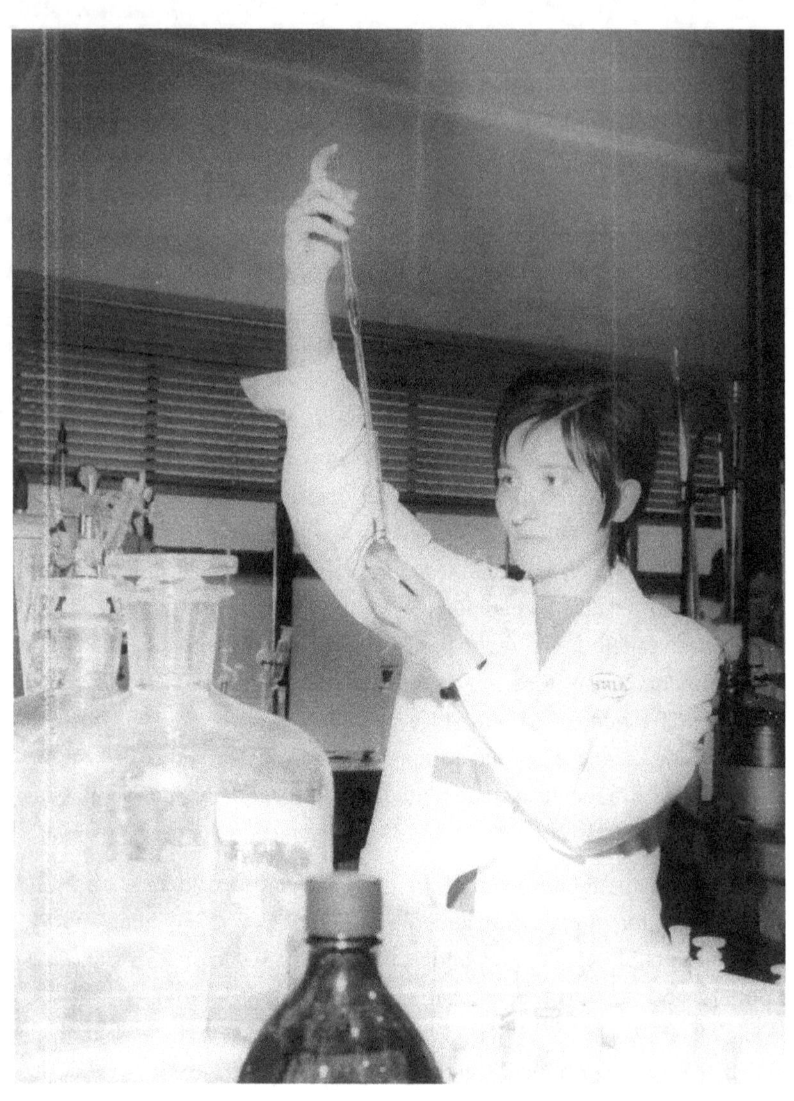

Fotografia e curatela
Il caso del Villaggio Snia

Matteo Balduzzi

L'impero SNIA inizia a sgretolarsi negli anni Ottanta. Nel 2007 chiude definitivamente lo stabilimento di Cesano Maderno, con gli impianti produttivi, le palazzine di direzione e il Centro Sperimentale: il cuore di un'azienda protagonista della chimica italiana per buona parte del Novecento.

Accanto alla fabbrica, sul promontorio che lo isola dal resto della città sorge il villaggio SNIA, edificato tra il 1921 e il 1924 sul modello nord europeo della città-fabbrica per ospitare la manodopera proveniente prima dalle campagne circostanti, poi dalla bergamasca, dal Veneto e infine dal Sud Italia. L'architettura è omogenea, severa e ancora interessante oggi: le trenta palazzine a quattro e cinque piani ospitano al loro interno circa 500 alloggi e sono disposte in un ampio sistema di cortili e spazi verdi comuni.

A cambiare profondamente con la chiusura della fabbrica è la composizione sociale del quartiere. Gli ex-inquilini, divenuti nel frattempo proprietari degli appartamenti, tendono a lasciare il quartiere mentre da diverse parti del mondo arrivano nuovi lavoratori con biografie ed esperienze molto più precarie e frammentate rispetto alla epica seppur sofferta storia operaia. Privato del suo senso originario, abbastanza in disparte da poter essere ignorato dall'amministrazione e dalle coscienze tendenzialmente benpensanti della città brianzola - 38.000 abitanti a Nord di Milano, lungo la dorsale dell'industria chimica nota per la catastrofe di Seveso del 1976 - il villaggio SNIA vede un veloce degrado e un deciso aumento della conflittualità tra vecchi e nuovi residenti e, all'interno di questi, tra diversi gruppi etnici.

In questo contesto, nel 2013, viene avviato un progetto di riqualificazione sociale, finanziato dal Fondo Sociale Europeo, per sperimentare forme di dialogo e inclusione che comprendono le consuete azioni sociali insieme a una ricerca artistica e culturale a forte tagli pubblico. Il Sabato del Villaggio, questo il nome, prende avvio nel settembre 2013 per concludersi il 21 giugno 2014 con una grande festa di quartiere.

Fotografie - Fin dal 2007, con il sociologo Stefano Laffi, lavoriamo con la fotografia di famiglia e la raccolta delle biografie personali per realizzare progetti pubblici che mirano alla costruzione di un racconto corale delle comunità, cercando di sovvertire le narrazioni precostituite e di re-immettere nella discussione collettiva tanto i temi civili più attuali quanto gli elementi poetici e personali.

È per questo che siamo chiamati a operare nel contesto di Villaggio SNIA, dove la condivisione di immagini private appare lo strumento più adatto per fare far percepire ai nuovi arrivati la storia del quartiere e della fabbrica e per far conoscere agli ex-operai le traiettorie di vita e di lavoro di chi vi sta mano a mano arrivando.

Secondo una modalità ormai consolidata, viene creato e formato un gruppo di giovanissimi ricercatori locali che inizia a curiosare negli album di famiglia e a intervistare alcuni abitanti, pubblicando settimanalmente sul giornale locale storie e immagini. Prende così avvio un processo di comunicazione e diffusione del progetto sia all'interno del villaggio che a livello cittadino, capace di rafforza, legittimandolo e dandogli un contesto, il lavoro di ricerca. La chiave in questa fase è l'estetica della fotografia vernacolare che, pur notevolmente esplorata in ambito artistico, conserva una capacità di sorprendere quando viene spostata in un contesto di media e costituisce un formidabile aggancio visivo nel cortocircuito tra memoria privata e coscienza pubblica.

Parallelamente, viene avviato un esame degli archivi fotografici esistenti, con l'obiettivo immediato di ricercare altri materiali visivi da mettere circolazione attraverso il progetto , più a lungo termine, di fornire all'ente pubblico le conoscenze necessarie a un successivo progetto di catalogazione

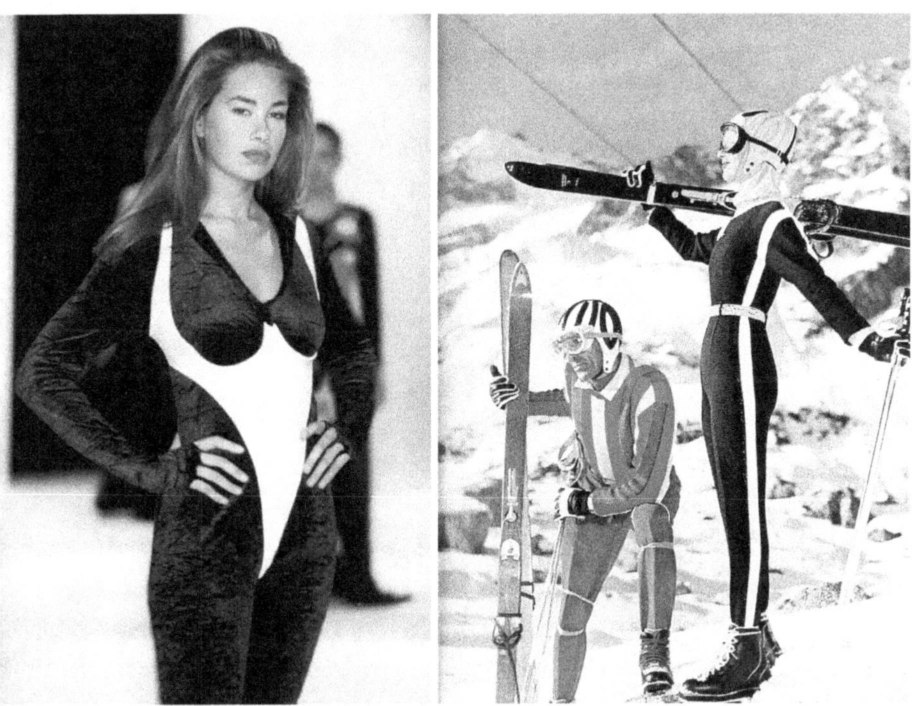

Dall'Archivio Comunicazione Snia

e valorizzazione adeguato. Insieme a oltre 8000 lastre e negativi di ottima
fotografia industriale che compongono l'archivio vero e proprio dell'azienda,
850 delle quali riguardano l'impianto di Cesano Maderno, troviamo alcune
centinaia di stampe di un servizio fotografico realizzato nel 1971 da un non
precisato studio San Giovanni per l'house-organ dell'azienda: una carrellata
di ritratti per ogni fase di lavorazione realizzati con un'immediatezza e una
spontaneità insolite per la fotografia industriale, quasi un album di famiglia
della fabbrica.

Tanto le immagini di famiglia quanto le fotografie di archivio, oltre ad essere
pubblicate sui media locali e sui social netwrok, diventano protagoniste

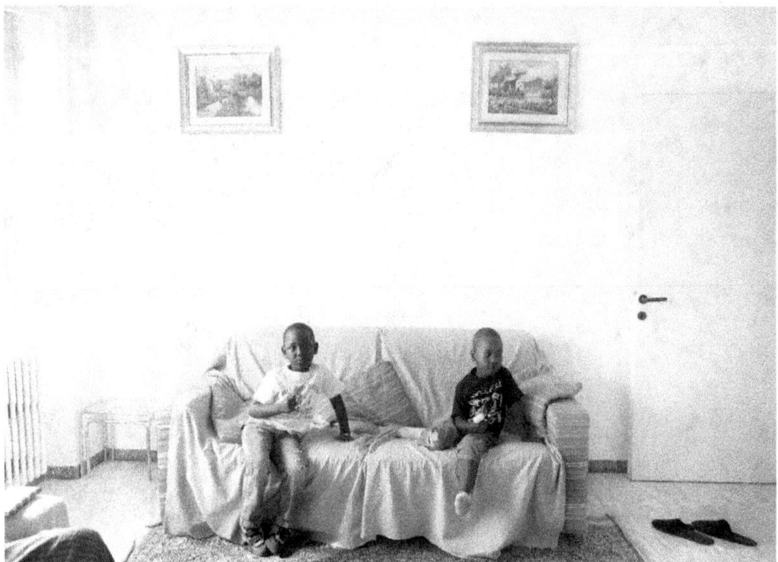

Progetti giovani artisti. Simona Di Meo

della festa conclusiva in cui dialogano con l'architettura e con gli spazi del villaggio, le prime esposte a scala gigante sulle finestre cieche degli edifici, le seconde appese nella loro totalità - oltre 600 - sui fili da bucato tesi nei cortili.

Fashion - All'inizio del lavoro, in occasione dei suggestivi sopralluoghi negli stabilimenti abbandonati, tra i pochi reperti rimasti, i segni e i colori - anche spaventosi - lasciati da quasi un secolo di industria chimica, gli scaffali impolverati con le scatole di lastre fotografiche, il vuoto e il silenzio, attraversiamo alcune grandi sale con il tetto parzialmente crollato e il pavimento coperto di riviste, ritagli di giornale, campioni di tessuto, cartoni, chiazze di acqua e di muschio. Appesi su stendini pericolanti ci sono molte decine di capi di abbigliamento, sporchi, attorcigliati e abbandonati, ma dal fascino immediato: sono i vestiti, spesso di alta moda, che l'ufficio stampa dell'azienda utilizzava per le campagne di promozione dei filati SNIA ma anche, più in generale, delle infinite possibilità offerte dalle fibre sintetiche in un'Italia ancora profondamente legata a quelle naturali, lana, lino, cotone.

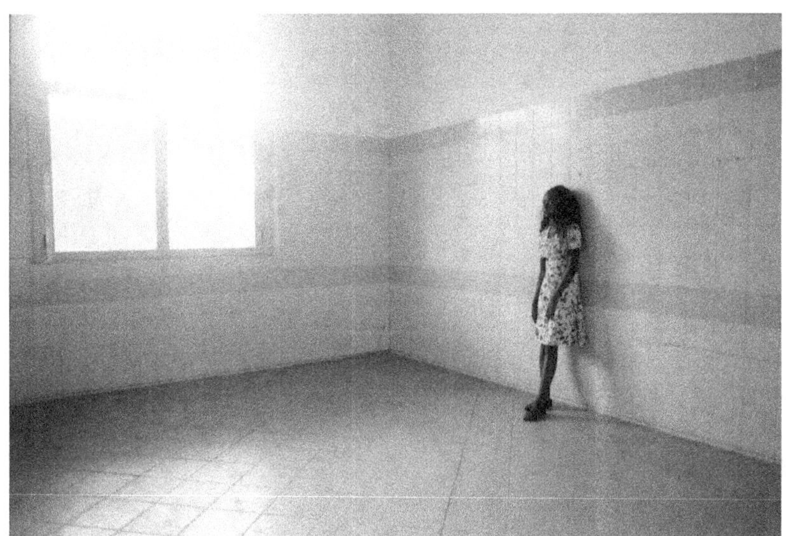

Progetti giovani artisti. Giulia Bersani

L'intuizione che si manifesta in quel momento - "facciamo una sfilata!" - diventa realtà dopo diversi mesi di lavoro e dopo un lungo e faticoso processo di convincimento e discussione: niente meno che la moda, il "diavolo", in un progetto sociale. La rigida programmazione di un progetto europeo. L'estemporaneità di un evento, di fronte alle controproposte di improvvisa e più rassicurante musealizzazione da parte delle istituzioni.

Sabato 8 marzo 2014, nel cuore di Cesano Maderno, nell'Antica Chiesa di S. Stefano, ha luogo la SNIA Fashion Night. Il pubblico è quello delle grandi occasioni, oltre 400 persone in attesa davanti al portone chiuso, in gara per i posti in prima fila, schiacciate in piedi contro i muri della chiesa, incuriosite ed emozionate. Sul tappeto che si allunga al centro della navata, accompagnate da una colonna sonora vagamente dance di fine Settanta e inizio Ottanta, a far sfilare i vestiti prodotti con le fibre SNIA prodotte da molti degli spettatori in sala o dai loro familiari sono le ragazze che vivono oggi nel Villaggio. Amina, Beatrice, Eleonora, Fatima, Karolina, Mami. Alle loro spalle, ad ogni uscita, sono proiettare le immagini dei lavoratori alle

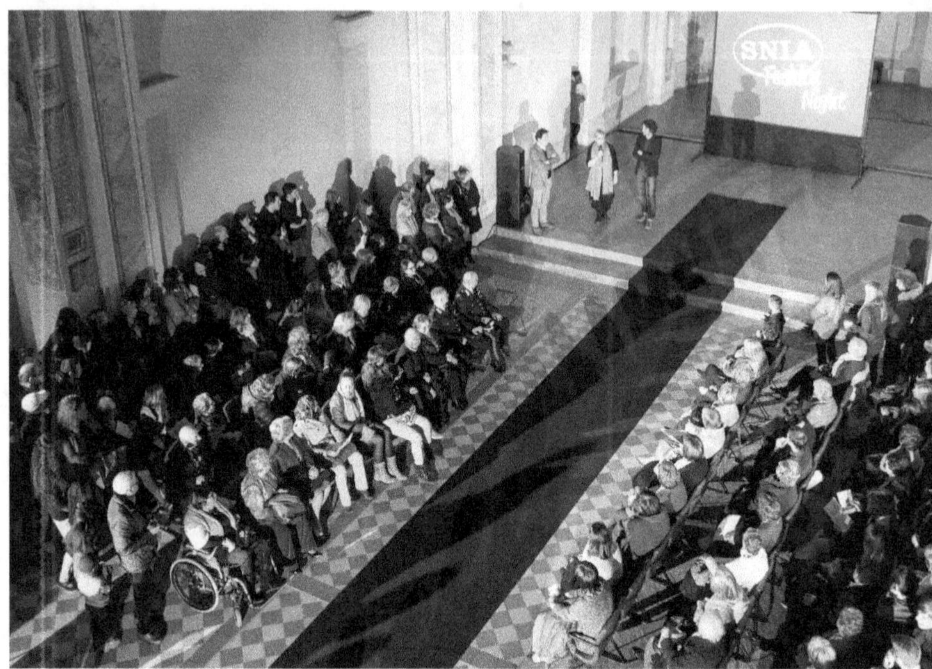

SNIA Fashion Night, Antica Chiesa di S. Stefano, 8 marzo 2014

loro postazioni. Nelle pause tra un cambio d'abito e l'altro una voce narrante accenna ai momenti principali della storia della fabbrica e agli aspetti tecnici delle lavorazioni.

La serata è come un'esplosione che arriva a scuotere l'intera città: aggrega in modo naturale pubblici altrimenti incompatibili, rimette in circolo su più livelli una memoria collettiva riposizionandola in una problematica contemporaneità, diverte, commuove e spiazza un intero immaginario legato ai progetti di inclusione sociale.

Magazine - Dato l'impatto che l'immaginario della moda ha avuto sul progetto e anche su di noi, decidiamo di trasformare i previsti stampati di resoconto conclusivo, anche grazie a un capillare recupero degli ultimi fondi a disposizione del progetto, in un catalogo che prende la forma di un vero e proprio magazine, capace per sua natura di contenere e unificare materiali molto eterogenei, consentendo una grande libertà di contenuti. Nelle sue 98

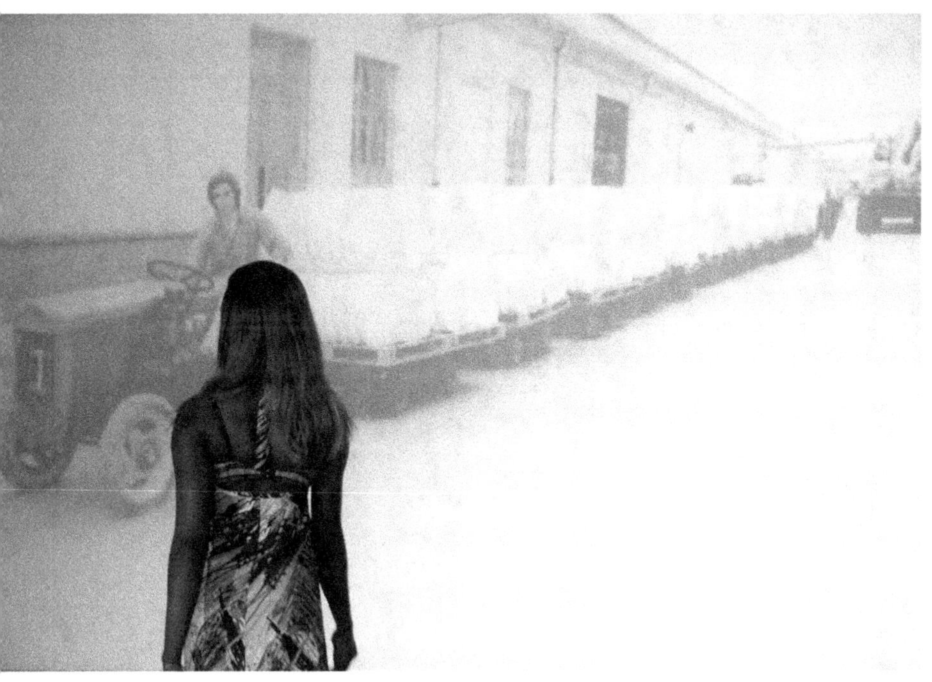

pagine trovano così posto le attività più direttamente sociali, una selezione del lavoro svolto sulle fotografie di famiglia e le storie degli abitanti, il racconto della sfilata e della festa conclusiva. Una serie di rubriche consente di dare spazio alle presentazioni istituzionali, ai testi di spiegazione, agli approfondimenti sui temi toccati dal progetto. A livello di immagini, una nuova fase di ricerca si rende necessaria per gli elementi mancanti a un risultato credibile: la pubblicità e i servizi più puramente fotografici. Nel primo caso ritorniamo a sfogliare i materiali di archivio, gli scatoloni che avevamo calpestato sul pavimento della fabbrica, recuperando una serie di campagne pubblicitarie che dagli anni Sessanta fino agli anni Ottanta giocano con l'immaginario del tessuto sintetico. Per quanto riguarda il secondo, con una modalità più tradizionalmente curatoriale - o meglio in questo caso editoriale - affidiamo a tre giovani artisti altrettanti progetti fotografici basati su alcuni dei temi e luoghi portanti del progetto: Alessandro Calabrese fotografa l'architettura in abbandono del Centro Sperimentale, Simona Di

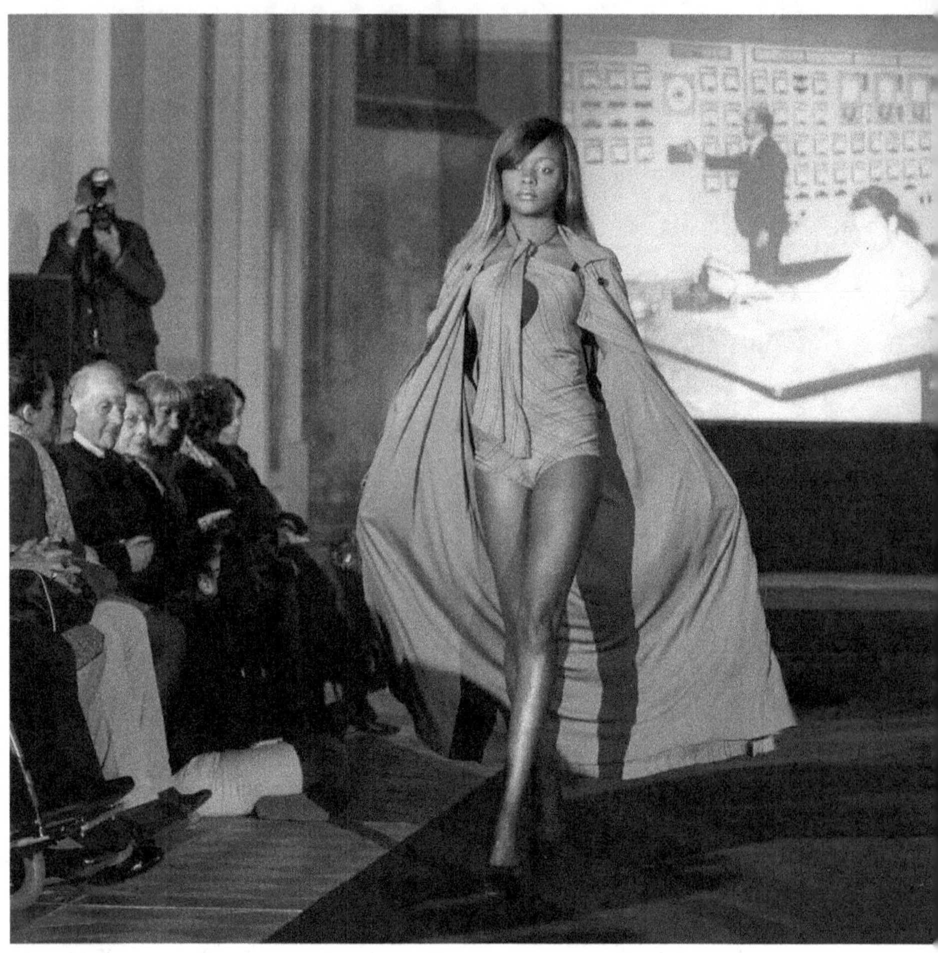

SNIA Fashion Night, Antica Chiesa di S. Stefano, 8 marzo 2014

Meo compone un diario di luoghi, atmosfere e incontri, all'interno delle case del villaggio, Giulia Bersani porta all'interno della fabbrica le modelle della sfilata per realizzare l'imprescindibile servizio di moda.

Il numero speciale di SV, stampato in 15.000 copie, esce nel settembre 2014 ed è dapprima distribuito gratuitamente come allegato al Giornale di Seregno, di cui aumenta notevolmente le vendite, e successivamente a disposizione dei cittadini in tutte le sedi comunali.

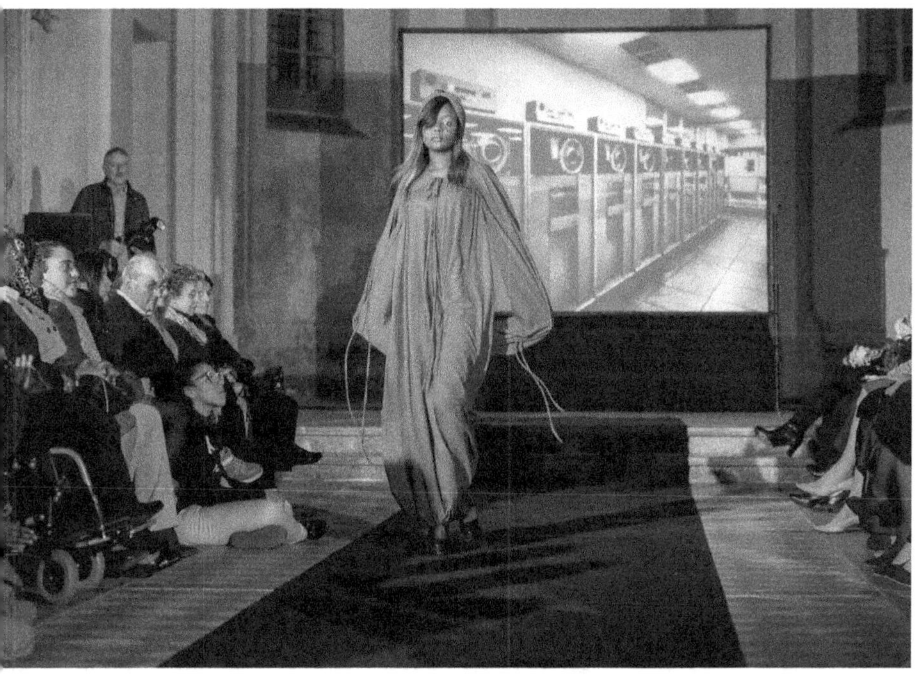

Poi - È stato proprio Gianni Romano a suggerirmi di scegliere, tra i tanti possibili, il progetto del villaggio SNIA, cui ho cercato con piacere di ripensare in modo semplice, nella forma di un lungo racconto piuttosto che di un breve saggio. Ad alcuni anni di distanza - come a volte nella coda dei film - è inevitabile pensare a cosa è successo dopo la conclusione del lavoro.

Nei mesi immediatamente successivi il Sabato del Villaggio è stato riproposto in due occasioni a Milano. Durante la settimana della moda, nel marzo 2015, la sfilata, ribattezzata per l'occasione Tecnofibra Fashion Show e accompagnata dalla mostra fotografica, è stata presentata all'interno di Macao, dove ha generato un cortocircuito senz'altro molto diverso dalla versione originale ma non meno interessante: nella splendida sala borsa dell'ex macello si sono incontrati pubblici immediatamente identificabili nella loro eterogeneità, quali persone del mondo dell'arte e della cultura milanese, ignari fashion-blogger e giornalisti di moda, cittadini di Cesano Maderno in trasferta insieme ai famigliari delle modelle, giovane pubblico di Macao in cerca di una serata diversa, come "antipasto" alla nottata dance a seguire. Nell'estate seguente la mostra

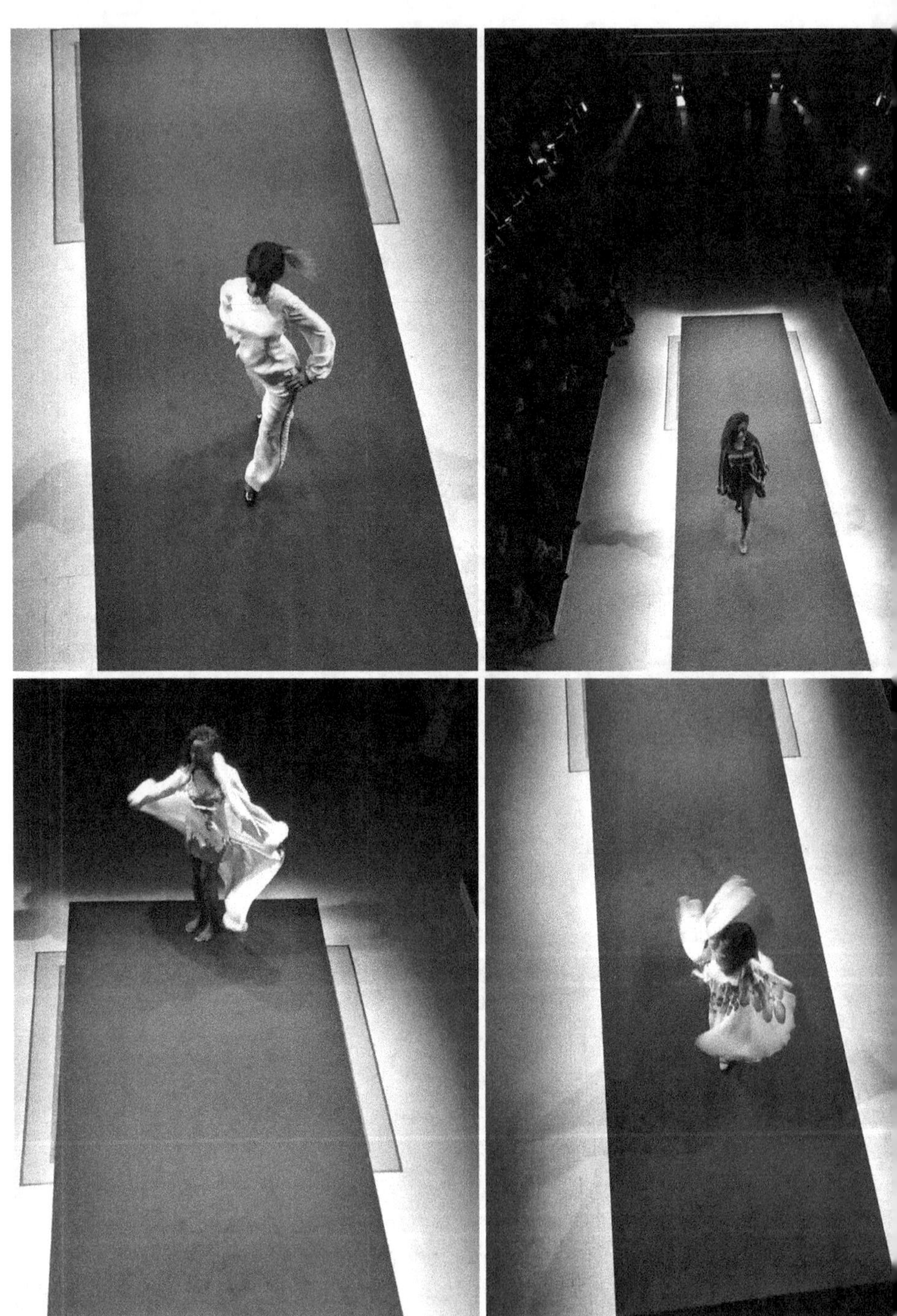

SNIA Fashion Night nella sede di Macao, Milano marzo 2015

e il filmato integrale della sfilata sono stati allestiti in occasione di Mostrami Factory, una sorta di lungo evento/esperimento di recupero e riattivazione in chiave culturale della ex-fabbrica Bracco in zona Lambrate a Milano.

Nel villaggio SNIA le due principali comunità di religione musulmana - Pakistana e Afghana - si sono costituiti in associazione e hanno preso in affitto i locali della ex-Banca Intesa, avviando così un'attività autorizzata di carattere religioso e sociale che getta i presupposti per un dialogo insperato con le istituzioni. Data la delicatezza, la complessità e i tempi di maturazione delle trasformazioni sociali sociali sarebbe ingenuo e presuntuoso sostenere che sia stata una sfilata di moda a produrre un reale e significativo cambiamento, ma ci piace pensare che, nel complesso delle azioni messe in atto, un contributo importante sia quello delle esperienze artistiche e culturali.

I fotografi coinvolti nel progetto proseguono con discreto successo la loro attività, in direzioni divergenti e sempre più precise: Giulia si muove sui social network con un'immagine autobiografica e fortemente soggettiva della giovinezza, cruda e delicata insieme, Simona vive nei più diversi contesti sociali e territoriali con la realizzazione di progetti lunghi, complessi e coinvolgenti, Alessandro Calabrese nel mondo delle gallerie e della ricerca visiva con una riflessione sull'estetica e le pratiche del linguaggio fotografico.

Io proseguo l'attività di curatore presso il Museo di Fotografia Contemporanea, dove all'ideazione, progettazione e realizzazione di progetti pubblici e partecipati affianco una più tradizionale programmazione che rimane incentrata sulla dimensione civile della ricerca artistica e sulla promozione delle giovani generazioni. Dopo l'esperienza di Cesano Maderno la collaborazione con Stefano Laffi ha reso possibile una nuova ricerca a Calenzano (FI), dove alle immagini di famiglia sono state sostituite le fotografie conservate nei cellulari dalle persone che per le più diverse ragioni usano e attraversano la città. I Calenziani - marziani di Calenzano - sono stati protagonisti proprio pochi giorni fa di uno spettacolo teatrale in cui hanno presentato al pubblico frammenti dei loro sguardi tangenziali.

I vestiti utilizzati per la sfilata, una volta rammendati, puliti e stirati sono probabilmente stati nuovamente dimenticati in qualche armadio, stavolta un po' più sicuro e pulito. La catalogazione delle lastre dell'archivio SNIA, per certo, non è mai stata nemmeno avviata.

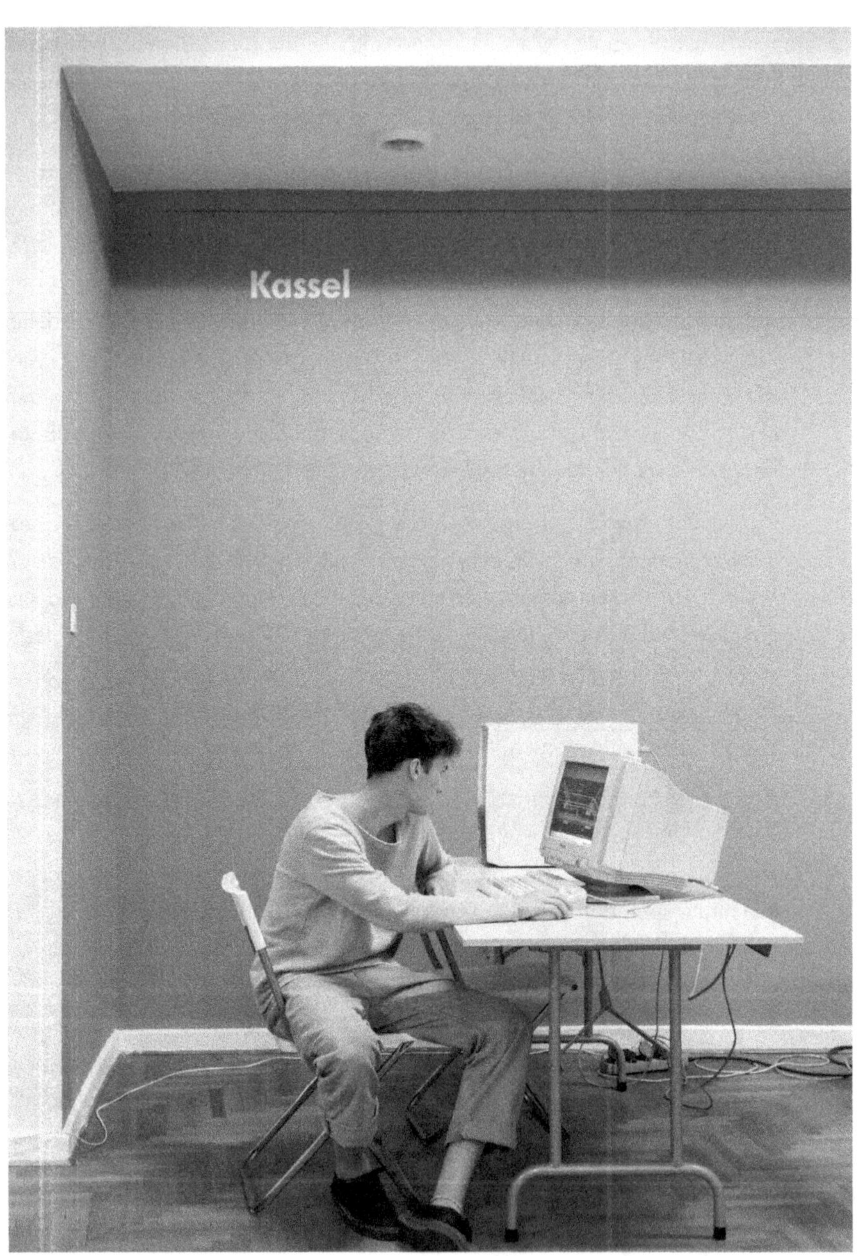

La ricostruzione della sezione "net art" a Documenta X (1997) in *net.art Painters and Poets*, a cura di Vuk Ćosić e Alenka Gregorič, City Art Gallery, Ljubljana 2014. Foto: Andrej Peunik

Strategie espositive per l'arte digitale: esempi e considerazioni

Domenico Quaranta

Lo scopo di questo contributo è contestare se stesso, o meglio il suo titolo. È dimostrare che, al volgere del secondo decennio del 21° secolo, siamo approdati a una fase evolutiva delle cosiddette "arti digitali" in cui non ha più senso ipotizzare che sia necessario sviluppare delle strategie espositive specifiche che possano facilitare la presentazione pubblica, negli spazi espositivi dell'arte contemporanea,[1] di lavori che facciano uso dei media digitali per la loro produzione e distribuzione, e/o facciano riferimento ai temi, le estetiche e le procedure emerse con i media digitali. Non solo: radicalizzando ancor di più la questione, questo testo intende provare che, oggi, "il problema dell'arte digitale" stia esattamente nell'utilizzo di questo termine, e nelle logiche artificiose di accorpamento (di lavori e artisti che hanno poco o nulla in comune) e di segregazione (dal resto dell'arte contemporanea) che il suo utilizzo riflette, e nel contempo contribuisce a mantenere e consolidare[2].

Ovviamente, sostenere che esporre l'arte digitale non sia mai stato un problema, e che questo termine non abbia mai avuto una sua ragion d'essere, significherebbe costruire un falso storico: lo stato attuale è la conseguenza di un percorso evolutivo, ed è allo scopo di delineare questa traiettoria storica che un titolo come "strategie espositive dell'arte digitale" si rivela utile, efficace e pregnante. All'illustrazione, attraverso una serie di tappe significative e di momenti emblematici, di questa traiettoria sarà dedicata la prima parte del testo. La seconda parte cercherà invece, attraverso il riferimento a "Why Have There Been No Great Women Artists" (1971) di Linda Nochlin[3], di affrontare le ragioni della persistenza del "problema dell'arte digitale" in una fase storica in cui lo si dovrebbe considerare superato e risolto.

Mediascape (1996)

*Art worlds provoke some of their members to create innovations
they then will not accept. Some of these innovations develop
small worlds of their own.*
Howard S. Becker[4]

L'apertura dell'arte ai nuovi linguaggi, inclusi i media "tecnici" (all'epoca, soprattutto fotografia e cinema) è stata, com'è noto, una preziosa conquista delle avanguardie storiche, ripresa e ampliata dalle neoavanguardie degli anni Sessanta. È stato in quello straordinario momento di apertura sperimentale che le tecnologie informatiche, allora neonate, sono comparse sulla scena dell'arte: una presenza che è stata subito recepita da alcuni significativi eventi espositivi, tanto in Europa quanto negli Stati Uniti[5]. Senza pretese di approfondimento, va qui reso un doveroso omaggio al lavoro teorico[6] e curatoriale di Jack Burnham. Burnham non si limita ad accettare l'uso artistico delle tecnologie digitali, ma arriva a riconoscere ed affermare, col suo lavoro, l'impatto avuto dall'avvento della cibernetica e della teoria dell'informazione sul processo di smaterializzazione delle pratiche artistiche non digitali a lui contemporanee, e sull'avvento di quella che lui chiama "systems esthetics"[7]: inaugurando una prospettiva autenticamente "post digital" che, se fosse stata accolta, avrebbe probabilmente cambiato in maniera radicale gli sviluppi successivi.

Ciò che accadde, invece, tra anni Settanta e anni Novanta fu che, dopo i primi segnali di interesse, per varie ragioni il mondo dell'arte contemporanea si chiuse alla sperimentazione artistica con i media digitali, e alla riflessione critica sul loro impatto sulla cultura e la società contemporanea. Così, mentre altri linguaggi "tecnici" (fotografia e video) trovavano, progressivamente, la propria via all'integrazione, la Media Art seguì in quei decenni una strada diversa: lo sviluppo di un proprio contesto produttivo, espositivo e discorsivo, ossia di un proprio "mondo dell'arte"[8].

Il momento in cui il mondo dell'arte prende coscienza delle conseguenze di questa scissione può essere individuato simbolicamente nella mostra *Mediascape*, presentata nella sede di Soho del Guggenheim di New York nel 1996[9]. La mostra è organizzata dal Solomon R. Guggenheim Museum in collaborazione con lo ZKM (Zentrum für Kunst und Medientechnologie) di Karlsruhe, in Germania, con la sponsorizzazione di Deutsche Telekom. Fondato nel 1989, lo ZKM sta costituendo la propria collezione, di cui il Guggenheim propone alcuni capolavori. Presentata da Thomas Krens come l'annuncio dell'impegno del museo ad esplorare la relazione tra tecnologia e cultura, la mostra suscita reazioni fortemente critiche, che si concentrano sull'invadenza dello sponsor corporativo sul design della mostra, sull'inattualità del paradigma "arte e tecnologia", e sulla qualità di alcuni lavori specifici. Così Roberta Smith sul *New York Times*, dopo essersela presa con un exhibition design fantascientifico e aver definito *The Legible City* di Jeffrey Shaw - una delle icone della Media Art - "uno dei peggiori lavori in mostra", riflette sul fatto che la mostra non sa scegliere tra arte e intrattenimento, e finisce per essere un'esibizione di tecnologia; mentre Lucy Bowditch su *Afterimage* plaude ai lavori di Jenny Holzer e Bruce Nauman, denigrando la giocosa superficialità dei lavori interattivi, e concludendo: "sembra che lo ZKM abbia molti giocattoli a disposizione, a questo punto la distrazione casuale rappresenta la maggior parte del gioco"[10].

documenta X e *net_condition*

Mediascape segna comunque la ripresa del difficile dialogo tra Media Art e arte contemporanea, che tra gli anni Settanta e i primi anni Novanta era stato occasionale e frammentario. Al di là delle dinamiche che l'hanno prodotta, il fatto che accada nel 1996 non è casuale. Se già nel 1982 *Time Magazine* aveva rimpiazzato il tradizionale "uomo dell'anno" con il computer, "machine of the year", è nella prima metà degli anni Novanta che della rivoluzione digitale in corso si comincia ad avere una percezione collettiva e pubblica. Nel 1995, Microsoft lancia, con una maestosa campagna pubblicitaria, Windows 95, il suo sistema operativo a interfaccia grafica, che ne affermerà definitivamente la presenza sul mercato. L'anno successivo, l'evento costituirà il momento culminante della traiettoria tracciata da *Triumph of the Nerds*, un documentario dell'inglese Channel 4 che racconta, con toni celebrativi, l'avanzata della rivoluzione digitale. Pochi anni prima è nato il World Wide Web, che viene reso popolare da browser come Mosaic (1993) e Netscape (1994).

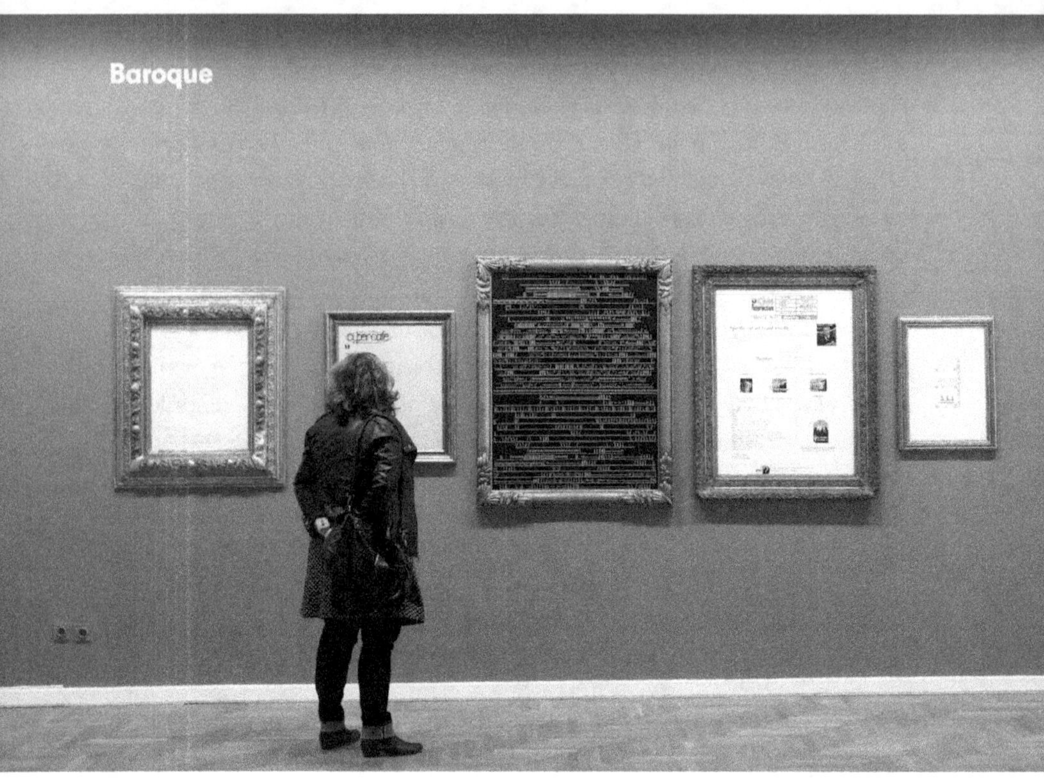

La ricostruzione di parte di *Written in Stone. A net.art archaeology* (2003) in *net.art Painters and Poets*, a cura di Vuk Ćosić e Alenka Gregorič, City Art Gallery, Ljubljana (19 giugno – 31 agosto 2014).

Nel 1996, una delle pagine web in cui ci si poteva imbattere navigando col proprio browser riportava, a caratteri cubitali sotto la testata del sito web della CNN: "Specific Net.art found possible"[11]. Era un lavoro dell'artista sloveno Vuk Ćosić, che aveva plagiato e modificato l'interfaccia del celebre network televisivo per annunciare al mondo una cosa di cui si discuteva già da qualche mese su mailing list come *Nettime*[12]. L'avvento della Net Art segna un momento chiave nella storia dell'utilizzo artistico dei media digitali: il loro passaggio da strumenti economicamente inaccessibili e difficili da usare, che richiedono una formazione specifica o la collaborazione con informatici e professionisti; a strumenti sempre più accessibili e diffusi, e sempre più *user friendly*, o disponibili per un uso amatoriale. La Net Art apre una fase nuova nella storia della Media Art, in cui all'approccio "high tech"

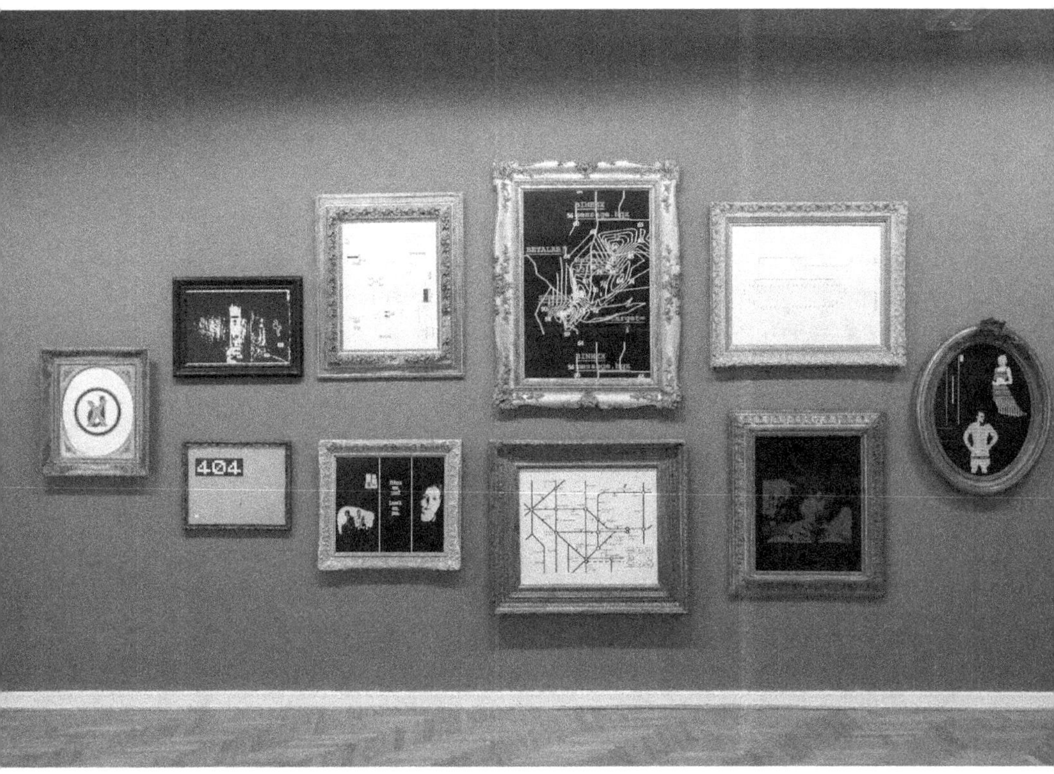

Foto: Andrej Peunik

degli anni Ottanta, fondato sulla sperimentazione creativa col mezzo, si affianca un approccio "low tech", fondato sull'uso amatoriale e, spesso, sulla destrutturazione e la critica del mezzo utilizzato. Nessuno dei primi "net artist" è programmatore di formazione. Trovano i loro riferimenti culturali nel dadaismo, nell'arte pubblica, nei movimenti "anti arte" della seconda metà del Novecento, nell'approccio decostruttivo al mezzo tecnico della prima video arte. La Net Art prelude, infine, a una fase che si potrà considerare compiuta una decina d'anni più tardi: quella in cui non c'è bisogno di essere un "media artist" per integrare i media digitali fra i propri strumenti di lavoro.

Al contempo, nel suo esistere prevalentemente online e su uno schermo, la Net Art lancia delle sfide non trascurabili al mondo dell'arte e allo spazio espositivo. Vive in uno spazio altro, in cui non servono mediazioni istituzionali (leggi: musei e gallerie) e mediatori culturali (leggi: curatori) per intrattenere un dialogo con un pubblico; si rende accessibile a un pubblico generalizzato, non di soli "addetti ai lavori"; essendo pubblica e liberamente copiabile, come tutti i dati digitali, non è mercificabile o adattabile all'economia della scarsità del mondo dell'arte.

Sono proprio questa sua alterità rispetto alla tradizione della Media Art e questa dimensione di rottura con l'economia e i circuiti distributivi dell'arte contemporanea a fare della Net Art una delle prime manifestazioni di "arte digitale" capaci di suscitare interesse nel mondo dell'arte contemporanea stessa. Già nel 1997 documenta, una delle manifestazioni più importanti dell'arte contemporanea, la considera così cruciale da destinarle una sezione dedicata, che è anche uno dei primi fallimenti curatoriali di presentazione dell'arte digitale in uno spazio espositivo. Curata da Simon Lamunière su incarico di Catherine David, direttore artistico di documenta X, la sezione di Net Art consisteva di una stanza con le pareti blu, abitata da tavoli da ufficio che ospitavano dei computer su cui i lavori selezionati potevano essere visitati in locale, mancando la connessione a internet. La metafora dell'ufficio, il blu delle pareti (colore simbolo di IBM, uno degli sponsor della manifestazione), la fruizione offline, la concentrazione di tanti lavori in uno spazio angusto furono oggetto di dibattito e di riflessione, influenzando i futuri tentativi di presentazione della Net Art nello spazio espositivo[13].

Un altro maestoso esempio di fallimento curatoriale nella presentazione della Net Art in uno spazio espositivo risale al 1999, con il *net.art Browser* progettato da Jeffrey Shaw per la mostra *net_condition*, allo ZKM di Karlsruhe[14]. L'installazione, destinata a ospitare la selezione di siti web curata per la mostra da Benjamin Weil, consisteva in un grande schermo piatto montato su binari, sui quali si muoveva sulla base delle indicazioni impartite dal visitatore usando una tastiera senza cavo. Sul muro dietro lo schermo erano stampate le didascalie (nome dell'artista e titolo) del lavoro, che venivano rilevate da un sistema di realtà aumentata che consentiva di mostrare immediatamente, su schermo, il lavoro corrispondente. Nelle intenzioni di Shaw, il *net.art Browser* "posiziona in modo interattivo le informazioni virtuali nello spazio fisico di una galleria o di un museo. Ibrida l'atto privato della navigazione internettiana con l'esposizione pubblica dei siti visitati, collocandoli come opere d'arte lungo la superficie di un muro del museo"[15]. Il problema dell'installazione era che, con il suo uso di tecnologie avanzate e il suo fascino high tech, proponeva una modalità di fruizione che snaturava irrimediabilmente dei lavori tecnologicamente semplici e spesso polemici nei confronti della retorica dell'innovazione che pervade il mondo delle tecnologie, e destinati per lo più a una fruizione privata, in un contesto domestico.

Un'arte "immateriale"?

I due esempi riportati sono rivelatori di una problematica che resterà al centro del dibattito sulla presentazione pubblica della Net Art negli spazi espositivi, tra fine anni Novanta e inizio del nuovo millennio. Se altre forme di arte digitale trovano naturalmente una loro manifestazione "fisica" nello spazio espositivo, in forma di installazioni interattive, video, stampe digitali o sculture; la Net Art resta vincolata alla fruizione online, e allo schermo di un computer. Non è fatta per lo spazio espositivo e, qualora si intenda presentarla, bisogna individuare soluzioni di traduzione che, qualora non siano proposte dall'artista, vanno decise dal curatore. In altre parole, il curatore deve "inventare" le forme del display e le interfacce di accesso al lavoro, mancando di soluzioni pre-confezionate, e tenendo conto delle problematiche implicite nell'introduzione di un computer nello spazio espositivo. Obiezioni come il fatto che, nello spazio espositivo, il computer diventa inevitabilmente oggetto e parte dell'opera, mentre nella fruizione privata tende a sparire in quanto semplice interfaccia di accesso al lavoro; o che nei musei i computer sono normalmente accolti per offrire informazione contestuale, e non accesso alle opere d'arte; o che, infine, in uno spazio pubblico l'accesso alla rete internet va in qualche modo controllato e vincolato, per impedire la navigazione libera; riflettono bene lo stato del dibattito dell'epoca.

Nel 2002, il curatore e artista Mark Tribe, fondatore di *Rhizome*[16], si confronta frontalmente con questo problema nell'organizzazione di una mostra di Net Art per la Moving Image Gallery di New York. Intitolata *Net.ephemera*[17], la mostra sostituisce l'esposizione del lavoro con l'esposizione degli "ephemera" - fogli di appunti, schizzi, diagrammi, disegni - generati durante la creazione del lavoro. Spiega Tribe nella pagina archivio del progetto:

Questo progetto curatoriale è nato da una conversazione con Michele Thursz [...] Parlavamo delle difficoltà di mostrare la net art nelle gallerie e nei musei. Gran parte della net art va vissuta in un incontro a tu per tu. [...] Molti net artisti concepiscono la loro pratica come critica alle istituzioni del mondo dell'arte. Esporre la net art in galleria implica una ricontestualizzazione che può alterare radicalmente l'esperienza e il significato del lavoro[18].

Net.ephemera tratta la Net Art come una performance, o un lavoro *site specific*, che può essere presentato in uno spazio museale solo attraverso frammenti processuali o la documentazione del lavoro.

Altre mostre realizzate in quegli anni mostrano un approccio meno radicale e più ibrido, che mescola l'esposizione di feticci oggettuali e "prop" performativi, la documentazione - prodotta dal curatore o generata dall'artista - e la presentazione del lavoro su computer nei rari casi in cui è strettamente necessario, a fianco di alcune interessanti "invenzioni curatoriali". Non è un caso che si tratti di mostre che si confrontano con la dimensione narrativa e "mitopoietica" della Net Art: il suo sforzo di costruire la propria narrazione, e la sua tendenza a storicizzare e attribuire un'aura eroica a gesti e momenti specifici. Un piccolo capolavoro di curatela, in questo senso, è stata *Written in Stone. A net.art archaeology* (2003), curata da Per Platou per il Museet for Samtidskunst - National Museum for Contemporary Art di Oslo[19]. Parlando di invenzioni curatoriali, sono rimasti nel mito la pallina d'acciaio adagiata, sotto una teca in plexiglas, su un cuscino rosso che rappresentava il "." nell'espressione "net.art"; i sei busti in gesso commissionati a un artigiano locale per ritrarre e celebrare i cinque artisti che si aggregarono inizialmente attorno a questo nome (Vuk Ćosić , Olia Lialina, Alexei Shulgin, Heath Bunting e il duo JODI); e le screenshot delle homepage di alcuni classici della net. art stampate e incorniciate da barocche cornici dorate. La mostra includeva alcuni lavori materializzati: *Classics of net.art* di Ćosić[20], una pagina web che offriva in vendita monografie - ovviamente inesistenti - su Ćosić stesso, Shulgin, Bunting e JODI, viene tradotto in una teca chiusa in cui le quattro immagini diventano libri reali - ma senza testo all'interno; il testo-manifesto di Alexei Shulgin e Natalie Bookchin, *Introduction to net.art (1994-1999)*[21], viene inciso ed esposto su sei pesanti lastre di pietra con la complicità degli artisti Joachim Blank e Karl Heinz Jeron. Per il resto, nello spazio espositivo venivano proposti "ephemera" e materiali di documentazione - email, manifesti, pubblicazioni autoprodotte - feticci e memorabilia donati dagli artisti: il maglione arancione acquistato da Olia Lialina al suo primo festival, la maglia da Superman spesso indossata da Vuk Ćosić alle conferenze, il mazzo di rose - debitamente essicato - ricevuto all'inaugurazione del padiglione sloveno da lui curato per la Biennale di Venezia del 2001. Oltre ad affrontare per la prima volta il problema del tempo del digitale - nella sua duplice dinamica di obsolescenza e storicizzazione - la mostra funzionava, come ha notato Olia Lialina[22], come il "link mandato da un amico": sostituiva i lavori con i frammenti di una storia, nel tentativo di generare interesse attorno a un fenomeno che andava poi fruito propriamente in rete.

Un tentativo analogo venne fatto in Italia, nel 2005, con *Connessioni Leggendarie. Net.art 1995 - 2005*[23]. La mostra affrontava un arco temporale più ampio, che dal periodo eroico della net.art arrivava fino alla sofware art[24] e al media attivismo; e adottava soluzioni differenti a seconda delle pratiche e delle problematiche che intendeva raccontare. Alcune storie, soggetti e progetti - dal *Digital Hijack* alla *Toywar*, da Rtmark a *Vote Auction* di UBERMORGEN - erano raccontati da grandi pannelli grafici in forex, con il supporto di materiali video e documentari. I pannelli - accanto alla documentazione video di performance e reading - furono utilizzati anche per presentare i lavori di "code poetry", focalizzati sull'interferenza tra codice informatico e linguaggio naturale, e le opere che riflettevano sul rapporto tra originale e copia e sul tema del plagio. I computer erano utilizzati quando necessario, ad esempio per mostrare buona parte dei lavori di software art, come videogame modificati e browser alternativi; ma anche in questo caso, quando possibile si fece ricorso alla stampa - ad esempio per mostrare *Screen Saver* (2001) di Eldar Karhlev e Ivan Khimin, un lavoro di software art che consisteva di istruzioni in linguaggio naturale per impostare lo screensaver di default di un PC in modo da fargli riprodurre un capolavoro del modernismo, il *Quadrato nero* di Kazimir Malevich (1915).

Postmedia, Post Digital, Post Internet

È importante far notare alcuni elementi comuni agli ultimi progetti espositivi analizzati. Tutti e tre si concentrano sull'esposizione, nello spazio fisico, di progetti artistici "internet based" o "computer based". Con diverso rigore, tutti e tre scelgono di lasciare il computer fuori dallo spazio espositivo, o di servirsene solo in casi di estrema necessità (come, nel caso di *Connessioni leggendarie*, per esporre alcuni software che si ritengono non traducibili in altre forme). Va notato, al contempo, che la scelta di "lasciar fuori il computer", e di materializzare i lavori o di tradurli in forme già legittimate nel mondo dell'arte (video e installazioni) non si lega, in nessuno dei tre casi, a esigenze commerciali, ma a necessità espositive, o a esigenze di racconto. Questa scelta riflette anche l'esigenza di non spettacolarizzare in alcun modo la tecnologia, e di minimizzare l'importanza della caratteristica dei media digitali più celebrata in ambito "new media", l'interattività.

Ma forse ancora più interessante è il fatto che, all'inizio degli anni Duemila, siano ancora pochissime le opere che vengono esposte secondo un layout predefinito dall'artista. Prendiamo come esempio due lavori esposti in *Connessioni leggendarie*, *Vote Auction* (2000) di UBERMORGEN e *Biennale. py* (2001) di Eva e Franco Mattes (allora noti come 0100101110101101.org) e [epidemiC]. *Vote Auction* è stata una elaborata operazione di media hacking che ha trovato il suo fulcro in un sito internet che dichiarava di offrire, agli elettori americani impegnati nelle elezioni presidenziali, la possibilità di mettere all'asta il proprio voto per il miglior offerente. L'ossessione dei media e della giustizia americana per questo progetto, abilmente tenuta viva da UBERMORGEN, generò un'attenzione altissima, che si espresse in ingiunzioni legali, lettere di "cease and desist", articoli e perfino in un'intera puntata del format legale della CNN *Burden of Proof* dedicata al progetto. In *Connessioni leggendarie*, *Vote Auction* venne raccontato con un pannello grafico, il video integrale di *Burden of Proof* presentato come "readymade", e alcune stampate degli innumerevoli documenti legali generati dal progetto. Nello stesso anno, UBERMORGEN definisce - per una mostra al Lentos Kunstmuseum di Linz[25] - la modalità ideale di veicolazione del lavoro nello spazio espositivo, che associa il marchio del progetto, stampato su tela a grandi dimensioni, a una scultura di carta di 700 kg che raccoglie, in una installazione di stampo minimalista, la documentazione legale già menzionata.

Biennale.py è un virus informatico creato e diffuso per la Biennale di Venezia del 2001, a cui 0100101110101101.org partecipa nel padiglione sloveno affidato a Vuk Ćosić . In Biennale, il virus viene esposto su due computer che si infettano a vicenda e stampato su un grande banner in modo da essere leggibile (il codice del virus, scritto da [epidemiC], lavora sulla commistione tra codice informatico e linguaggio naturale, e tra le rispettive funzioni - dare vita a un programma eseguibile e farsi veicolo di senso); viene diffuso in rete, stampato su t-shirt regalate ai visitatori, e registrato su cd-rom dorati. Tanto la diffusione in rete quanto la stampa del codice sorgente lavorano sull'aspetto performativo del progetto: la diffusione dell'infezione. Negli anni successivi, 0100101110101101.org produce un lavoro derivato, la *Perpetual Self Dis/Infecting Machine* (2001-2004): una serie di computer smontati e riassemblati in una teca di plexiglas, impegnati in un eterno processo di infezione e disinfezione. A *Connessioni leggendarie*, tuttavia, *Biennale.py* viene raccontato attraverso l'esposizione del codice sorgente, stampato e annotato dagli artisti (quello che Mark Tribe definirebbe un "net ephemera") e attraverso una mappa grafica che illustra la diffusione globale dell'infezione.

UBERMORGEN e Eva e Franco Mattes sono due esempi precoci di artisti che decidono di testare e inventare da soli le forme del display del proprio lavoro, complici l'interesse crescente degli spazi istituzionali e l'avvio di collaborazioni con gallerie private. Le istanze che giustificano questa tendenza a "curare se stessi", sempre più diffusa negli anni successivi e sempre più naturale per le nuove generazioni di artisti, sono molteplici: la necessità di rispondere adeguatamente alle esigenze dello spazio espositivo, e di garantire ai propri lavori una presenza che non si limiti al classico computer abbandonato in un angolo; l'avvio di un dialogo con il mercato dell'arte; l'inizio di una riflessione sulla conservazione delle proprie opere, in cui l'artefatto fisico diventa uno dei modi (non necessariamente l'unico) per consegnare un lavoro digitale al futuro.

Ma va notato anche un progressivo cambio di condizioni operative e, in senso più lato, esistenziali, legate alla rapida evoluzione del rapporto tra spazio della vita e spazio dei media, e tra mondo dell'arte e mezzi di comunicazione digitali. La veloce proliferazione e normalizzazione dei media digitali fa cadere ogni netta separazione tra "virtuale" e "reale", sempre che questa separazione abbia mai avuto un senso; parallelamente, gli artisti cessano di vedere internet come uno spazio di proiezione utopico, e una via di fuga dal mondo dell'arte, e cominciano a viverlo come un'estensione del mondo, con le sue infrastutture, le sue contraddizioni, i suoi equilibri di potere. Divenuto parte dell'esperienza quotidiana di tutti, il digitale non è più solo un medium artistico, ma un ambito culturale di riferimento a cui, forse, ha persino più senso "ammiccare" dallo spazio espositivo. Spiega Olia Lialina nel 2007[26]:

> Ieri per me, in quanto artista, aveva senso solo rivolgermi alle persone davanti ai loro computer; oggi posso facilmente immaginare di rivolgermi ai visitatori di una galleria, perché in gran parte si sono appena alzati dai loro computer. Hanno l'esperienza e la comprensione del mezzo necessarie per comprendere le idee e i riferimenti ironici, per godersi i lavori e comprarli.

Questo "spostamento", secondo Lialina, non solo è naturale, ma anche opportuno, perché se internet è ormai divenuto uno spazio discorsivo estremamente stratificato e confuso, lo spazio espositivo consente una maggiore concentrazione sul lavoro, e diventa quindi il contesto ideale per impostare una riflessione critica sugli sviluppi del digitale.

Nel suo testo, Lialina fa riferimento anche a un'evoluzione tecnologica che rende sempre più facile, per un artista, ipotizzare soluzioni espositive per i loro lavori "born digital": il riferimento di Lialina si concentra sulla produzione di schermi e computer finalizzati alla loro esposizione pubblica, ma il discorso si può estendere al miglioramento e all'arricchimento delle soluzioni di stampa bidimensionale e tridimensionale, ai sistemi di produzione "on demand" e all'emergere di piattaforme di prototipazione open source e open hardware come Arduino.

Tutti questi sviluppi, adombrati dal riemergere, nel dibattito critico, di nozioni come "postmedia", e dall'affermazione di concetti come "post digital" e "post internet", delineano una situazione in cui il digitale non è più percepito come "altro", ma come parte del reale; in cui la "rivoluzione digitale" è superata, e il senso di novità e di shock del futuro diventano banalità e shock del presente. Per gli artisti più giovani, che dal 2006 danno vita ai primi "surfing club" - letteralmente, gruppi di navigazione - non si tratta più di costruire la rete, ma di abitarla, raccogliendo, ricontestualizzando e ricombinando i frammenti di questo specchio mediatizzato del mondo "reale". Fra i fondatori del surfing club Nasty Nets, nel 2008 l'artista e curatrice Marisa Olson comincia a utilizzare, per descrivere il suo lavoro e quello dei suoi compagni di strada, l'espressione "Post Internet Art", spiegando: "I think it's important to address the impacts of the internet on culture at large, and this can be done well on networks but can and should also exist offline"[27]. Già nel 2006 Paul Slocum, anche lui artista, aveva aperto a Dallas, Texas, la And/Or Gallery[28], una piccola galleria ospitata in un garage che offrì, fino al 2009, a vari artisti digitali l'opportunità di confrontarsi con uno spazio fisico, e di sperimentare con le forme del display in un contesto familiare, lontano dai picchi d'attenzione e dai ritmi frenetici dei grandi centri dell'arte.

Di lì a pochi anni, secondo dinamiche la cui analisi esula dai fini di questo testo[29], l'espressione Post Internet finirà per assumere delle connotazioni squisitamente estetiche e formali, e a identificare un trend nel mondo e nel mercato dell'arte contemporanea, con tutte le problematicità che uno sviluppo di questo tipo può sollevare. Ciò che è importante, invece, sottolineare in questa sede è come, nel corso del primo decennio degli anni Duemila, sostenuti soprattutto da gallerie come And/Or e altre che dedicano a questo settore un'attenzione più o meno esclusiva, gli artisti arrivino ad affrontare e risolvere le problematiche insite nell'esposizione di opere "born digital", "computer based" o "web based", formalizzando i lavori per lo spazio espositivo con modalità che rendono inattuale, o mal posta, la domanda: è possibile sviluppare strategie specifiche per l'esposizione dell'arte digitale? Oggi, confrontarsi con "artisti digitali" vuol dire confrontarsi con artisti che sanno come abitare lo spazio espositivo, e che possono proporre, a seconda dei casi, una formalizzazione definitiva o più soluzioni alternative per l'esposizione dei propri lavori. Alcune di queste soluzioni possono richiedere al curatore un certo grado di alfabetizzazione tecnologica e al museo la disponibilità di un tecnico interno in grado di risolvere le problematiche che emergono di volta in volta; ma in buona parte, tutto ciò che questi lavori richiedono è la disponibilità culturale necessaria per la loro comprensione.

Formati espositivi sperimentali

Per inciso, va notato che il processo delineato non si è sviluppato necessariamente nella direzione della materializzazione del digitale, o del suo adattamento alle caratteristiche dello spazio istituzionale o commerciale dell'arte, ossia del white cube. Nel corso del primo decennio degli anni

Duemila, sono stati proposti - per lo più, sempre da artisti - formati espositivi alternativi che vanno incontro a esigenze specifiche. È il caso del *BYOB - Bring Your Own Beamer*, proposto dall'artista olandese Rafaël Rozendaal nel 2010. L'esigenza a cui rispondeva era quella di dare vita a una soluzione espositiva che, in una fase di crescente "professionalizzazione" degli artisti, mantenesse quelle caratteristiche di apertura, di confronto paritario, di costruzione di relazioni che spesso si respirano online. Riflettendo sul fatto che qualsiasi cosa abiti un computer può essere portata nello spazio reale, molto semplicemente, attraverso l'uso di un proiettore, il 20 luglio 2010 Anne de Vries e Rafaël Rozendaal invitarono, per una sera, alcuni amici a mostrare i loro lavori in uno studio di Berlin-Mitte, portando il proprio computer e proiettore, usando lo spazio con libertà e senza un progetto predefinito. Presentando il progetto come un formato aperto, Rozendaal ne ha favorito la circolazione virale, facilitata ovviamente dalla semplicità della sua organizzazione e dalla piacevolezza delle situazioni che genera, con decine di *BYOB* coordinati in tutto il mondo da artisti e curatori tra 2010 e 2017[30].

A un destino simile è andato incontro anche lo *Speed Show*, un formato espositivo proposto, sempre nel 2010 e sempre a Berlino, dall'artista tedesco Aram Bartholl, che per fare una mostra di lavori "browser based" ha affittato, per una serata, un internet cafè. Lo *Speed Show* mantiene la Net Art nel suo spazio nativo, la rete, individuando come spazio espositivo un luogo pubblico destinato a un utilizzo individuale e privato del computer. Come il *BYOB*, anche lo *Speed Show* ha reso "aperte" le regole del gioco, e ha associato la comunicazione e la documentazione dei vari eventi a un sito web che, ad oggi, ha all'attivo 45 eventi in tutto il mondo[31].

Sempre Aram Bartholl, nel 2013, ha preso atto che, ormai, non c'è *gallery goer* che non entri in galleria con uno smartphone connesso a internet in mano, o in tasca, organizzando *Offline Art*[32]: una mostra in cui apparivano soltanto dei router modificati, destinati a ospitare, ciascuno, un sito internet associato a una specifica rete wifi. Collegandosi a una di queste reti, il visitatore poteva far esperienza, sul proprio dispositivo, di una delle opere in mostra. *Offline Art* non è destinato a una circolazione virale, ma, rilasciato come progetto open source, può essere - ed è stato - usato per altri progetti espositivi, risolvendo, con modalità adatte al momento attuale, un problema che appariva insuperabile negli anni Novanta: come mostrare in uno spazio pubblico un lavoro destinato a una fruizione privata, su un dispositivo personale, nello spazio da cui di solito accediamo a internet. Col tempo, il problema si è risolto da solo, perché oggi lo spazio da cui accediamo a internet è ovunque: Offline Art ne prende atto, con ironia[33].

What's left to the curator?

Quindi, perché ho la sensazione che l'arte contemporanea, nel linguaggio e nei contenuti, si sia rivelata curiosamente incapace di rispondere al radicale sconvolgimento prodotto dalla rivoluzione digitale in tutte le nostre attività di lavoro e di svago? Se molti artisti usano le nuove tecnologie, quanti di loro affrontano realmente la questione di cosa significhi vedere, pensare ed esprimere le proprie emozioni attraverso il digitale? Quanti di loro lo mettono a tema, o riflettono profondamente su come facciamo esperienza della digitalizzazione della nostra esistenza, e siamo cambiati da essa?[34]

Il discorso articolato in questo testo sembrerebbe condurre a una conclusione inevitabile: che, oggi, non sia necessario sviluppare strategie espositive specifiche per l'arte digitale, e che esporre l'arte digitale non sia più un problema. Gli artisti l'hanno risolto, a beneficio dei curatori a cui non resta che inserire i loro lavori nei propri progetti espositivi. Anche il successo individuale di alcune figure di artista, e il successo - sia in ambito critico che in ambito istituzionale e commerciale - di definizioni come post digital e post internet, sembrerebbero confermare la stessa conclusione.

Invece, è proprio a questo punto che il problema riemerge, ridefinito. Se esporre l'arte digitale non è più un problema, di "arte digitale", nei musei, nelle gallerie e nei grandi eventi espositivi, se ne vede ancora poca. A livello internazionale, alcuni segnali positivi ci sono. Eppure, nell'anno in cui Hito Steyerl ha conquistato la vetta della "Power 100" di *Art Review*[35], è ancora difficile rispondere alla provocazione lanciata nel settembre 2012 da Claire Bishop dalle colonne di *Artforum* con più di una manciata di nomi.

Ma è soprattutto da un punto di osservazione peculiare come l'Italia che il problema si rivela in tutta la sua gravità. Nei musei italiani, non esiste una singola figura professionale di direttore o curatore che possa vantare una conoscenza specifica di questo settore della ricerca artistica contemporanea. Questo, inevitabilmente, ha come conseguenza una scarsa o nulla presenza nelle mostre, una scarsa o nulla presenza nelle collezioni, e una scarsa o nulla presenza nel dibattito critico. Fra gli artisti italiani riconducibili a questa definizione, pochissimi si sono messi in luce sulla piattaforma internazionale, anche a causa dello scarso supporto di istituzioni e gallerie italiane, e nonostante l'esistenza di una scena attiva e vivace.

A ragione della sua esemplarità, ritengo opportuno presentare qui un caso personale. Nel 2016 sono stato invitato a proporre un progetto espositivo per la XVI Quadriennale d'arte di Roma[36]. Questa edizione dell'evento, nato nel 1927, non aveva una direzione artistica, ma intendeva offrire "una mappatura delle produzioni artistiche in Italia dopo il 2000" attraverso 10 progetti espositivi selezionati da un comitato, e curati da altrettanti curatori. Da critico e curatore che ha concentrato la sua attenzione sui linguaggi e i temi del digitale, in situazioni di questo genere, mi trovo spesso di fronte a un dilemma: produrre una "special interest exhibition", allo scopo di promuovere e difendere una serie di pratiche nella consapevolezza che non sarebbero, altrimenti, rappresentate adeguatamente; o concedermi il lusso di una mostra che vada a esplorare altri territori, nella speranza che siano altri ad estendere il proprio sguardo sull'arte digitale? Alla fine, mi sono deciso per la prima opzione, proponendo una mostra di 14 artisti italiani che rifletteva sull'impatto dei media digitali sulla società e la cultura contemporanea, intitolata *Cyphoria*. Nonostante le sovrapposizioni di artisti fossero frequenti tra gli altri progetti, nessuno degli artisti da me proposto era coinvolto in altre mostre. Dei 14 artisti presentati, solo 6 avevano all'epoca un rapporto stabile con gallerie private, per lo più non italiane. Alcuni erano molto giovani, altri, come Eva e Franco Mattes e il collettivo Alterazioni Video, avevano un lungo percorso alle spalle.

Da buona parte della critica, *Cyphoria* è stata velocemente licenziata come "anedottica" e "post internet", e criticata per l'allestimento "caotico e confuso", con pochissimi approfondimenti dedicati ai singoli artisti e lavori[37]. Queste letture possono essere imputate, ovviamente, alla scarsa qualità della mostra; ma non è questo il punto che voglio sottolineare. Il punto è che, se io non avessi giocato il ruolo di "special interest curator", un evento che aveva

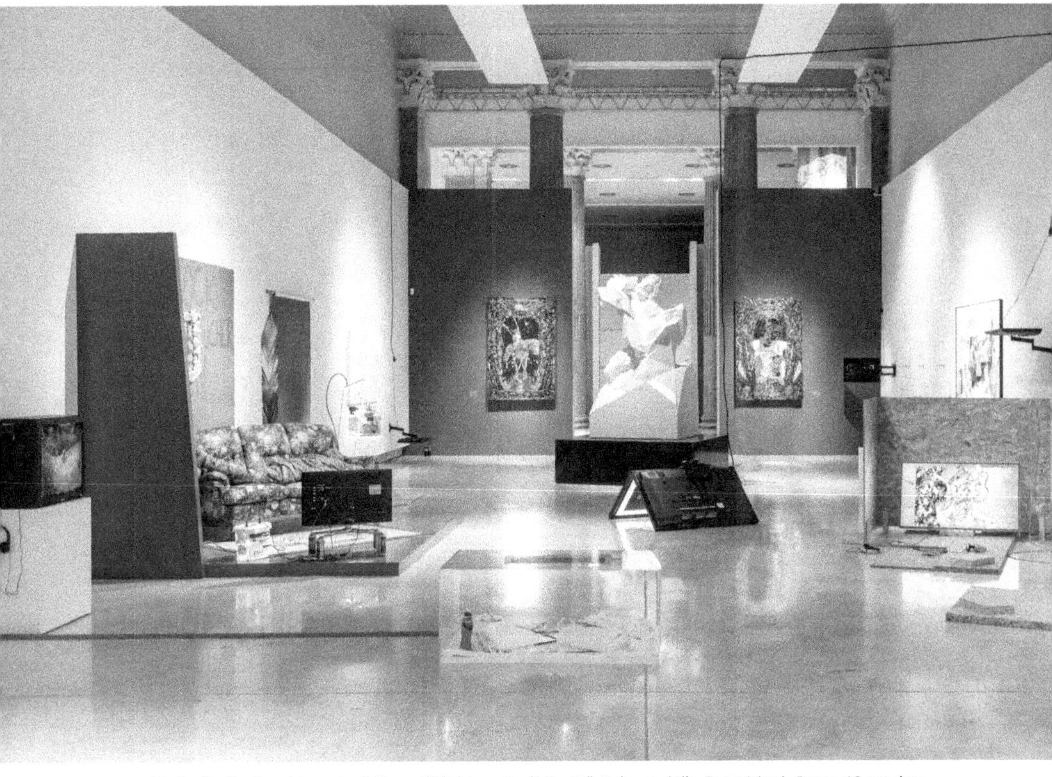

Cyphoria. 6a Quadriennale di Roma "Altri tempi, altri miti", Palazzo delle Esposizioni, Roma 13 ottobre 2016 - 8 gennaio 2017. Foto: OKNOstudio. Courtesy: Fondazione La Quadriennale di Roma

la pretesa di offrire, nel 2016, "una mappatura delle produzioni artistiche in Italia dopo il 2000", curato da giovani curatori, avrebbe completamente mancato di presentare lavori che usano i linguaggi digitali, o che, nelle parole di Bishop, "tematizzare [...] o riflettere profondamente su come sperimentiamo e siamo modificati dalla digitalizzazione della nostra esistenza".

La necessità di inserire, in un evento di questo tipo, una "special interest exhibition" rivela la scarsa integrazione delle "arti digitali" nel mondo dell'arte contemporanea italiano; mostra, in altre parole, che un "problema dell'arte digitale" ancora esiste. Per metterlo a fuoco, vorrei avvalermi come anticipato delle tesi sostenute dalla critica americana Linda Nochlin nel suo seminale "Why Have There Been No Great Women Artists" (1971), dedicato all'individuazione del "cosiddetto problema femminile". Nochlin inizia contestando l'esistenza di una qualche forma di femminilità che possa essere espressa in arte: mentre esistono caratteri comuni agli artisti appartenenti a specifiche scuole o tendenze,

> [...] nessuna di queste qualità comuni di "femminilità" sembrerebbe collegare gli stili delle donne artiste in generale [...] In ogni caso, le donne artiste e scrittrici sembrano essere più vicine agli altri artisti e scrittrici del loro periodo e delle loro prospettive di quanto non lo siano tra loro.

Preso atto di questo, Nochlin arriva ad identificare il problema nelle strutture sociali che hanno impedito alle donne di dedicarsi all'arte o, quando l'hanno fatto, di assurgere a un livello di grandezza comparabile a quello dei loro colleghi di sesso maschile:

> La colpa non è delle nostre stelle, dei nostri ormoni, dei nostri cicli mestruali o dei nostri vuoti interni, ma delle nostre istituzioni e della nostra educazione - l'educazione comprende tutto ciò che ci accade dal momento in cui entriamo in questo mondo di simboli, segni e segnali significativi. [...] Così la questione dell'uguaglianza delle donne [...] non dipende dalla relativa benevolenza o dalla cattiva volontà dei singoli uomini, né dalla fiducia in se stessi o dalla miserabilità delle singole donne, ma piuttosto dalla natura stessa delle nostre strutture istituzionali e dalla visione della realtà che esse impongono agli esseri umani che ne fanno parte.

In conclusione, non esiste un'arte femminile: esistono una società e delle strutture istituzionali che hanno sviluppato e incorporato una visione dell'arte basata sulla mitologia dell'eroe creatore che ammette che le donne facciano arte solo come eccezione. Non esiste un problema femminile: il problema sono le istituzioni e la visione che implementano.

Il discorso di Nochlin può essere facilmente mappato sul "problema del digitale". Non esistono artisti digitali; non esiste un'arte digitale perché non esiste una essenza della "digitalità" che possa essere individuata indiscriminatamente in tutti gli artisti che sono stati riconosciuti, nel tempo, in questa categoria; e perché gli elementi in comune tra gli artisti digitali attivi dagli anni Sessanta ad oggi sono molto più blandi di quelli che legano questi artisti ad altri a loro coevi. Esistono artisti e opere che fanno uso, in maniera occasionale o esclusiva dei media digitali, e artisti e opere che si confrontano con gli effetti sociali, culturali, politici ed economici dei media digitali. Non esiste un problema del digitale. Esiste un mondo dell'arte che, per lungo tempo, ha discriminato a livello formativo, espositivo e discorsivo l'utilizzo artistico dei media digitali, e che ancora oggi, nonostante la crescente consapevolezza dell'attualità di questi linguaggi e delle questioni che sollevano, non riesce ancora completamente a mettere a punto i paradigmi concettuali, i codici linguistici, i saperi tecnici necessari per integrarli pienamente nella propria idea dell'arte.

Conclude Nochlin:

> La situazione complessiva del fare arte, sia in termini di sviluppo del creatore d'arte che nella natura e nella qualità dell'opera d'arte stessa, si verifica in una situazione sociale, sono elementi integranti di questa struttura sociale, e sono mediate e determinate da specifiche e definibili istituzioni sociali.

Il primo passo verso il superamento del "problema del digitale" sarà l'abbandono di ogni definizione che induca a considerare ciò che descrive come una categoria separata, da Digital Art a Post Internet o Post Digital. Il passo successivo sarà il cambiamento di queste istituzioni, e della visione dell'arte che riflettono. Ci vorrà del tempo.

Questo saggio è stato pubblicato in Lorenzo Giusti, Nicola Ricciardi (a cura di), *Museums at the Post-Digital Turn*, Mousse Publishing, Milano 2019

1. Questo testo non si occupa delle problematiche specifiche poste dall'esposizione dell'arte in un contesto digitale, nel browser o con la mediazione di altri software o app, così come degli esperimenti che applicano la nozione di "museo" o "mostra" a un dispositivo di archiviazione (cf., ad esempio, l'*Harddisk Museum* di Solimán López, http://harddiskmuseum.com/, o *DVD Dead Drop* di Aram Bartholl, https://arambartholl.com/dvd-dead-drop-eng.html).

2. Usate in senso rigorosamente tecnico, definizioni come arte digitale e Media Art mantengono una loro validità quando si passa a studiare le problematiche specifiche poste dalla loro conservazione.

3. Linda Nochlin, "Why Have There Been No Great Women Artists", in *Woman in Sexist Society: Studies in Power and Powerlessness*, ed. Vivian Gornick and Barbara Moran (New York: Basic, 1971) (trad. it.: *Perché non ci sono state grandi artiste?*, Castelvecchi, Roma 2019)

4. Howard S. Becker, *Art Worlds* (Berkeley and Los Angeles, California; London, England: University of California Press, 1982), 36.

5. Fra gli eventi più significativi, ricordiamo: *Computer-Generated Pictures*, Howard Wise Gallery, New York 1965; *9 Evenings: Theatre and Engineering*, 69th Regiment Armory, New York 1966; *Cybernetic Serendipity*, ICA, London 1968 (a cura di Jasia Reichardt); *Tendencije 4*, Muzej za umjetnost i obrt, Zagreb 1969; *Computerkunst - On the Eve of Tomorrow*, Kubus, Hannover 1969 (a cura di Käthe Clarissa Schröder); *The Machine as Seen at the End of the Mechanical Age*, MoMA, New York 1968-69 (a cura di Pontus Hultén); *Information*, MoMA, New York 1970 (a cura di Kynaston McShine); *Software - Information Technology: Its New Meaning for Art*, Jewish Museum, New York 1970 (a cura di Jack Burnham).

6. In particolare, Jack Burnham, *Beyond Modern Sculpture: The Effects of Science and Technology on the Sculpture of this Century* (New York: George Braziller, 1968).

7. Jack Burnham, "Systems Esthetics", *Artforum* 7:1 (Sep 1968): 30-35.

8. Ho dedicato a questo tema il volume *Media New Media Postmedia*, (Milan: Postmedia Books 2010). Trad. inglese: Domenico Quaranta, *Beyond New Media Art* (Brescia: Link Editions 2013), a cui rimando per eventuali necessità di approfondimento.

9. *Mediascape*, Guggenheim Museum Soho, 14 giugno - 27 ottobre 1996. Artisti in mostra: Ingo Günther, Jenny Holzer, Toshio Iwai, Marie-Jo Lafontaine, Bruce Nauman, Nam June Paik, Bill Seaman, Jeffrey Shaw, Steina Vasulka, Woody Vasulka, Bill Viola.

10. Roberta Smith, "A Museum's Metamorphosis: The Virtual Arcade", *The New York Times*, June 18, 1996; Lucy Bowditch, "Driven to Distraction - Multimedia art exhibition by the Guggenheim Museum Soho", *Afterimage*, January - February 1997.

11. Vuk Ćosić, *net.art per se*, 1996. http://www.ljudmila.org/naps/.

12. Gli archivi di *Nettime* sono disponibili online all'indirizzo www.nettime.org. L'espressione "net.art", con il punto tra le due parole che ammicca ironicamente ai nomi di dominio e dei file, definisce oggi il "periodo eroico" di questa pratica e il lavoro degli artisti europei che si riconoscono in questa definizione; nel testo, useremo prevalentemente la forma, più neutra e comprensiva, "Net Art".

13. Parte del dibattito è disponibile nel forum del sito originale della manifestazione, ora accessibile all'indirizzo www.documenta12.de/archiv/dx/english/frm_home.htm.

14. *net_condition*, Center for Art and Media Technology (ZKM), Karlsruhe 1999. A cura di Peter Weibel, Walter van der Cruijsen, Johannes Goebel, Golo Föllmer, Hans-Peter Schwarz, Jeffrey Shaw, Benjamin Weil. Il sito originale è ancora disponibile all'indirizzo http://on1.zkm.de/netcondition/start/language/default_e.

15. Cf. www.jeffreyshawcompendium.com/portfolio/net-art-browser/.

16. Fondata da Mark Tribe a Berlino nel 1996 come mailing list, Rhizome è divenuta negli anni una delle principali organizzazioni dedicate alla produzione, esposizione, conservazione e discussione dell'arte digitale. Maggiori informazioni: http://rhizome.org/.

17. *Net.ephemera*, Moving Image Gallery, New York, 3 - 31 maggio 2002. A cura di Mark Tribe.

18. Cf. www.marktribe.net/net-ephemera/.

19. *Written in Stone. A net.art archaeology*, Museet for Samtidskunst - National Museum for Contemporary Art, Oslo 2003. A cura di Per Platou. Un sito d'archivio del progetto è ancora disponibile all'indirizzo www.perplatou.net/net.art/.

20. Cf. www.ljudmila.org/~vuk/books/.

21. Cf. http://easylife.org/netart/.

22. Cf. Olia Lialina, "Little Heroes and the Big Dot", 2002. http://art.teleportacia.org/observation/oslo/oslo.html.

23. *Connessioni Leggendarie. Net.art 1995 - 2005*, Mediateca Santa Teresa, Milano, 20 ottobre - 10 novembre 2005. A cura di Luca Lampo, Marco Deseriis, Eva e Franco Mattes, Domenico Quaranta. Cf. anche il catalogo della mostra: Luca Lampo, Marco Deseriis, Domenico Quaranta, *Connessioni Leggendarie. Net.art 1995 - 2005*, cat. della mostra. Milan: Ready-Made 2005. Online all'indirizzo: http://domenicoquaranta.com/public/pdf/Connessioni_Leggendarie_catalogue.pdf.

24. L'espressione "software art" si impone verso la fine degli anni Novanta, quando l'avvento di lavori come *The Web Stalker* del collettivo I/O/D (1997) - un browser alternativo che mostra la struttura del web, invece della sua interfaccia - introduce una riflessione sull'uso culturale del software. Alla pratica e alla sua definizione verranno dedicati piattaforme ed eventi specifici, come il festival read_me (quattro edizioni tra 2002 e 2005) e l'online repository *runme*, a cui si rimanda per ulteriori approfondimenti. Cf. http://runme.org/.

25. *Just Do It! The Subversion Of Signs From Marcel Duchamp To Prada Meinhof*. A cura di Florian Waldvogel, Thomas Edlinger e Raimar Stange. Lentos Kunstmuseum, Linz, 25 febbraio - 6 giugno 2005.

26. Olia Lialina, "Flat against the wall", 2007. Trascrizione dell'intervento al panel *Media Art Undone*, Transmediale, Berlin 2007. Online all'indirizzo http://art.teleportacia.org/observation/flat_against_the_wall/.

27. In Régine Debatty, "Interview with Marisa Olson", *We Make Money Not Art*, 28 marzo 2008, online all'indirizzo http://we-make-money-not-art.com/how_does_one_become_marisa/.

28. And/Or Gallery ha riaperto, nel 2016, a Pasadena. L'archivio delle mostre e la relativa documentazione fotografica sono disponibili online, all'indirizzo http://www.andorgallery.com.

29. Per un approfondimento, cf. Domenico Quaranta, "Situating Post Internet", in *RENEWABLE FUTURES. Art, Science and Society in the Post-Media Age*, ed. Rasa Smite, Raitis Smits, Armin Medosch (Riga: RIXC Center for New Media Culture and Art Research Lab (MPLab), Liepaja University 2017).

30. Cf. http://www.byobworldwide.com/.

31. Cf. http://speedshow.net/.

32. *OFFLINE ART: new2*, XPO GALLERY, Paris, 22 febbraio - 23 marzo 2013. A cura di Aram Bartholl.

33. Cf. http://www.offlineart.net/.

34. Claire Bishop, "Digital Divide", *Artforum* (settembre 2012): 434 - 442.

35. Hito Steyerl è artista, teorica e docente di New media art alla Berlin University of the Arts. La Power 100 di *Art Review* è una lista delle 100 persone più influenti del mondo dell'arte che viene aggiornata ogni anno. Nelle motivazioni, la sua presenza in cima alla lista è spiegata con il suo continuo sforzo di mettere in discussione la struttura di potere su cui si regge il mondo dell'arte. Cf. https://artreview.com/power_100/hito_steyerl/.

36. Cf. il catalogo della mostra: AAVV, *16a Quadriennale d'arte. Altri tempi, altri miti*, cat. della mostra (Roma: NERO 2016).

37. Cf. Ludovico Pratesi, "Quadriennale ieri e oggi", *Artribune*, 26 ottobre 2016, online www.artribune.com/attualita/2016/10/confronto-quadriennale-roma-ludovico-pratesi/; Michal Novotný, "16a Quadriennale d'Arte di Roma", *Flash Art*, 27 novembre 2016, online www.flashartonline.it/2016/11/16a-quadriennale-darte-di-roma-33/; Vincenzo Estremo, "Generational Quadriennale, Roma 2016", *Droste Effect Mag*, 4 novembre 2016, online www.drosteeffectmag.com/generational-quadriennale-roma-2016/.

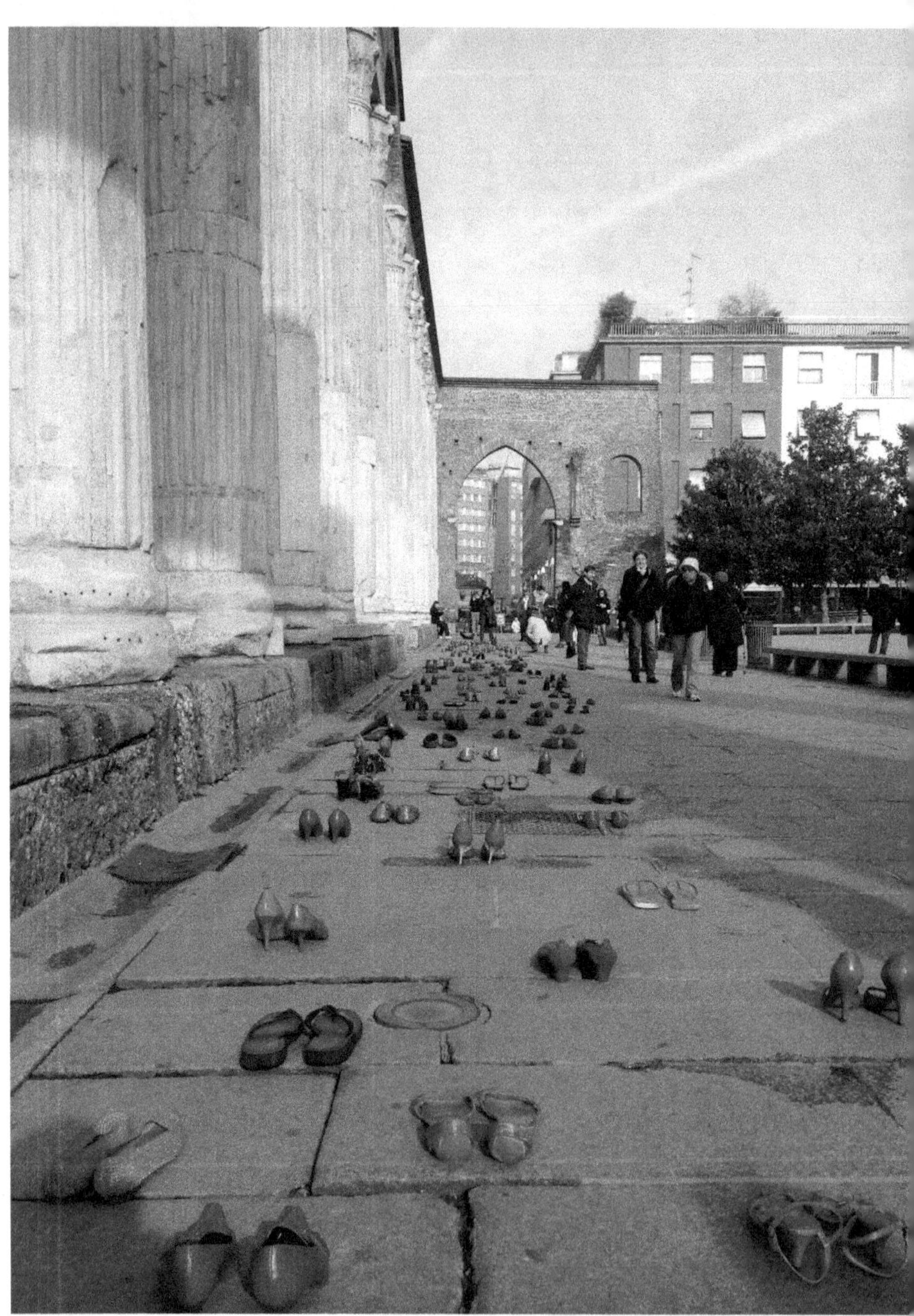

Milano 2012. Foto: Daniele Pellizzoni

Zapatos Rojos
Note critiche e curatoriali su un'opera simbolo della lotta al femminicidio

Francesca Guerisoli

In Italia le scarpe femminili rosse sono oggi il simbolo più condiviso nella lotta al femminicidio. Tale associazione deriva da *Zapatos Rojos* (scarpe rosse), progetto d'arte partecipativa di cui curai la prima edizione nel nostro paese nel novembre del 2012. Prima di allora, le scarpe rosse erano semplicemente calzature di colore rosso.

Realizzata per la prima volta nel 2009 in Messico ad opera di Elina Chauvet (Casas Grandes, Chiuhauha 1959 – vive a Mazatlan, Sinaloa), il progetto si manifesta a livello formale come una marcia di scarpe rosse disposte ordinatamente lungo una strada o una piazza cittadina. La prima edizione fu realizzata a Ciudad Juárez, città messicana al confine con gli Stati Uniti nota per l'uccisione di centinaia di giovani donne dai primi anni novanta a oggi. In riferimento a questa specifica situazione criminale, nel 1997 l'antropologa deputata femminista messicana Marcela Lagarde utilizzò per la prima volta il termine "feminicidio" investendolo dell'attuale connotazione politica e non come semplice femminile di omicidio. Anche il progetto artistico nacque in relazione al problema specifico del femminicidio di Juárez, e acquisisce senso in tutti quei luoghi nei quali la donna è vittima di violenze per il suo stesso essere donna, dunque in base al suo genere. Per tale motivo potremmo definire *Zapatos Rojos* come un progetto che veicola contenuti politici, che cerca di farsi motore di aggregazione, consapevolezza e azione culturale e sociale, discutendo un problema che è comune a diverse parti del mondo e partecipando a una lotta che è quella per i diritti umani delle donne, affinché possano vivere libere dalla violenza tanto lo spazio pubblico quanto quello privato. Fulcro di *Zapatos Rojos* è dunque una natura processuale, che si basa sia sulla costruzione di una rete di relazioni tra singole e singoli, soggetti pubblici e organizzazioni no profit che condividono la stessa battaglia.

La nascita di *Zapatos Rojos*

Zapatos Rojos nacque nel momento in cui Elina Chauvet prese coscienza della grave situazione del femminicidio a Ciudad Juárez. Originaria di Casas Grandes, nello Stato di Chiuhahua, l'artista si trasferì nella città di frontiera per frequentare la Facoltà di Architettura presso l'Universidad Autónoma de Ciudad Juárez. Nel 1990 lasciò Juárez per trasferirsi a Mazatlan, nello stato di Sinaloa. Tornata a Juárez nel 2009 per condurre alcuni laboratori artistici, Elina fu diretta testimone della violenza fuori controllo che si consuma ancora oggi nello spazio pubblico della città. Venne a conoscenza del drammatico fenomeno della sparizione di numerose ragazze e del ritrovamento dei loro corpi nel deserto e nella città individuando per le strade i segnali che descrivevano il problema: decine di cartelli sparsi segnalavano la loro scomparsa, cosa ignorata dagli organi istituzionali e di informazione. Decise così di affrontare personalmente la questione stabilendo contatti con le famiglie che avevano denunciato la scomparsa di figlie e sorelle e avviando un confronto con le associazioni delle *madres*. L'artista pensò a un'opera pubblica che nascesse sia dalla rete di persone legate alle donne scomparse o uccise sia dal contributo di quanti si battevano contro la violenza sulle donne.

La nascita di *Zapatos Rojos* fu segnata anche da un lutto interno alla famiglia di Elina: l'assassinio della sorella, avvenuto nel 1992, su cui non fu mai fatta chiarezza. In *Zapatos Rojos*, quindi, memoria individuale e memoria collettiva si fondono nell'opera. Il progetto, se parte dai casi dalle ragazze uccise o scomparse a Juárez, al tempo stesso parla di tutte le donne che nel mondo sono vittime di violenza di genere.

Il 20 agosto 2009 è la data in cui *Zapatos Rojos* vide per la prima volta la luce, a Ciudad Juárez. Erano trascorsi sedici anni dalle prime denunce di Ester Chávez Cano, femminista che fece emergere il problema del femminicidio a Juarez, ma la situazione non accennava a cambiare. Attraverso il passaparola, Elina raccolse 33 paia di scarpe e le compose in una marcia in Avenida Juárez, strada del centro cittadino tristemente nota per il gran numero di sparizioni di donne. Da quel giorno di agosto è iniziato il lungo cammino di consapevolezza, solidarietà e denuncia di *Zapatos Rojos*.

La dimensione partecipativa

Nel primo decennio del nuovo secolo l'incremento del numero di progetti d'arte socialmente impegnata è proceduto di pari passo con l'emergere dell'attivismo. Gli artisti hanno condiviso tecniche e intenzioni con altri campi del sapere e hanno incoraggiato la collaborazione e la partecipazione comunitaria. Le dinamiche partecipative sono centrali per le pratiche artistiche che sfidano il potere, e comprendono discipline che spaziano dalla pianificazione urbana e dal lavoro di comunità al teatro e alle arti visive, e ancora dagli orti comunitari agli esperimenti di economia e istruzione alternativi. Si tratta di progetti che interrogano lo spazio pubblico, considerato sede di conflitti, tensioni e domande e incentivano la comunità a porsi in modo critico rispetto a diverse questioni sociali. Attraverso i metodi partecipativi e collaborativi gli artisti mirano a rendere la comunità soggetto attivo e cosciente delle logiche cui è sottoposto lo spazio in cui vive. L'opera lavora soprattutto sulle qualità immateriali del luogo, inteso come contesto storico, culturale, sociale, politico, come campo in cui convergono relazioni; come uno spazio che vede l'artista come attore sociale e il pubblico come comunità partecipante.

Zapatos Rojos è uno di questi progetti. Le reti di relazioni che l'opera costruisce sono basilari per la sua esistenza formale e per l'espressione della sua carica politica. I partecipanti al progetto si assumono una responsabilità di tipo sociale, oltre che estetico; chi vi prende parte sottoscrive la sua intenzione a voler modificare lo *status quo*.

Le fasi di realizzazione

L'installazione delle scarpe rosse nello spazio urbano come marcia di protesta è solo una fase di *Zapatos Rojos*. L'opera funziona come un'azione più che come un oggetto; al centro è posto il suo processo di costruzione e le motivazioni che sottendono l'agire stesso.

Le tappe che precedono l'installazione delle scarpe consistono nella costruzione di reti di relazioni di vario tipo e livello che si instaurano tra artista e attivatori del progetto, partecipanti, collaboratori, pubblico. Ogni tipologia di soggetto gode dell'opera, seppur in modo diverso. Claire

Bishop, in *Artificial Hells*, parlando di arte partecipativa distingue i fruitori in due categorie: partecipanti diretti, ovvero "comunità temporanea", che corrisponde a chi prende parte alla costruzione del progetto, e pubblico secondario, o "pubblico esterno", ovvero le persone che ne fruiscono. L'arte partecipativa comunica a entrambi i livelli. Nel testo pubblicato in *Living as Form: Socially Engaged Art From 1991-2011*, a cura di Nato Thompson, Bishop afferma che la comunicazione, affinché possa raggiungere il secondo livello, "richiede un terzo termine mediatore – un oggetto, immagine, storia, cinema anche uno spettacolo – che permette che questa esperienza abbia una presa sul pubblico immaginario". In *Zapatos Rojos*, tale oggetto è propriamente l'installazione. La marcia di scarpe rosse è data per essere vista. La sua forza iconica è capace di coinvolgere pubblico nel momento in cui si manifesta come installazione e stimola la sua ri-creazione in nuovi luoghi e con nuove comunità. La vitalità della sua forma deriva dal legame che instaura con lo spazio e con i cittadini, siano essi parte della comunità temporanea oppure pubblico esterno.

La comunità temporanea, autodeterminandosi in ogni singola edizione e vivendo attivamente l'esperienza estetica, nell'affrontare una domanda sociale costruisce l'opera stessa. Attivazione, costruzione della comunità temporanea, donazione, verniciatura delle scarpe, installazione sono i momenti che la compongono.

La fase dell'attivazione prevede che uno o più soggetti, persone fisiche o giuridiche (associazioni di promozione sociale o culturale, istituzioni pubbliche, università, accademie), richiedano all'artista di organizzare il progetto nel territorio in cui risiedono. Possiamo pertanto definirlo come il soggetto attivatore. L'artista, in genere attraverso Facebook o e-mail, fornisce al soggetto attivatore un documento che reca le informazioni essenziali a contestualizzare *Zapatos Rojos* e le linee specifiche per realizzarlo. Si tratta di un contratto a tutti gli effetti: il soggetto attivatore si impegna a realizzare il progetto come descritto.

La seconda fase prevede la costruzione della comunità temporanea da parte del soggetto attivatore: i potenziali partecipanti, coinvolti attraverso il passaparola e i social network, vengono portati a conoscenza del femminicidio nella città di frontiera e del significato del progetto. Accade di frequente che la comunità temporanea costituisca gruppi chiusi su Facebook con lo scopo di coordinare agevolmente l'organizzazione, e i cosiddetti "eventi" per diffondere pubblicamente la comunicazione del progetto. I social network diventano uno strumento utile anche per condividere articoli, studi, segnalazioni sul tema del femminicidio di Juárez o riferiti al territorio dei partecipanti. In particolare, nel caso dell'edizione realizzata a Reggio Calabria nel 2014, coordinata dalla storica dell'arte Serena Carbone, grazie a *Zapatos Rojos* si costituì un tavolo territoriale di lavoro che riuniva numerosi soggetti, decisi a coordinarsi nell'azione di contrasto alla violenza contro le donne anche a progetto artistico concluso. I soggetti che hanno fatto parte del tavolo sono: Accademia di Belle Arti di Reggio Calabria, Amnesty International, A.N.P.I., ARCI, Arcidiocesi di RC-Bova Comunità di Accoglienza ONLUS - Centro Antiviolenza "Casa A. Morabito", Centro Antiviolenza "Margherita", Centro Antiviolenza "Casa delle Donne" – C.I.F. Centro Italiano Femminile Provinciale di Reggio Calabria, Centro Comunitario Agape, Consigliera Parità Opportunità della Provincia Reggio Calabria, Comitato "Donne e Madri in difficoltà", Coop. Ichora, CSV – Centro Servizi per il Volontariato, DID.AR.T didattica, arte e territorio, G.A.D.IT delegaz.RC, G.O.V.I.C. Gruppo Ospedaliero Volontari in Chirurgia, IDEAREE, Istituto per la Famiglia sez. 319 Gallico, Istituto per la Famiglia Sez. 278 Iona (VV), Legambiente Onlus, Libera. Me Mus.le (Ecojazz), Maestri di Speranza, Progetto Farasha, Presidente Commissione Regionale Pari Opportunità, SNOQ – Se Non Ora Quando Reggio Calabria.

Il terzo passaggio si scandisce in due momenti. Il primo può essere definito della "donazione"; è a questo punto che i membri della comunità temporanea donano un paio di scarpe femminili. Chiunque può prendere parte alla rete e regalare un paio di scarpe, che entrerà a far parte del coro di donne assenti. Le calzature non devono essere necessariamente rosse, potranno essere dipinte in un momento successivo. L'attività di verniciatura, praticata nel gruppo, che corrisponde alla simbolizzazione dell'oggetto, genera momenti di condivisione di storie e memorie personali e collettive: anche in questo passaggio, dunque, il processo artistico si costituisce in una "agorà", in cui si discute di problemi di ordine sociale, politico e personale. Una volta ultimato l'atto di simbolizzazione, le scarpe sono pronte per essere portate nello spazio urbano precedentemente scelto.

Infine, l'installazione. Le scarpe dipinte nei giorni precedenti vengono disposte a terra secondo una configurazione che suggerisce una marcia. Alle calzature già sistemate nello spazio se ne affiancheranno ulteriori, portate da coloro che vorranno unirsi alla marcia. In quella stessa giornata saranno dipinte sul posto le nuove scarpe e anche in questo caso l'attività predisporrà a momenti di confronto.

L'estetica dell'installazione dipenderà dalla partecipazione e collaborazione della comunità temporanea e del pubblico: maggiore sarà la partecipazione, più deciso risulterà l'impatto estetico della marcia, che non visualizzerà altro che la rete costituitasi nelle fasi precedenti. La scelta del punto in cui collocare, nello spazio della marcia, il proprio paio di scarpe è libera. Ognuno potrà camminare accanto alla marcia, attraversarla, percorrerla con il corpo, avanti e indietro, indugiare, fotografare, sedervisi al centro. Non vi sono divieti: sarà possibile deporre oggetti, messaggi, immagini. Il singolo partecipante si inserisce, così, in un coro di voci senza distinzione né di genere, né di provenienza, né di stato sociale. Chiunque è invitato a prendervi parte, in ogni sua fase.

La comunità territoriale, in quanto responsabile del progetto, infonde un'importanza locale, e coinvolge attivamente gli abitanti del luogo. Deleghe logistiche e piccole deleghe creative in *Zapatos Rojos* consistono in: selezione dei soggetti da coinvolgere nella comunità, creazione di forum di discussione privata e/o pubblica, eventi collaterali di approfondimento, costruzione della rete territoriale, scelta del luogo dell'installazione, formalizzazione finale della marcia di scarpe.

Costanti e cambiamenti da un luogo all'altro

Come abbiamo accennato, la comunità a cui *Zapatos Rojos* si riferisce è quella di quanti si battono contro il femminicidio in ogni parte del mondo. La sua ripetizione avviene perciò in quei contesti socio-culturali dove il problema del femminicidio si configura come una piaga sociale. L'attivista di Amensty International Monica Mazzoleni, ex responsabile del Coordinamento America-Latina, a questo proposito afferma nell'articolo La lotta contro la violenza sulle donne è senza confini, apparso su "Segnali di

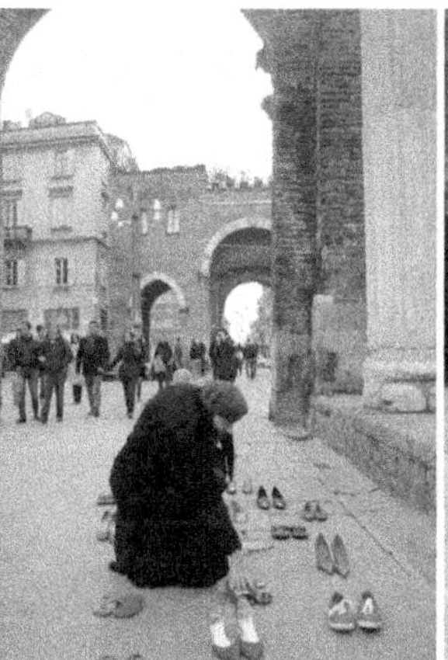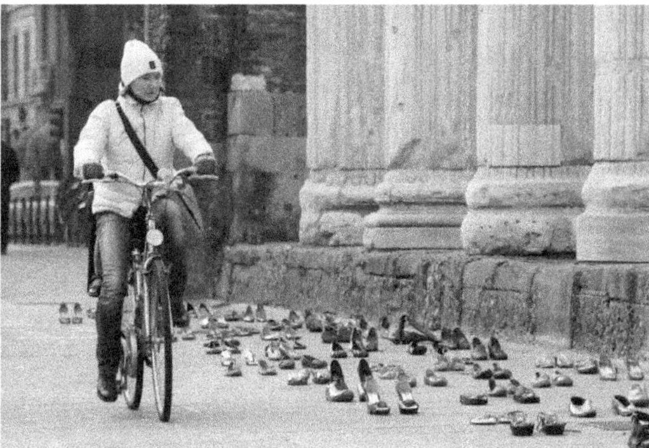

Milano 2012. Foto: Daniele Pellizzoni

fumo. Il magazine sui diritti umani" il 28 febbraio 2014: "La lotta contro la violenza sulle donne nel mondo globalizzato non può avere confini per la natura stessa della violenza, che è forse il fenomeno paradossalmente più democratico che esista al mondo. Non discrimina tra paesi sottosviluppati o sviluppati, non discrimina all'interno delle classi sociali, o per gradi di istruzione, religione o forme di governo". Sulla stessa linea si pone la storica dell'arte e femminista Irene Ballester Beigues, che interpreta femminicidio e violenza contro le donne come fenomeni globali che perpetuano dicotomie storiche di genere, mostrando il paradosso delle società democratiche in cui le donne non sono ancora cittadine a pieno titolo. Per questo il femminicidio viene definito una pandemia globale.

In tale prospettiva, *Zapatos Rojos* sebbene sia nato in una precisa realtà locale, funge da progetto globale. Il contesto territoriale in cui si realizza, però, influisce largamente sul lavoro, lo ri-crea ogni volta parzialmente diverso da sé. Ad esempio, non si può non considerare il fatto che se a Ciudad Juárez e in altre città del Messico l'opera espone sia l'artista sia gli organizzatori a una situazione di pericolo per la propria persona, in altri paesi ciò non accade.

La diffusione su scala globale del progetto è cominciata nel 2012, proprio con la tappa milanese che curai e organizzai personalmente, ed è poi continuata ad un ritmo sempre più intenso, tanto che oggi sono oltre un centinaio le edizioni realizzate in varie città del mondo. L'Italia è il paese che ha dato il maggior contribuito alla divulgazione di *Zapatos Rojos*, organizzandolo una decina di volte tra fine 2012 e metà 2015. Vi sono poi diverse edizioni realizzate in paesi tra cui Stati Uniti, Argentina, Cile, Norvegia, Regno Unito, Ecuador, Canada. In Spagna il progetto arrivò nel 2013, e tra il 2014 e il 2015 fu ripetuto una trentina di volte, grazie al supporto di "Ecuador Etxea", un'organizzazione femminista nata nel 2000 a San Sebastian, nei Paesi Baschi, a seguito dell'incremento di migranti dall'America Latina. L'associazione fu fondata con l'obiettivo di fornire consulenza e attività per favorire l'integrazione delle popolazioni latino-americane nel paese ospitante, e attualmente sta fungendo da ufficio territoriale che coordina il progetto artistico.

Zapatos Rojos può anche essere organizzato una seconda volta nella stessa città. A Ciudad Juárez, le *madres* e i familiari delle vittime il 10 dicembre 2012 installarono la marcia di fronte alla Fiscalia General dello Stato di Chiuhuahua per manifestare la propria disapprovazione contro il governo che non aveva riconsegnato alle famiglie i corpi delle vittime di femminicidio, trattenuti per lungo tempo in obitorio.

In ogni edizione, Elina Chauvet viene affiancata da soggetti diversi. Solo nella prima, tenuta a Juárez nel 2009, l'artista si trovò appoggiata unicamente dalle famiglie delle vittime, senza organizzazioni in suo supporto. Nella seconda edizione, le scarpe rosse furono allestite il 15 settembre 2011 a Mazatlan, nello stato di Sinaloa, e l'artista, questa volta, fu affiancata dallo spazio alternativo Recrea, gestito da due architetti. Le 33 paia di scarpe di Juárez, a Mazatlan divennero 300, grazie a un lavoro di diffusione durato due anni, condotto dall'artista tramite passaparola e social network.

La terza installazione ebbe luogo il 10 febbraio 2012 nella città di Culiacán, presso la piazza antistante la Cattedrale di Rosales. Una volta definita la marcia nello spazio pubblico, l'artista posò alcune decine di paia di scarpe nella navata centrale della cattedrale, indirizzando così all'autorità ecclesiastica un'esplicita richiesta simbolica di spiegazioni per il silenzio "assordante" della Chiesa nei confronti dei femminicidi.

La quarta installazione fu realizzata nella Plaza de la Constitucion di Città del Messico, di fronte al Palazzo del Governo, il 6 Giugno 2012, con il sostegno dell'attivista Norma Andrade, co-fondatrice dell'associazione Nuestras hijas de regreso a casa. In questo caso il progetto ricevette il supporto dell'Università Autonoma di Sinaloa e dell'Istituto di Cultura. Installare *Zapatos Rojos* davanti al Palazzo Nazionale significava sottoporre il problema all'attenzione al Presidente della Repubblica, massima istituzione del Paese, che non ricevette né l'artista né i media, sebbene la partecipazione del pubblico fosse stata molto intensa.

Un'altra tappa particolarmente simbolica fu quella del mese successivo, nella Plaza Hidalgo della città di Chiuhuahua, di fronte al Palazzo del Governo. Si tratta del luogo tristemente noto per aver fatto da sfondo, nel dicembre 2010, all'assassinio dell'attivista Marisela Escobedo, impegnata in un sit-in di protesta contro il governo che non le aveva dato risposte sull'assassinio della figlia avvenuto a Ciudad Juárez nel giugno dell'anno precedente.

Per la diffusione del progetto al di fuori dei confini messicani, segna un passaggio decisivo l'installazione della marcia di scarpe rosse realizzata il 26 luglio 2012 a El Paso, dove da alcune inchieste era emersa la presenza di industriali legati al femminicidio. Nella città statunitense il progetto fu supportato dall'attivista Marisela Ortiz e da Kerry Doyle, direttrice del Stanlee e Gerald Rubin Center for Visual Arts, che organizza progetti curatoriali sul dialogo transfrontaliero e l'arte latino-americana contemporanea. La marcia di scarpe rosse, come nelle due installazioni precedenti, fu sistemata di fronte a un'istituzione, l'Ambasciata Messicana, al fine di interrogare le istituzioni stesse. In occasione di *Zapatos Rojos* a El Paso, la giornalista investigativa Diana Washington Valdes scrisse un articolo per *El Paso Times*, "Red shoes art display protests violence against Juárez women", allegando due fotografie della marcia. Quell'articolo portò ad un ampliamento della diffusione del progetto anche al di fuori del Messico; grazie ad esso, io stessa ne appresi l'esistenza. Da qui è iniziato il mio lavoro per *Zapatos Rojos* e sono molto felice – e per i primi tempi anche particolarmente sorpresa – che grazie all'organizzazione e alle scelte che abbiamo fatto con la prima edizione alle Colonne di San Lorenzo a Milano sia cominciata proprio dall'Italia una diffusione virale del progetto.

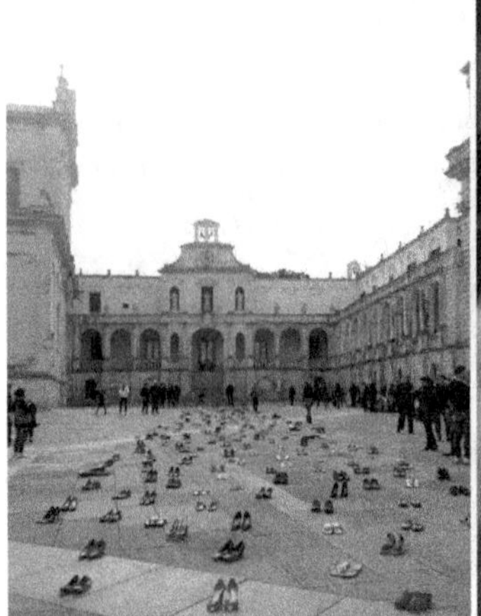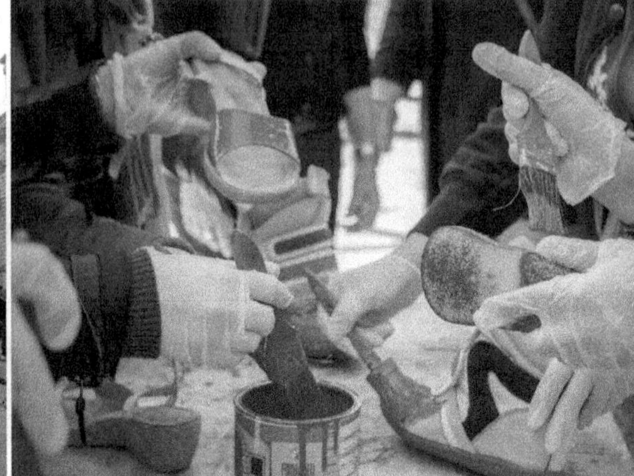

Lecce 2013 e Andria 2014. Foto: Laura Tota

Organizzare *Zapatos Rojos* in Italia

La prima volta che curai *Zapatos Rojos* fu in occasione di *Con i tuoi occhi*, un progetto di sensibilizzazione sulla violenza contro le donne costituito da tre opere. L'attività fu promossa dal Comune di Milano e dalla delegata del Sindaco alle Pari Opportunità, Francesca Zajczyk, e organizzata con l'associazione d'arte contemporanea Chan. Insieme a due assistenti, l'artista Valentina Maggi e la storica dell'arte Silvia Somaschini, raccogliemmo 180 paia di scarpe attraverso il passaparola: un numero ritenuto molto alto sia da noi sia dall'artista, considerando il fatto che il progetto veniva realizzato in Europa per la prima volta e pertanto il suo significato e il simbolo delle scarpe rosse non erano ancora noti alla nostra comunità. Alla costruzione di *Zapatos Rojos* a Milano presero parte anche alcuni membri del Coordinamento America Latina della Sezione italiana di Amnesty International. L'associazione, che divenne in seguito promotrice dell'organizzazione dell'opera nelle varie tappe italiane, dedicò grande attenzione al progetto, tanto che pubblicò sulla copertina del suo trimestrale sui diritti umani "I Amnesty", uscito a marzo del 2013, un'immagine della marcia, prima ancora che l'iniziativa fosse valorizzata dalla sede messicana della ONG.

Per individuare il luogo in cui realizzare l'installazione effettuai un sopralluogo nella zona navigli e nel centro di Milano. La città offriva numerosi luoghi di interesse sia simbolico sia estetico; la preferenza fu accordata alle Colonne di San Lorenzo, luogo storico situato in una zona semi-centrale della città, in quanto costituisce il punto d'incontro per gruppi diversi. Dal punto di vista formale, il ritmo scandito alla piazza dalle colonne di epoca tardo romana e i colori del luogo, secondo la mia personale valutazione avrebbero dialogato bene con la marcia di scarpe. Gli altri due luoghi individuati come seconda e terza scelta furono un'area che costeggia il Naviglio Grande e Piazza San Fedele. Una volta selezionati i luoghi, inoltrai la domanda per l'occupazione di suolo pubblico al Comune di Milano, includendo anche alcuni rendering per suggerire un'idea visiva importante per una corretta valutazione del progetto.

Il giorno dell'installazione alle Colonne, numerose persone fecero richiesta di informazioni su che cosa fosse quell'insieme di scarpe. In quest'occasione, chiesi la collaborazione di tre mediatrici laureate in storia dell'arte per fornire informazioni al pubblico. Gallerie di immagini comparvero nell'arco della giornata su riviste e quotidiani on-line, come "la Repubblica", che ottenne in poco tempo oltre 5.000 "like". La pubblicazione di immagini su quotidiani, riviste femminili, settimanali e attraverso i social media ebbe una larga diffusione, stimolando la realizzazione del progetto anche in altre città.

Mi preme precisare che nelle diverse edizioni di *Zapatos Rojos* a partire dal Messico e poi in altri paesi, compresa l'Italia, una delle questioni più interessanti riguarda il modo di porsi delle istituzioni nelle realtà in cui viene organizzato. Se in Messico l'artista installa le scarpe rosse in spazi pubblici dove si trovano importanti sedi istituzionali o simboli legati al potere politico, allo scopo di sensibilizzare l'opinione pubblica sul problema del femminicidio e pretendere giustizia, negli altri paesi, invece, sono spesso le istituzioni pubbliche che si fanno partner del progetto, lo condividono e lo promuovono, affiancando il proprio nome a quello dei soggetti impegnati nella lotta alla violenza sulla donna. Maggiore è il numero delle istituzioni pubbliche nel mondo che fanno propria la causa politica sottesa al progetto, unendosi nell'interesse a voler combattere l'omertà che circonda i femminicidi di Ciudad Juárez, più forte sarà la pressione simbolica esercitata sulle autorità messicane.

A questo proposito, è interessante notare che fu proprio una prestigiosa sede istituzionale ad ospitare *Zapatos Rojos* nell'edizione genovese. In occasione della Giornata Internazionale per l'eliminazione della violenza contro le donne, decidemmo di realizzare l'installazione nel Cortile Maggiore di Palazzo Ducale. Il cortile è un luogo di confine tra l'interno (del Palazzo) e l'esterno (di Piazza De Ferrari), sede particolarmente significativa per gli eventi culturali che vi si tengono. L'installazione, a causa della connessione con il Palazzo che viene ricordato a livello internazionale per il summit del G8 del 2001 che vide la più grande sospensione dei diritti umani per le violenze della Diaz, potenziò il suo valore simbolico. I committenti e gli attivatori del progetto furono in questo caso Fondazione Palazzo Ducale e Comune di Genova, e vi collaborarono anche alcune associazioni di promozione culturale e sociale e un centro antiviolenza.

Le tre edizioni successive di *Zapatos Rojos* presentano alcune precise caratteristiche che le contraddistinguono: Lecce, che vide la prima diffusione capillare sul territorio; Torino, città che ospita il Tavolo per le Madri di Ciudad Juárez; Bergamo, che accolse Elina Chauvet, per la prima volta in Italia.

Lecce, prima città del sud Italia ad aver fatto richiesta del progetto, vide una partecipazione straordinaria. Un gruppo di ricercatrici dell'Università del Salento, con la collaborazione della Consigliera per le pari opportunità della Provincia e di numerose associazioni del territorio, assunse il ruolo di attivatore e organizzatore. Come curatrice del progetto, fornii tutte le indicazioni per realizzarlo e andai personalmente a Lecce ad installarlo: il 3 febbraio 2013 arrivarono nella piazza del Duomo della città salentina oltre 450 paia di scarpe, che furono disposte dal fondo della piazza verso il suo ingresso. Il gruppo delle organizzatrici si diede molto da fare nella creazione della rete e, anche grazie a una campagna di promozione realizzata dalla Provincia, diffuse capillarmente la notizia dell'iniziativa sul territorio.

Anche Torino, il mese successivo, si caratterizzò per un'organizzazione molto attiva, che coinvolse numerose realtà territoriali. Particolarità di questa edizione fu la presenza in qualità di attivatore dal Tavolo per le Madri di Ciudad Juárez, un osservatorio permanente sul femminicidio della città di frontiera, formato da Amnesty International, Donne di sabbia, Donne in nero, Se Non Ora Quando?, Sur-Società Umane Resistenti. Il Comune di Torino, partner istituzionale del progetto, grazie al lavoro condotto dal Tavolo Juárez, è da anni particolarmente sensibile al tema del femminicidio nella città messicana, tanto che nel 2008 attribuì la cittadinanza onoraria a Marisela Ortiz. In Piazza Castello, luogo scelto per l'installazione, una lunga fila ordinata di oltre 450 paia di scarpe tracciò un percorso nella piazza, da Palazzo Madama alle vie commerciali oltre la piazza, raccogliendo le centinaia di persone accorse. Durante il pomeriggio, posizionate accanto alla marcia, le attrici della pièce *Donne di sabbia* fecero alcune letture di singole storie tratte dallo spettacolo, dando così voce alle donne assenti. L'impatto visivo della marcia torinese risultò estremamente forte: la piazza, dalla pavimentazione chiara, e la luce di una giornata di sole diedero grande risalto al rosso delle scarpe; ancora oggi risultano numerose le fotografie utilizzate dagli operatori della comunicazione per parlare sia di *Zapatos Rojos* sia di femminicidio.

L'edizione di Bergamo fu sostenuta da uno sponsor che permise di portare per la prima volta in Italia Elina Chauvet. In quest'occasione, l'artista poté allestire la marcia di persona e tenere una conferenza aperta alla cittadinanza, raccontando con le proprie parole l'orrore di Ciudad Juarez e la nascita del suo lavoro. L'installazione, che ebbe luogo il 12 maggio 2013 presso Piazza Vecchia, fu organizzata dalla rete di associazioni del Consiglio delle Donne del Comune di Bergamo, con il coordinamento di Estella Beltramelli.

Dopo il primo anno, ulteriori edizioni vennero realizzate in città come – solo per citarne alcune – Reggio Calabria, Cremona, Roma e nei comuni di Mandello del Lario (LC), Noale (VE), Andria (BAT), Sinnai (CA). Migliaia sono ormai le italiane e gli italiani che hanno preso parte al progetto, tra comunità temporanea e pubblico. Il risultato visivo della marcia di scarpe è sempre riconducibile a *Zapatos Rojos*, inequivocabilmente, una firma chiara che si staglia nel paesaggio urbano. A installazione disallestita, la marcia di scarpe rosse continua a vivere sul Web attraverso le fotografie scattate da chi vi ha preso parte e da chi ha diffuso il progetto attraverso lo *sharing*, contribuendo a renderlo un'icona nazionale.

Il fenomeno virale delle scarpe rosse : imitazioni, omaggi e plagi

La diffusione di *Zapatos Rojos* in Italia non ha precedenti in altri paesi. Dalla prima installazione a Milano, parallelamente al progetto ufficiale numerosi sono stati quelli realizzati autonomamente e i tributi da parte di altri artisti, registi, compagnie teatrali, musicisti, saggisti, giornalisti. In Italia l'opera ha dato vita autonomamente a una sorta di "movimento delle scarpe rosse", che si è alimentato spontaneamente, attraverso la condivisione da parte della società civile. Il fenomeno è ancor più particolare per via del fatto che *Zapatos Rojos* non è sostenuto né in Messico né in Italia da un'organizzazione strutturata, non possiede un ufficio stampa, non è promosso da una società, come invece avviene in altri ambiti. Dietro all'opera vi è solo l'artista, coadiuvata, in Italia, da me. Non siamo né l'artista, né la sottoscritta a proporne la realizzazione: il meccanismo è inverso.

Il bisogno di rappresentazione, la ritualità collettiva, l'effetto catartico insito nel processo, l'esorcizzazione del lutto e del dolore personale e politico, la ribellione a un modello culturale maschilista, la sacralità che l'installazione trasmette sono gli elementi che hanno fatto di *Zapatos Rojos* un progetto partecipativo virale. Il lutto collettivo messo in scena si visualizza in tutta la sua carica emotiva attraverso la presenza della marcia delle scarpe nello spazio urbano.

Peggy Phelan in relazione al trauma e al lutto, sottolinea che "l'arte può fornire un mezzo per superare l'inafferrabilità, perché essa non dipende esclusivamente dal linguaggio razionale, da un ordine narrativo o da una cieca fiducia in una cura. Inoltre i teorici dell'arte possono ricordare ai teorici del trauma che la creatività è l'elemento centrale di qualsiasi teoria della sopravvivenza". Riconoscendo questo valore nel format e nell'immagine che ne scaturisce, ovvero di una pratica estetica che coniuga consapevolezza, aggregazione sociale e protesta, numerosi cittadini, associazioni, istituzioni, enti pubblici, consigliere di parità, rappresentanti politici di ogni livello e partito, ONG, università, scuole, librerie hanno organizzato il progetto autonomamente, senza farne richiesta all'artista. Se inizialmente tali imitazioni, verificatesi solo in Italia, hanno posto all'artista e alla sottoscritta alcune questioni relative alla tutela del progetto e del suo significato, successivamente, pur nei limiti che vedremo, sono state interpretate come un'azione positiva.

Potremmo dire che *Zapatos Rojos* è come una composizione musicale: Elina Chauvet ne fornisce la partitura, che sarà interpretata da ogni specifica comunità temporanea. Ciò che interessa all'artista è che i punti stabiliti nel contratto (ad esempio, assenza dello scopo di lucro, veicolare le informazioni sul femminicidio di Juárez, modalità di organizzazione) siano rispettati. Nel caso di numerose manifestazioni nate autonomamente, che non si avvalgono dell'indicazione di quei punti, accade che la partitura sia a tratti tagliata e ricucita, e per questo motivo, pur componendo una melodia simile all'originale, la stessa potrà denotare mancanze su passaggi preziosi. Numerose iniziative autonome che sono state realizzate ispirandosi a *Zapatos Rojos*, hanno trattato solo marginalmente la questione del femminicidio a Juárez, a volte senza nemmeno citarla, assumendo del progetto originale esclusivamente il significato simbolico della lotta alla violenza contro le donne nel mondo. Talvolta l'elemento visivo dell'installazione risulta simile all'originale; altre volte le calzature sono organizzate nello spazio seguendo configurazioni molto diverse (perfettamente allineate, divise per gruppi, in cerchio, ecc.). Oltre alle criticità rilevate, bisogna aggiungere che alcuni progetti autonomi sono privi della rete tra gli attori del territorio, e pertanto contrassegnati da un'unica firma.

Numerose sono le produzioni autonome soprattutto in occasione della "Giornata Internazionale per l'eliminazione della violenza contro la donna" e della "Festa della donna". Numerose, inoltre, le iniziative di associazioni di promozione sociale e culturale, enti pubblici, università, scuole, librerie, bar, negozi non solo in merito all'organizzazione del progetto che segue a grandi linee il format originale, ma anche alla possibilità di usare il simbolo delle scarpe rosse in segno di rifiuto alla violenza contro le donne, ideando progetti eterogenei. In occasione del 25 novembre 2014, ad esempio, nelle città di Torino, Porto Torres, Riccione, Campobasso, nei comuni dell'Empolese-Valdelsa e a Fossano, solo per citarne alcuni, è stata lanciata l'iniziativa "Scarpe rosse in vetrina": le calzature sono state poste nelle vetrine dei negozi, su invito dei Comuni o della Confesercenti.

Progetti che hanno al centro scarpe rosse, ritenuto un simbolo particolarmente efficace nel trasmettere messaggi di contenuto sociale sulla questione di genere e sul femminicidio, sono stati realizzati in forma di laboratori didattici in numerose scuole di ogni ordine e grado e nelle università, in tutta la penisola. Diverse sono le associazioni di donne che hanno lanciato proposte ispirate al simbolo delle scarpe rosse.

Anche in ambito teatrale e letterario, televisivo e aziendale, sono state numerose le produzioni che hanno utilizzano le scarpe rosse nel loro valore simbolico. In particolare, in campo teatrale, nello spettacolo *Ferite a morte*, Serena Dandini fa calzare un paio di scarpe rosse a tutte le protagoniste/lettrici, dichiarando sul sito Web dello spettacolo che l'uso del simbolo è tratto da *Zapatos Rojos*. In ambito televisivo, il caso più eclatante riguarda una trasmissione popolare che tratta il tema della violenza contro le donne, in onda su una rete privata nazionale. Nel 2013 la redazione lanciò una campagna di sensibilizzazione durata circa un anno, collocando nello studio televisivo 33 paia di scarpe rosse (riprendendo, così, lo stesso numero delle scarpe utilizzate nella prima installazione a Ciudad Juárez) e chiedendo ai telespettatori di inviare loro foto con le scarpe rosse al fine di manifestare la propria solidarietà verso le vittime di femminicidio. La redazione televisiva dichiarò che nei primi due mesi di campagna pervennero in studio oltre 3.500 scatti. In campo letterario, la marcia di *Zapatos Rojos* è presente sulla copertina di alcuni libri, tra cui l'edizione tascabile di *Se questi sono gli uomini* di Riccardo Iacona, uscita per Chiarelettere nel giugno 2015.

Oltre ai casi citati, possiamo riscontrare l'utilizzo delle scarpe rosse come simbolo della lotta alla violenza contro le donne nell'intero sistema mediatico. Vecchi e nuovi media hanno contribuito alla diffusione capillare del progetto e del simbolo nell'immaginario collettivo. L'immagine della marcia come immagine di repertorio è stata largamente condivisa sia a livello locale sia nazionale e da parte di tutti i media (servizi televisivi, speciali, telegiornali regionali e nazionali, agenzie di stampa, quotidiani, settimanali femminili, settimanali culturali), che accostano fotografie e video delle scarpe rosse a notizie e approfondimenti sul tema della violenza contro le donne. Per fare un esempio, l'Ansa, nello speciale *Violenza sulle donne: ecco le cifre agghiaccianti*, pubblicato in occasione del 25 novembre 2014, ha inserito nel testo due immagini: una relativa alla Campagna delle Nazioni Unite contro la violenza sulle donne e una tratta dalla marcia di *Zapatos Rojos*.

La prima diffusione iconografica è cominciata, come già accennato, attraverso la pubblicazione di una galleria fotografica nella versione on-line del quotidiano "laRepubblica", uscita il giorno stesso in cui *Zapatos Rojos* veniva allestito a Milano. Numerose sono state inoltre le gallerie di immagini successive, pubblicate dalle versioni on-line dei quotidiani e relative a iniziative con scarpe rosse; come quella de "laRepubblica" del 25 novembre 2013, intitolata *Giornata mondiale contro il femminicidio: l'Italia delle scarpe rosse*, che mette insieme le immagini di alcuni eventi realizzati lungo tutta la penisola che hanno utilizzato l'oggetto scarpa rossa organizzato nello spazio in maniera varia e da parte di soggetti diversi. Un grande riconoscimento a *Zapatos Rojos* è stato dato, alla fine del 2013, dall'agenzia di stampa Ansa, che ha pubblicato nel proprio libro *Le grandi foto Ansa, un anno di immagini*, una foto tratta dall'installazione di Torino. L'immagine è stata inserita tra diciannove fotografie, che comprendono quella dell'abbraccio tra Papa Benedetto XVI e Papa Francesco presso il Palazzo del Governatorato, le Femen che protestano ad Amburgo contro l'industria del sesso in Germania, William e Kate con il piccolo George nel giorno del battesimo.

Nell'ambito del Ph.D che ho concluso lo scorso anno, ho condotto – tra le varie cose – un'indagine empirica di tipo qualitativo che mostra dati interessanti rispetto alla diffusione del progetto. Analizzando i contenuti relativi a "scarpe rosse" attraverso gli articoli pubblicati sul quotidiano "laRepubblica", emerge che fino a una certa data non vi sono riferimenti alle scarpe rosse come simbolo di femminicidio o di lotta alla violenza contro le donne. Il primo articolo che cita le scarpe rosse nella sua accezione simbolica è del 20 novembre 2012 e segnala alcune tra le iniziative di sensibilizzazione organizzate sul territorio nazionale in occasione della Giornata internazionale per l'eliminazione della violenza contro le donne indetta dall'ONU. Tra queste, appunto, vi è Zapatos Rojos. La perdita dell'informazione che tale simbolo derivi dal progetto d'arte avviene quattro mesi dopo: 20 marzo 2013 è datato il primo articolo che mostra un vero e proprio plagio dell'opera di Elina Chauvet da parte di un altra artista. Questa data segna uno spartiacque tra la citazione di *Zapatos Rojos* e la sua omissione: di 12 articoli dal 20 novembre 2012 al 20 marzo 2013, 9 citano Zapatos Rojos; dal 20 marzo 2013 al 25 novembre 2016, 67 non citano il progetto contro 6 che lo fanno.

La diffusione "virale" dell'immagine della marcia di scarpe rosse si è avuta anche grazie agli *user generated content* e alla condivisione di testi e immagini, soprattutto tramite Facebook e Twitter. Il "Web 2.0", come mezzo di comunicazione, offrendo a tutti la possibilità di produrre contenuti, ha favorito la crescita esponenziale di *Zapatos Rojos*. Numerosi utenti della rete hanno utilizzato foto proprie o di altri utenti della marcia di scarpe rosse come immagine del profilo e altrettanti hanno pubblicato immagini analoghe sulla propria pagina Facebook in occasione del 25 novembre, dando vita a un flusso di *sharing* che ha moltiplicato la diffusione. Associazioni, radio, tv, personaggi pubblici, che detengono grandi numeri di *follower*, sono in testa: Radio Montecarlo nel 2014 ha pubblicato un'immagine di *Zapatos Rojos* sulla propria bacheca Facebook con impresso l'imperativo "Basta Violenza", ottenendo nelle undici ore successive 1.950 condivisioni e 3.383 *like*; il cantante Francesco Renga nel 2015 ha pubblicato un'immagine dell'installazione realizzata a El Paso con impressa la scritta "Giornata mondiale contro la violenza sulle donne" e titolando il post "Adesso basta!", raccogliendo 6.712 like e 1.311 condivisioni in una sola giornata. Numerose le iniziative con scarpe rosse documentate poi su Facebook, di associazioni di promozione culturale e sociale, come "Diversi da chi?", "Princesa", il Teatro Franco Parenti e tanti altri, compreso il lancio di un singolare *flash-mob* online con le scarpe rosse. Rispetto alla diffusione virale dell'immagine di *Zapatos Rojos* si è verificata una moltiplicazione improvvisa, inaspettata e avvenuta in misura imprevedibile. Potremmo dire che la marcia di scarpe rosse in Italia costituisce, oggi, una singolare moda. Come nota David Joselit, nella cultura di massa, "una volta superata la soglia quantitativa, mode, trend e celebrità generano automaticamente notizie in grado di moltiplicare autonomamente la loro immagine".

La diffusione del simbolo è passata anche attraverso la realizzazione di locandine in occasione di iniziative contro la violenza alla donna, come presso l'Auditorium di Milano per il concerto straordinario dei solisti de "la Verdi" dedicato alla mostra *Le dame del Pollaiolo. Una bottega fiorentina del Rinascimento* alla vigilia della Giornata internazionale per l'eliminazione della violenza contro le donne del 2014, o i manifesti di campagne contro la violenza alle donne, come quello promosso dalla Regione Puglia in collaborazione con il Teatro Pubblico Pugliese *Troppo amore: sbagliato*, pubblicato anche su riviste e quotidiani.

Infine, anche l'Accademia della Crusca si è avvalsa dell'immagine delle scarpe rosse nella sua accezione simbolica: il testo, firmato da Matilde Paoli, in cui il prestigioso istituto argomenta il motivo per cui è corretto usare il termine femminicidio, è accompagnato dall'unica immagine di un paio di scarpe rosse tratte da *Zapatos Rojos*.

Dalla mia analisi, con la quale ho inteso restituire, senza alcuna pretesa di esaustività, la vasta eco che ha avuto il progetto attraverso alcune modalità operative ed esempi, possiamo sostenere che in Italia, oggi, l'immagine simbolica delle scarpe femminili rosse rappresenta un'icona sotto cui riconoscere una lotta comune e a fornire questo potente simbolo è stato un progetto d'arte.

Sintesi del terzo capitolo da Francesca Guerisoli, *Ni una mas.*
Arte e attivismo contro il femminicidio, Postmedia Books, Milano 2016

Riferimenti bibliografici

Bishop Claire, *Artificial Hells. Participatory Art and the Politics of Spectatorship*, 2012 (trad. it.: *Inferni artificiali. La politica della spettatorialità nell'arte partecipativa*, Luca Sossella, 2015).

Ballester Buigues Irene, "Diálogos de resistencia. Artistas de España, México y Guatemala en la denuncia del feminicidio", Atencio G. (a cura di), *Feminicidio. El asesinado de mujeres por ser mujeres*, Editorial Catarata, Madrid 2015.

Joselit David, *After Art*, Princeton University Press, 2013 (trad. it.: *Dopo l'arte*, Postmedia Books, Milano 2015).

Paoli Matilde (a cura di), "Femminicidio: i perché di una parola", in "Accademia della Crusca.it", 28 giugno 2013.

Phelan Peggy, "Introduzione", in Reckitt H. (a cura di), *Art and Feminism*, Phaidon Press, London 2001 (trad. it: *Arte e Femminismo*, Phaidon Press, London 2005).

Thompson Nato, (a cura di), *Living as Form: Socially Engaged Art From 1991-2011*, Creative Time Books, New York – MIT Press, Cambridge 2012.

Sul femminicidio a Ciudad Juarez si segnalano: Giletti Benso S.– Silvestrini L. (a cura di), *Ciudad Juárez. La violenza sulle donne in America Latina, l'impunità, la resistenza delle Madri*, FrancoAngeli, Milano 2010; González Rodríguez Sergio, *Huesos en el desierto*, Anagrama, Barcelona 2002 (trad. it.: *Ossa nel deserto*, Adelphi, Milano 2006); Staudt Kathleen – Méndez Zulma Y., *Courage, Resistance, and Women in Ciudad Juárez: Challenges to Militarization*, The University of Texas Press, El Paso 2015.

Sul termine femminicidio in campo giuridico si vedano: Dara Chiara, *Gross violations dei diritti delle donne in Messico. La risposta del diritto internazionale*, Firenze University Press, Firenze 2014; Spinelli Barbara, *Femminicidio. Dalla denuncia sociale al riconoscimento giuridico internazionale*, FrancoAngeli, Milano 2008.

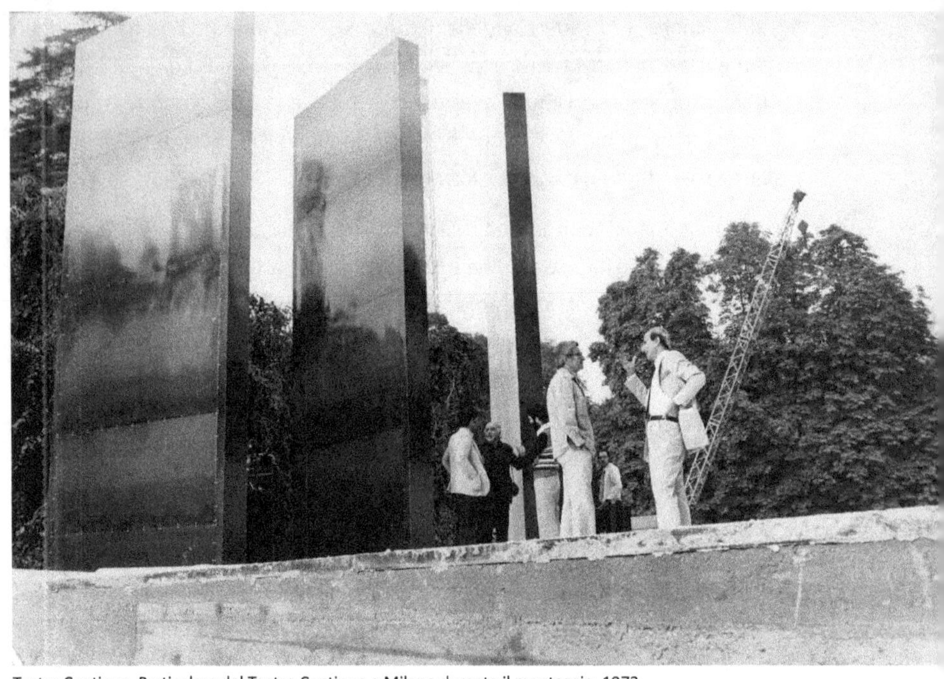

Teatro Continuo, Particolare del Teatro Continuo a Milano durante il montaggio, 1973,
alla presenza di Alberto Burri

Il Teatro Continuo di Alberto Burri

Gabi Scardi

> Ecco il disegno per il *Teatro Continuo*. La piattaforma in cemento, le quinte in ferro, colore naturale delle lamiere da un lato, dall'altro dipinte di bianco (il colore può essere cambiato quando si voglia) saranno girevoli comandate a distanza, indipendenti. L'amico Enrico Castelli che è un fenomeno per la meccanica, studierà il meccanismo. È uno scheletro di teatro ma penso che sia l'essenziale[1].

Con questo appunto, chiaro e sintetico, scritto nel 1972, Alberto Burri accompagnava lo schizzo assonometrico di un'opera da costruirsi al centro del Parco Sempione di Milano. Il progetto era destinato alla città di Milano. Su invito di Giulio Macchi, curatore della sezione della XV Triennale di Milano, Contatto Arte – Città, Burri elabora e propone un'idea di teatro all'aperto. Alla sintetica descrizione di Burri fanno da contrappunto le parole di Macchi che ben esprimono il ruolo sociale e politico del teatro quale spazio rappresentativo del rapporto dell'individuo con la città.

> Il teatro nella città antica aveva una sua collocazione urbanistica ben evidente e calcolata così come altri edifici sociali essenziali: il granaio, il tempio, l'arena, il granaio era presente controllabile da tutti i cittadini all'incrocio fra cardini e i decumani, il teatro era oggetto-scultura sempre presente sia se usato dagli artisti che vuoto. Ho pensato di inserire l'idea-teatro fra quelle da proporre agli artisti e ai cittadini. Alberto Burri ha raccolto con entusiasmo la proposta di ideare un palcoscenico all'aperto, essenziale e soggetto a tutte le variazioni volute dall'attore o dal pubblico. scenario-parco o volendo scene mobile, quinte ruotanti che reagiscono diversamente alla luce nelle loro superfici da una parte specchianti dall'altra opache. La materia essenziale nell'opera di Burri, è il cemento e l'acciaio[2].

Un teatro per sottrazione

Se il testo di Macchi interpreta lo spirito della manifestazione, lo stile conciso, tipico di Burri, corrisponde al registro formale dell'opera. L'intero progetto viene infatti improntato sulla logica di economia dei mezzi. Burri parte da un'analisi della situazione esistente e vi iscrive un'opera semplice e sobria nella forma, ruvida nella realizzazione, progettata con geometrica esattezza, rigorosamente site specific nella concezione, nella collocazione e nelle proporzioni: un teatro realizzato per sottrazione, ridotto all'indispensabile, sfrondato di ogni accessorio e di ogni possibile sovrastruttura.

Il risultato è una struttura ortogonale, simmetrica, composta da elementi nettamente delineati, prodotti industrialmente: una piattaforma orizzontale di cemento sollevata da terra in modo da risultare sospesa, e sei pannelli verticali in metallo, rotanti su se stessi, imperniati lateralmente sulla piattaforma, tre per lato, a scandire lo spazio a mo' di quinte. L'adozione, da parte dell'artista, di questo linguaggio sintetico e misurato corrisponde a una duplice istanza: da un lato, nel momento in cui si trova a pensare un'opera pubblica per un contesto sensibile e già organizzato quale è il Parco Sempione, Burri assume un atteggiamento di rispetto. Nell'intento di enfatizzare le caratteristiche dell'esistente, asciuga il proprio linguaggio da ogni accento espressivo e adotta una soluzione formale disciplinata, limitando gli elementi compositivi allo stretto necessario. Dall'altro, il trattamento riservato alle superfici, lisce ma non levigate, monocrome ma non lustre, risponde alla scelta di evitare ogni magniloquenza.

Con Il *Teatro Continuo* Burri opta per una semplicità che, corrispondendo a chiarezza di idee e di obiettivi, si risolve in una perfetta corrispondenza tra forma, senso e funzione.

E, con la scelta del nome dell'opera, esplicita, come meglio non potrebbe, quali siano questo senso e questa funzione. Il Teatro è Continuo perché capace di accogliere nel tempo il desiderio di rappresentarsi, spontaneo o organizzato, di una città e di una società. È continuo esso stesso, e cangiante a seconda di ciò che vi si svolge; capace di persistere pur nella transitorietà delle azioni cui si presta; e in sintonia con il flusso della vita, con la sua transitorietà e con il suo incessante rigenerarsi. È un'opera che dura attraverso le generazioni e che mette in scena il divenire e la trasformazione.

Il Teatro Continuo nell'opera di Alberto Burri

D'altra parte, all'inizio degli anni Settanta il linguaggio artistico di Burri sta subendo una profonda trasformazione: caratterizzato da un rinnovamento di mezzi e materiali, ma sempre bilanciato dalla continuità dei modi, basato sulla comprensione della materia e del colore, impregnato di una drammaticità profonda filtrata da un temperamento estetico e da un deciso senso dello spazio, delle proporzioni e del ritmo, questo linguaggio si andava sviluppando per variazioni sul tema, articolandosi in cicli successivi. Dopo un esordio figurativo da autodidatta avvenuto nel 1949, in condizioni di prigionia, nel campo di Hereford in Texas, l'artista aveva manifestato quello che sarebbe rimasto il suo orientamento decisivo. Grazie ad una forte interpretazione personale del linguaggio pittorico, aveva introdotto nei suoi quadri materiali extra-pittorici, per lo più quotidiani, spesso usurati, o di provenienza industriale: catrame, pietra pomice, vinavil, stoffa e sacchi di iuta, adottati non in funzione di metafore, ma come entità a sé, in nome delle proprietà espressive intrinseche.

Il suo percorso vedeva da un lato la rottura delle convenzioni formali del momento, dall'altro una profonda comprensione della vicenda storico-artistica italiana: l'espressività della materia, esaltata nelle opere, si coniugava infatti con un richiamo alla cultura umanistica e rinascimentale sia nell'uso del colore, sia nella ricerca di equilibrio interno allo spazio del quadro, qualunque ne fossero le dimensioni. Nascevano così i Neri e le Muffe, i Sacchi, i Legni, le Combustioni, i Ferri, le Plastiche, i Cretti e i Cellotex.

A partire dagli anni Settanta, Burri manifesta una forte sensibilità stereometrica; l'opera comincia a "farsi spazio" e, parallelamente all'attività di studio, si moltiplicano gli interventi per l'esterno nel segno dell'idea di opera d'arte totale.

Se già nelle opere dei primi anni al suo operare è sottesa l'idea che restituendo dignità estetica ai materiali d'uso quotidiano sia possibile risvegliare nuove abitudini percettive, in questa fase lo spazio del quadro si espande fino ad assumere dimensioni abitabili e i suoi interventi si fanno luoghi da vivere, da sperimentare.

Tra gli esiti più significativi in questo senso ci sono, oltre al *Teatro Continuo* del 1973, l'ideazione di scenografie e opere come il *Teatro Scultura* di Arcevia. Rientrano pure in questo ambito le acquisizioni di Palazzo Albizzini e degli Ex Seccatoi del Tabacco di Città di Castello, con i relativi allestimenti voluti e realizzati dallo stesso artista, e l'importante intervento del Cretto di Gibellina del 1981.

In tutti questi casi le opere non vivono remote, ma partecipano dell'ambiente circostante e includono il fruitore, contribuendo a immergerlo nel contesto. La disposizione progettuale di Burri genera così un legame effettivo con il territorio e un rapporto attivo con gli individui. Burri fu artista indipendente per antonomasia, alieno dalle mode, sempre teso a sottrarsi ai termini canonici del consumo dell'arte e ritirato per scelta a margine del dibattito critico; eppure capace di rinnovarsi continuamente e con coerenza, mai estraneo al proprio tempo; anzi, aggiornatissimo. È sintomatico il fatto che il rapporto fruitivo ricercato in quel frangente storico da molti artisti e il Contatto Arte – Città auspicato dalla Triennale del 1973 trovino un'espressione tanto efficace nel suo *Teatro Continuo*. "Campo di possibilità" e di accadimenti, disponibile a molteplici opportunità interpretative e teso "specificatamente a stimolare il mondo personale dell'interprete", quest'opera evoca, come poche altre, la struttura aperta teorizzata da Umberto Eco nel seminale volume di pochi anni prima, *Opera Aperta*[3].

Ambiente e opera:

il Parco Sempione e il Teatro Continuo

I volumi geometrici del *Teatro Continuo* si innestano sullo scenario del Parco del Sempione, e più in particolare sul suo spettacolare asse prospettico, facendo leva sui suoi punti di forza. Le quinte di ferro, elevandosi per un'altezza di sei metri, ritmano la profondità della piattaforma, generando l'effetto di un vero e proprio cono ottico; ne fanno, di fatto, un cannocchiale che asseconda e sottolinea la prospettiva che lo attraversa in entrambe le direzioni, e inquadrano i due edifici, fortemente iconici, che segnano gli opposti apici del rettifilo: la Torre del Filarete del Castello Sforzesco verso sud, l'Arco della Pace verso nord. La traiettoria prosegue quindi idealmente oltre il Castello, fino a Piazza Duomo, e oltre l'Arco, verso il Sempione, evidenziando così l'esistenza di una traiettoria di collegamento tra il cuore della città e l'Europa. Agli altri due lati, tra le verticali rotanti delle vele, si intravvedono da una parte l'Arena, dall'altra il Palazzo dell'Arte, sede della

Triennale, centro propulsore di attività culturali e della stessa operazione Contatto Arte – Città. L'opera si offre come una piattaforma rialzata in un punto del parco in cui il terreno si avvalla leggermente, fornendo quindi un punto di vista soprelevato da cui godere una visione del ret- tifilo ancora più potente che dal livello di terra.

Burri definisce la posizione dell'opera nel contesto esistente in base a un senso della spazialità di matrice classica che da sempre si manifesta nel suo lavoro, e che ha già trovato espressione nelle scenografie realizzate nell'arco del decennio precedente per i teatri stabili italiani di Milano, Roma, e Torino.

Proprio questo senso della spazialità lo spinge ad interessarsi al Parco Sempione come elemento urbanistico nodale della città di Milano e a esaltare con decisione, tramite la sua realizzazione, il carattere di rappresentazione scenico-prospettica unitaria del parco stesso.

Facendo leva su concetti tradizionali dell'arte come l'inquadratura e la veduta, incorniciando uno spazio che resta libero per poter accogliere il paesaggio circostante e gli eventi imprevedibili del luogo urbano, l'opera si inserisce dunque nell'insieme sottolineandone la teatralità e rispettandone la regola compositiva, quella di uno sviluppo simmetrico intorno a un vuoto centrale. Anche la scelta dei materiali, cemento e ferro, ha un preciso significato. Burri li propone nella loro immediatezza e senza insistenza, quali semplici veicoli grazie ai quali ottenere il risultato desiderato. Il cemento crudo è gettato a formare un piano liscio, ma scabro, mentre le vele sono realizzate con pannelli di lamiera saldata e verniciata e sono dotati di meccanismi rotanti. Si tratta di materie basilari del costruire moderno, industriale, tecnologico, adottate con un'asciuttezza priva di compromessi; una scelta di stile, basata sulla giustezza e sulla necessità interna dell'opera, e operata nella piena consapevo- lezza della rottura rispetto ai materiali e alle fogge più tradizionali già presenti all'interno del Parco.

Di queste materie, infatti, Burri sonda le possibilità espressive, e al contempo ne fa propria la modernità. Se misurarsi con un tema come quello del teatro comporta necessariamente un confronto con un passato ricco di tradizione, l'adozione di materiali che parlano di stili di vita che si trasformano anche più velocemente dei nostri gusti contribuisce alla realizzazione di un'opera che Burri vuole attuale e riferita al presente. L'innesto nel parco di questo elemento geometrizzante e di attualità genera una tensione visiva a cui contribuiscono le dimensioni monumentali.

Ma questa tensione si ricompone nella forte relazione che l'opera viene a istituire con il verde circostante. Lo scarno rigorismo che la caratterizza si scioglie infatti nel suo aprirsi al paesaggio del parco, con la sua vitalità, il suo mutare nel tempo, e il naturale avvicendarsi di stagioni, di atmosfere e di eventi. Il *Teatro Continuo*, con i suoi angoli retti è potente, assertivo, irrefutabile. E allo stesso tempo, nella sua sobrietà, è poco più di un'idea: quasi solo una linea tracciata dall'artista sullo sfondo del paesaggio; l'effetto di un gesto pittorico, che ha però la forza di rivelare l'esistente in tutta la sua intensità. Come a dire che quel luogo è, già di per sé, una scena teatrale. E il profilo del Teatro, sovrapponendosi come una cornice alle sue vedute sontuose, lo evidenzia fortemente.

L'opera è, insomma, un dispositivo ambientale: rifinita, ma aliena da ogni purezza di carattere minimal, che rischierebbe di renderla fredda e a sé stante, totalmente aperta al contesto verde del parco e al suo panorama umano; mentre le superfici campite delle quinte si offrono come semplici monocromi, e, in mancanza di qualsiasi copertura, possono giocare con la variabilità del cielo, con i colori e con la luce mutevole del parco.

"È incredibile come questa assoluta e scarna semplicità riesca a imporsi in modo monumentale, integrandosi nel paesaggio", scrive Vittorio Rubiu, che considera il teatro di Burri straordinario per la sua novità[4].

Mentre, Emilio Villa così descriveva, con prosa vibrante, il *Teatro Continuo*:

> Dal parallelepipedo montano le sei vele di ferro animate in bianco e nero; scaricando, esautorando, con tutta indifferenza, con avvenuta propizia, apparati, privilegi, ossessioni, bellurie e noie dell'architettura teatrale; e offrendo al teatro una grandiosa, solenne e coerente adolescenza, improvvisa identità, coerenza nuova, o innovata. La 'copertura' propria e identificante della vecchia scatola cubica, vincolata alle sue superfici, scatola di pena e di ira, è sparita; le vele, che chiamiamo con il nome vecchio di quinte, reggono alte il firmamento. Parallelepipedi verticali, vertiginosi, schele- trici, coattivi, flagellati, in isole caracollanti di ombre senza argini[5].

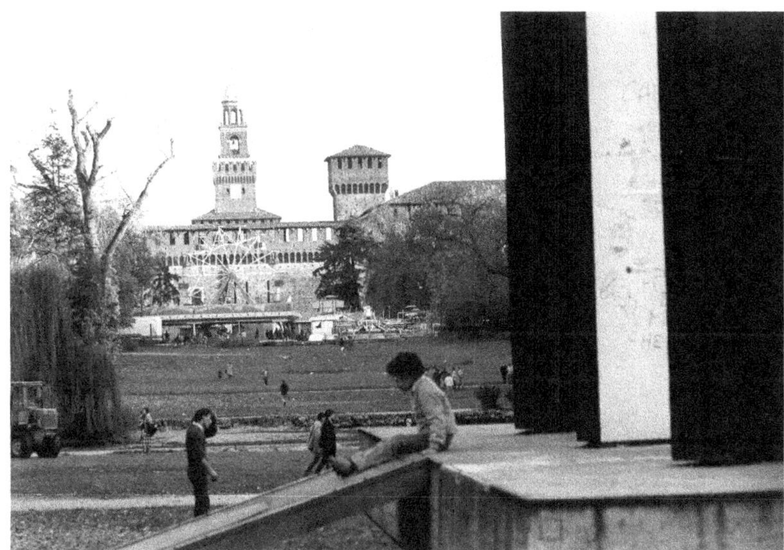

Maria Mulas, Teatro Continuo, Parco Sempione, 1976. Courtesy: Nctm e l'arte e Maria Mulas

La vita in scena

Se questo è l'esito plastico-spaziale dell'opera, altri elementi vi confluiscono contribuendo al suo significato. Grande scultura minimale immersa nel paesaggio, dispositivo ambientale nato per evidenziare l'esistente, collocato nello spazio con la sicurezza e la precisione che contraddistingue un amante del tiro di precisione e della fotografia, due forti passioni dell'artista, il *Teatro Continuo* è anche assimilabile a un'architettura.

Ridotto all'essenziale, spogliato di ogni accessorio connotante in modo da evocare non un oggetto definitivo, concluso, distante, ma un dispositivo duttile e permeabile, esso esprime, in sé, potenzialità e funzione.

Come macchina scenica sempre predisposta per l'uso, con la sua stessa presenza il *Teatro Continuo* costituisce un invito all'uso. D'altra parte, si tratta di ben altro che un mero conte- nitore; trasformando tutti in attori e spettatori, esso conferisce senso specifico a ciò che vi avviene.

Il suo centro vuoto è pronto ad accogliere, a includere la realtà del mondo; non solo quella ambientale del Parco Sempione, ma anche quella variabile di coloro che lo frequentano. Corredando il luogo di una cornice, senza nessun ulteriore artificio, Burri attira l'attenzione sulle azioni che vi si svolgono: che si tratti di spettacoli progettati o di libere e spontanee messe in scena, le figure che lo calcano appaiono "protagoniste". Così messi a fuoco, gesti semplici diventano piccole storie estemporanee, azioni leggere, apparentemente casuali, appena accennate, talvolta ludiche si amplificano, e in nome della centralità della scena si trasformano inaspettatamente in avvenimenti.

Questo palcoscenico, spazio di tutti e di ognuno, ha dunque l'effetto di definire e circoscrivere l'azione di chi lo calca e di evidenziare l'eccezionalità del quotidiano generando immagini sempre nuove: l'individuo diventa figura scenica e ogni gesto personale, ogni atteggiamento collettivo, ogni momento di vita praticata, e la stessa comunicazione intersoggettiva, diventano forme drammatiche dell'esistenza quotidiana. E come tali si offrono a chi, di passaggio, si troverà a sua volta ad esserne spettatore. Se sul Teatro e intorno ad esso si può creare una varietà di relazioni tra individui, in nome di queste temporanee messe in scena, il *Teatro Continuo* consente una riscoperta del significato dei gesti, dei ruoli, degli atti, e della stessa centralità dell'individuo: nella dialettica continua tra essere e appa- rire si ha l'impressione che ognuno reciti la propria parte, che le azioni quotidiane si possano trasformare in gesti esemplari. Nel gioco recitativo che si viene spontaneamente a configura- re, la sfera del poetico si intreccia con la quotidianità generando nuovi avvenimenti e nuovi significati.

L'intento di fare leva sul protagonismo individuale e sociale è sicuramente da considerare tra i motivi fondamentali della sua collocazione proprio nel punto di convergenza assiale del parco. La scelta corrisponde non solo all'intenzione di evidenziare la matrice prospettica del parco stesso e del Teatro, ma anche all'idea di farne un nucleo attivo del territorio: una tappa, un punto di riferimento, un luogo d'incontro e di ritrovo più disponibile possibile; e, soprattutto, un palcoscenico privilegiato, capace di conferire centralità all'individuo in quello che è uno spazio pubblico per eccellenza.

Il *Teatro Continuo* esprime così, come meglio non si potrebbe, il carattere del parco. Nel concepirlo, Burri parte infatti da una precisa analisi del concetto stesso di parco; e ne prende in considerazione sia gli aspetti morfologici, sia la sfaccettata fenomenologia.

Spazio aperto per eccellenza, ospitale, disalienante, attraente perché ricco di un potenziale di libertà che ne fa un laboratorio di gioco e di convivenza, il parco è di per sé crocevia di traiettorie, di microstorie quotidiane; un campo d'azione, uno spazio di esercizio individuale, di incontri, di socializzazione inserito in uno specifico contesto urbano; un macroscopico specchio in cui si ripropongono le sfumature e i tratti sottili dell'identità della città che vi gravita intorno.

Nel caso di Milano, si tratta di uno dei maggiori spazi pubblici esistenti e di uno dei pochi luoghi dove ancora si ha l'impressione che l'imprevedibile possa accadere. Il dialogo che il *Teatro Continuo* instaura con il Parco Sempione è dunque multiplo, e riguarda la dimensione storica, culturale e sociale: si tratta di una scultura-architettura "frequentabile"[6], un dispositivo ambientale nato per ripensare il rapporto tra il teatro, l'individuo, il paesaggio e la città; e capace di caratterizzare il parco, cogliendone ed evidenziandone le qualità; capace inoltre di sollecitare implicitamente la frui- zione, stimolando, con la sua stessa presenza, nuove possibili forme di protagonismo cittadino.

Con questo palcoscenico su cui ognuno può vivere, più o meno consapevolmente, il ruolo di protagonista, organizzare spettacoli e assumere di volta in volta il ruolo di attore, scenografo, regista o spettatore, Burri interpreta un'idea di riappropriazione dello spazio urbano e di sviluppo delle possibilità creative e della partecipazione tipiche dell'epoca. "Nell'opera di Burri [...] appare un senso di coralità profonda, quasi che attraverso la materia messa a nudo in uno spazio tangibile egli opera un ribaltamento nella posizione dello spettatore che diventa protagonista"[7].

Offrendosi come libera sede, nel cuore di Milano, sia per attività e spettacoli organizzati – dai concerti per pianoforte, agli spettacoli di danza classica o di marionette per bambini[8], sia per un utilizzo indipendente, esso è destinato alla libera espressione e affidato all'uso che ciascun individuo ne vorrà fare; uso vario e, fin dove consentito nell'ambito di una con- vivenza civile, conforme ai gusti e alle attitudini individuali. Se alla base del progetto c'è la relazione individuo-ambiente, il teatro integrato nel paesaggio del parco, aperto ai comportamenti e all'iniziativa individuale – dai giochi infantili, alle sperimentazioni ludiche, alla programmazione culturale propriamente detta – non si nega neanche alle manifestazioni di protesta, ai tentativi di conquista, ai segni urbani non autorizzati quali scritte e graffiti: tutte dichiarazioni implicite di presenza e modalità per mettere a confronto una struttura meticolosamente progettata come quella di Burri e l'effetto dell'azione spontanea, anche contestataria; tutte, in fondo, espressioni sociali, emotive ed esistenziali dell'abitare la città, a cui anzi il *Teatro Continuo* concorre a conferire senso. Burri dimostra di non temere tali iniziative. In questo senso, l'effetto demistificante del progetto è evi- dente: su questo palcoscenico in cui tutto è visibile, troveranno spazio – e saranno "rappresentate", acquistando evidenza – anche espressioni di disordine, di trasgressione, di malessere; espressioni di cui una città mobile e vitale, sempre necessariamente in fase di rinnovamento, non può essere esente; scene che di norma non vengono evidenziate, ma dissimulate o occultate, lasciate ai margini, o, come nota Ludovico Zorzi[9], spinte dietro una metaforica tenda. Il *Teatro Continuo* diventa così vero e proprio spazio rappresentativo del rapporto dell'individuo con la città e assume un ruolo sociale e politico.

Analogamente Burri prevede l'azione del tempo e del clima sulla materia. La sua opera è solida ed è viva, non teme di essere intaccata, accetta la sfida, è in grado di assumere ciò che le ruota intorno.

Il *Teatro Continuo* svolge dunque integralmente la propria funzione partecipando della vita del parco e della città. Non solo; ma connota semanticamente l'ambiente, qualificandolo di un forte significato simbolico legato al valore della quotidianità e di ognuno, alla libertà e alla spontaneità dell'azione individuale.

Non è un caso che le quinte potessero ruotare: come scrive Giulio Macchi nel catalogo della mostra Contatto Arte – Città[10], questo palcoscenico doveva restare "soggetto a tutte le variazioni volute dall'attore o dal pubblico".

Gli anni del Teatro Continuo

Con il *Teatro Continuo* Burri interseca alcuni dei fenomeni cruciali degli anni Sessanta e Settanta e manifesta una de- cisa consonanza rispetto alla temperie culturale dell'epoca. È un momento di snodo importante della vicenda artistica, anche italiana. Profondi cambiamenti stanno investendo ogni aspetto della società e della cultura occidentale. All'ordine del giorno ci

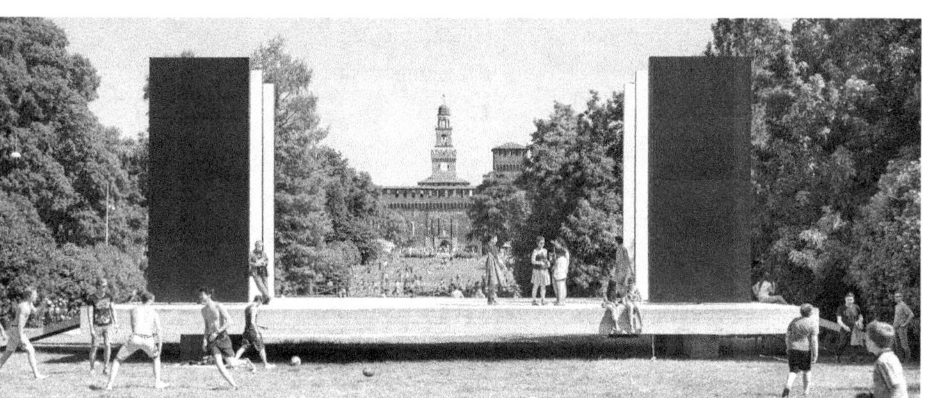

Paola Di Bello, Teatro Continuo di Alberto Burri, Parco Sempione, Milano, 2015,
serie di fotografie a colori, 100 x 150 cm. Courtesy *ntcm e l'arte* e Paola Di Bello

sono un desiderio di discontinuità, una spinta verso un nuovo tipo di socialità, una domanda di democratizzazione e di partecipazione alla vita pubblica, una rinnovata attenzione agli spazi urbani. Estetica e politica, impegno etico e istanza sociale si saldano in una battaglia per il rinnovamento. Tutto ciò è alimentato dalla partecipazione attiva degli arti- sti, che affrontano i nuovi temi per immersione, spinti dall'esigenza di un cambiamento che riguardi ugualmente la vita quotidiana e la cultura: un cambiamento che possa intervenire anche sulla relazione tra gli individui e tra gli individui e l'ambiente; relazione che si immagina potersi svolgere in nome della libertà di azione e pure del gioco, ma anche dell'opposizione attiva rispetto a un contesto sociale considerato in molti casi inerte, convenzionale, oppressivo.

Mentre è in atto un dibattito sulla possibilità di abbattere le ripartizioni disciplinari a favore di una sintesi delle arti, molti artisti si fanno interpreti degli attriti e delle tensioni dell'epoca. E individuano nello spazio pubblico e nell'impegno sociale ambiti prioritari di intervento; spinti da tensione partecipativa e da una volontà di trasformazione, alla ricerca di un contatto diretto con il mondo reale, essi spostano l'operatività artistica dallo spazio deputato al contesto pubblico, abbandonando in molti casi lo studio, il museo e le gallerie a favore della strada. Nel tentativo di elaborare nuovi approcci, nuovi linguaggi, nuove modalità l'ambito delle arti visive si lega fortemente a quello dell'azione: gli interventi artistici tendono sempre più spesso a prevedere un'interazione, richiedendo l'inclusione dello spettatore in un ruolo attivo affinché l'opera risulti completa.

Tra i fenomeni che in questo periodo si vanno sviluppando in Italia come nel resto del mondo occidentale, ci sono l'animazione ambientale, la performance di strada, il teatro d'azione, l'occupazione estemporanea di spazi urbani: pratiche legate tanto alla contestazione, quanto all'idea di sollecitazione conoscitiva. Da un lato l'arte diventa per gli artisti stessi esperienza agita e allargata; dall'altro coinvolge, stimolando i partecipanti a uno sviluppo dei comportamenti e della creatività individuale.

In questa tendenza è possibile leggere l'esito di una trasformazione che ha interessato tutto il Novecento; a partire dal Costruttivismo Russo con la sua idea totale dell'area scenica, per arrivare al Situazionismo, che reagisce agli effetti alienanti dello spettacolo con metodi quali le psicogeografie e le "derive" e a Fluxus con le sue performance urbane, a Gutai, a Tropicalia, agli Happening, in un saldarsi di arte e teatro a cui non sono estranei Kantor, Artaud con il *Teatro della Crudeltà*, Boal con il *Teatro degli Oppressi* e il *Living Theatre*; ne sono partecipi, per altri versi, anche il teatro danza di Pina Bausch e gli stessi movimenti attivisti che negli anni Sessanta si vanno sviluppando in forme decisamente performative. Questo percorso vede anche l'arte e l'architettura convergere in gruppi come Archigram o come Superstudio, le cui realizzazioni sono, anzitutto, campi d'azione.

Per tutti costoro si trattava di svelare il reale nei suoi aspetti meno evidenti liberandolo dalla banalità delle convenzioni e stimolando una nuova consapevolezza estetica e politica. "Ogni cosa appare carica di riferimenti e richiami. I primitivi dell'architettura moderna, il Bauhaus, gli anni Venti [...]

Si riparte dall'arte del costruire, dall'economia dei materiali, dalle ragioni del costruire e dai significati dell'edificio. La ragione ha riaffermato il suo posto e dà notizia di sé", scrivono in un articolo del 1969 gli esponenti di Superstudio[11].

Queste attività basate sull'idea dell'arte come esperienza, pro- cesso e azione, sulla prospettiva di un coinvolgimento collettivo e di un contatto diretto, di un rapporto con l'habitat di tipo attivo, critico, ma anche fortemente progettuale, muovono dall'idea di integrare differenti categorie sociali e di infrangere le categorie disciplinari, e di contribuire all'elaborazione di nuovi linguaggi. Anche l'Italia partecipa attivamente a questo fermento, muovendosi su un orizzonte di ricerca e di attività inter- nazionale con poliedriche figure di attori e registi teatrali, con artisti e con importanti esperienze collettive, con mostre e manifestazioni di rilievo: da Arte povera + azioni povere, ad Amalfi nel 1968, a cura di Germano Celant, a Campo Urbano a Como, nel 1969, a cura di Luciano Caramel, a Volterra 73, a Volterra, 1973, a cura di Enrico Crispolti.

Milano, in particolare, in quegli anni opera attivamente e costituisce un importante centro di creazione, un punto di convergenza e un esempio di "radicalismo" culturale. Qui nel 1970 si svolge il Festival del Nouveau Réalisme, a cura di Pierre Restany; e qui sono attive realtà collettive come il Laboratorio di Comunicazione Militante e il Collettivo Autonomo Pittori di Porta Ticinese[12]. Tra i maggiori esiti italiani di questo orientamento, viene realizzata alla Biennale di Venezia del 1976, a cura di Enrico Crispolti, la sezione Ambiente come sociale che offre, in una delle prime occasioni espositive in sede istituzionale in Italia, una mostra dedicata all'"operatività estetica nel sociale".

Ciò avviene in piena corrispondenza con la tensione partecipativa alla vita sociale e alla politica nazionale che caratterizza quegli anni[13]. Proprio Crispolti, in un'interessante riflessione a posteriori sul "destino urbano dell'arte ambientale" di questo periodo, distingue due componenti che si vanno sviluppando parallele, ma che corrispondono a diverse intenzionalità e modalità operative: quella animatorio-effimera e quella costruttivo-permanente. L'una "corrisponde a una mentalità alla quale concorrono essenzialmente esperienze di tipo partecipativo"; l'altra "mira a stabilire rapporti di durata con il contesto ambientale entro il quale si intende operare", e la sua dimensione sociale emerge attraverso il "dialogo ambientale"[14]. In questa temperie culturale anche Burri con il suo *Teatro Continuo* interpreta l'idea di un intervento artistico di carattere permanente, coniugandola con quella dell'animazione urbana basata sulla spontaneità d'azione. Le due dimensioni confluiscono e si saldano in una serie di significati attinenti al luogo e alla situazione. Opera profondamente integrata al luogo, ma nello stesso tempo dirompente, mettendo in discussione ogni separazione: tra effimero e permanente, tra interno ed esterno, tra individuale e collettivo, tra culturale e naturale, tra arte e architettura, tra teatro e azione, tra atti autoriali ed apicali e atti spontanei, anonimi e quotidiani, il *Teatro Continuo*, nella sua estrema sintesi si presenta così come un vero e proprio coacervo di significati; senza per questo derogare alla propria vocazione poetica.

Burri e il Teatro

Il *Teatro Continuo* nasce dunque da un confronto con il tema del parco urbano e delle sue caratteristiche, ma anche con il tema stesso del teatro. Non solo in nome del suo carattere di rispecchiamento rispetto al contesto umano di riferimento, ma anche perché, con la sua collocazione, esso si rifà a uno dei principi del teatro greco, sempre edificato tenendo con- to del paesaggio, che diventa fondale dell'azione scenica. In questo caso il paesaggio è quello del parco, il cui impianto comprende sia il verde, sia i due edifici, già di per sé dotati di carattere scenico, della Torre del Filarete e dell'Arco della Pace. In virtù della sua posizione l'opera risulta così dotata di una doppia scena.

Il *Teatro Continuo* si innesta inoltre, decisamente, sul conte- sto culturale e civile del tempo nella città di Milano. E Milano è anche la città della Scala, teatro di portata mondiale con cui Burri aveva collaborato.

Dieci anni prima, nel 1963, l'artista aveva compiuto il proprio debutto come scenografo firmando scene e costumi per il balletto Spirituals per orchestra di Morton Gould, con la coreo- grafia di Mario Pistoni. Il balletto verrà replicato fino al 1976. Altre esperienze teatrali si erano nel tempo susseguite: dall'esperienza scaligera in poi, il suo rapporto con la scena è continuativo; sicuramente la presenza della moglie danzatrice e coreografa, Minsa Craig, contribuisce alla sua frequentazione con il teatro.

Nel 1969, per la XXIV Festa del teatro a San Miniato, Burri realizza le scene per L'avventura di un povero cristiano di Ignazio Silone messo in scena da Valerio Zurlini per il teatro Stabile dell'Aquila. Nel 1972 realizza, per il Teatro dell'Opera di Roma, le scene e i costumi del balletto *November Steps*, con musica di Toru Takemitsu e coreografie di Minsa Craig.

Sempre improntata all'idea di teatro è anche l'opera che con- cepirà poco dopo aver realizzato il *Teatro Continuo*, nell'ambito dell'Operazione Arcevia. Comunità esistenziale, per la quale Burri progetta un'altra struttura all'aperto. L'iniziativa, promossa dall'architetto Ico Parisi, mirava a rigenerare un'area delle Marche colpita da spopolamento e da degrado socio- economico tramite la creazione collettiva di un insediamento "a dimensione umana"; e, come testimoniava Parisi, vedeva coinvolti "pittori, scultori, musicisti, registi ed altri artisti contemporanei [...] chiamati a proporre soluzioni particolari di ambientazione, episodi, percorsi, ecc, di sollecitazione fantastica, psicologica ed affettiva"[15].

Invitato a partecipare all'operazione collettiva nel maggio 1974, Alberto Burri ribadiva il proprio interesse per il teatro inteso come vitale e paradigmatico modello di cittadinanza. Per il progetto Arcevia, che si caratterizzava per un forte accento utopico e che non verrà mai realizzato, l'artista idea il Teatro Scultura, una struttura arcuata di dimensioni ambientali, composta da una serie di nervature color minio. L'opera verrà poi presentata nel 1984 alla Biennale di Venezia[16]. Nel frattempo, tra il 1975 e il 1976 Burri realizza, per il teatro Regio di Torino, le scene e i costumi di Tristano e Isotta di Wagner diretto da Peter Maag, con la regia di Francesca Siciliani.

Per estensione, all'idea di scena può essere associato anche lo straordinario Cretto di Gibellina, opera artistica a scala territoriale realizzata da Burri tra il 1984 e il 1989 nella città vecchia di Gibellina andata completamente distrutta dal terremoto del 1968, su invito del sindaco Ludovico Corrao. L'artista propone di realizzare, sulle macerie del vecchio paese, un *cretto* di cemento di 90.000 m^2: in cui le crepe che lo solcano corrispondono all'andamento delle vie del vecchio paese. I lavori, interrotti nel dicembre 1989 per mancanza di fondi, verranno portati a conclusione proprio nel 2015, anno del centenario della nascita dell'artista.

Milano, 1973; la Triennale
Contatto Arte – Città

Il rapporto di Alberto Burri con il teatro è sempre stato vivo. Ma solo nel 1973, stimolato dall'invito della Triennale, l'artista si confronta per la prima volta con l'architettura scenica. E in questa occasione egli eleva il teatro a nuovo, più ampio significato allargando la nozione di scena allo spazio urbano, integrando paesaggio urbano e azione del pubblico. L'importante commissione di intervento nel parco avanzata da parte della Triennale costituì lo stimolo a sviluppare un interesse nei confronti degli aspetti più prettamente strut- turali del teatro.

Il contesto progettuale è legato alla XV Triennale di Milano del 1973 e, al suo interno, all'iniziativa Contatto Arte – Città curata da Giulio Macchi, con il patrocinio del Comune di Milano. La Triennale celebrava quell'anno il suo Cinquantenario: la prima inaugurazione era avvenuta nel 1923 nella Villa Reale di Monza. Ed erano passati cinque anni dal 1968, anno della contestazione che aveva bloccato l'apertura della XIV Triennale, danneggiando gli spazi e obbligando l'istituzione a chiudere per un lungo periodo.

La nuova edizione della rassegna procrastinata per ingerenze politiche e ragioni economiche aprirà solo a settembre del 1973 e si inaugurerà alla presenza del ministro del Turismo e dello Spettacolo Nicola Signorello, del Presidente della Triennale Remo Brindisi, del sindaco di Milano Aldo Aniasi e dell'assessore alla cultura Paolo Pillitteri.

Con le tre sezioni, Mostra Internazionale di Architettura e Industrial Design, curata dall'architetto Aldo Rossi e dal designer Ettore Sottsass, i Contributi delle Nazionali e la Sezione Italiana, con responsabile l'architetto Eduardo Vittoria, la XV Triennale quell'anno viene dedicata al rapporto tra progettazione e città. Nell'intento di favorire una partecipazione attiva da parte dei cittadini, la mostra fa inoltre ampio ricorso a media poco tradizionali come filmati audiovisivi. Innestandosi sui temi centrali dell'"Abitare domani" e del rapporto uomo-habitat, Contatto Arte–Città comprende opere che muovono al confine tra arte, design, architettura, teatro e azione; opere che costituiscono una sintesi tra oggetto, forma ambientale, dimensione sociale.

Macchi ambisce infatti a fare il punto sulla tendenza degli artisti a riflettere sulla città come territorio da agire e sull'idea di arte come attivatore nell'interazione tra individuo e ambiente urbano. Nel catalogo della mostra Giulio Macchi scriveva: "cinque degli interventi saranno scelti da un'apposita Commissione per essere acquistati dal Comune di Milano"; perché "accanto all'idea della fruibilità della creazione artistica si è subito affermata anche quella della sua permanenza; [...] soltanto un intervento che esuli dal carattere di mostra e fiera di tanta parte dell'arte attuale può sfidare seriamente le verifiche della sua validità e, se questa validità esiste, ripristinare nel piatto panorama del quotidiano-funzionale-anonimo il gusto per le idee." Sempre nell'introduzione alla mostra Macchi evidenzia inoltre che "gli interventi per questo primo saggio di 'contattto' sono stati volutamente essenziali e basati sulle strutture tradizionali della città, interpretate naturalmente in modo antitradizionale. Arman, Alberto Burri, Giorgio de Chirico hanno ideato rispettivamente un palco per orchestra, un teatro, un 'bagno misterioso'. [...] Altri interventi si sono invece rivolti soprattutto alla fantasia, così [...] il *Chiosco-scultura* di Roccamonte"[17]. A questo fine invita quattordici artisti a proporre opere di scala urbana; opere, che, abbandonando gli spazi deputati, si possano integrare nella città dialogando con i cittadini e offrendosi come spazi utilizzabili. Egli tematizza così l'idea di un abitare la città nuovo e poetico. La mostra coinvolge anzitutto il Parco Sempione, per il quale vengono realizzati, oltre al *Teatro Continuo* di Burri, i pro- getti di Arman, Corneille, Giorgio de Chirico, Gino Marotta, Sebastian Matta, Antonio Paradiso, Alfredo Pizzo Greco e Giorgio Amelio Roccamonte; ma si espande anche nel centro di Milano con la "sollecitazione" di Hundertwasser Inquilino albero, sul tema del rapporto uomo-natura; e coinvolge lo stesso Palazzo dell'Arte con il tunnel audiovisivo di Umberto Bignardi, che collega idealmente l'interno della Triennale all'area del Parco su cui insistono le altre opere. L'intero progetto è sovvenzionato dal conte Paolo Marzotto, e gode del supporto tecnico di Italcementi.

In particolare, durante la fase di progettazione alcuni artisti vengono invitati da Macchi a concepire le proprie opere "per sistemazione duratura in spazi pubblici a Milano"[18], con l'idea che il Comune di Milano le possa acquisire. A conclusione della mostra, infatti, della sezione *Contatto Arte – Città*, rimarranno in situ alcune delle opere donate dagli artisti: l'Accumulazione musicale e seduta di Arman, i Bagni misteriosi di Giorgio de Chirico, il *Chiosco scultura* di Giorgio Roccamonte e il *Teatro Continuo* di Alberto Burri.

La Triennale e il Parco Sempione

Il Parco Sempione è il risultato di un'ampia trasformazione urbanistica dell'area liberatasi a seguito dello smantellamento e dell'abbandono, a fine Ottocento, della vecchia piazza d'armi situata dietro il Castello e del relativo rettilineo funzionale al movimento di truppe. Fu concepito come margine

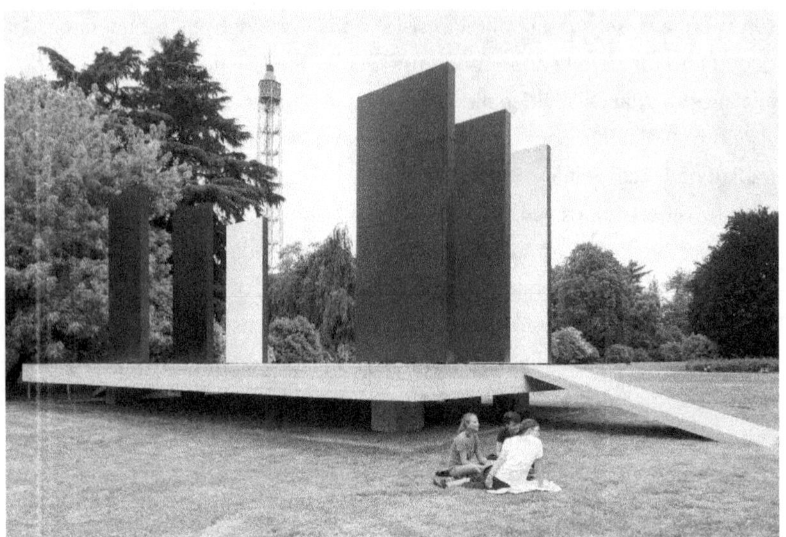

Paola Di Bello, Teatro Continuo di Alberto Burri, Parco Sempione, Milano, 2015,
serie di fotografie a colori, fine art ink jet print su carta baritata, 100 x 150 cm
Courtesy *ntcm e l'arte* e Paola Di Bello

verde rispetto all'espansione della struttura urbana cittadina conseguente all'attuazione del Piano Beruto del 1884.

Il progetto del parco dell'architetto Emilio Alemagna, si incardina sul preesistente impianto urbanistico della città rafforzandone l'assialità con la creazione di un'area verde articolata in viali, spazi alberati, specchi d'acqua e il rilievo artificiale del monte Tordo[19]. Con questo progetto si istituiva inoltre una spettacolare visuale prospettica che evidenziava l'allineamento del Castello con la Torre del Filarete e dell'Arco della Pace su un unico asse.

Tra le preesistenze che il Parco inglobava c'erano l'Arena, il Castello, l'Arco della Pace. Il parco ospiterà il monumento equestre di Napoleone III dello scultore Francesco Barzaghi e il Ponte delle Sirenette di Francesco Tettamanzi. Negli anni successivi all'inaugurazione, avvenuta nel 1893, il nuovo parco fu utilizzato come sede delle Esposizioni Riunite del 1894 e della grande Esposizione Internazionale del 1906, della quale, ai margini del parco, rimase il Padiglione dell'Acqua dell'Architetto Sebastiano Locati, in

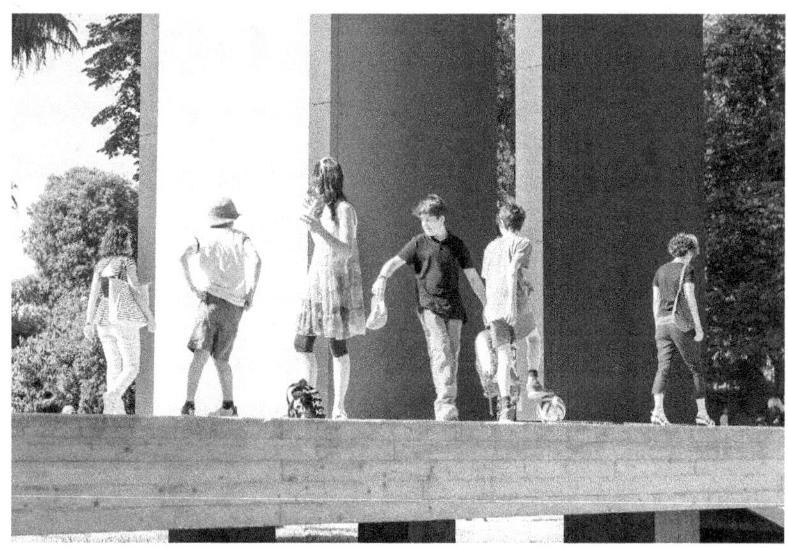

stile floreale, poi divenuto sede del Civico Acquario, tuttora in attività dopo un restauro.

Risultano oggi integrate nel Parco altre strutture realizzate nel tempo: prima tra tutte il Palazzo dell'Arte di Giovanni Muzio, esempio di proto razionalismo con richiami neoclassici evidenti nel linguaggio così come nella posizione simmetrica rispetto al Castello, all'Arco della Pace e Arena. Il Palazzo viene destinato, sin dalla sua creazione, a ospitare la Triennale delle Arti Decorative, nata nel 1923 come Biennale, svoltasi inizialmente nella Villa Reale di Monza, trasformata dal 1930, in manifestazione triennale e trasferita a Milano a partire dalla V edizione nel 1933. Il rapporto nel tempo fra il Parco Sempione e la Triennale è stato stretto e continuo, con frequenti estensioni, temporanee o permanenti, nelle aree verdi. Già nel 1933 stesso, anno della costruzione del Palazzo dell'Arte, proprio in occasione della V Triennale viene inaugurata la Torre Littoria o Torre del Parco, oggi Torre Branca, grande struttura in acciaio, estremamente avanzata in rapporto al periodo della costruzione, progettata dall'architetto Gio Ponti e dall'ingegnere Cesare

Chiodi. Gli interventi realizzati nel parco in occasione delle rassegne della Triennale sono numerosi. Nel 1936, in occasione della VI Triennale, avviene l'allestimento temporaneo della fontana progettata dal pittore astrattista Mario Radice e dall'architetto razionalista Cesare Cattaneo. A fine evento la struttura verrà smontata, e ricostruita in piazza Camerlata a Como, dove tuttora si trova. Altri inserti temporanei avvengono nel 1951, nel 1960, nel 1968 e nel 1973. Nascono invece come costruzioni permanenti il Padiglione della Stampa (distrutto dai bombardamenti del 1943), il Bar Bianco, progettato dall'architetto Riccardo Griffini per la X Triennale, la Biblioteca del Parco nata nel 1954 sul Monte Tordo come padiglione per la X Triennale, ad opera degli architetti Silvio Longhi e Ico Parisi e dell'ingegnere Luigi Antonietti. Questi ultimi sono ancora esistenti e in uso. Nel 1973 infine sono concepite per il Parco diverse opere artistiche. Alcune di queste, relative alla mostra Contatto Arte – Città, destinate sin dal momento della commissione, a restare in situ, costituiscono tutt'oggi un nucleo di notevole significato urbanistico e di grande valore storico-artistico: il *Teatro Continuo* di Alberto Burri, l'*Accumulazione musicale e seduta* di Arman i *Bagni misteriosi* di Giorgio de Chirico e il *Chiosco scultura* di Giorgio Roccamonte.

Il Teatro Continuo nel tempo

"Fu segno di estrema generosità e di rispetto da parte di Burri il lasciare un'opera compiuta in sé e al contempo in continuo divenire. Il gesto dell'artista si fermava là dove la natura e la presenza dell'uomo, le provvisorie comparse di amanti e bambini o degli attori dell'effimero milanese, intervenivano a completarla [...]." Così scrive Vittoria Crespi Morbio nel 2003 in occasione dell'uscita della pubblicazione Burri alla Scala[20]. In effetti il *Teatro Continuo*, insieme all'Accumulazione musicale e seduta di Arman e ai Bagni misteriosi di Giorgio de Chirico e al *Chiosco scultura* di Giorgio Roccamonte, realizzati nella medesima occasione, rimase nella collocazione originale e, come immaginato dall'artista, fu utilizzato continuativamente, nei più vari modi.

In quegli anni la notorietà di Alberto Burri cresceva, sia in Italia sia fuori dal paese. Nel 1984, a cura di Carlo Pirovano, si tiene a Milano un'ampia retrospettiva in quel Palazzo Citterio che avrebbe dovuto diventare prestigiosa

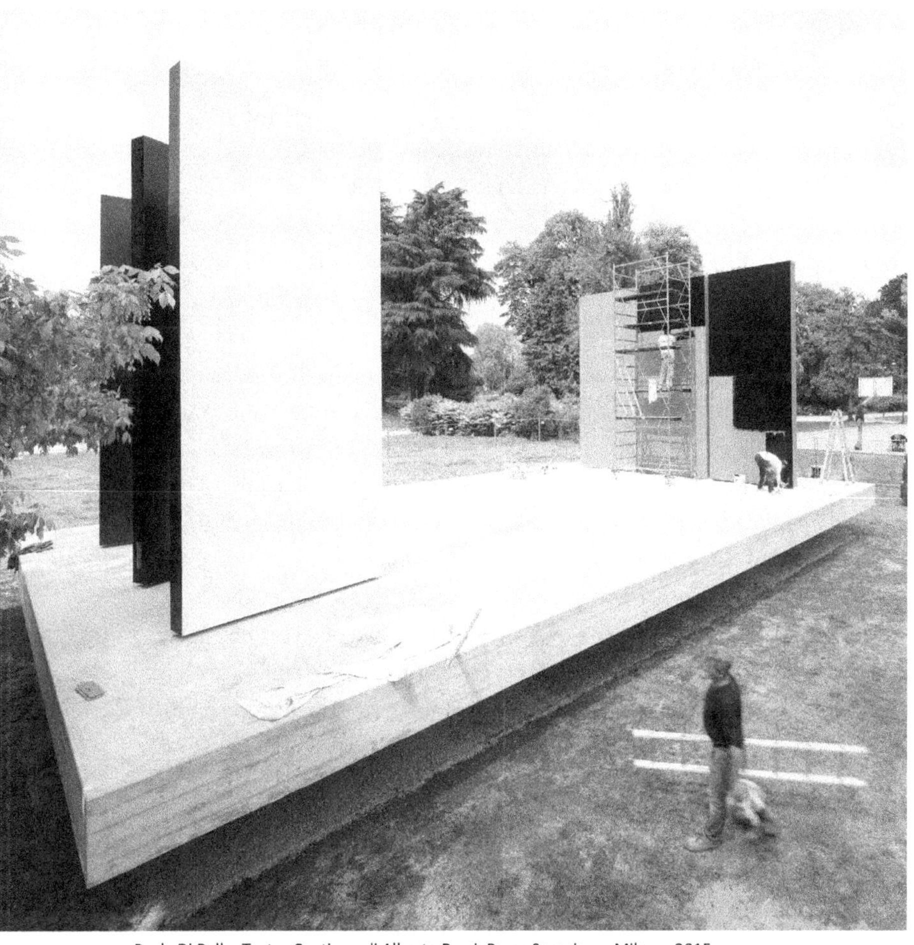

Paola Di Bello, Teatro Continuo di Alberto Burri, Parco Sempione, Milano, 2015

sede espositiva nell'ambito del progetto della Grande Brera. Negli stessi anni Il *Teatro Continuo* era sede di attività organizzate e spontanee.

Eppure negli stessi anni venne a mancare, da parte della città, una presa in carico responsabile capace di assicurare al *Teatro Continuo* la cura necessaria. In capo a sedici anni, questa trascuratezza genera un degrado che nel 1989 funge da pretesto per la demolizione dell'opera, malgrado il vincolo ambientale cui il Parco è sottoposto dal 1986.

Il fatto interrompe drasticamente il rapporto tra Burri e la città di Milano. L'artista dichiara infatti che non intende più esporre a Milano.

Ma la visione di Burri è soltanto differita. Diciannove anni dopo, nel 2008, la Triennale di Milano dedica all'artista una grande mostra antologica a cura di Maurizio Calvesi e Chiara Sarteanesi. La mostra intende, tra l'altro, ricucire questo rapporto; documentando ampiamente la vicenda del *Teatro Continuo* in un'apposita sezione, ne rinnova la memoria, stimola la consapevolezza della perdita subita e l'idea del recupero. Il dibattito è aperto. Nel 2013 il convegno e la mostra Contatto Arte – Città. Aniasi e la XV Triennale di Milano, incentrati sulle politiche culturali a Milano dagli anni Settanta, sono l'occasione per un'ulteriore riflessione sul tema, mentre già il recupero filologico dell'opera si profila ormai come operazione imprescindibile per la città. Nel 2015, a ventisei anni di distanza dallo smantellamento, l'opera viene reintegrata nella collocazione originaria e restituita alla città grazie a un gesto coordinato di responsabilità civica: all'intervento contribuiscono la Fondazione Burri e il mecenatismo illuminato di NCTM Studio Legale, in accordo con le principali forze istituzionali cittadine. La ricostruzione è affidata all'impresa di Tullio Leggeri, collezionista di grande sensibilità, specializzato nell'esecuzione di opere di artisti. La convinzione che ha accompagnato il recupero del *Teatro Continuo* conferma che il dialogo con la città non si è mai interrotto e che il ricordo dell'opera è rimasto impresso nella mente dei cittadini. Con il suo preciso riferimento al contesto storico e ambientale, con la capacità di accogliere il mondo che cambia ed evolve e di manifestare una disposizione alla socialità, al dialogo e al rapporto, questa grande scultura immersa nel verde continua a rappresentare una risorsa per la città e un elemento importante del suo patrimonio culturale e civico.

Il testo è tratto da Gabi Scardi, *Il Teatro Continuo di Alberto Burri*, ed. Corraini, Mantova 2015

1. [disegno del Teatro Continuo] dal Catalogo della Mostra *Contatto Arte – Città,* Milano, Pollenza (MC), La nuova foglio editrice, 1973

2. Idem.

3. Umberto Eco, *Opera aperta. Forma e indeterminazione nelle poetiche contemporanee,* Bompiani, Milano 1962

4. Vittorio Rubiu, *Alberto Burri,* Einaudi, Torino 1975

5. Emilio Villa, in *Alberto Burri. Teatri e scenografie,* Città di Castello 1981

6. Enrico Crispolti, *Priorità ambientale urbana,* in Manuela Crescentini, Enrico Crispolti e Paola Rossi (a cura di), *Arte/architettura/città forum progetti e altro,* Prospettive Edizioni, Roma 2003

7. Stefano Zorzi, *Parola di Burri,* Allemandi, Torino 1995

8. "Danze esotiche – talune per la prima volta in Europa – sono apparse qui (e anche all'interno del Teatro dell'Arte): le "Danze e musiche reali" del Buthan; su alti trampoli sono state eseguite le "Danze mascherate dello Zambia" [...] della Corea del Nord, gli elementi rituali mescolati a componenti cosmiche e fantastiche inserite nel dramma danzato "Pongsan" con uso di maschere colorate e originali strumenti musicali; è durato l'intera giornata il corteo mascherato "Diablada de Oruro", animato da un gruppo proveniente dalla Bolivia. Uno dei più sorprendenti, il complesso di teatro-opera-danza classica dell'India "Le o5o no5i di Krishna5am". [...] Folklore brasiliano con danze e canti in "Oba Oba". [...] Con qualche difficoltà si è presentato il Chicago City Ballet alla sua prima tournée europea. Meno spericolate altre esibizioni: lo show di Beppe Grillo; "Ah l'opere5a!", antologia di brani celebri collegati con verve da Roberto Brivio che ha cantato, danzato e recitato, con Grazia Maria Raimondi; il cantautore bolognese Dino Sarti; il recital dei comici Gigi e Andrea; lo spe5acolo di danza "Classico e moderno" con Oriella Dorella; l'Arteballe5o dire5o da Amedeo Amodio; l'orchestra di Sergio Gamberini e, so5o i fasci di luce proie5ati sul pubblico, per le riprese visive di Raidue [...] Edoardo Bennato si esibiva in un concerto gratuito organizzato dallo "Ente Autonomo Milano Suono" con il patrocinio del Comune di Milano [...]",

Domenico Manzella e Emilio Pozzi, *I teatri di Milano,* Mursia, Milano, 1985

9. Ludovico Zorzi, *Il teatro e la città. Saggi sulla scena italiana,* Einaudi Editore, Torino 1977

10. Giulio Macchi, in *Catalogo della XV Triennale,* 1973, *Contatto Arte – Città,* Comune di Milano, ripartizione cultura turismo e spe5acolo, La nuova foglio editrice, Pollenza (MC),1973

11. *Superstudio: progetti e pensieri,* "Domus" 479, ottobre 1969; e Emanuele Piccardo, *Superstudio: progetti e pensieri. 1968-69,* Domusweb, febbraio 2012

12. Caterina Iaquinta, *Trasformazioni nello spazio sociale dell'arte: teatri d'animazione e animazioni tra il 1967 e il 1969 in Italia.* Intervento al convegno *Arte diffusa: interventi, azioni, oggetti nello spazio pubblico,* Università Cattolica del Sacro Cuore, Milano 17 ottobre 2011

13. Silvia Bignami e Alessandra Pioselli, *Fuori! Arte e Spazio Urbano 1968-1976,* Electa, 2011

14. Enrico Crispolti, *Priorità ambientale urbana,* in Manuela Crescentini, Enrico Crispolti e Paola Rossi (a cura di), *Arte/archite!ura/ci!à forum proge!i e altro,* Prospe5ive Edizioni, Roma 2003, pag. 11-26

15. Ico Parisi, Italo Bartole5i, Enrico Crispolti, Antonio Mio5o, Pierre Restany e altri, *Operazione Arcevia, Comunità Esistenziale,* Editrice Cesare Nani, Como 1976

16. *41. Esposizione internazionale d'arte, La Biennale di Venezia: arte e arti: a!ualità e storia: catalogo generale,* La Biennale di Venezia, Electa, Milano 1984

17. Giulio Macchi, in *Catalogo dell XV Triennale,* 1973, *Conta!o Arte – Ci!à,* La nuovo foglio editrice spa, Pollenza (MC) 1973

18. Idem.

19. Maria Grazia Folli, Danilo Samsa (a cura di), *Milano Parco Sempione. Spazio pubblico, progetto, architettura 1796-1980,* Clup e Triennale di Milano, 1980

20. Vittoria Crespi Morbio, *Burri alla Scala,* Allemandi, Torino 2002

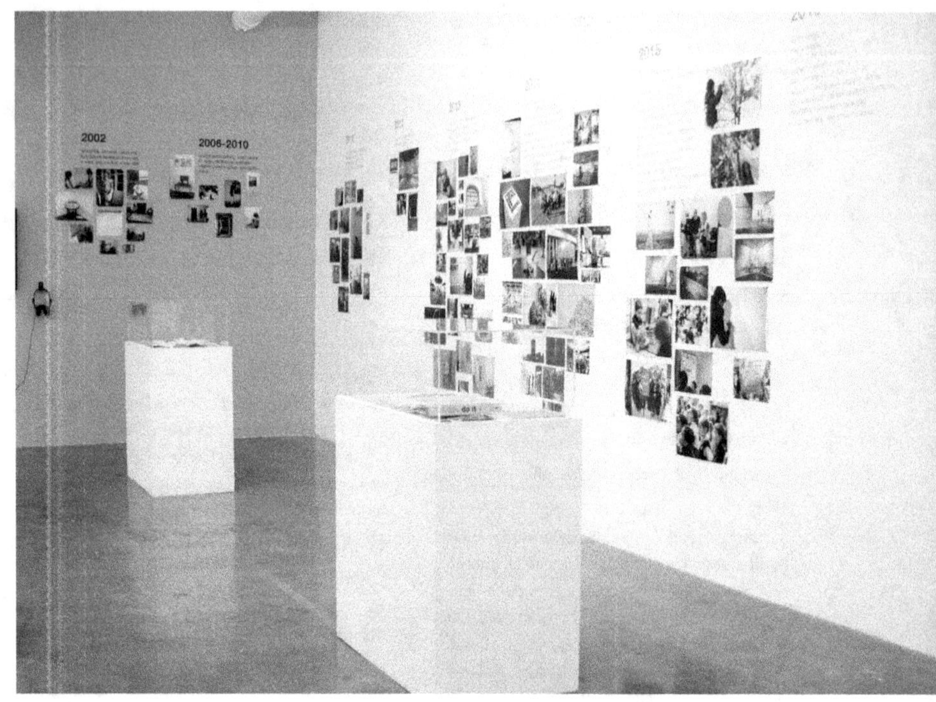

Particolare dell'allestimento di *Do It & Do It (Archive)* al Blue Star Contemporary di San Antonio (San Antonio, USA, 3 marzo – 8 maggio 2016) con documentazione delle precedenti edizioni

Da *Cloaca Maxima* a *Utopia Station*

Hans-Ulrich Obrist

a _ CLOACA MAXIMA

Tema della purificazione delle scorie il buttar via è complementare
dell'appropriazione inferno d'un mondo in cui non fosse buttato via niente si è
quel che non si butta via identificazione di se stessi spazzatura come autobiografia
soddisfazione del consumo defecazione tema della materialità, del rifarsi, mondo
agricolo, la cucina e la scrittura, spazzatura come autobiografia.
(*Italo Calvino*, La poubelle agréée)

Lo sfogo necessario della produzione
del profitto sociale è l'inevitabile
scarto di pulizia, ordine e bellezza.
(*Dominique Laporte*, Storia della merda)

Civiltà significa merda.
Cloaca Maxima.
(*Jacques Lacan*)

Cloaca Maxima presenta l'arte contemporanea nella fogna municipale di Zurigo: una mostra d'arte sull'acqua (gli scarichi), i bagni e la fogna dedicata a temi che ci condizionano direttamente. *Cloaca Maxima* prova a renderli dinamici. La mostra stabilisce numerosi legami con la collezione permanente del Museum der Stadtentwässerung, sebbene il punto di partenza del progetto sia un video di Peter Fischli e David Weiss realizzato con una serie di foto scattate in tempo reale nelle fogne, riprese tramite una telecamera di sorveglianza. Le telecamere nella rete fognaria servono come sistema di sorveglianza permanente. Le immagini sono sempre più importanti, data la responsabilizzazione dei consumatori rispetto ai danni dell'ambiente e la recente scoperta di perdite nei tubi. Allo stesso tempo, queste immagini generano una sensazione di sorveglianza continua delle strutture.

Inter faeces et urinas nascimur

La defecazione, così come il suo prodotto, la merda, è tenuta nascosta dal pubblico e bandita nel privato. In *Storia della merda*, Dominique Laporte dimostra come nella civiltà Occidentale, sin dai tempi della colonizzazione, durante il XIV secolo, gli scarti sono sempre stati tenuti sotto controllo e nascosti alla vista del pubblico. Il culmine di questo processo si è avuto durante il movimento igienista del XIX secolo, quando la visibilità e la scomparsa degli escrementi sono andati di pari passo con la richiesta di un loro impiego in termini economici. Come conseguenza di questo sviluppo, la rimozione dell'odore si è manifestata sotto forma di un materialismo ancora più puro.

Laporte mostra come la quasi totale divisione dell'economia (come luogo dello sporco) dallo Stato (luogo della purezza, con la sua rete fognaria che tutto filtra) abbia separato ancor di più il privato dal pubblico, rinforzandone in tal modo i confini.

Al contrario, l'arte si colloca fra transizioni e passaggi, dà la possibilità al pubblico di alternare pubblico e privato. Gli escrementi sono liberati dalle loro connotazioni negative grazie a un utilizzo dialogico.

La *Merda d'artista* di Piero Manzoni (piccole scatole di latta, che dovrebbero contenere trenta grammi della merda dell'artista) ironizza sui componenti utili degli escrementi e colloca la merda al bivio tra produzione e utilizzo. Questo è confermato dal costo di ogni scatoletta, pari a trenta grammi d'oro. Le immagini e i rilievi scatologici di John Miller presentano la merda come veicolo per il dialogo. In tal caso, il linguaggio nasce dall'innominabile. I disegni di Nancy Spero mostrano delle bombe che vengono lanciate come una sorta di segregazione degli escrementi. Gli aerei militari e gli elicotteri sono raffigurati come uomini-mangia animali. Otto Mühl ha proposto un

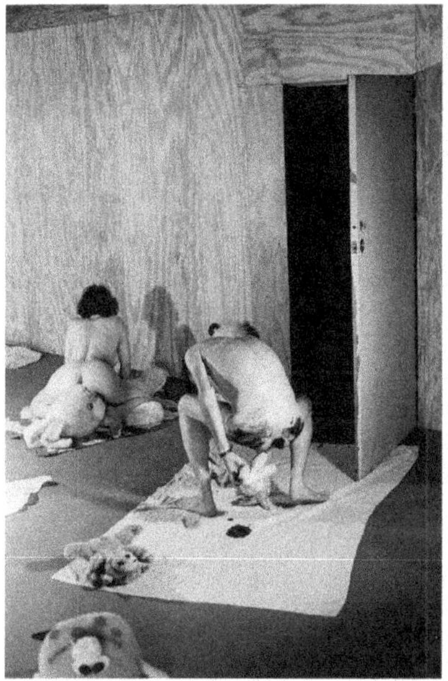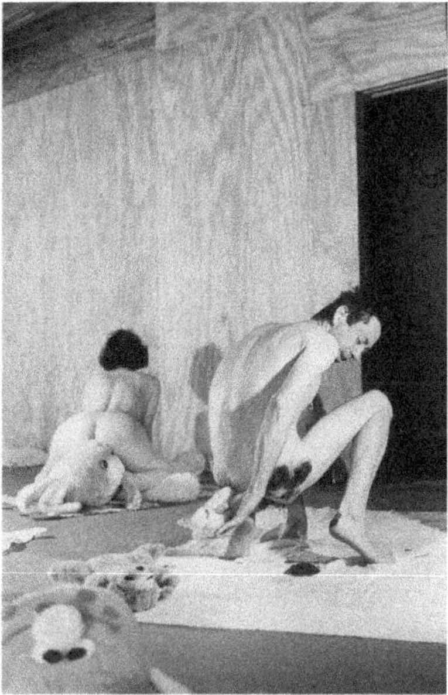

Mike Kelley, *Manipulating Mass-Produced, Idealized Objects & Nostalgic Depiction Of The Innocence Of Childhood*, 1990

altare scatologico a Zurigo, un incrocio ironico tra l'orinatoio di Duchamp e la *Merda d'artista* di Manzoni, dove Otto Mühl allude all'altare della defecazione, un progetto con Hermann Nitsch, mai realizzato, del primo periodo dell'Attivismo viennese. Le immagini scatologiche di Gilbert & George rasentano la repulsione. Escrementi che oscillano tra dentro e fuori segnano una transazione fondamentale, una trasgressione che può andare in entrambe le direzioni. Oppure, parafrasando Roland Barthes, la fotografia di una merda non puzza. Andreas Slominski inietta urina nella buccia di una banana, comprimendo così il ciclo biologico del nutrirsi e purgarsi in un loop spaziale. Il nutrimento entra nello stomaco attraverso la bocca per poi abbandonare il corpo attraverso il tratto anale e urinario, dopo essere passato per il sistema digestivo. Le fotografie di Mike Kelley, *Nostalgic Depiction of the Innocence of Childhood*, associano l'atto della defecazione al disfarsi degli scarichi. Anche il lavoro di Ilya Kabakov ha a che fare con forme di depurazione che mettono in moto il ciclo, la cui complessità resta un mistero (Boris Groys). Il suono dell'installazione di Kabakov, dietro la porta abbandonata di un bagno ricorda l'idea del bagno come rifugio in un appartamento russo condiviso da più persone. *Toilet Paper Roll* di Gerhard Richter rivela l'immagine come luogo esistenziale: ciò che rimane è ciò che non è stato sciacquato via [vedi *do it*]. Paul-Armand Gette ha un debole per i bagni in quanto luoghi di incontro e separazione. Laddove il museo integra occasionalmente i bagni come oggetti nelle sue collezioni, Gette porta il museo in bagno.

La città invisibile

Le storie delle fogne sono così. Esistono e basta.
Il vero e il falso non c'entrano.
(*Thomas Pynchon*, V)

Don't go for the roof, follow the canal.
(*Patty Smith*)

La poubelle agréée di Italo Calvino descrive la sepoltura quotidiana dei nostri escrementi che passano dal privato del bagno di casa al sistema fognario con un rinvio che, grazie a una piccola morte quotidiana, ci tiene distanti dalla sparizione dei nostri corpi.

Il sistema fognario collettivo della città è opposto al privato del bagno e segna una transizione importante nella circolazione degli escrementi. Lo sciacquone a pressione raffigurato sulla copertina del depliant del Museum der Stadtentwässerung a Zurigo segna il passaggio da spazio pubblico a privato. Il sistema fognario urbano riflette la città in superficie conducendo direttamente allo spazio oscuro della coscienza collettiva. Questo può forse spiegare l'abbondare dei miti legati al mondo delle fogne come quello degli alligatori predatori delle caverne oscure e umide descritti sia nel racconto di spionaggio di Thomas Pynchon che nel film di K.H. Hödicke in *Made in New York*. Al tempo stesso, il sistema fognario è anche una zona di trasformazioni alchemiche, dove la merda si trasforma in oro.

Il servizio fognario municipale di Zurigo illustra questo magico processo grazie a un acquario all'ingresso dell'ufficio amministrativo. Un piccolo segno indica che il pesce vive (o sopravvive) nell'acqua locale purificata.

L'inventario di oggetti trovati nella fogna da Christian Boltanski è esposto in vetrina: non sono solo oggetti, ma tracce di ricordi di soggetti. Come elementi della mostra essi esistono in uno spazio tra la vita e la morte. Conservati nella vetrina espositiva come "fogna archeologica", possono essere rianimati in qualsiasi momento, se viene identificato il loro proprietario. Gli operai fognari in gomma di Fischli e Weiss segnano un punto di incontro tra la città in superficie e il sottosuolo oscuro dei tubi di comunicazione.

Acqua come materiale e risorsa

Cosa vedete? Acqua.
Di che colore è quest'acqua? Color acqua.
(Benjamin Péret)

Negli ultimi tempi, l'acqua ricorre molto più frequentemente come elemento nelle opere d'arte. L'acqua è una risorsa sempre più contesa in tutto il mondo. In futuro, la carenza d'acqua che ha causato scenari catastrofici nell'agricoltura, non sarà più soltanto un problema che affligge il Terzo Mondo. Tenere conto della naturale circolazione dei corsi d'acqua è un problema di emergenza universale.

L'acqua come risorsa, la sua circolazione, sono i temi degli *happening* di Allan Kaprow. Con studenti e amici, ha estratto diversi metri cubi d'acqua da un piccolo ruscello per poi rimetterli nello stesso ruscello, poco più avanti in senso contrario. Dopo pochi minuti, l'acqua raggiunge il suo punto di partenza. La corda per il bucato che Carsten Höller ha steso nel parcheggio ci costringe ad uscire dal museo: sette gonne appese su una cordicella rossa, viste da una certa angolazione sembrano una bocca sorridente con sette denti. In una lettera che mi ha scritto dopo la prima visita al Museum der Stadtentwässerung, Höller parla della fogna come metafora e come realtà:

La realtà di un processo di riproduzione che inizia con un sorriso, ma che ha causato un surplus di popolazione umana sulla Terra, con una serie di problemi annessi... come l'organizzazione delle fogne. La metafora è che la fogna contiene cose di cui ci disfiamo: la seconda cosa include naturalmente i prodotti della nostra attività riproduttiva (bambini), anche se (ovviamente) accade raramente di abbandonarli nelle fogne.

Maria Eichhorn ha creato una doppia trasparenza con l'acqua colorata messa in recipienti allineati uno vicino all'altro: l'acqua che incontra il vetro. La cosa importante è la luce che brilla attraverso l'acqua colorata. Come tutti i materiali usati da Maria Eichhorn, l'acqua è intesa come rete di relazioni: per prima cosa il contesto che determina l'angolo di incidenza e l'intensità della luce che cade sugli oggetti esposti su un davanzale del museo, poi la comunicazione tra i vari recipienti colorati, la possibilità di trasformazione dell'aggregazione, e la possibilità che l'acqua unisca lo spettatore e l'opera. Anche Fabrice Hybert ha lavorato su queste relazioni trovando un'attinenza tra la trasparenza e la permeabilità dell'acqua con le sculture che galleggiano in acqua. Questo ci rende consapevoli della dipendenza dell'uomo dall'acqua come risorsa. Hans Haacke documenta il suo sistema fognario nel Krefeld Museum del 1972. Iniziava con dell'acqua sporca che veniva poi fatta circolare nello spazio espositivo, veniva così purificata con un micro-sistema fognario reale e funzionante. La nuova bandiera svizzera di Peter Fend, la cui forma è determinata dai corsi d'acqua, mostra un possibile modello per l'Europa post-nazionalista: la connessione rimane grazie al luogo (e nel caso della Svizzera soprattutto grazie ai corsi d'acqua) e non secondo lingua o etnia.

A seconda del contesto o della prospettiva, l'acqua è allo stesso tempo neutrale per la mancanza di specifiche qualità, seppur grezzo è materiale di valore, al centro delle politiche urbane.

Pubblicato in occasione della mostra *Cloaca Maxima: Eine Ausstellung im Museum der Stadtentwässerung Zürich*, Hatje Cantz Verlag, Ostfildern-Ruit 1994

La collettiva *do it* comincia con una conversazione con Christian Boltanski e Bertrand Lavier, nel 1993, al Café Select di Parigi. Boltanski e Lavier si interessano, dagli inizi degli anni Settanta, di procedure di istruzioni; per questo abbiamo iniziato parlando dei modi in cui le hanno utilizzate nei loro lavori. Mentre Lavier ha realizzato molti lavori con istruzioni scritte, sforzandosi di osservare gli effetti della traduzione di un'opera d'arte che si muove fuori e dentro le permutazioni del linguaggio, Boltanski ha pensato le istruzioni per le sue installazioni in maniera analoga alle colonne sonore che, essendo interpretate da altri, passano attraverso innumerevoli esecuzioni. Nel corso della discussione, ciascuno di noi ha fatto degli esempi storici di opere d'arte sotto forma di istruzioni facendo i nomi di László Moholy-Nagy, Marcel Duchamp, John Cage e ovviamente è saltato fuori George Brecht, Yoko Ono e il suo *Grapefruit* (1964) (un libro di istruzioni per l'arte e la vita eccentrico e sovversivo), e la mostra organizzata da Seth Siegelaub nel 1969, *The January Show*. Sono venuti alla luce anche riferimenti letterari, tra cui André Breton e le regole del gioco per *exquisite corpse* e écriture *automatique* (*la scrittura automatica*) dei surrealisti, le esperienze proposte da René Daumal e Roger Gilbert-Lecomte in *Le grand jeu*, i poemi cose-da-fare di Frank O'Hara e la loro eredità, le istruzioni operative di Guy Debord e dei situazionisti, i testi di Borges e Cortazar, e naturalmente "Do it!" il grido di battaglia di Jerry Rubin del 1968. Dall'incontro al Café Select, è nata l'idea di una mostra con descrizioni fai-da-te e procedure di istruzioni, una mostra con contributi da diverse generazioni, diversi background culturali e discipline. Abbiamo iniziato a buttar giù sui tovaglioli di carta i nomi degli artisti che pensavamo avrebbero realizzato istruzioni interessanti, anche se non avevano mai usato prima questo modus operandi. La lista sembrava infinita. All'improvviso *Do it* stava diventando una mostra su carta, sino al momento in cui non si fosse trovata una sede in grado di realizzarla ogni volta in maniera diversa.

Nel 1993, in collaborazione con AFAA (Association Française d'azione artistique), dodici testi inediti *do it* sono stati tradotti in otto lingue e stampati in un catalogo-quaderno arancione. La prima mostra *do it* è stata realizzata nel settembre del 1994 alla Ritter Kunsthalle di Klagenfurt, in Austria. In seguito, nel corso degli anni, ha viaggiato in tutto il mondo, facendo tappa

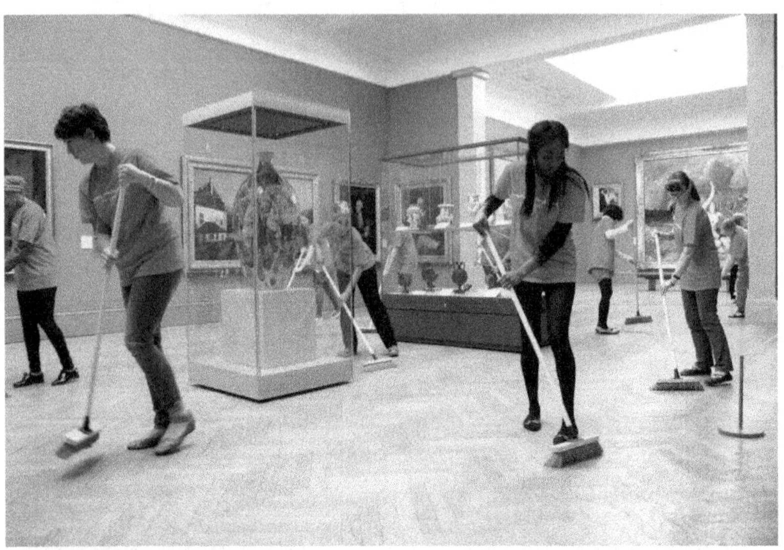

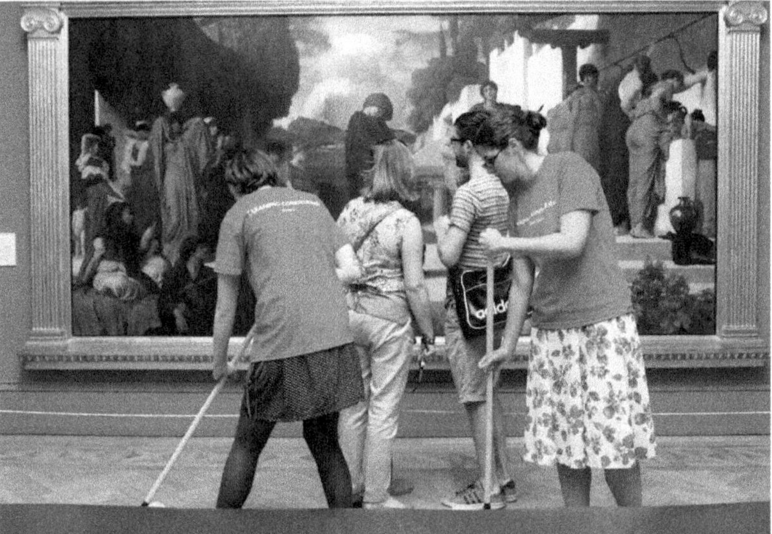

Suzanne Lacy e Meg Parnel, *Cleaning Conditions*, Manchester Art Gallery 2013
Omaggio di Suzanne Lacy che reinventa ironicamente il testo dato da Allan Kaprow ad Hans Ulrich Obrist in occasione di *Do It!*. Il testo di Allan Kaprow diceva:

> *Sweeping the dust from the floor of a room, spreading the dust in another room*
> *so it won't be noticed. Continuing daily.*

a Glasgow, Nantes, Brisbane, Reykjavik, Siena, Bogotá, Helsinki, Ginevra, Bangkok, Uppsala, Tallinn, Copenhagen, Edmonton, Perth, Ljubljana, Parigi, Città del Messico, San José e nell'ambito dell'ICI tour (Indipendent Curators Incorporated), in venticinque sedi in Nord America. L'archivio delle istruzioni continua ad allargarsi grazie a nuovi collaboratori invitati a partecipare. Anche se le idee e i risultati di *do it* sono stati diversi in ogni sede, si è trasformato in un complesso sistema di apprendimento, pur essendo legato alle "regole del gioco":

1 __ Ogni museo deve creare almeno quindici potenziali trenta
opere d'arte/azioni. Il processo di selezione non solo assicura che
i singoli lavori siano diversi tra loro (come le traduzioni di Lavier)
in quanto risultato dell'interpretazione, ma anche che verrà fuori la
configurazione di un nuovo gruppo ogni volta che verrà presentata la
mostra.

2 __ Le istruzioni vanno eseguite dal personale del museo o dalla
comunità. Né io, né gli artisti sono coinvolti nella realizzazione della
mostra. Non ci deve essere alcun lavoro originale creato dall'artista.

3 __ Le descrizioni DIY (*do it yourself*) degli artisti partecipanti, da
cui nasce ogni volta la mostra, dovrebbero essere prese con spirito di
"libera invenzione". Non ci sarà la tradizionale "firma d'artista", così
da assicurare che *do it* si sviluppi in modo statico.

4 __ Al termine di ogni mostra *do it* l'istituzione che presenta la
mostra deve distruggere i lavori e le istruzioni, in modo da rendere
impossibile che essi entrino a far parte della collezione permanente o
diventino feticci (vedi n.6 per le eccezioni).

5 __ Le componenti che costituiscono le opere di *do it* devono tornare
al loro contesti originario, rendendo *do it* (quasi) del tutto reversibile.
Il mondano si trasforma in qualcosa di straordinario e poi viene
riconvertito in quotidiano. Quindi, *do it* appare per poi scomparire.
6 __ Molti artisti hanno presentato alternative alla reversibilità o

distruzione della mostra *do it*, cioè "un'economia" *do it*, dove le opere d'arte realizzate secondo le istruzioni degli artisti possono essere "autorizzate" come "originali", diventando così proprietà dei visitatori del museo o anche parte della collezione del museo tramite un pagamento una tantum agli artisti.

7 __ Tutti coloro che partecipano a *do it* ricevono una documentazione fotografica completa dei loro lavori. *do it* nasce da un modello aperto, una mostra-in-progress. Tutte le città in cui viene realizzata costruiscono il contesto delle opere con i propri logo. È importante ricordare che *do it* non si interessa alla questione dell'autenticazione, delle copie o delle riproduzioni delle opere d'arte. Nessun lavoro viene spedito. Al contrario, azioni quotidiane e materiali sono il punto di partenza per lavori che vengono ricreati nelle varie sedi della "performance". Ogni versione *do it* è quindi un'azione che avviene nel tempo e nello spazio. La natura essenziale di quest'azione resta imprecisata e si può collocare a metà strada tra permutazione e negoziazione, nell'ambito della tensione tra ripetizione e differenza. Il significato si moltiplica, così come le diverse interpretazioni dei testi accumulati ogni volta. Le interpretazioni delle istruzioni non sono mai identiche.

La mostra nasce sfidando le norme che regolano la circolazione dell'arte contemporanea. Non intende annullare la differenza, né ridurre la complessità a un prodotto (come troppo spesso tendono a fare le collettive), ma anzi tende a incrementare la differenza e la complessità, a proporre nuove dimensioni temporali. In questo senso, è simile alla recente "mostra come arcipelago", proposta dal poeta, scrittore e intellettuale postcoloniale martinicano Édouard Glissant basata sul concetto di tempo non-lineare e sulla coesistenza di diversi fusi orari, che permettono, tra l'altro, una grande varietà di zone di contatto. Quello che suggerisce Glissant è che oggi ogni mostra è una sfida per la creazione di nuovi spazi e nuovi modelli di tempo, così da realizzare una globalizzazione che contrasti gli effetti della standardizzazione. Con *do it* abbiamo cercato di costruire, insieme agli artisti e agli organizzatori, un ritmo diverso, un altro modus operandi, per contrastare il tempo uniformato delle mostre "temporanee" che aprono e chiudono per poi ridipingere tutto di bianco. Glissant, invece di utilizzare concetti come "globalizzazione" o "mondializzazione" (il termine francese per "globalizzazione"), ha introdotto un suo vocabolario, minando il dominio del francese e dell'inglese grazie all'uso di neologismi e/o "creolismi", come "globalité" e "mondialité".

Chiamo poetica della relazione quella possibilità dell'immaginario
che ci porta a capire la globalità intangibile del caos-mondo, che ci
permette di acquisire qualche dettaglio, in particolare di cantare i
nostri luoghi, indecifrabili e irrimediabili. L'immaginario non è il sogno
e neanche l'evidenza dell'illusione.

Per Glissant, se è vero che ritroviamo la *globalité* nell'oppressione e nello sfruttamento del debole da parte del potente, essa viene vissuta anche tramite le poetiche e, quindi, resiste ad ogni generalizzazione. *do it* è davvero, in questo senso, un'esperienza e un dialogo globale che unisce artisti e scrittori provenienti da tutto il mondo presentando un contesto equo. Anche se il mondo dell'arte ha indubbiamente subito una rapida e profonda internazionalizzazione, a partire dalla fine degli anni Ottanta, restano dei problemi strutturali. La presentazione delle grandi mostre al di fuori del Nord America, dell'Europa, e di alcune città asiatiche e dell'America Latina, è ancora molto difficile, anzi, a volte la situazione è peggiorata a causa dei grandi costi di assicurazione e della complessità delle norme per esporre. *do it* è riuscita a contrastare questa tendenza. Siamo riusciti a raggiungere molte sedi con un budget ridotto, eliminando trasporti e spese di assicurazione.

Non dovremmo forse pubblicare i risultati sui quotidiani
o renderli disponibili su fogli di carta da mandare a chiunque?
(George Brecht, *Notebooks I, II, III*, 1958-59)

Anche se le mostre *do it* sono proseguite, nel 1995 il mio interesse si è spostato sulla nozione ipotetica e ludica di dispersione della mostra d'arte oltre i limiti tradizionali. È nata così l'idea di una versione casalinga di *do it* che può assumere la forma di un libro, uno show televisivo e un sito web, con istruzioni sviluppate appositamente per uso domestico. Artisti, filosofi, scienziati, poeti e musicisti, provenienti da tutto il mondo, sono stati invitati a contribuire con nuove istruzioni da progettare, realizzabili in un ambiente domestico, istruzioni che non richiedono necessariamente il supporto di una struttura espositiva. Una versione televisiva di *do it* è stata poi realizzata in collaborazione con *museum in progress* di Vienna e (maggio 2002), mentre *e-flux* (e-flux.com) ha lanciato la versione online di *do it* (home version): i suoi contenuti sono cresciuti in maniera esponenziale, dato che sono state inserite non solo nuove istruzioni, ma anche saggi e interviste sull'arte concepita a partire dalle istruzioni. Infine, nel dicembre 2002, presso lo IUAV di Venezia (con Molly Nesbit e Stefano Boeri), ho iniziato un seminario dal titolo *do it for/with Someone Else* che si è poi trasformato in una mostra/evento, e conteneva i progetti realizzabili dagli studenti.

Il libro *do it* è il primo di una serie di pubblicazioni che mettono insieme le istruzioni proposte da coloro che hanno contribuito sin dall'inizio (con l'eccezione di poche istruzioni create prima che la mostra *do it* venisse realizzata, perché gli autori volevano vedere le istruzioni ripubblicate in questo contesto). In *How to Do Things with Words*, libro che contiene una serie di lezioni impartite dall'emerito filosofo analitico John Langshaw Austin tenutesi presso l'Università di Harvard nel 1955, con le quali spiega la sua teoria sulle azioni performative del discorso, definite come enunciazioni che eseguono un'azione opposta alla sua semplice descrizione o segnalazione. Il linguaggio è stato considerato soprattutto come strumento per fare affermazioni veritiere (da gran parte della storia della linguistica e della filosofia del linguaggio). Ma il lavoro di Austin e dei suoi proseliti, come John Searle, ci ha portato a prestare maggiore attenzione ai modi in cui il linguaggio è impiegato nelle attività quotidiane, ad interessarci di più alla produzione di significato che al significato stesso. Infatti, sono grato a tutti coloro che continuano a partecipare a *do it* per l'intelligenza e l'energia impiegata in questa ricerca collettiva per la produzione di significato. Il libro riflette i primi sviluppi di questa ricerca. È di per sé performativo: partecipa all'azione del dire. Ed è solo l'inizio.

Introduzione a *do it*, a cura di Hans Ulrich Obrist, Revolver-Archiv
für aktuelle Kunst e e-flux, Frankfurt am Main e New York 2004

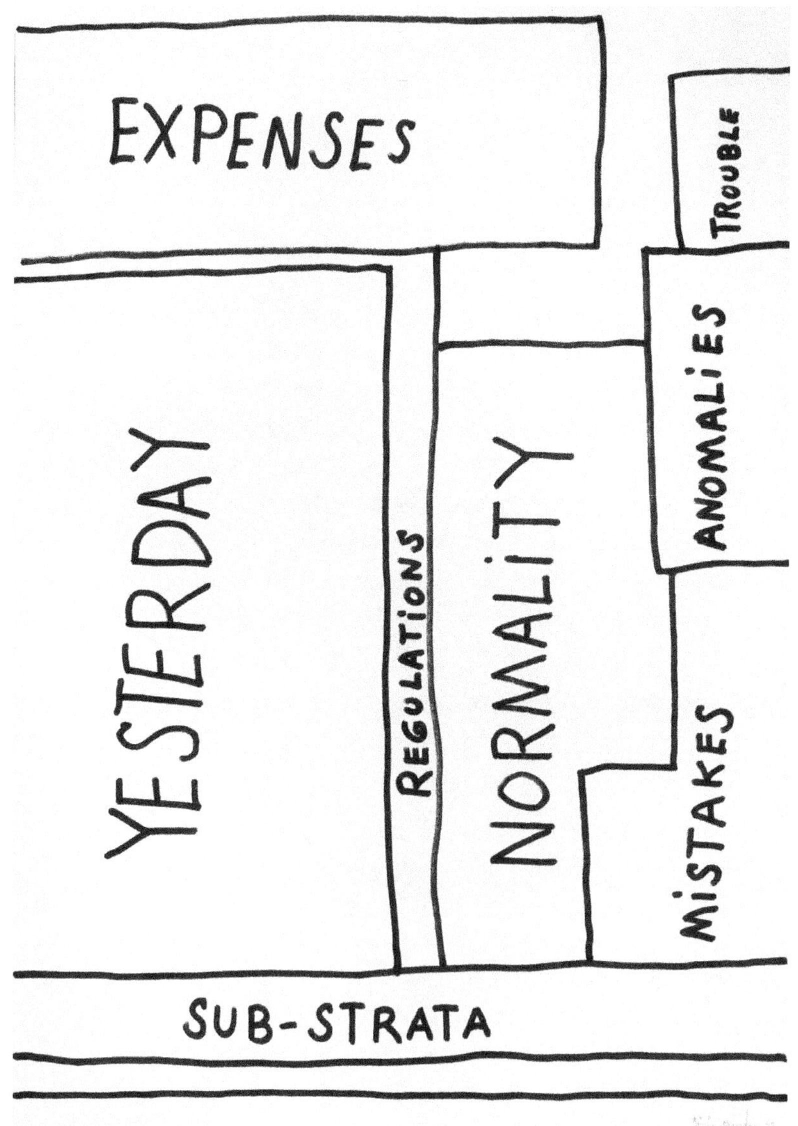

Jimmie Durham per *Utopia Station*, 2003

Cos'è una stazione?

Nel 1964, nel corso di un dibattito con Theodor Adorno, Ernst Bloch messo con le spalle al muro nella difesa della sua posizione sull'utopia, non cedette. Adorno aveva cominciato ricordando ai presenti che alcuni sogni utopici si erano effettivamente realizzati, che ora c'era la televisione, la possibilità di viaggiare su altri pianeti, di andare più veloci del suono. Eppure questi sogni erano stati celati, le menti mosse da un inesorabile positivismo erano state poi sopraffatte dalla noia. "Forse in generale si potrebbe dire" osservò Adorno, "che la realizzazione dell'utopia consiste principalmente in una semplice ripetizione di un presente sempre uguale".

Ernst Bloch indicava altri livelli della mente che erano meno strutturati del capitale occidentale. L'utopia, osservava, stava prendendo in modo meno enfatico, nomi come, ad esempio, "fantascienza" o si poteva trovare in altre espressioni "se solo così fosse".

Adorno convenne con Bloch su questo punto e continuò dicendo:

> Qualunque cosa sia l'utopia, qualunque cosa si immagini come utopia, essa rappresenta la trasformazione della totalità. Una simile trasformazione della realtà è immaginata in modo fondamentalmente diverso all'interno di tutte le cosiddette conquiste utopiche che casualmente sono tutte proprio come dici tu: molto modeste, molto limitate. Mi pare che ciò che la gente ha perso individualmente in termini di consapevolezza sia molto semplicemente la capacità di immaginare la totalità come qualcosa che potrebbe risultare del tutto diversa.

Come pensare l'utopia dunque? Secondo Adorno l'unica possibilità stava nella nozione di una vita senza inibizioni, libera dalla morte. All'improvviso la discussione sull'utopia si allargò, diventò non solo vecchia, ma antica. Sembrava spogliarsi delle ideologie come se fosse una pelle. Adorno dichiarò che nessuna immagine dell'utopia poteva essere resa in modo positivo, non poteva esistere un'immagine positiva, né alcuna sua immagine poteva risultare completa. Adorno si spinse molto in là, Bloch lo seguì solo in parte. Riprendendo una frase di Brecht, la lasciò cadere come incentivo per l'utopia. Bertolt Brecht aveva scritto "Manca qualcosa".

"Cos'è questo qualcosa?" chiese Bloch:

> Se non si può renderlo con un'immagine, allora lo ritrarrò nella sua essenza. Ma non si dovrebbe permettere che venga eliminato dicendo "ci vuole sostanza". Credo che, nonostante tutto, l'utopia non si possa rimuovere dal mondo, anche le innovazioni tecnologiche che devono ancora nascere per divenire parte del grande dell'utopia, ne costituiranno solo una piccola parte. Questa è un'immagine geometrica che non trova spazio qui, ma un'altra immagine si può trovare nel vecchio detto contadino "non si balla prima di aver mangiato". La gente deve prima riempirsi lo stomaco e poi ballare.

"Manca qualcosa". Quando si studia l'utopia è normale che si faccia riferimento ai passi compiuti da altri. Dalla prima formulazione nel 1516 del libro di Tommaso Moro, fin dalla sua invenzione dell'isola del buon ordine sociale, l'utopia è stata oggetto di discussione, spesso con il contributo di più voci contemporaneamente, voci che offrono pensieri, esperienza, i frutti del passato. Infatti l'utopia rappresenta sotto molti aspetti l'antica ricerca della felicità, della libertà, del paradiso. Mentre scriveva, Tommaso Moro aveva in mente la *Repubblica* di Platone. Oramai, comunque l'utopia ne ha deteriorato il concetto soffocandolo con prospettive fisse: come uno scheletro di vecchi tentativi. L'utopia è stata assassinata? O non riusciamo più a vederla? Certamente l'utopia è scomparsa: è diventata un luogo concettuale, vuota retorica in pompa magna, sempre più spesso una vacanza esotica, la piacevole isola deserta dei cliché. Quando hanno chiesto ad Abbas Kiarostami se avesse dei progetti non realizzati, egli rifiutò categoricamente l'idea (e la prospettiva a lungo termine) dell'utopia, preferendo sistemare le questioni nel presente. Kiarostami preferisce affrontare una collina per volta. Noi abbiamo rivolto il nostro sguardo su quell'area tra l'isola e la collina. Lì costruiremo una stazione e la chiameremo Utopia Station.

Utopia Station è una stazione di passaggio. La sua struttura concettuale si presenta flessibile, ma la struttura progettata appositamente per la Biennale di Venezia è anche materiale. Sorgerà sotto forma di una serie di contributi da parte di più di sessanta artisti e architetti, scrittori e attori, l'insieme dei quali verrà coordinato in un progetto flessibile da Rirkrit Tiravanija e Liam Gillick. Per coloro che sono impegnati nel progetto è importante che non si presenti come un'opera finita. Proviamo dunque a parlare delle stazioni grazie ad alcune figure. Cominciamo con una piattaforma lunga e bassa, in parte pedana da ballo, in parte palco, in parte banchina. Lungo un lato di questa piattaforma c'è una fila di lunghe panche circolari per sedersi, cosicché è possibile prestare attenzione a ciò che si svolge sulla piattaforma o volgerle silenziosamente le spalle o utilizzare il cerchio come un ampio spazio per conversare. Le panche circolari, su ciascuna delle quali possono sedere fino a dieci persone, sono trasportabili ed è possibile allinearle come una fila di gradi ruote. Lungo l'altro lato della piattaforma si erge un grande muro con tante porte. Alcune di esse portano oltre il muro, altre conducono il piccole stanze nelle quali sarà possibile vedere installazioni e proiezioni. Il muro avvolge la stanza e sospende l'insieme con dei cavi che pendono dal soffitto della stanza buia del vecchio magazzino in fondo all'Arsenale,

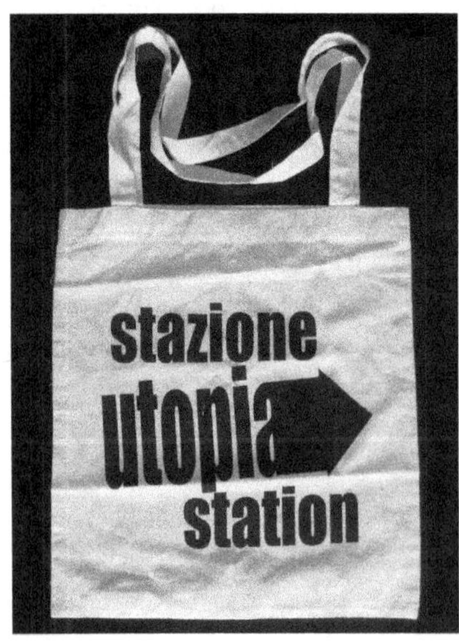

Una delle borse di Yoko Ono create per Utopia Station. Courtesy Fondazione Bonotto

dov'è situata la Stazione. All'esterno del magazzino si trova un giardino incolto, nel quale vengono esposte le opere della Stazione che a sua volta è riempita di oggetti, dipinti, immagini e schermi, circondati da diverse panche, tavoli e piccole strutture. Nella Stazione è possibile farsi il bagno o incipriarsi il naso. La Stazione in altre parole diventerà un luogo in cui fermarsi, riflettere, ascoltare e vedere, riposare e rinfrescarsi, parlare e fare scambi, infatti è completata dalla presenza di persone e da un programma di eventi. Performance, concerti, conferenze, letture, programmi di film, feste, gli eventi si moltiplicano e contribuiscono a definire la Stazione tanto quanto i suoi soggetti solidi. Durante tutta l'estate e in autunno verranno continuamente aggiunti alla Stazione oggetti di ogni genere; la gente lascerà delle cose e ne porterà via altre, ritornerà o non verrà mai più, ci saranno sempre persone che vorranno lasciare troppo e altre che non sapranno cosa lasciare o cosa dire. Queste sono le sfide per una Utopia Station allestita nel cuore di una collettiva d'arte. Inoltre, ci sono effetti imprevedibili, anticipati da Carsten Höller, i punti in cui qualcosa che manca si trasforma in qualcosa che eccede. Höller crede che il dubbio prodotto tra questi due qualcosa sia tanto significativo quanto qualsiasi idea di utopia. Queste tensioni saranno le benvenute, come se si trattasse di ospiti.

Cosa produce una Stazione? Cosa potrebbe produrre una stazione in tempo reale? Questa produzione comprende un'attività ben più complessa di una semplice mostra, varie fasi, diversi tipi di utilizzo. La Stazione incorpora materiali estetici, questioni estetiche, in un'altra economia che non considera l'arte come una cosa inevitabilmente dissociata.

Ma qual è il suo posto? La discussione su questo problema è stata rilanciata da Jacques Rancière nel suo libro *Le partage du sensible*; il titolo in francese ha il vantaggio di richiamare nella stessa parola il significato di "partizione" e "condivisione".

Che cosa viene suddiviso e scambiato? È qualcosa di più di un'idea. Rancière parte esplicitamente da Platone per ricordarsi dell'esistenza di un'inevitabile relazione tra le arti e il resto delle attività sociali, le inevitabili relazioni, si dovrebbe dire, che insieme creano valori e gerarchie, che governano, stabiliscono la loro politica sia materialmente che concettualmente. Questo teatro delle relazioni si avvolge attorno a visioni di mondi diversi ciascuno dei quali rappresenta un'isola, una forma, ognuno dei quali però è una realtà concreta, piena di natura e di forza. Si tratta di un'interpretazione filosofica dell'attività estetica. Questa interpretazione estende l'estetica materialista alla nostra situazione presenta. È un libro da portare in una Stazione, come abbiamo fatto. Ma una volta pubblicato anche il libro lascia la propria isola.

La Stazione Utopia di Venezia, la città delle isole, è parte di un progetto più ampio. Perché ci siano Stazioni Utopia non serve l'architettura, basta un incontro, un raduno. Ne abbiamo allestite parecchie a Parigi, Venezia, Francoforte, Poughkeepsie e Berlino. Le Stazioni possono essere grandi o piccole. Non c'è alcuna gerarchia d'importanza tra i raduni, gli incontri, i seminari, le mostre e i libri: ognuno di questi rappresenta un modo ugualmente valido di operare. Non c'è alcun desiderio di formalizzare le Stazioni in un'istituzione di qualsiasi genere. Per ora ci incontriamo e lasciamo circolare molte idee sull'utopia. Quando abbiamo incontrato Jacques Rancière a Parigi, lo scorso giugno, ci ha parlato delle difficoltà di spingere oltre l'idea di utopia. Rancière ha citato il verso "l'utopia deve esserci", nel senso che non ci devono essere solo dei calcoli, ma un'elevazione, un'ulteriore crescita dell'anima. Ha detto che l'altra linea di pensiero non lo ha mai interessato, anzi l'ha sempre trovata disturbante, quasi irritante. Ciò che interessa Rancière è il dissenso, il modo in cui si creano concretamente delle rotture: nel discorso, nelle percezioni, nella sensibilità. Rancière ha rivolto la sua attenzione all'osservazione dei mezzi grazie ai quali si possono osservare le utopie per produrre queste rotture. Comincerà e finirà tutto in discorsi?

In un'altra occasione, lo scorso inverno a Poughkeepsie, proprio mentre stava per sopraggiungere una bufera, Lawrence Weiner ricordò a tutti i presenti che la realtà dell'artista non è diversa da qualsiasi altra realtà. Liam Gillick ci chiese di evitare il miraggio utopico chiedendo invece che l'utopia diventasse uno stadio funzionale, andando oltre se stessa. Martha Roesler raccontò di essere andata a vedere l'area a Venezia, arrivando però al calare della notte non riuscì a vedere che una sala buia dato che mancava la luce. Però l'utopia, disse, è ciò che si muove. Jonas Mekas disse di non essere ossessionato dalle idee, dato che i sogni riescono solo se ce li dimentichiamo. Leon Golub è stato apocalittico. Allan Sekula, su nostra insistenza, mostrò i primi cinque minuti del video che aveva girato il giorno prima alla manifestazione per la pace a New York. Anri Sala ci mostrò un video su Tirana, dove il sindaco aveva fatto dipingere i muri dei condomini in modo tale da creare delle visioni geometriche, una speranza concreta. Poi arrivò Édouard Glissant e ci parlò del desiderio della forma perfetta, parlò con il suo linguaggio pittoresco. Ci disse che solo passando attraverso l'inestricabile del mondo possiamo salvare il nostro immaginario. In tale azione giungerebbe il terremoto; una scossa è fondamentale per la transizione.

Nancy Spero inviò un sogno, effetto della morfina. Agnès Varda ci mandò la filastrocca Cadet Rousselle. Abbiamo letto un articolo scritto sei anni fa da Etienne Balibar per *Le Monde*, che proponeva di abbandonare completamente l'utopia per tornare al nocciolo della questione, per lasciare che l'immaginazione accettasse liberamente l'improvvisa emergenza della soggettività in campo sociale. Lasciamoci andare a uno slancio improvviso, realizziamo un luogo in cui l'immaginazione possa espandersi, un luogo di finzione, nel senso più ampio del termine. Balibar vede la finzione come produttrice di realtà, qualcosa che proviene dall'esperienza stessa, conoscenza e azione riunite assieme in modo da diventare indistinguibili, l'insurrezione che si svuota nella costituzione. Egli ha usato questi pensieri nella prefazione del suo libro *Droit de cité*, un altro libro per la Stazione.

La cosa è semplice, noi usiamo l'utopia come catalizzatore, un concetto utilissimo come carburante, lasciando ad altri la definizione di utopia. Ci incontriamo per unire i nostri sforzi, motivati dal bisogno di cambiare il paesaggio internamente ed esternamente, dal bisogno di pensare, di integrare il lavoro di quegli artisti, intellettuali e operai che siamo noi in un modello di comunità più ampia, un altro tipo di economia, una conversazione allargata, un altro modo di essere. Questo bisogno si può chiamare fame.

Possiamo riscrivere una frase di Brecht? Manca qualcosa di cui abbiamo bisogno. L'uomo che settanta anni fa scrisse "l'arte segue la realtà", di sicuro non avrebbe nulla in contrario. Allora prendiamo queste poche parole e affrettiamoci. Abbiamo bisogno di parole, vecchie e nuove, c'è bisogno di ballare, c'è bisogno di sostanza e di altre cose ancora. Abbiamo cominciato e, nella Utopia Station, ricominciamo. La Stazione diventa un posto per riunire temporaneamente i nostri punti di partenza. Principalmente, questo è il motivo per cui Utopia Station sfugge alla sintesi e ad essere riassunta in una singola immagine. O forse rappresenta l'immagine di una possibilità aperta? L'immagine di qualcosa che si può utilizzare in vari modi? Molte cose accadranno in quel luogo e ne provocheranno altre.

Si pensi alla Stazione come a un campo di punti di partenza portati e offerti da diverse persone. Alcuni portano degli oggetti ora, altri più tardi. Ad ogni persona che ora, o in futuro, contribuisce alla Stazione viene chiesto di fare un poster da usare in questa Stazione e in seguito: può andare ovunque ci sia un posto in cui appenderlo, creando per l'occasione un percorso costituito da un sentiero di carta. Nuovi poster vengono aggiunti in continuazione. Così Utopia Station produce immagini, anche se non comincia con un'immagine, e si forma una comunità libera, che sviluppa i suoi punti di coerenza interna, e questi cambiano col passare del tempo, proprio come le conversazioni e le discussioni.

Ad ogni persona che realizza un poster è stato chiesto di fare una dichiarazione da un minimo di cento a un massimo di duecento parole. Queste affermazioni, l'una indipendente dall'altra, vanno ad accumularsi. Stuart Hall e Zeigam Azizov hanno sviluppato una teoria: il mondo è stato creato perché abbia significato. "L'agrodolce si è cotto fino a diventare speranza", scrive Nancy Spero. Pash Buzari ha inviato una poesia in cui chiama telefonicamente l'oscurità. Il Raqs Media Collective definisce l'utopia come un apparecchio acustico. Questo probabilmente non funzionerà: Jimmy Durham parla del popolo Cherekee, e aggiunge che il "probabilmente" mantiene le persone attive. Alla fine ci saranno centinaia di affermazioni simili, si ramificheranno. Mentre questo avviene certe figure cominceranno a ripetersi: navi, canzoni, bandiere, doppia razione di patate e doppia razione di Sisifo, figure divenute familiari nel corso delle discussioni sull'utopia svoltesi quarant'anni fa, ma che sono state assorbite piuttosto che citate. L'utopia diventa il giardino segreto le cui porte si aprono di nuovo; l'utopia diventa il catalizzatore che brucia e ritorna. Nessuno può dire di aver cominciato da zero.

Tutte queste attività implicano una forma di attivismo. Per molti che giungono alla Stazione, il suo invito ad autogestirsi parla un linguaggio politico che essi già conoscono e stanno utilizzando. In *Utopistics*, Immanuel Wallerstein avanzava la proposta di costruire delle unità produttive decentralizzate e senza scopo di lucro per farle diventare il metodo di base della produzione armonizzandole insieme nel vero mercato (non nel mercato mondiale controllato dai monopoli che caratterizza l'attuale sistema). Ciò eliminerebbe la priorità data all'infinita accumulazione di capitale. Ecco un altro libro per la Stazione.

Mentre brucia, il catalizzatore produce fumo. Il nostro tempo non è fatto di un presente sempre uguale. Quando ci incontrammo a Pughkeepsie, a metà febbraio, vaste folle in tutto il mondo marciavano per la pace. Sette settimane più tardi, eravamo a Francoforte, le forze della coalizione stavano entrando a Baghdad. I giorni giungono come le colline di Kiarostami. Non si tratta sempre della stessa utopia. Nel giugno 2002, durante il discorso ai cadetti dell'Accademia di West Point, il presidente George Bush annunciò la sua politica di attacchi e guerre preventive rassicurando che "l'America non ha alcun impero da espandere, né alcuna utopia da stabilire". L'idea di impero è stata esaminata molto accuratamente, ma che dire a proposito di quest'altra idea, il rifiuto dell'utopia, ovvero del concetto che presume una visione sociale avanzata? Questo rifiuto non è forse un motivo sufficiente per ridare vigore alla questione dell'utopia oggi? Che giunga come catalizzatore o come fumo, questa parola deve essere pronunciata. Quindi cominciamo a farlo.

Molly Nesbit e Rirkrit Tiravanija sono co-curatori di *Utopia Station*, pubblicato in *La Biennale di Venezia. 50 Mostra Internazionale. Sogni e Conflitti: La Dittatura dello spettatore*, a cura di Francesco Bonami e Maria Luisa Frisa, Marsilio, Venezia 2003

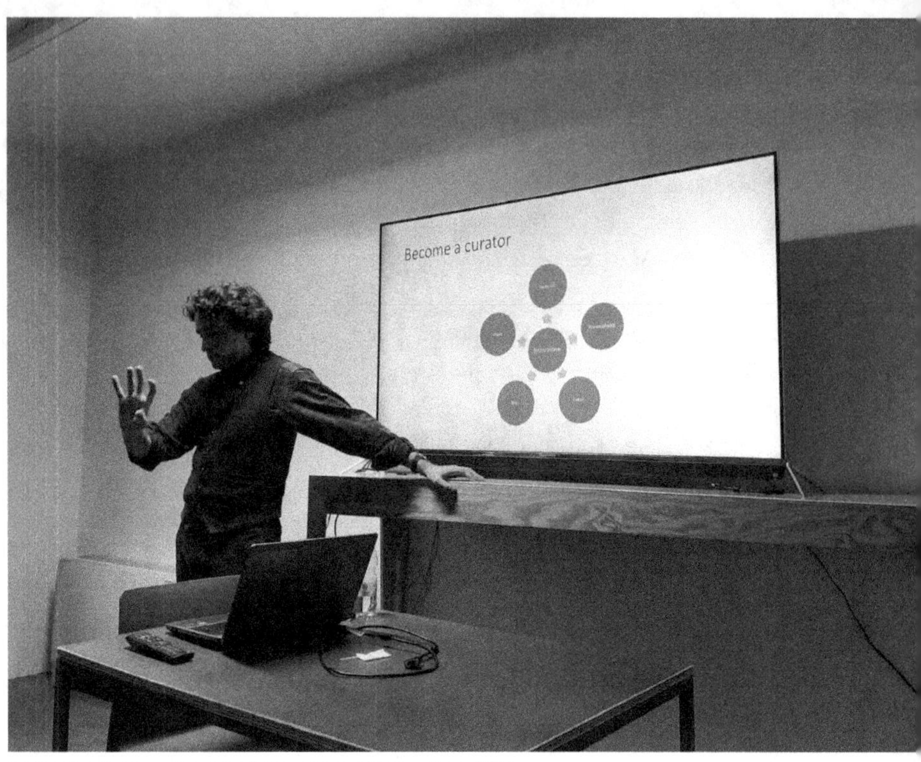

Andrea Quartarone a Become a Curator, Base, Milano ottobre 2017

Tutto racconta

Fare storytelling

Andrea Quartarone

L'uomo, da sempre, racconta storie. Storie di vita vissuta, storie di fantasia, storie sentite da altri. C'è chi sa raccontarle molto bene, chi un po' meno, chi ha studiato per affinare la tecnica di racconto.

Il racconto di storie, però, non passa dalle sole parole. Il più delle storie vengono raccontate per altre vie, molte e molto diverse. Tutto racconta. Facciamo qualche esempio. Una delle prime cose che facciamo la mattina è vestirci per la giornata, ma la scelta di quali capi mettersi è di per sé il racconto di una storia. Se vi mettete una certa maglietta o vi vestite in giacca e cravatta raccontate qualcosa di voi e della giornata che pensate vi aspetti, secondo un processo che può essere, e il più delle volte è, largamente inconscio. Un capo non è bello per tutti ma lo è per alcuni, per quelli cui piace anche perché nel capo vedono una storia che piacerebbe loro raccontare, una storia che piacerebbe loro vestire. Mettiamo poi che dopo esservi vestiti usciate di casa, prendiate la macchina, parcheggiate vicino alla vostra destinazione. La casa in cui abitate, intesa come appartamento ma anche come edificio, se vecchio o nuovo, arredato con cura o no, la vostra macchina, se sportiva o familiare, se pulita o sporca, il modo con cui parcheggiate, se rispettando le righe o posteggiando in maniera piratesca, se mettete in doppia fila o girate per venti minuti attorno all'isolato per trovare il posto giusto, ecco: tutto questo dice qualcosa di voi, e dicendo raccontano. La cura e lo stile e il gusto con cui avete scelto o arredato casa o con cui tenete la macchina racconta della vostra personalità, del vostro stile di vita, delle vostre priorità. Certo la casa e la macchina potrebbero non essere quelle che desideravate, ma quasi sicuramente sono quelle che vi siete potuto permettere e allora – ancora – raccontano qualcosa di voi, per esempio della vostra disponibilità economica.

Anche il modo di parcheggiare è indice del senso civico di ciascuno di noi e di un più generale e sfumato approccio alla vita. Vero che si può vivere in una casa non propria, come quella dei genitori, e lo stesso dicasi per l'auto che si utilizza, e si può essere sempre ligi alle regole del codice stradale salvo qualche rara eccezione, ma la sostanza non cambia: tutto racconta, comunque. E se avete voglia di provare, fate un gioco: scegliete una persona, a voi sconosciuta, che incrociate per strada, e provate a leggerne la storia sulla base di quel poco che avete sottomano, essenzialmente cosa veste e come cammina. Che idea vi fate di quella persona?

Giusto per caricare altra complessità, segnaliamo che anche le cose inanimate raccontano (o, meglio, si fanno mezzo attraverso il quale il loro autore ci racconta una storia). L'arte racconta. I media raccontano. Le architetture raccontano. Gli spazi raccontano. Gli oggetti raccontano. Riporto un esempio fatto tempo fa da Paolo Gurisatti, economista industriale: ci siamo mai chiesti perché gli auricolari dell'IPod / IPhone siano bianchi? Certamente c'è una ragione estetica e di brand identity, dal momento che una certa parte dei device portatili Apple sono disponibili anche in bianco, ma qualcosa forse ancora ci sfugge. Ripartiamo da capo e da lontano: quella degli utenti Apple è una comunità piuttosto compatta, chi ne entra a far parte difficilmente ne esce, l'approccio fideistico nei confronti del brand è totale e in generale tra i valori del brand c'è anche quello di essere uno status symbol riconoscibile, riconosciuto, desiderato. Immaginate di essere nel vagone di una metropolitana, pieno di gente: da cosa sapete dire chi fa parte di quella comunità, chi ne ha abbracciato i valori, chi – anche – si può permettere di acquistare i prodotti della mela mangiata? Dagli auricolari bianchi, bianchi come gli altri auricolari non sono o, anche volendo, non potranno mai essere. Ecco: gli auricolari Apple sono bianchi per permettere ai suoi fruitori di raccontare qualcosa di sé, e di riconoscersi parte di una comunità.

Il racconto di storie è dunque – per noi e per tutte le cose del mondo – non certo un'opzione: è naturale, necessario e fatale. Spesso, anche, del tutto inconscio. Studiarlo, comprenderne le dinamiche significa poterlo leggere pienamente e dominarlo, e dunque avere la piena coscienza di quello che si sta raccontando e di quello che ci viene raccontato, e in ultima istanza una maggiore consapevolezza di noi e del mondo.

Nella sua essenza, lo storytelling è quella cosa per cui se due persone raccontano la stessa storia, la raccontano in modo diverso. Utilizzeranno parole diverse, toni diversi, concentreranno l'attenzione propria e di chi li ascolta su elementi della narrazione diversi. La distanza di queste diversità è lo storytelling. A dispetto di quanto forse sia intuitivo pensare, lo storytelling in sé è un principio neutro, né peggiorativo né migliorativo: è la tecnica con cui si selezionano e si narrano storie. Se uno racconta una barzelletta e la barzelletta fa ridere, lo storytelling è quello giusto. Se uno racconta una barzelletta ma non fa ridere lo storytelling c'è comunque, solo non funziona a dovere, è mal costruito, è sbagliato.

Il fatto è che lo storytelling è una tecnica difficile, piuttosto raffinata, che lavora su valori più emotivi e culturali che strettamente razionali. Una tecnica di comunicazione, insomma, che non descrive dati oggettivi, o di opportunità o convenienza, ma racconta una storia in un modo tale da renderla interessante, che tocca corde profonde e induce in chi l'ascolta o ne fruisce una qualche sorta di umana empatia. Per farla breve: la comunicazione va per lo più diretta e convince, lo storytelling generalmente lavora lateralmente e seduce.

Un paio di esempi per chiarire la situazione. Se una pubblicità ci suggerisce di comprare una tale auto perché funziona e costa poco siamo in presenza di una comunicazione semplice, che va dritta al punto ma non racconta grandi storie (se non quella, non molto interessante, di un'auto dalla tecnologia solida e dal prezzo ragionevole). Se una pubblicità di una macchina gioca invece sul fatto che questa vettura – per il design del modello o la storia dell'azienda che la produce – racconta una storia particolare, porta in sé un'architettura valoriale in cui riconoscersi, ecco che lo storytelling è forte, funziona, seduce. Le Alfa Romeo sono indiscutibilmente buone auto, ma non c'è dubbio che in molti si dicano orgogliosamente alfisti perché si riconoscono nella storia dell'azienda, magari per via delle sue vittorie sportive o della tecnica delle sue macchine. Lo storytelling di Alfa Romeo ci racconta che acquistare l'ultimo modello è – simbolicamente – vivere, o rivivere, e in ogni caso condividere a livello sociale, una storia, nostra e dell'azienda. Allo stesso modo, se un'azienda di IT vuole comunicare al mondo di essere moderna modernissima e proiettata verso il futuro può diramare un comunicato stampa in cui si racconta, o far parlare la qualità dei propri prodotti, o ancora progettare e costruire una nuova sede aziendale a forma di enorme anello, come una futuristica astronave poggiata sulla California, a raccontare la vera o presunta partecipatorietà del processo produttivo aziendale (difficile che il direttore generale abbia il suo ufficio in un attico al trentesimo piano perché di piani ne ha tre o quattro) e a suggerire più di un riferimento ai dischi volanti degli alieni, arrivati sulla terra da un futuro migliore e possibile. E ancora, avrete capito, stiamo parlando di Apple.

Il nuovo petrolio

"Storytelling" è un termine inglese, e gli anglosassoni lo usano da sempre. La cosa interessante è che per noi italiani è quasi un neologismo, suona nuovo ed esotico. E quindi la domanda viene spontanea: perché abbiamo cominciato a parlare di storytelling solo negli ultimi anni? La responsabilità non è certo delle persone comuni, per le quali il termine è ancora vago, troppo nuovo e troppo esotico, ma di quelle aziende e istituzioni (politiche, culturali, sociali) che hanno fatto dello storytelling una delle parole d'ordine del loro agire e comunicare. La domanda rimane: perché proprio ora?

Una delle ragioni più plausibili, ma ai nostri fini certamente la più interessante, è che le dinamiche di consumo nelle società occidentali negli ultimi tempi sono radicalmente cambiate, andando anche a scalfire alcuni principi fondanti dei sistemi economici occidentali. Il punto è che oggi ci possiamo permettere tutto quello di cui abbiamo bisogno e buona parte di ciò di cui non abbiamo bisogno ma desideriamo lo stesso. La storia dell'automobile è emblematica: ai primi del secolo scorso era cosa per ricchi eccentrici, dal secondo dopoguerra in poi si è fatta accessibile a tutti, previo pagamento rateale, ma di recente – grazie al car sharing – puoi guidare una macchina che è tua per mezz'ora a pochi euro per volta. Esempio opposto: l'arte. Una volta per guadare un quadro, situato magari in un museo di un'altra città, bisognava sostenere le spese di viaggio e pagare un biglietto per l'accesso. Oggi è ancora così, ma per alcuni la ricerca per immagini di Google basta e avanza. E allora il punto non è più l'acquisto e il consumo, perché ormai lo diamo tutti per buono, ora cerchiamo qualcosa di più, che si può definire, generalizzando un po' ma neanche tanto, come: esperienza.

Può sembrare poca cosa ma è un cambio di paradigma epocale, con aziende, enti ed istituzioni che sono passate dal curare la "comunicazione" al curare lo "storytelling", che in questo contesto assume l'accezione non soltanto di comunicazione avanzata e complessa, ma anche esperienziale e pervasiva. In altre parole: aziende, enti e istituzioni non si limitano più a dire al mondo che esistono, e che i loro prodotti o servizi sono convenienti, ma ora offrono un racconto di sé, spesso delineando un'esperienza complessa.

Fare storytelling

Per costruire un buon storytelling non ci sono regole definite, perché lo storytelling è fatto della materia dei sogni, per dirla alla Shakespeare, e tutti i tentativi di inquadrare la tecnica secondo principi deterministici vanno intesi con la dovuta prudenza. Per di più ogni iniziativa di storytelling deve essere progettata e realizzata su misura della persona, dell'azienda o dell'istituzione che se ne fa promotrice, dunque è fondamentale intendersi su come funzioni lo storytelling ma anche su come adattarne i meccanismi alle più diverse situazioni, talvolta stravolgendone i termini. In ogni caso, genericamente, il processo di storytelling si divide in due fasi: l'identificazione di una storia da raccontare e il suo racconto. Cominciamo dalla storia.

Per storia si intende quello a cui tutti intuitivamente pensiamo: una serie di uno o più eventi messi in fila in un dato ordine, non necessariamente cronologico, a raccontare una vicenda che ha un capo, uno svolgimento e una coda. Tecnicamente parlando, le storie possono essere molto grandi o molto piccole. Il racconto di cosa avete mangiato a colazione è una storia tanto quanto quella narrata nella Bibbia. Solo, si può convenire, un poco meno rilevante.

La storia attorno a cui lavorare può essere una storia vera, o lontanamente ispirata alla realtà, o una storia inventata di sana pianta, che però appartenga al vostro "storyworld", ovvero a quell'universo di storie che appartiene a noi come individui, o alla nostra azienda o alla nostra istituzione. Un esempio banale: se uno è nato e cresciuto a Milano, al suo storyworld sarà difficile che appartengano storie di vita vissuta ambientate a Sidney. Un esempio forse più significativo: allo storyworld del Cenacolo Vinciano appartiene il suo periodo storico, la tecnica con cui è stato realizzato, almeno quattordici biografie (quelle dei dodici apostoli, di Gesù Cristo e di Leonardo stesso) ma anche l'Ultima Cena del Tintoretto, se non altro perché condividono il soggetto della rappresentazione.

Prima di identificare una storia da raccontare che appartenga al proprio storyworld, bisogna fare almeno due riflessioni. Una è sul target, perché la storia al target deve parlare e al target risultare interessante, rilevante e in definitiva attraente. Di solito qualche ricerca, qualche indagine, qualche sondaggio tra i possibili vostri clienti e fruitori può aiutare a chiarirsi le idee. La seconda riflessione necessaria riguarda lo *zeitgeist*, lo spirito del tempo, ovvero la sfera delle percezioni, dei fatti, dei trend sociali e di costume che appartengono alla stretta contemporaneità. Un esempio può aiutare a chiarire il concetto: la mostra di Damien Hirst allestita nel 2017 a Palazzo della Dogana e Palazzo Grassi a Venezia, dal titolo *Treasures from the Wreck of the Unbelievable*. L'allestimento costituisce uno straordinario esempio di prodotto culturale pensato e realizzato per cavalcare lo *zeitgeist* del proprio tempo. Si tratta, a tutti gli effetti, di una messa in scena di reperti che l'artista dichiara – in uno spettacolare, verosimile e molto convincente video di apertura – di aver ripescato in fondo al mare, resti di un naufragio di una nave che, secoli fa, trasportava tesori straordinari. I ritrovamenti, alcuni molto piccoli, altri giganteschi, sono spesso esposti nello stato in cui sono stati trovati, ovvero con conchiglie, spugne e alghe ancora attaccati. Ma presto nella percezione del visitatore qualcosa si incrina, notando alcuni piccoli o grandi particolari un po' distonanti, come una statua di circa un metro raffigurante un personaggio che, pur ricoperto da residui marittimi, è sicuramente: Topolino. Al che si scopre il gioco dell'artista, che ha fatto credere ai visitatori qualcosa che non era vero: non c'è mai stato nessun ritrovamento di straordinario valore storico, solo uno storytelling – per altro squisitamente progettato – costruito attorno a delle opere inedite dell'artista, realizzate con l'accortezza di fingerle antiche. Insomma: una fake news, al pari di quelle da sempre esistite ma che in tempi recenti stanno riempiendo più che mai i giornali che leggiamo, i siti web che visitiamo, la nostra percezione di cittadini. Hirst avrebbe potuto realizzare la sua esposizione dieci o venti anni fa? Sì, probabilmente ottenendo comunque un buon successo, ma la coerenza con lo *zeitgeist* contemporaneo l'ha resa, oggi, particolarmente efficace.

Ragionato sul target e sullo *zeitgeist*, si identifica una buona storia e si procede al racconto, che può dipanarsi attraverso modalità complesse anche

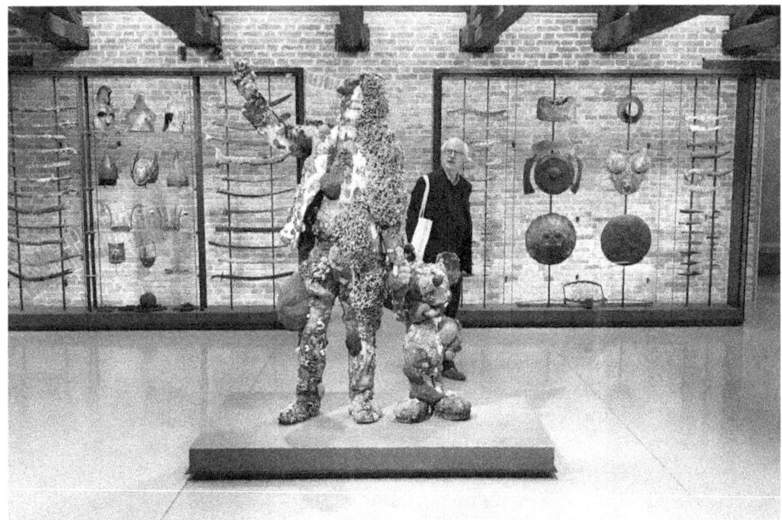

Damien Hirst, *Treasures from the Wreck of the Unbelievable,* veduta dell'allestimento a Punta della Dogana

molto diverse. Queste modalità cambiano da settore a settore, da industria a industria, da istituzione a istituzione e dunque è meglio lanciare il cuore oltre l'ostacolo e prendere come riferimento d'ora in avanti l'ambito delle istituzioni culturali, grandi o piccole.

Le leve di storytelling più frequentemente utilizzate in ambito artistico e culturale sono: gli spazi, le azioni e gli eventi.

__Spazi

Costruire o adattare uno spazio a un determinato storytelling significa lavorare sull'architettura in cui il visitatore si muove, e su tutti gli elementi che vi appartengono. Dalle cose molto piccole come le didascalie alle pareti vicino alle opere al più ampio percorso fisico e intellettuale del visitatore. È molto diverso scrivere una didascalia con il nome dell'autore, la tecnica e la data di realizzazione dell'opera, aggiungere un testo che la spieghi, scriverla in una o più lingue, sostituire il testo scritto con un filmato mostrato su uno schermo. Di solito le didascalie più semplici si addicono alle piccole gallerie d'arte, perché il loro storytelling parla a un pubblico generalmente piuttosto colto, che ha gli strumenti per interpretare l'opera a dovere, mentre quelle

Floating, ancora code «La carica dei 150mila ma il sistema regge»

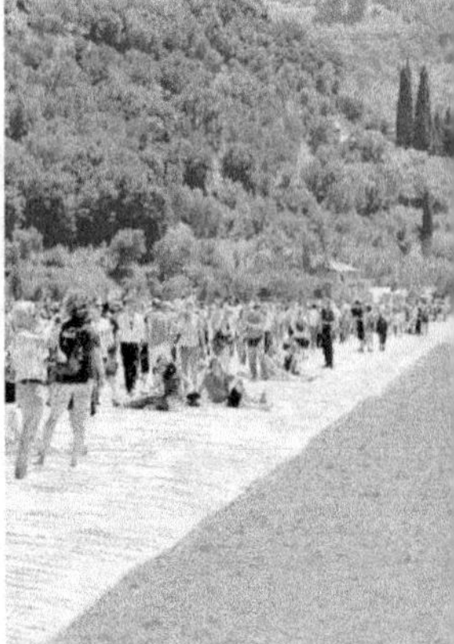

A piedi sul lago Qualche disagio, treni in ritardo, problemi ai traghetti da Monte Isola, il «tappo» di Sulzano. Ma è un successo oltre ogni previsione

SULZANO. Un successo oltre ogni ragionevole previsione. 150mila visitatori in tre giorni. Anche ieri l'installazione Floating Piers di Christo sul lago d'Iseo ha registrato il tutto esaurito. Non sono mancati problemi, anche se l'impressione è che la macchina organizzativa abbia retto. Dopo l'allerta pioggia e vento, adesso arriva il caldo: meglio dotarsi di cappellini e ombrelli. **A PAGINA 10, 11, 12, 13 E 15**

I TURISTI
Visitatori da tutto il mondo per ammirare la passerella sul Sebino

I VIP
«Selfie» giallo dalla sul social: dalla Parodi a «Giacomino» nessuno resiste alla tentazione

Tra il giallo e il blu. Anche ieri il molo galleggiante è stato preso d'ass

Dal *Giornale di Brescia*, 21 giugno 2016

più scritte e divulgative di solito calzano bene sulle istituzioni più grandi con un target di riferimento più generico. Quanto agli spazi e ai volumi in cui si muovono i visitatori, non si può non citare "The Floating Piers" di Christo, installazione temporanea dell'artista che nel 2016 ha steso sull'acqua del lago d'Iseo delle passerelle galleggianti arancioni. In molti sono accorsi a vivere la bizzarra esperienza di camminare sulle acque, e alcuni di questi si sono chiesti il perché della scelta di un colore così luminoso. Una passerella blu o bianca sarebbe stata più coerente col contesto naturalistico in cui era calata e avrebbe reso l'esperienza di passeggiare a filo d'acqua più realistica. La domanda è del tutto legittima, ma è evidente che queste persone non hanno colto la big picture dello storytelling di Christo: il cambiamento paesaggistico, il tratto grafico dell'artista sullo specchio d'acqua, apprezzabile soltanto dall'alto, come si può vedere dall'immagine. Christo non ha lavorato solo sull'esperienza del visitatore ma anche, altrettanto significativamente, sulla modifica degli spazi.

Un esempio molto interessante è quello del John F. Kennedy Presidential Library and Museum di Boston. Disegnato dall'architetto I. M. Pei e realizzato tra il 1977 e il 1979, ha una caratteristica spaziale che rende l'esperienza unica. Il percorso museale è del tutto simile a quello di altre istituzioni che raccontano biografie di personaggi politici. Il racconto – lo storytelling! – comincia con immagini, reperti vari e racconti della famiglia Kennedy, e poi l'infanzia del Presidente, e poi l'adolescenza, la maturità, l'attività di scrittore e politico, la presidenza. La storia personale del presidente viene raccontata in maniera completa e rigorosa, con alcune concessioni alla notalgia e al fascino dei memorabilia ma senza grande spettacolarità. Fino all'ultima sala, che è rappresentata nella fotografia che trovate in queste pagine. L'ultimo spazio che il visitatore percorre è un'enorme gabbia di vetro e ferro, affacciata sul mare. Non un'immagine, non un video, solo un'enorme bandiera americana sospesa a mezz'aria da fili quasi invisibili. Il perché di una scelta esteticamente così audace e interessante ma che potrebbe apparire fuori luogo in un contesto del genere è tutto sommato facile da intuire: Kennedy è stato l'unico Presidente degli Stati Uniti in epoca moderna a morire di morte violenta, assassinato con alcuni colpi di pistola. Una fine tragica, come tragico il sentimento che quell'ultima sala ispira. Il visitatore è solo, davanti al cielo, al mare e alla bandiera degli Stati Uniti d'America, e prova allo stesso tempo un senso di libertà per via dell'immensità che c'è fuori ma anche un senso di oppressione suggerito dalla gabbia e un senso di sospensione offerto efficacemente dalla bandiera a mezz'aria.

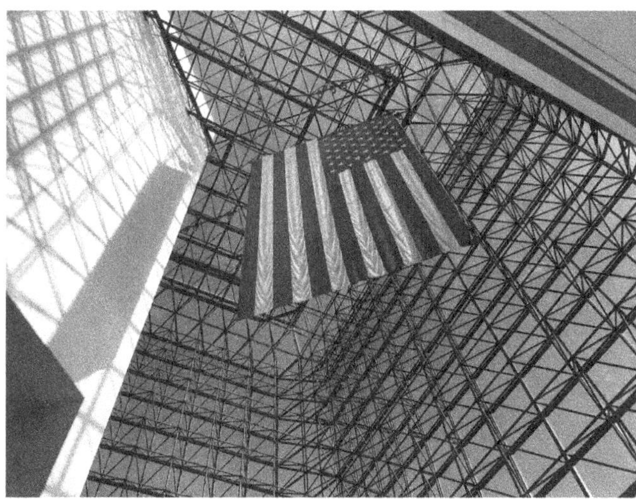

John F. Kennedy Presidential Library and Museum, Boston

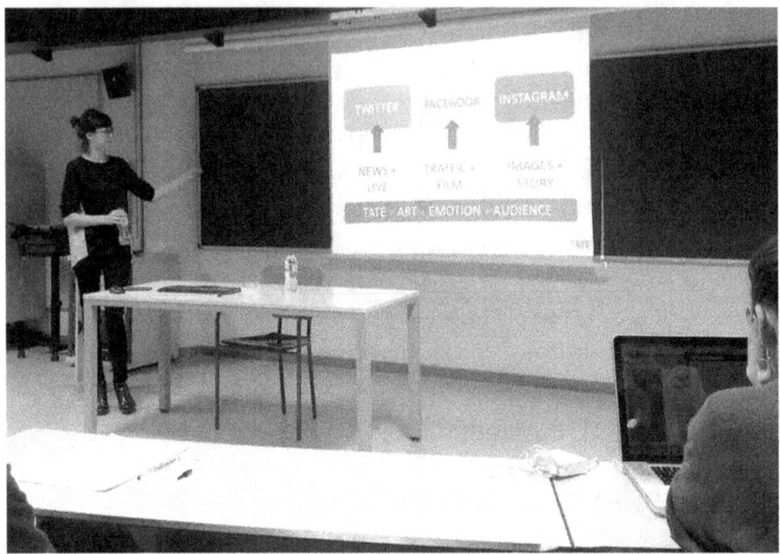

Beatrice Burrows, Digital Marketing Manager della Tate Gallery, mentre illustra le strategie del museo

__Azioni

Uno storytelling fatto ad arte non solo avvicina il proprio pubblico e stabilisce con esso un rapporto empatico, ma gli chiede anche di fare qualcosa.

Il primo esempio da analizzare ci è fornito dalla Tate di Londra, e precisamente dal suo sito internet, che permette a chi vi si iscrive non soltanto di navigare tra le opere di grandissima parte della collezione dell'istituzione (non soltanto quelle esposte) ma anche di realizzare degli album digitali delle opere che più ci piacciono. Sembrano due cose piccolissime, e invece sono rivoluzionarie, perché dietro alla messa a disposizione su formato digitale del magazzino della Tate c'è una storia, una storia che racconta di un'istituzione che fa ricerca, si rinnova, valorizza il più possibile le sue ricchezze artistiche, e che vuole condividerle con il visitatore. E dietro la possibilità di creare degli album c'è la storia di una galleria che non si limita a esporre opere e a creare percorsi per il visitatore, ma invita il visitatore – foss'anche solo virtuale – a collaborare con l'istituzione per creare significato. Senza contare che, probabilmente, quelli di Tate hanno sviluppato un algoritmo per sapere quali sono le opere che gli utenti hanno

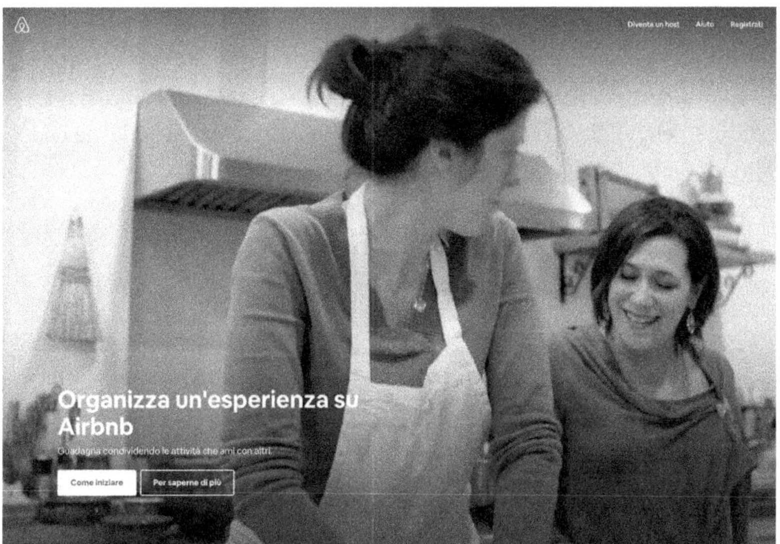

Organizza un'esperienza su Airbnb

inserito di più nei propri album virtuali, a mo' di sondaggio di marketing utile a sapere cosa interessa al pubblico.

Il secondo esempio è quello di Airbnb, che ha invitato inserzionisti e clienti, affittanti e affittuari, a condividere sul loro sito una storia che riguardi loro, la loro casa (che mettono in affitto sul portale) o la loro città. Per comprendere bene lo storytelling dell'operazione bisogna capire cosa sia Airbnb, che non è soltanto un portale in cui trovare alloggio nelle più diverse parti del mondo e a basso prezzo. Perché non si tratta di semplici alloggi e il più delle volte i prezzi non possono competere con le offerte dei siti di hotel. Airbnb offre esperienze. La differenza tra dormire in una stanza d'hotel o in una casa sta nella sensazione – talvolta reale, talvolta solo percepita – di vivere in una città come vivono i suoi cittadini, da dentro e per davvero. La componente di storytelling in un soggiorno in una casa Airbnb è fondamentale, perché il soggiorno è esperienziale. Dunque chiedere ai propri clienti di raccontare la propria esperienza, la propria persona o la propria città attraverso dei brevi articoli multimediali è il coerentissimo compendio all'esperienza che il portale offre.

La Tate che apre i suoi archivi ai visitatori digitali e chiede loro di personalizzarli, Airbnb che racconta della sua gente. In entrambi i casi citati l'apporto dei contributors è stato volontario, gratuito e straordinariamente efficace perché gioca sul piacere ineffabile che si prova quando qualcuno dimostra interesse nei nostri confronti.

__Eventi

Un evento è un sistema complesso – fatto di luoghi, persone e azioni – che si svolge in un dato tempo definito, e il più delle volte breve. E gli eventi sono lo spazio, qualche volta fisico altre volte simbolico, in cui lo storytelling riesce a esprimersi di più.

A Milano, da qualche anno, qualche volta all'anno, vengono organizzate delle cene in luoghi sempre diversi e quasi mai deputati al consumo di cibo in compagnia. L'iniziativa si chiama "Cena con me", e la versione più interessante è quella estiva, che è anche la più simile all'originale "Dîner en Blanc" a cura di François Pasquier che è stata organizzata per la prima volta a Parigi nel 1988: una cena che si tiene in uno spazio pubblico e aperta a chiunque voglia partecipare. Poche le regole, ma ferree. Uno: per partecipare ci si iscrive a un gruppo su Facebook sul quale viene annunciata la data e l'ora in cui si organizzerà la cena ma non il luogo, che verrà comunicato poche ore prima dell'evento. Due: tutti i commensali devono portarsi le cose da casa – sedie, tavoli, piatti posate, cibo – e a casa riportare tutto, senza lasciare traccia del passaggio. Tre: i partecipanti devono vestirsi di bianco, e bianca dev'essere tutta la messa in scena. Quattro (non senza qualche perfidia): non sono ammessi piatti e posate di plastica. Detta così può sembrare una roba da niente, ma queste regole rispettate da migliaia di persone generano un panorama urbano e simbolico spettacolare, che poi è il messaggio finale dell'operazione. In questo caso significato dello storytelling dell'evento è l'evento stesso. Gli eventi, però, possono anche non essere dichiarati come tali, e anzi talvolta si definiscono come momenti, spesso esaltanti, di stacco rispetto al passato, e di rilancio. L'apertura della nuova sede milanese di Fondazione Prada nel 2015 è stata un evento importante per la città. Non tanto o non

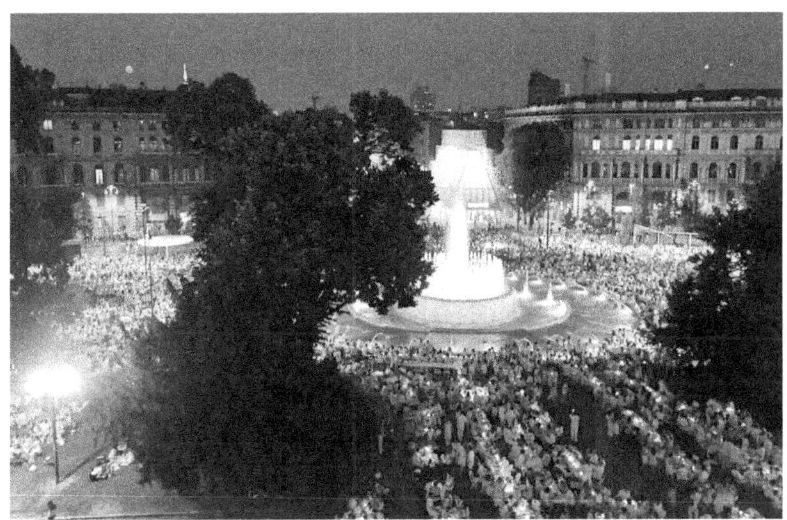

Cenaconme cap.X, Piazza Castello, 2 luglio 2015

soltanto perché l'architettura dell'isolato è così esteticamente interessante, con i suoi specchi e i suoi ori, e neanche per via della milanesissima Miuccia Prada, stilista dell'omonima maison, che ha così omaggiato una volta di più la sua città. Il motivo per cui l'apertura – prima ancora che l'inaugurazione in sé – ha costituito un evento è che la zona di Milano in cui l'isolato si colloca, a sud della città, non è mai stata, sino a oggi, oggetto di particolari politiche culturali. Quando Fondazione Prada ha aperto le porte dei suoi spazi ai cittadini, permettendo loro di viverli anche senza pagare il biglietto, necessario solo per le mostre ma non – per esempio – per entrare nel Bar Luce, il caffè progettato dal regista Wes Anderson, ecco che la storia raccontata dall'intera operazione si è rivelata molto più complessa rispetto alla semplice apertura di uno spazio culturale: la storia raccontata parla di un rilancio culturale e sociale di un pezzo di città che ne aveva particolare bisogno. L'evento è stato questo, un'operazione che ha sancito uno stacco rispetto al passato e che ha cambiato la geografia culturale di una città.

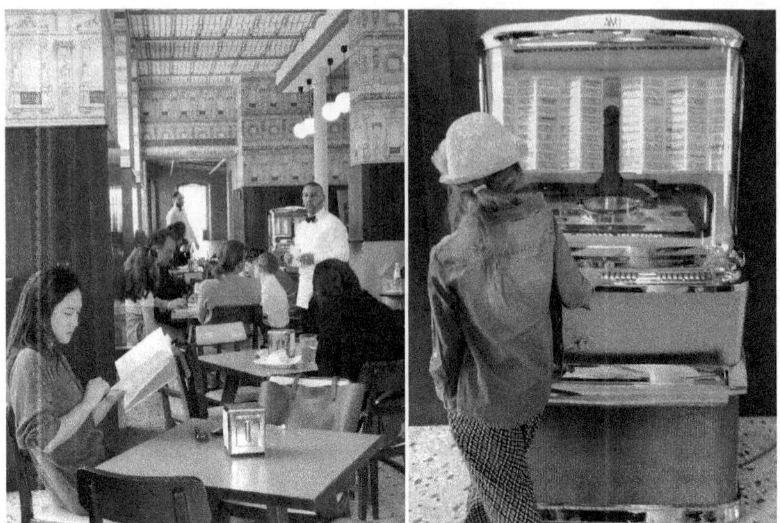

Interni del Bar Luce (da un progetto di Wes Anderson) all'interno della Fondazione Prada.
Foto di Leeta Harding, Milano 2017

Lo storytelling culturale

Lo storytelling a qualche operatore del settore artistico e culturale fa paura. Mica difficile capire perché: spesso si vede il processo di storytelling, di narrazione costruita, di comunicazione sofisticata come un imbarbarimento, una volgarizzazione o anche soltanto una sovrastruttura inutile da poggiare sulla materia artistica e culturale, che esprime il suo valore da sé. Insomma: più no che sì.

Cominciamo col ripetere che lo storytelling, in sé, non è né buon né cattivo, né migliorativo né peggiorativo. È una tecnica, uno strumento neutro e che come tale può essere utilizzato in un senso o nell'altro, ma senza peccati originali. In più, come abbiamo detto, fare storytelling non è un'opzione: è necessario. E dunque anche decidere di non strutturare uno storytelling per la propria galleria d'arte è – in sé – una scelta di storytelling. Avere un sito completo, vivo, che spiega tutto, o averne uno essenziale, con poche foto e ancor meno testi, o non averlo per niente: tutto, in ogni caso, racconta qualcosa (a cominciare, per esempio, dal target di riferimento, che negli esempi appena esposti vanno da un pubblico generalista a un ristrettissimo numero di grandi appassionati).

Senza contare che l'arte e la cultura sono per definizione storytelling. Un quadro, una scultura, un brano musicale, un'opera lirica, un disco di Bob Dylan (ma anche di Gigi d'Alessio), un film: tutto è storytelling.

Si può anche essere più coraggiosi, e arrivare a dire che lo storytelling risulta forse per le istituzioni culturali più importante rispetto a quanto lo sia per un'azienda normale, di prodotti o servizi. Perché in un mondo dove tutto ha un costo, e generalmente un costo basso, la cultura non è a buon mercato. Diamo per già pagato il prezzo del biglietto e anche le spese accessorie, come quelle di viaggio, diciamo che ci regalano un pacchetto completo per andare a visitare i Musei Vaticani a Roma: rimane comunque scoperto un costo molto alto, quello intellettuale, costo che risulta essere una barriera all'ingresso piuttosto elevata e rilevante non soltanto nel processo di scelta del prodotto culturale da esperire ma anche della stessa comprensione del prodotto, comprensione senza la quale, possiamo dire, l'esperienza ha poco senso.

Lo storytelling svolge dunque una duplice funzione. Da una parte permette di raccontare l'istituzione culturale, o l'opera d'arte, anche a distanza e a target solo potenzialmente interessati, costituendo incentivo a spendere soldi e tempo per prendere e andare ai Musei Vaticani di Roma. Dall'altra può facilitare la comprensione di un'opera, contribuendo non soltanto a una più completa e piacevole fruizione, ma anche a dare un senso vero e profondo all'esperienza culturale.

Questo è forse il punto nodale: lo storytelling è sì una modalità di comunicazione, ma è anche un modo di spiegarsi, di rendere più comprensibili, e più memorabili, le cose. Comprensione e memorabilità, sono o dovrebbero essere i due obiettivi principali di larghissima parte delle operazioni culturali. Perché un conto è ammirare il Cenacolo Vinciano, apprezzarne le linee, i colori, la maestria tecnica di Leonardo. Un conto è saperne leggere i significati più profondi, intrecciando informazioni su più livelli, dalla biografia dell'artista alla tecnica pittorica alla simbologia religiosa cui fa riferimento. Ecco: lo storytelling può migliorare l'esperienza culturale in questo senso, mettendo a disposizione e spiegando tutti i *cluster* informativi che permettono al Cenacolo di essere ben più di un già straordinario manufatto pittorico, diventando un oggetto culturale di rilevanza storica e mondiale come ci può apparire scontato ma come scontato non è per molti di noi.

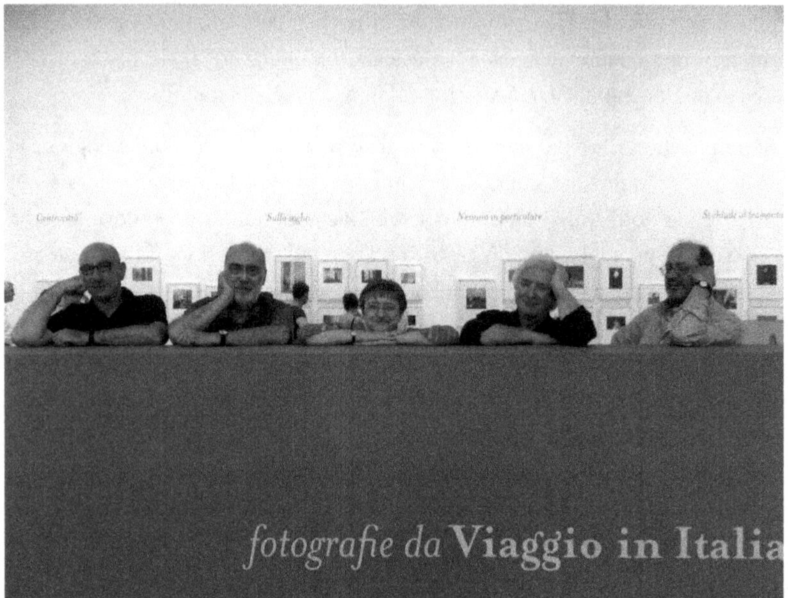

Inaugurazione della mostra *1984 Fotografie da Viaggio in Italia. Omaggio a Luigi Ghirri*, Triennale di Milano, 11 luglio 2012. Da sinistra: Olivo Barbieri, Gabriele Basilico, Roberta Valtorta, Mario Cresci, Vittore Fossati. Foto: Gianni Siviero

Curare

Roberta Valtorta

Quando, da bambina, mi veniva chiesto che cosa avrei voluto fare da grande, rispondevo: il medico. Era ed è vero. Ho cominciato a pensare all'arte grazie al mio anticonformista e affascinante insegnante di Educazione artistica delle scuole medie, Adelio Bianchi (questa è la prima volta che parlo di lui pubblicamente). Ho orientato così una certa idea di "cura" che era dentro di me (curavo anche animaletti e piantine) dalla medicina all'arte (continuando però a coltivare un dilettantesco interesse per la medicina). E dunque anziché curare persone malate, se non con il consiglio, mi sono trovata a curare da un lato l'educazione all'immagine dei giovani, dei tanti miei studenti, dall'altro l'opera e le mostre degli artisti, insieme ai quali sono cresciuta e dai quali ho imparato. Credo di averlo fatto, di farlo, nello stesso modo in cui lo farebbe un medico: attraverso l'indagine, lo studio, la ricerca di una diagnosi, e di un rimedio, a che cosa ancora non so, anche se immagino. Nell'etimologia della parola cura, del resto, sono contenuti i significati dell'osservare, del guardare, dell'accudire.

Ho curato, fino a oggi, più di ottanta mostre di fotografia. Ho iniziato nel 1985. Venivo da una tesi di laurea sulla fotografia in Storia della Critica d'Arte. Avevo casualmente incrociato la fotografia sulla mia strada rispondendo a un'offerta di lavoro sul *Corriere della sera* che mi aveva portata improvvisamente a far parte, dal 1976 al 1983, delle redazioni delle riviste *Progresso fotografico* e *Zoom*; subito dopo avevo iniziato a insegnare Linguaggio fotografico (oggi Storia dell'Arte e della Fotografia) al Centro Bauer di Milano, una nobile scuola nella quale insegno ancora. La mia prima esperienza di curatela di una mostra data al 1985, quando dal Comune di Rimini mi giunse la richiesta di ideare un ciclo di mostre sulla creatività (parola molto in uso in quegli anni) nella fotografia professionale. Un tema lontano da me, per la verità, ma poichè avevo lavorato in riviste che si occupavano anche (ma non solo) di fotografia professionale si pensava che ne avessi piena conoscenza. Così mi misi disciplinatamente all'opera e invitai Tony Contiero, Fabrizio Ferri, Roberto Freno, Giovanni Gastel, Guido Harari, Silvia Lelli e Roberto Masotti, Occhiomagico, Studio Azzurro, cercando con ingenuità di scegliere fotografie che dimostrassero l'impiego di linguaggi creativi "nonostante" il dovere professionale. In realtà sapevo, e mi sarebbe stato sempre più chiaro, che la preoccupazione di dimostrare creatività, specie di carattere tecnico, è tipica proprio della fotografia professionale (non era così nella fotografia più antica) e che quindi si trattava di un falso problema, o comunque di un problema che non mi appassionava. Non mi sarei più occupata di fotografia professionale, non per ostilità (capisco il lavoro dei fotografi impegnati nella promozione delle merci e del loro moltiplicarsi, anche se non sempre condivido le finalità e l'utilizzo che viene fatto di queste immagini), ma per spontanea lontananza da quel mondo. Le mostre subito successive (*Paolo Monti. Laboratorio ossolano* e *Paolo Gioli. Obscura la natura riflessa*, al Museo del Paesaggio di Verbania, nel 1985 e nel 1986, e l'importante *Paysages/Photographies. La Mission photographique de la DATAR*, edizione italiana della nota mostra francese frutto di una grande committenza statale sul paesaggio contemporaneo, curata insieme all'amico Gabriele Basilico, a Palazzo Clerici di Milano nel 1987)[1], hanno invece dato il via a quello che sarebbe stato il mio vero corso.

La nascita della moderna figura del curatore, come sappiamo, può essere fatta risalire agli anni Sessanta, quando con Harald Szeemann emerge la figura del curatore indipendente. Parallelamente muta anche l'idea di museo, un tema sul quale ho lavorato a lungo: con la nascita del Centre Pompidou, all'idea del museo-monumento subentra progressivamente quella di museo aperto, "un luogo" afferma Pontus Hulten "dove vi sia un naturale contatto tra artisti e pubblico nell'elaborazione dei più contemporanei elementi di creatività. Un museo di questo tipo non è solo un luogo dove si conservano opere che hanno completamente perso la loro funzione individuale, sociale, religiosa o pubblica, ma un luogo nel quale avviene un incontro tra artisti e pubblico e dove i pubblici stessi diventano creatori"[2].

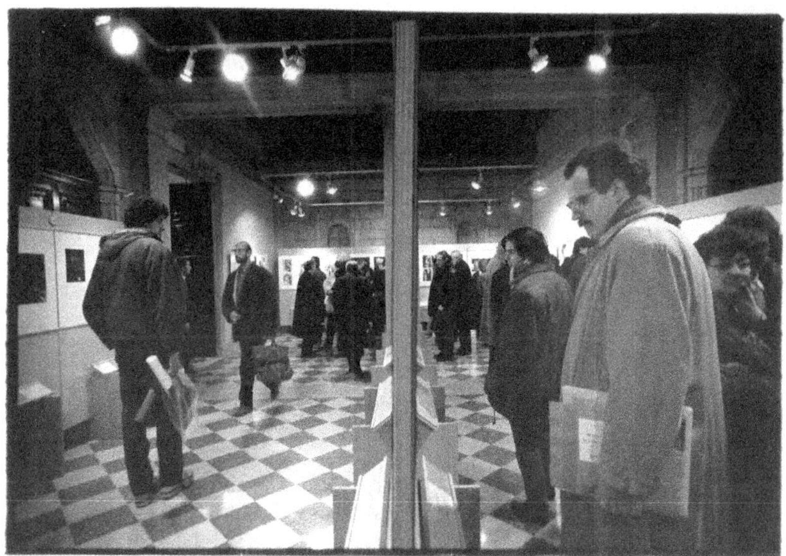

Inaugurazione della mostra *Paolo Monti*, Palazzo Bagatti Valsecchi, Milano, 29 gennaio 1993.
Foto Moreno Gentili

Io credo di aver affrontato il lavoro di curatore (non l'unico per me, ma sempre fortemente intrecciato ad altri, come quello di docente, dicevo, non solo al Centro Bauer ma anche in diverse università, di saggista, di direttore di una collana di libri, Art&, di storico e di critico, di consulente di enti pubblici e di direttore scientifico di un museo, il Museo di Fotografia Contemporanea) con molta semplicità, tenendo sempre presenti in modo che definirei naturale molte questioni che sono diventate davvero critiche e molto difficili in tempi recenti, man mano che lo scenario dell'arte, sia nelle istituzioni sia nel mercato, si è fatto estremamente complesso nel celere percorso della nostra civiltà contemporanea verso la globalizzazione, l'intensificazione tecnologica, la comunicazione via internet e una estrema molteplicità socio-culturale. É in questo contesto che la pratica curatoriale ha vissuto una grande trasformazione: il curatore, sempre meno interessato alla mostra intesa come puro display di oggetti artistici da far conoscere ("A partire dagli anni Novanta, l'idea di una semplice progressione lineare da un dipinto all'altro divenne un vero e proprio anatema", ha scritto Paul Werner)[3], si è volto a pratiche discorsive, narrazioni in prima persona, in un intenso confronto con linguaggi e saperi anche esterni all'ambito artistico (la sociologia, l'antropologia, l'urbanistica, la geografia, il giornalismo, per esempio). Per questo Hans Ulrich Obrist ha parlato di "stare nel mezzo"[4]. É stato inoltre particolarmente sottolineato come i meccanismi tipici dei new media abbiano stimolato e promosso i concetti di interattività, Rete, partecipazione, disseminazione, contribuendo a spostare l'attenzione del curatore sempre di più sui processi, i dispositivi, le relazioni, e non più sugli oggetti presentati nel contesto delle mostre[5]. Dunque ciò che sta a cuore al curatore contemporaneo non è solo la buona realizzazione dell'evento espositivo, ma tutto l'intrecciato insieme di comportamenti, costruzione del sapere, pratiche artistiche, forme diverse di comunicazione. Talvolta egli diventa, o desidera diventare, artista (oppure l'artista diviene curatore – ma questo era già avvenuto nella storia dell'arte del Novecento, a partire, come sempre, da Duchamp; oppure, più da vicino, pensiamo allo straordinario progetto espositivo ed editoriale inventato da Luigi Ghirri *Viaggio in Italia* – un progetto che ho molto studiato, cercando poi di ricostruirlo criticamente in due mostre, una nel 2004 per i vent'anni di *Viaggio in Italia,* una nel 2012 per i vent'anni dalla morte di Ghirri)[6], oppure operatore sociale, o attivista, una figura non più "solo" al servizio degli artisti o delle istituzioni culturali, non più concentrato solo sul problema della trasmissione dell'arte ma, invece, impegnato in un tipo di attività che pare priva di confini, come è stato descritto e sottolineato[7], e pare necessitare di un bagaglio veloce e vastissimo di saperi[8]. Un modo di porsi nei riguardi dell'arte e della cultura tutta assai complesso, onnivoro si può dire, difficilmente definibile, per il quale si è fatto anche ricorso molto criticamente a un neologismo: "curazionismo", secondo David Balzer, il quale si interroga dubbioso sulla complessità e l'inaudita ampiezza che questa professione socio-culturale capace a volte di imporsi come pratica quasi "coprente" che potrebbe offuscare il lavoro degli artisti, ha acquisito nel ventunesimo secolo[9].

In un recente libro, Jens Hoffmann ha indicato quali sono le dieci questioni fondamentali che oggi deve porsi un curatore. Sulla copertina del libro, di un verde brillante, le troviamo elencate, penso ironicamente, come i dieci comandamenti sulle tavole della legge: che cosa è un curatore, che cosa è il pubblico, che cosa è l'arte, come collezionare, che cosa è una mostra, come affrontare il contemporaneo, che cosa è la responsabilità, che cosa è il processo, che cosa è il piacere. Un altro libro ancora più recente curato da Shelley Ruth Budler e Erica Leher, *Curatorial Dreams,* presenta una copertina molto efficace nella quale il titolo stesso del libro appare sulle pareti rosa (come i bei sogni) dei muri di un'immaginaria generica mostra[10]. Il tema, assai importante, è la possibile traduzione nella forma fisica dell'evento espositivo di temi di pura ricerca, anche di tipo prettamente accademico, sociologica, antropologica, o etnografica, o inerente alle più varie discipline teoriche. Si pone la questione di un vero e proprio lavoro di invenzione, nonché di creazione di forme di interazione con il pubblico. Un esempio di questo sogno di trasformare la ricerca teorica in rappresentazione, divenuto in questo caso concreta realtà espositiva, è *Soulèvements,* progetto collettivo diretto da Georges Didi-Huberman al Jeu de Paume di Parigi giusto un anno fa, nel quale lo studioso ha cercato di trasformare in una grande mostra, divisa in capitoli, i molti aspetti dell'idea e della parola sollevamento (dall'insurrezione al volo)[11]. Un'esperienza nella quale è stato possibile misurare, ritengo, quanto grande possa essere la differenza sul piano della comunicazione e della narrazione tra un libro basato su una riflessione altamente teorica e una mostra: molto importante il libro che ne è nato, meno efficace la mostra, che finisce per essere l'"illustrazione" del libro.

É fondamentale, in effetti, riuscire a capire il rapporto che esiste tra un'idea astratta, una questione, e la forma che essa prende quando diventa mostra: non sempre il metodo della ricerca coincide con quello della curatela infatti. Nella mia esperienza (anche storicizzabile, ormai), le mostre sono sempre nate come mostre, anche quando partivano da ricerche di tipo fortemente teorico (è il caso di *Les pouvoirs, les incertitudes,* ai Rencontres Internationales de la Photographie di Arles nel 1998, o di *Alterazioni. Le materie della fotografia tra analogico e digitale,* al Museo di Fotografia Contemporanea nel 2006)[12]. Spesso sono nate a partire dalle caratteristiche dei luoghi che le avrebbero ospitate. A volte esattamente e unicamente dal prolungato studio del lavoro dell'artista: è il caso della grande mostra per la prima volta dedicata all'intera opera di Paolo Gioli, dalla fotografia alla grafica, dalla pittura al cinema, presso il Palazzo delle Esposizioni di Roma nel 1996[13], o della mostra antologica presentata a Palazzo Bagatti Valsecchi di Milano nel 1993, a dieci anni dalla morte di Paolo Monti, grande e poco riconosciuto maestro del Novecento[14].

È sempre stato chiaro per me che la mostra non è un luogo per affermare qualcosa in modo definitivo ma, al contrario, un contesto aperto nel quale lasciare che avvenga una sorta di spontanea negoziazione tra il curatore, che deve limitarsi a fare la sua proposta, e il pubblico, anzi i pubblici che, così diversi tra loro, si avvicendano. E penso che rispetto alla comprensibilità, non esistano mostre facili e mostre difficili, ma solo mostre rese comprensibili o meno. La mostra non può mai non essere affiancata e, direi, supportata, infatti, da molte attività di mediazione culturale e di forme di interazione con il pubblico, al quale essa va offerta con chiarezza e semplicità, e che talvolta può anche essere condotto a entrare dentro di essa fino a contribuire a modificarla. Un aspetto delicato, questo, al quale mi sono particolarmente dedicata durante il lungo periodo nel quale sono stata direttore scientifico del Museo di Fotografia Contemporanea[15]: un museo collocato in un luogo non facile, decentrato nell'hinterland ex industriale del Nord Milano popolatosi dopo la forte immigrazione interna provocata dal boom economico degli anni Cinquanta-Sessanta –, una situazione che mi ha portata a promuovere con crescente intensità progetti di arte partecipata

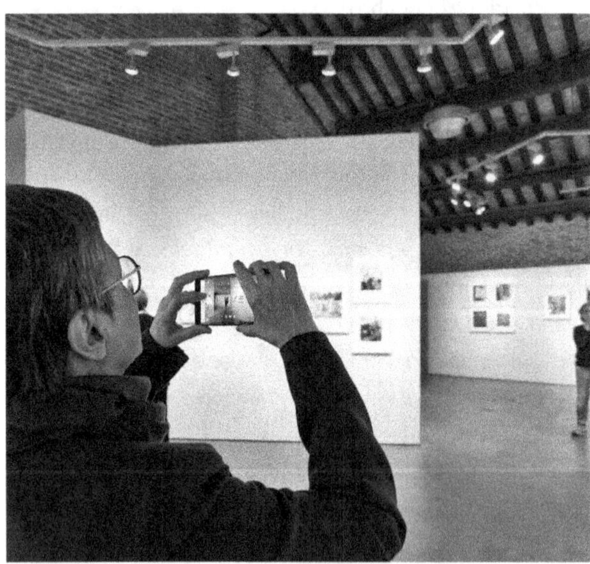

Inaugurazione della mostra *Pietro Donzelli. Terra senz'ombra. Il Delta del Po negli anni Cinquanta*, Palazzo Roverella, Rovigo, 24 marzo 2017. Foto Vittore Fossati

nei quali il pubblico si è fatto idealmente e a volte anche fattivamente autore (tra i principali, il grande progetto di arte pubblica *Salviamo la luna* ideato da Jochen Gerz, nel 2005-2006, e il fotoromanzo *Ricordami per sempre* di Giulio Mozzi e Marco Signorini, nel 2011)[16] e idee di carattere educativo volte a coinvolgere il pubblico in modo semplice (come nel caso di *Fotografia astratta dalle avanguardie al digitale*[17], 2008-2009, una mostra tradizionale nella quale però i visitatori potevano produrre immagini che entravano subito a far parte della mostra stessa, o nel caso di *Storie dal Sud dell'Italia*, 2014[18], con le videointerviste del cittadini immigrati stessi all'interno della mostra), e a occuparmi di molte mostre realizzate in piazze e luoghi pubblici, quasi sempre con la collaborazione di Matteo Balduzzi (tra le più interessanti, *Io parto,* di Paola De Pietri, nel 2007, e *Immagini in movimento* di Beat Streuli, nel 2012, nell'ambito del progetto *Art Around* diffuso in diverse città dell'hinterland)[19].

Ho sempre tenuto in conto in modo spontaneo dei molti problemi che si legano alla progettazione e alla presentazione di una mostra (principalmente nella mia lunga e non facile esperienza al Museo ma anche in varie altre esperienze precedenti e seguenti in altri luoghi) soprattutto perchè ciò che facevo rispondeva a una scelta di campo: lavorare nel pubblico e non nel privato (posso contare sulle dita di una mano le mostre che ho curato in gallerie d'arte private)[20] allo scopo e con il dovere di rivolgermi idealmente a una utenza più ampia possibile (un'idea che è certamente cambiata nel tempo, con la progressiva sovrapposizione di pubblico e privato); valorizzare la fotografia poiché troppo a lungo era rimasta una sorta di brutto anatroccolo delle arti (il "trovare rimedio"); lavorare con gli artisti ponendomi in rapporto con loro su una base di fiducia e di armonia, spesso di amicizia, molto "al servizio" delle loro esigenze; far conoscere primariamente la fotografia come ricerca artistica e come autorevole documento della storia e del territorio, e non la fotografia destinata a utilizzi immediatamente commerciali (moda, pubblicità) o professionali (reportage) poiché questa, ho sempre pensato, disponeva di precisi ambiti in cui esistere ed esprimersi in funzioni comunicative anche forti, vincenti; avere una considerazione particolare per i giovani e per quegli artisti che per sviluppare la loro ricerca avevano scelto la fotografia ma che, per la debolezza del suo statuto, non erano capiti e non avevano spazio d'espressione; produrre percorsi narrativi che potessero essere di immediata comprensione per il pubblico, anche con un chiaro intento educativo (non temo e non giudico banali, all'interno di un progetto espositivo, le didascalie ben evidenti e gli apparati informativi, i percorsi delineati in modo semplice, gli spazi di vita gradevoli e accoglienti per i visitatori).

Se penso al mio lavoro di curatore, lo vedo sempre completamente intrecciato ai miei studi e guidato dalle scelte iniziali a cui accennavo. Anche le mostre che ho curato di recente, finita nel 2016 la mia esperienza con il Museo (una con Annalisa Sonzogni, artista non molto nota in Italia, una con Simone Schiesari[21], acuto artista tutto da scoprire, e infine una più ampia, a Palazzo Roverella di Rovigo, dedicata a Pietro Donzelli maestro del secondo Novecento ancora non del tutto studiato e capito (in questo ricollegandomi idealmente alla mostra di Paolo Monti del 1993)[22], fanno parte di quell'originario e lontano desiderio di "cura" consistente nel dare luce a chi è in ombra e nel lavorare su una contemporaneità storicizzabile in modo, io credo, equilibrato (per me significa dal dopoguerra alla fine del secolo scorso, soprattutto gli anni Settanta-Ottanta-Novanta, con qualche puntata negli anni Duemila). Di una cosa sono certa: ho cercato di lavorare soprattutto per far conoscere chi non era conosciuto, o di affrontare questioni storiche o teoriche secondo me necessarie. Né ho cercato di "forzare" l'immagine di un artista né tanto meno di guidarlo, ma l'ho sempre lasciato solo nel costruire il suo progetto espositivo (l'artista è sempre solo), giocando semmai il ruolo di chi poteva, accanto a lui/lei trovare collegamenti, equilibri, o svelare cose che non sempre sa vedere: come sappiamo, spesso da dentro non si vede più niente.

Come sono nate le molte mostre che ho curato? In modi diversi, ma comunque in modo che oggi mi appare semplice (tralascio di parlare del problema del reperimento delle risorse per realizzare i progetti espositivi, poiché questo non è mai stato il mio problema). Molto spesso è accaduto che gli artisti che ho maggiormente studiato e seguito nel loro lavoro mi abbiano voluta con sé in occasioni di mostre personali o di progetti collettivi nei quali erano coinvolti; in altri casi sono stata invece io a promuovere il loro lavoro quando se ne presentava l'occasione, invitandoli a esporre in sedi pubbliche con le quali già collaboravo (è il caso, per esempio, di

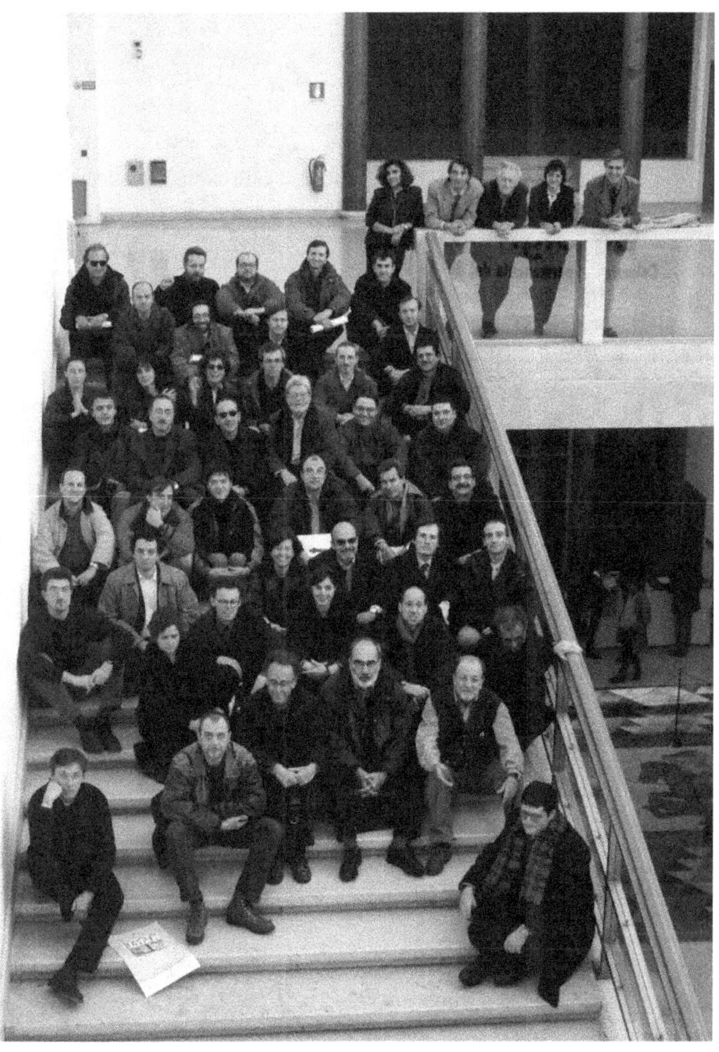

Inaugurazione della mostra finale di *Archivio dello spazio*, Triennale di Milano, 11 dicembre 1997.
Fotografia di gruppo con 43 dei 58 fotografi partecipanti, dei curatori e degli organizzatori.
Foto Cesare Colombo

Marina Ballo Charmet, Gabriele Basilico, Maurizio Buscarino, Mario Cresci, John Davies, Paola De Pietri, Paola Di Bello, Gilbert Fastenaekens, Vittore Fossati, Jean Louis Garnell, Moreno Gentili, Luigi Ghirri, Paolo Gioli, Paul Graham, Guido Guidi, Jitka Hanzlovà, Candida Hoefer, Mimmo Jodice, Karen Knorr, Francesco Radino, Roberto Salbitani, Beat Streuli, Thomas Struth, Patrick Tosani, Natale Zoppis, e di altri). Spesso, le istituzioni con le quali sono entrata in rapporto, stabilendo in alcuni casi una collaborazione molto durevole (Museo del Paesaggio di Verbania, Provincia di Milano-Spazio Oberdan/Palazzo Isimbardi/Spazio Guicciardini, Regione Lombardia-Palazzo Bagatti Valsecchi, Comune di Verona-Casa di Giulietta, Galleria Gottardo di Lugano, Musei Civici di Modena, Palazzo delle Esposizioni di Roma, Museo di Fotografia Contemporanea di Cinisello Balsamo, Triennale di Milano, Musée de l'Elysée di Losanna, Museo di Fotografia di Helsinki, vari Istituti di Cultura italiani all'estero) mi hanno incaricata di curare una mostra o, spesso, di coordinare progetti di committenza che hanno dato come esito delle mostre e delle pubblicazioni, oltre che un arricchimento del loro patrimonio. Grande è stato il mio impegno, per esempio, nel costruire le raccolte fotografiche della Regione Lombardia e della Provincia di Milano, poi conferite al Museo di Fotografia Contemporanea, e in seguito le collezioni del Museo stesso[23]. Spesso la mostra è stata lo strumento per presentare al pubblico l'opera di un fotografo interamente acquisita nelle collezioni o di un nucleo di fotografie (Enzo Nocera, Attilio Del Comune, Paolo Gioli, Gabriele Basilico, Federico Patellani, Fondo Viaggio in Italia, Fondo FINE, Fondo Osserva.Te.R, Fondo Il racconto del nostro presente, per esempio), oppure per rendere noti i risultati di un progetto di committenza, a partire dal grande e ormai storico *Archivio dello spazio*, progetto sui beni architettonici e ambientali e sul paesaggio postindustriale della Provincia di Milano durato ben dieci anni (1987-1997) con la partecipazione di cinquantotto fotografi, quattro grandi mostre collettive e più di trenta piccole personali, per passare a *Milano senza confini*, 1998-1999, *Idea di metropoli*, 2000-2001, *Storie immaginate in luoghi reali*, 2006-2007, per non citare che i più importanti.

Ho lavorato molto, e si è trattato in sintesi di due fronti di lavoro: l'affiancamento degli artisti e la realizzazione di ampi progetti di committenza pubblica dedicati alle trasformazioni del paesaggio contemporaneo. Negli anni, soprattutto grazie al mio ventennale impegno di progettazione, avviamento, organizzazione, articolazione dei programmi e delle strategie sul territorio del Museo di Fotografia Contemporanea, ho via via maturato, posso dire, una concreta conoscenza dei molti problemi e risvolti critici che stanno racchiusi dentro una mostra, arrivando alla conclusione che il vero nodo è solo e unicamente il pubblico. Viviamo in un momento di enorme trasformazione. Come ha scritto Alain Touraine, a cui dobbiamo il termine "società postindustriale", l'individualismo cresciuto con la globalizzazione ha eroso i movimenti di massa e ha distrutto il significato delle categorie politiche e sociali che potevamo utilizzare per capire e descrivere noi stessi e gli altri. Le grandi narrazioni collettive, sappiamo, sono finite, e in questa nuova società enorme e disgregata il soggetto si trova solo e piccolo nel grande mondo, perdutamente simile agli altri e in continua disperata ricerca di una sua unicità. Tale individualismo "resiste all'applicazione delle regole della vita collettiva e vi sostituisce le leggi del mercato in cui si manifestano preferenze multiple, mutevoli, ma influenzate dalla pubblicità, oltre che dalle politiche pubbliche"[24]. Con questo si vanno sempre di più misurando l'arte e la comunicazione oggi, la cultura tutta, e la fotografia sembra spesso, al centro di questa complessità, facile e appetibile. Eppure, io credo, il pubblico che tutti cerchiamo di raggiungere attraverso la comunicazione, la tecnologia, l'offerta di mostre innumerevoli in sedi tradizionali rivissute in modo nuovo oppure in sedi inedite e inaspettate (che cosa è ancora inaspettato, oggi?), talvolta inaspettate, diventa sempre di più un'entità non certa, ma solo eventuale.

1. Roberta Valtorta (a cura di), *Paolo Monti. Laboratorio ossolano*, Istituto di Fotografia Paolo Monti, Milano 1985 (catalogo della mostra al Museo del Paesaggio, Verbania, 17 agosto-22 settembre 1985; Eadem (a cura di), *Paolo Gioli. Obscura la natura riflessa*, Electa, Milano 1986 (catalogo della mostra, Museo del Paesaggio, Verbania, luglio-settembre 1986; Gabriele Basilico,

Roberta Valtorta, *Paysages/Photographies. La Mission photographique de la DATAR*, Palazzo Clerici, Milano, 20 marzo-18 aprile 1987, dèpliant, Regione Lombardia 1987.

2. Pontus Hulten, 1977, citato in: Nicholas Serota, *Experience or Interpretation. The Dilemma of Museums of Modern Art*, Thames and Hudson, London 2000, pag. 14.

3. Paul Werner, *Museum, Inc: Inside the Global Art World*, Prickly Paradigm Press, Chicago 2005; ed. it. *Museo S.p.A.*, Johan & Levi, Monza 2009, pag. 27.

4. Hans Ulrich Obrist, *A Brief History of Curating*, Les presses du réel, Paris 2009 (trad. it.: *Breve storia della curatela*, Postmedia Books, 2011); April Lamm (a cura di), *Hans Ulrich Obrist, Everything you Always Wanted to Know about Curating but Were Afraid to Ask*, Sternberg Press, Berlin 2011; Hans Ulrich Obrist, *Ways of Curating*, Farrar, Straus and Giroux, New York 2014.

5. Beryl Graham, Sarah Cook, *Rethinking Curating: Art after New Media,* The MIT Press, Cambridge MA 2010..

6. Luigi Ghirri, Gianni Leone, Enzo Velati (a cura di), *Viaggio in Italia,* Il Quadrante, Alessandria 1984 (catalogo della mostra alla Pinacoteca Provinciale di Bari); Roberta Valtorta (a cura di), *Racconti dal paesaggio. 1984-2004 A vent'anni da Viaggio in Italia,* Lupetti Editori di Comunicazione, Milano 2004 (uscito in occasione della mostra al Museo di Fotografia Contemporanea, 28 novembre 2004-27 febbraio 2005); una seconda mostra dal titolo *1984 Fotografie da Viaggio in Italia. Omaggio a Luigi Ghirri* è stata ospitata alla Triennale di Milano dall'11 luglio al 26 agosto 2012, senza catalogo.

7. Jérôme Glicenstein, *L'invention du curateur. Mutations dans l'art contemporain*, PUF, Paris 2015.

8. Adrian George, *The Curator's Handbook,* Thames and Hudson, London 2015.
Sulla complessità del lavoro del curatore contemporaneo si veda anche: Terry Smith, *Talking Contemporary Curating,* Indipendent Curators Inc., U.S., United States 2015.

9. David Balzer, Curationism: *How Curating Took Over the Art World and Everything Else*, Coach House Books, Toronto 2014, ed. it. *Curatori d'assalto. L'irrefrenabile impulso alla curatela nel mondo dell'arte e in tutto il resto*, Johan & Levi, Monza 2016.

10. Shelley Ruth Butler, Erica Lehrer (a cura di), *Curatorial Dreams. Critics Imagine Exhibitions,* McGill-Queen's University Press, Montreal 2016.

11. Georges Didi-Huberman (a cura di), *Soulèvements,* Jeu de Paume/Gallimard, Paris 2016 (catalogo della mostra al Jeu de Paume di Parigi, 18 ottobre 2016-15 gennaio 2017).

12. Roberta Valtorta, *Les pouvoirs, les incertitudes,* in: Giovanna Calvenzi (a cura di), *Un nouveau paysage humaine*, Actes Sud, Arles 1998 (catalogo dei Rencontres Internationales de la Photographie, mostra alla Chapelle Saionte-Anne, 6 luglio 16 agosto 1998); Roberta Valtorta (a cura di), *Alterazioni. Le materie della fotografia tra analogico e digitale*, Lupetti Editori di Comunicazione, Milano 2006 (catalogo della mostra al Museo di Fotografia Contemporanea, Villa Ghirlanda, Cinisello Balsamo, 8 ottobre 2006-4 febbraio 2007).

13. Roberta Valtorta (a cura di), *Paolo Gioli. Fotografia grafica dipinti film,* Art&, Udine 1995 (catalogo della mostra al Palazzo delle Esposizioni, Roma, 17 gennaio-28 febbraio 1996).

14. *Paolo Monti*, a cura di Roberta Valtorta, Palazzo Bagatti Valsecchi, Milano, 29 gennaio-21 marzo 1993, dépliant, Provincia di Milano 1993.

15. Per una conoscenza della storia del Museo, le collezioni, le strategie culturali: Roberta Valtorta (a cura di), *Il museo, le collezioni*, Tranchida Editore, Milano 2004; Eadem (a cura di), *Il museo le collezioni/The Museum the Collections n. 2,* Silvana Editoriale, Cinisello Balsamo 2009; Eadem, *Parole per un museo*, in Silvia Mascheroni, Diletta Zannelli (a cura di), *Il museo è il pubblico*, Lupetti Editori di Comunicazione, Milano 2009; Eadem (a cura di); *2004-2014 Opere e progetti del Museo di Fotografia Contemporanea,* Silvana Editoriale, Cinisello Balsamo 2014.

16. Matteo Balduzzi (a cura di), *Jochen Gerz. Salviamo la luna*, Electa, Milano 2008 (catalogo della mostra al Museo di Fotografia Contemporanea, Cinisello Balsamo, 23 giugno-22 settembre 2007); Matteo Balduzzi, Fiorenza Melani, Diego Ronzio (a cura di), *Ricordami per sempre*, fotoromanzo, sceneggiatura Giulio Mozzi, fotografie Marco Signorini, Museo di Fotografia Contemporanea, Cinisello Balsamo 2011 (catalogo della mostra al Museo di Fotografia Contemporanea, Cinisello Balsamo, 22 ottobre 2011-22 marzo 2012); Silvia Mascheroni, Diletta Zannelli (a cura di), *Il museo è il pubblico*, citato.

17. Roberta Valtorta, Arianna Bianchi (a cura di), *Fotografia astratta dalle avanguardie al digitale nelle collezioni del Museo di Fotografia Contemporanea*, Marsilio, Venezia 2008 (catalogo della mostra al Centro Internazionale Scavi Scaligeri, Verona, 4 ottobre-2008-11 gennaio 2009 e Museo di Fotografia Contemporanea, Cinisello Balsamo, 15 novembre 2009-2 maggio 2010).

18. Roberta Valtorta (a cura di), *Storie dal Sud dell'Italia,* Museo di Fotografia Contemporanea, Cinisello Balsamo, 12 parile-12 ottobre 2014, senza catalogo.

19. Matteo Balduzzi con la collaborazione di Chiara Buzzi (a cura di), *Art Around. Immagini per lo spazio pubblico*, Museo di Fotografia Contemporanea, Cinisello Balsamo 2013 (catalogo del ciclo di mostre site specific nel territorio del Nord Milano, 2011-2012); Roberta Valtorta, *A Monument to Contemporary Humanity,* in Beat Streuli, *Public Works 1996-2011,* Jrp ringier, Zurich 2012.

20. Tra queste, tre mostre di Paolo Gioli, alla galleria Federica Inghilleri di Milano nel 1993 e alla galleria Folini Arte Contemporanea di Chiasso nel 2004 e nel 2007. Roberta Valtorta (a cura di), *Polaroid in bianco e nero e a colori su carta da disegno 1987-1998*, Folini Arte Contemporanea, Chiasso 2004 (catalogo della mostra, 10 settembre-23 ottobre 2004) Eadem (a cura di), *Paolo Gioli. Volti attraverso/Tokyo 1996*, Folini Arte Contemporanea, Chiasso 2004 (catalogo della mostra, 25 maggio-28 luglio 2007).
21. Roberta Valtorta (a cura di), *Annalisa Sonzogni. Identikit IV,* Spazio Lavì, Bologna 2016 (mostra allo Spazio Lavì di Bologna, 16-30 dicembre 2016); Roberta Valtorta, *Simone Schiesari. Ritratti di giovani uomini e giovani donne,* in Elio Grazioli, Walter Guadagnini (a cura di), *Fotografia europea. Mappe del tempo. Memoria, archivi, futuro,* Silvana Editoriale, Cinisello Balsamo 2017 (mostra alla Galleria Parmeggiani di Reggio Emilia, nell'ambito di Fotografia Europea, 5 maggio-9 luglio 2017).

22. Roberta Valtorta (a cura di), *Pietro Donzelli. Terra senz'ombra. Il Delta del Po negli anni Cinquanta,* Silvana Editoriale, Cinisello Balsamo 2017 (catalogo della mostra a Palazzo Roverella di Rovigo, 25 marzo-2 luglio 2017).

23. Vedi: www.mufoco.org/collezioni/

24. Alain Touraine, *Un nouveau paradigme. Pour comprendre le monde aujourd'hui,* Librairie Arthème Fayard, Paris 2004; ed. it. *La globalizzazione e la fine del sociale. Per comprendere il mondo contemporaneo,* Il Saggiatore, Milano 2008, pag. 190.

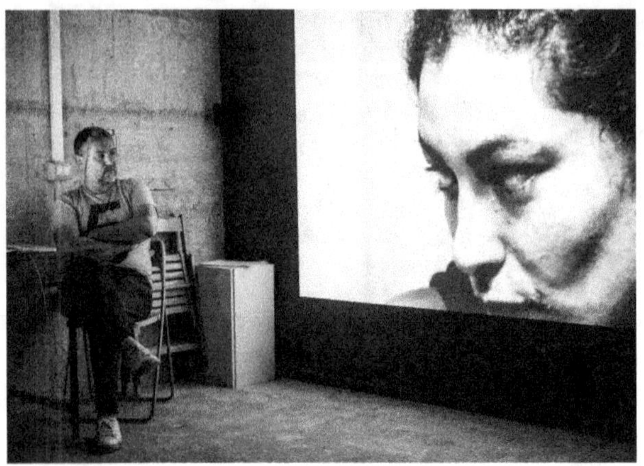

Negli ultimi anni molti artisti si occupano dell'aspetto produttivo
del sistema arte fino a diventare curatori di mostre altrui (come
Duchamp in passato, vedi Filipovic in questo libro). Art House è un
progetto di Adrian e Melisa Paci che mira a portare nella loro città
natale in Albania, Scutari, la presenza, le idee e i contributi di figure
internazionali dell'arte contemporanea, attraverso una serie di mostre,
workshop e conversazioni.
L'iniziativa prende vita e si sviluppa nella casa natale di Adrian,
situata nel quartiere storico della città, concepita come un luogo non
convenzionale di incontri e dibattiti tra artisti, studiosi, scrittori e
amanti dell'arte, dove temi e problematiche dell'arte contemporanea
possano essere affrontati in una dimensione intima, informale,
che aiuta la comunicazione. Attraverso questa iniziativa Art House
intende promuovere l'accessibilità dell'esperienza artistica, offrendo
un'alternativa alle logiche dilaganti del mercato e alla retorica
istituzionale.
Il progetto mira anche a contribuire al decentramento della
vita culturale albanese, che per molti anni ha visto la capitale Tirana
come unico luogo designato ad attività artistiche.

Art House

Adrian Paci

Adrian Paci: Propongo una conversazione sull'esperienza che abbiamo appena vissuto, nata da Art House, prima ancora che nascesse Art House School. L'idea era quella di unire il concetto di casa come luogo di vita e di esperienze intime con quello di arte in quanto linguaggio – quel territorio e quel discorso in cui si articolano la forma, lo stile, le convenzioni culturali. Per me è sempre stato importante mettere in discussione l'arte intesa come campo autoreferenziale – con la sua finzione, la sua maniera, il suo alfabeto – attraverso il confronto con la realtà. Vista la sua natura dinamica, la realtà sembra costantemente rompere quei codici e quelle strutture precostruite. L'idea di unire l'arte con la convivenza concreta in una dimensione domestica è stata uno dei punti principali del progetto Art House. La comunità qui effettua sistematicamente una specie di invasione, quasi una profanazione dello spazio privato, attraverso un'esperienza di partecipazione pubblica. D'altra parte mi interessava anche la dinamica che si innesca tra una realtà piccola, locale, periferica come Scutari e i contributi intellettuali provenienti dal mondo internazionale. Da un lato si crea una certa interazione, dall'altro penso avvenga anche qualche attrito. In generale, quando due realtà non coincidono totalmente sembra emergere un'energia interessante. Il passo successivo di questo progetto era pensare all'esperienza di Art House School, ed eccoci qui.

Silva Agostini: Quando ho ricevuto l'invito, ero felice per diverse ragioni, in primis per l'elenco dei partecipanti – alcuni di voi li conoscevo già dai miei viaggi a Tirana e da precedenti collaborazioni. Poi questa residenza a Scutari permetteva di prendere le distanze dalle circostanze quotidiane della vita che, anche se importanti, allontanano dal lavoro creativo. La prospettiva era dunque quella di avere un periodo in cui potersi concentrare esclusivamente sulle problematiche dell'arte. E infine, il fatto che questa esperienza fosse a Scutari, città con la quale ho un legame familiare – mio padre è di Scutari. La mia infanzia è stata molto influenzata dalle storie dei personaggi di questa città e in casa nostra si parlava gegë[1].Di Scutari ho fin da bambina creato un quadro ricco di riferimenti, ma non ho mai avuto la possibilità di farne un'esperienza in prima persona. Partecipare a questo progetto era quindi, tra le altre cose, anche un invito a riempire questo vuoto.

Stefano Romano: Anche io ero molto entusiasta, l'invito significava la mia prima esperienza a Scutari, dato che in Albania ho sempre vissuto solo a Tirana. Si trattava della possibilità di vedere lo sviluppo di un progetto artistico non nella capitale, ma in una realtà completamente diversa. Inoltre, anche se conoscevo e ho avuto modo in passato di collaborare con quasi tutti i partecipanti, eccetto Fatlum e Jetmir, le dinamiche che si sono create quelle settimane ad Art House sono state completamente diverse da quelle vissute in precedenza. Da un lato è subentrata una dimensione di quotidianità nei rapporti, dall'altro la convivenza forzata ci ha messo nella condizione di dover discutere di arte – cosa che mi è piaciuta davvero tanto perché a Tirana accade raramente.

Adrian Paci: Stefano, vieni da una realtà come l'Italia, dove hai lavorato come artista. Come vedi questa esperienza al di là delle relazioni all'interno del territorio albanese? Cioè, come la vivi tu in quanto artista italiano? Anche se ormai ti abbiamo adottato, sei un artista albanese, è deciso!

Stefano Romano: Mi sembra una progetto interessante perché l'Albania finora è conosciuta solo per Tirana. La decentralizzazione in atto attraverso Art House è molto significativa perché, anche prima che arrivassi in Albania, conoscevo il mondo culturale del paese solo per quello che accadeva nella capitale – inizialmente i palazzi colorati di Edi Rama, poi le biennali, e così via. Penso che anche osservandola da un punto di vista esterno, questa decentralizzazione sia importante. Per esempio, prima chiacchieravo con Tommaso Sacchi[2] della mia partecipazione alla Biennale di Prizren, lui automaticamente ha commentato, "Ah, Prishtina!" Gli ho risposto, "Non Prishtina, Prizren!", che è una piccola città del Kosovo. Anche nei paesi vicini quindi ci sono tentativi, simili ad Art House, di decentralizzare, di creare qualcosa che sia al di fuori della capitale.

Remijon Pronja: Art House a Tirana sarebbe stata comunque difficile credo, perché nella capitale manca il senso di comunità – non specificatamente artistica. In una città più piccola come Scutari, dove tutti gli abitanti si conoscono personalmente e mostrano orgoglio per la loro storia, per certi versi anche più ricca rispetto a Tirana, si crea un senso di comunità, una sensazione di famiglia che continua fuori dalla propria casa.

Adrian Paci: La sensazione è proprio quella di appartenenza, di sentirsi parte di qualcosa.

Remijon Pronja: A me sarebbe piaciuto che questa decentralizzazione fosse avvenuta anche in altri centri, per esempio Coriza, Argirocastro, e che si creasse un dialogo maggiore tra le persone e le città. Stefano ha citato il caso di Prizren... quando ho visto per la prima volta il DokuFest sono rimasto impressionato perché neanche in Italia avevo visto nulla di simile: una città intera che viveva per un evento artistico diventandone parte a livello sia culturale che economico. Credo che questo diventi possibile – come è accaduto a Scutari o a Prizren – in quelle città dal passato storico radicato, con un forte legame culturale, in cui emerga l'idea e al contempo l'esperienza vissuta di comunità.

Bora Baboçi: Durante queste settimane, tu e Stefano avete sentito spesso la mancanza di Tirana però.

Remijon Pronja: Sì, certo.

Adrian Paci: C'è anche qualcos'altro. Credo sia normale che ti manchi Tirana quando sei a Scutari per qualche settimana, non soltanto per una sensazione di nostalgia, ma anche perché una grande città ha dinamiche profondamente diverse da un luogo come Scutari. L'idea alla base della nostra esperienza qui era quella di assorbire il massimo dall'ambiente, da questa casa, dalle peculiarità del paese con le sue abitazioni antiche, così come dalla geografia attorno alla città. Questo è il motivo per cui siamo andati a Theth, a Shiroka, e abbiamo visitato Velipojë. Importante era cogliere il più possibile anche dagli incontri con persone legate al mondo dell'arte: Adam Budak, Emily Jacir, Rischa Paterlini, Yael Bartana, Tommaso Sacchi. Era necessario confrontarsi con persone che non vivono a Scutari. Questo è il motivo per cui abbiamo scelto voi, che venite da Tirana e avete fatto esperienze anche fuori dall'Albania. L'idea era quella di aggregare qui qualcosa di nuovo adattandosi allo stesso tempo al contesto esistente. Il fatto che tutto ciò sia accaduto a Scutari non è un caso. Molti elementi si legano a questo posto: in primo luogo io stesso sono nato qui; sia io che Zef[3] abbiamo poi lavorato nell'arte; in precedenza mio padre è stato un artista a sua volta, e anche il padre di Zef ha studiato arte a Firenze; una casa vecchia e una casa nuova, come due generazioni, dialogano una di fronte all'altra.

Stefano Romano: Per me molto gioca l'architettura della casa, la parte interna dove ci troviamo ora, ma anche la casa di Zef. Questo poi la rende particolare, perché non è solamente casa tua e non è solamente casa di Zef.

Adrian Paci: Sì, sono due case distinte e una unica allo stesso tempo.

Stefano Romano: I due ambienti suscitano anche due diverse emozioni...

Alketa Ramaj: Questo dipende anche dal fatto che la casa dove ci troviamo ora, più moderna, e quella di Zef, visibilmente molto più vecchia, siano collegate molto bene l'una all'altra. Lo stile che ne deriva è completamente diverso da quello che possiamo trovare a Tirana o altrove. La maggior parte di noi vive in condominii, forse in case singole private, ma in nessun caso troviamo questo intreccio. È diverso quando ti svegli in mezzo a schiere di palazzi a Tirana... qui la casa stessa e la combinazione delle due creano un effetto calmante, sia dal punto di vista estetico, che mentale.

Silva Agostini: La disposizione delle case di Adrian e Zef – la vicinanza fisica dei due diversi momenti storici che rappresentano, legati dal giardino comune – appare un po' come uno scenario aperto. Questo luogo arricchisce le suggestioni di quella Scutari della mia infanzia – e di adesso – di cui parlavo prima. La nostra esperienza qui, letteralmente in mezzo a due momenti storici distinti, senza confini prestabiliti, ci ha dato la possibilità, credo, di generare qualcosa di nuovo basato su dinamiche di spontaneità e casualità, logiche personali e specifiche di ognuno.

Stefano Romano: Penso che abbia a che fare anche con quello di cui discutevamo con Emily[4], sulla recente pratica di appropriazione di contesti intimi e ambienti familiari da parte di alcuni artisti. Il nostro è un approccio completamente diverso perché anche se adesso ad Art House ci troviamo nella dimensione più "artistica" della casa, rimaniamo comunque ospiti di un'abitazione vera e propria.

Remijon Pronja: Quando ho ricevuto l'invito, confesso di essermi commosso, proprio perché Art House è anche una casa nella quale si vive. Inoltre parte della casa è anche la casa di Zef, nella quale già in passato abbiamo trascorso molto tempo, così come nel giardino comune. Quando una persona ti invita nella propria abitazione, la collaborazione avviene in una dimensione emotiva, non nello spazio neutrale, nel white cube di una galleria o di una residenza. Ero qui fin dal giorno dell'inaugurazione di Art House. Ho visto Adrian quel giorno, con una camicia bianca, emozionato, presentare una casa che si apriva all'arte e alle persone. Inizialmente conoscevo lo spazio come un luogo dove poter incontrare gli amici e andartene, volendo, subito dopo, mentre durante Art House School la condivisione delle esperienze di ognuno è andata molto oltre: il luogo è stato parte integrante della quotidianità e delle discussioni che accadevano durante i pranzi, le cene, le colazioni, i caffè... Per questo penso che la discussione e lo scambio, non soltanto formale ma anche informale, siano stati il motore di uno slancio importante, probabilmente inconscio, per la concezione e la produzione delle opere.

Alketa Ramaj: Io volevo parlare anche un po' della nostalgia... Quando sono tornata a casa, sentivo... come una specie di noia, perché qui ad Art House sono venuta a contatto con delle condizioni di vita, di interazione e comunicazione con le persone, che definirei ideali. Poi arriva il momento del distacco e torni nel tuo territorio. Qui abbiamo vissuto come su una piccola isola. La cosa che più mi preoccupava era quindi l'idea di dovermene allontanare, trovando dei modi per sopperire alla mancanza di questo stile di vita, di questo dialogo. I ritmi quotidiani a Tirana sono così isolanti, molti aspetti della comunicazione non vanno come dovrebbero. Questa è stata un'esperienza molto diversa, necessaria, anche solo se pensata come un momento di relax. Quando vivi sotto pressione il riposo è necessario perché produce condizioni ottimali di ispirazione creativa. Personalmente, l'ho vissuta come un'oasi per ricaricarmi, anche grazie al coinvolgimento nel lavoro degli altri. Indipendentemente dal fatto che alcuni di voi li conoscevo da tempo, ho mantenuto una forte curiosità durante le discussioni sui vostri lavori perché penso possano essere sempre occasioni di nuove scoperte. Credo che le condizioni ideali connaturate a questo progetto abbiano permesso di trarne il massimo.

Zef Paci: Penso sia stata interessante la proposta di fare, quest'anno, qualcosa di diverso dagli ultimi due, cioè una scuola, in cui poter aprire le porte di una casa, uno spazio personale. Personalmente non ho vissuto questa iniziativa come una violenza, ma come un momento di arricchimento e apertura, anche per la natura delle discussioni e dei dibattiti, in condizioni completamente intime e familiari. Ricordo di aver mostrato ad Adrian un documento sulla vita di Max Weber che raccontava come si fosse articolata entro ristrette cerchie di persone, lontane dalla vita pubblica. Trovo sia un esperimento, molto interessante, che abbiamo cercato di sviluppare qui anche noi. D'altra parte, credo che molti artisti abbiano partecipato anche per essere in qualche modo inclusi nel sistema dell'arte. Un'ambizione che è stata canalizzata in questo senso, anche grazie ai contatti con una serie di personalità che abbiamo coinvolto ad Art House, attraverso il progetto di una mostra in concomitanza di miart a Milano. Confrontarmi con la diversità di approcci dei vari partecipanti è stato un momento molto importante di arricchimento. In un certo senso credo che abbia cambiato, messo in crisi alcuni miei modi di pensare, e allo stesso tempo ne abbia confermati altri. È stata un'esperienza di valore vedere le opere, ma anche le ricerche di tutti gli artisti.

Alket Frashëri: Sicuramente da un lato la proposta di prendere parte a questa esperienza è stata entusiasmante, dall'altro, come sempre di fronte a qualcosa di nuovo, c'è stato anche un po' di scetticismo. Ancor più se la penso in rapporto alla mia pratica artistica che, legata a pittura, disegno e incisione, non è un'esperienza collettiva, ma nella sua quotidianità anzi assolutamente solitaria, negli spazi di uno studio dove chiudersi per ore intere. Quindi sicuramente, la prima reazione all'invito è stata di timidezza, proprio perché significava prendere parte a un'esperienza di condivisione collettiva. Dall'altro lato, era molto entusiasmante immaginare una dimensione ignota, ancora da scoprire, legata a questo progetto, considerando anche il profilo creato da Art House in questi ultimi due anni – uno spazio privato, ma molto serio e di qualità. Ho sentito il presentimento che sarei rimasto molto soddisfatto da questa esperienza partecipando al film festival *Lo schermo dell'arte*[5], dove ho anche avuto modo di notare la qualità delle discussioni seguite alle proiezioni dei film, alla presenza dei giornalisti e degli organizzatori del festival. L'invito ad Art House School richiedeva la stessa onestà di espressione intellettuale. Credo sia un privilegio far parte di un contesto nel quale poter esprimere senza freni quello che si pensa e il proprio credo artistico. Un privilegio perché molto più spesso credo che le esperienze artistiche, in un certo modo, portino a modificare la propria espressione e retorica e, nel caso si voglia dire qualcosa in maniera schietta, ad usare degli eufemismi.

Stefano Romano: Soprattutto negli ultimi anni...

Alket Frashëri: Sì, soprattutto negli ultimi anni. Da questo punto di vista per me è stato davvero emozionante. Quello che professionalmente ho apprezzato molto sono state le discussioni attorno ai nostri lavori, con la presentazione delle ricerche personali agli invitati. Vorrei sottolineare il caso di Rischa per esempio... Ammiro davvero la sua attenzione nel tentare di capire, nell'addentrarsi in un lasso di tempo così breve nella psicologia e nel processo artistico di ognuno di noi, così come apprezzo il suo impegno nella realizzazione della mostra a Milano. Oltre a tutto questo, Scutari è una città con la quale ho un forte legame spirituale. Ricordo i miei momenti privati, quando in albergo durante i giorni del festival Lo schermo dell'arte vedevo i pioppi mossi dal vento e il campanile della cattedrale immobile – come fosse la persistenza di un evento poetico che non voleva essere interrotto...

Adrian Paci: Prendendo la stessa stanza d'albergo anche nel tuo viaggio successivo...

Alket Frashëri: Sì, un po' come quegli scrittori che tornano nelle stesse stanze d'hotel per vivere in maniera identica emozioni passate... Un altro aspetto poi che mi incuriosiva era legato a una delle persone che ci ospitava, Adrian, con il quale forse meno degli altri ho avuto in passato la possibilità di avere un contatto. Ho scoperto tramite le discussioni – la parte pedagogica, comunicativa che non voglio chiamare teorica – una situazione artistica degna di tal nome. Posso dire che è stata un'esperienza che mi ha lasciato un sapore positivo, oltre che indotto ad una riflessione importante sul mio lavoro.

Adrian Paci: Molto bene, solo parole positive! Lek, dai, tocca a te fare delle critiche ora...

Lek Gjeloshi: No, non ho delle critiche però... Art House School ha significato lasciare casa mia per un periodo di tempo, quasi un mese, dopo una permanenza obbligata dalle circostanze. Sono uscito così dalla mia dimensione domestica per entrare in un'altra, abbandonando la quotidianità per concentrarmi sui problemi, altrettanto quotidiani, della professione artistica. Essendo una persona che per natura non entra in maniera diretta, impulsiva nei campi magnetici delle cose, spesso mi ritrovo ad essere un osservatore lontano. Altre volte invece mi avvicino anche più del dovuto, a seconda delle circostanze. Al di là degli incontri che abbiamo avuto con i curatori, dove certe volte il mio inglese zoppicante è stato un intralcio, credo siano stati molto fruttuosi quei momenti in cui seguivo le presentazioni dei lavori di tutti gli altri, anche se alcuni già li conoscevo. Questo confronto ha anche provocato il desiderio di tornare al mio lavoro con un certo entusiasmo. Sicuramente da questo punto di vista ne esco arricchito. L'aspetto che forse poteva essere un po' più consistente nel periodo passato qui è quello di cui abbiamo discusso anche qualche giorno fa. Non sono un maniaco del fare, ma credo che avremmo potuto maggiormente concentrarci e sperimentare attorno alla fase di ricerca, spogliata di quel bisogno di intimità e solitudine che solitamente abbiamo come artisti – qualcuno a disegnare, qualcuno a dipingere, qualcuno semplicemente a fare o assemblare i frammenti di pensiero. Avremmo potuto leggere di più, io mi sarei dovuto esprimere in maniera più teorica. Forse avremmo potuto creare un'intensità più specifica in certi momenti. Non dico che questo non sia successo... anche oggi per esempio, il dialogo molto curioso, interamente filosofico che ho avuto a pranzo con Bora, Alket e Stefano, e che ho vissuto con molto piacere, è come se si fosse sviluppato a partire da una sorta di "deviazione" e mancanza di controllo. Tuttavia, non credo che queste due condizioni determinino sempre un risultato felice. Quello che intendo è che sul piano dell'intensità, in alcuni momenti, forse tutti – parlo ai miei compagni – avremmo potuto essere un po' più specifici. Ognuno di noi avrebbe potuto mantenere e curare questa intensità in base alla propria natura e sensibilità, alla disponibilità di prendere o meno parte a una discussione, di seguire o meno qualcosa. Questo a volte è come se ci fosse scivolato via dalle mani. Quello a cui abbiamo assistito è stato, forse, semplicemente una piccola supernova, che non è riuscita fino in fondo a generare una costellazione.

Adrian Paci: Capisco, ma penso anche che per far sì che qualcosa accada, qualcos'altro debba essere necessariamente schiacciato. Il fatto che il progetto avesse a disposizione un breve arco di tempo per essere sviluppato, ha instillato nel gruppo una specie di dubbio. Sono troppi o troppo pochi i giorni? Per arrivare a un lavoro più approfondito, per combinare insieme pratiche così diverse tra loro, forse quattro settimane sono poche. A qualcuno serve una settimana soltanto per preparare il telaio. Se oltre alla pratica concreta, aggiungi anche la lettura, e poi l'approfondimento della lettura (perché non è solo questione di leggere) allora il tempo necessario aumenta ulteriormente. Forse, il desiderio di strutturare il progetto avrebbe tolto qualcosa alla sua spontaneità, pensa anche alla discussione che avete avuto oggi a pranzo. In un certo senso, è vero che questa esperienza ha avuto delle mancanze, ma proprio perché non ha cercato di essere nient'altro rispetto a quello che è stata.
Lek Gjeloshi: Ho visto e vissuto anche io la dinamica di cui parli e ho accettato fino in fondo la sua natura specifica.

Silva Agostini: La struttura aperta ha generato un'esperienza stimolante, a cominciare dalla composizione del gruppo – nuove conoscenze, le presentazioni – e poi i discorsi spontanei che spesso toccavano temi per me importanti, come quelli sul processo creativo e le problematiche che ne scaturiscono. La struttura aperta ha inoltre reso possibile la creazione di un pool creativo. Sicuramente, la permanenza a Scutari poteva essere maggiormente produttiva nel senso di una ricerca più attiva o della realizzazione di nuove opere, ma penso che il tempo a disposizione sia stato troppo poco. Specialmente per me, purtroppo, erano solo due settimane, ma ne sono uscita con una serie di impulsi che in un futuro sento di poter sviluppare ulteriormente.

Adrian Paci: Credo sia necessario considerare anche un altro elemento, e cioè che ai tempi non ci conoscevamo così bene. Oggi discutiamo grazie ad un altro punto di vista. Il momento delle introduzioni, per esempio, è stato davvero necessario.

Lek Gjeloshi: Per me è stato forse il momento più intimo... adesso sappiamo qualcosa l'uno dell'altro. Cioè, quando parliamo di intimità, non si tratta semplicemente di un momento di pigrizia. L'intimità in questo caso è uno strumento per andare più in profondità. Oggi siamo in grado di spendere parole oltre le opinioni personali, entrando invece anche nel merito del lavoro. Questa mi sembra una condizione necessaria per un gruppo di individui che opera e si impegna nella vita culturale di una città o di una nazione, non importa di quale dimensione. E credo che la nostra esperienza ad Art House abbia creato questo tipo di condizioni.

Bora Baboçi: D'altra parte, non dimentichiamo che abbiamo vissuto assieme queste settimane in circostanze di grande condivisione. Abbiamo vissuto e dormito negli stessi ambienti, molto vicini, abbiamo mangiato ogni giorno assieme. A mio modo di vedere, ad un certo punto credo sia avvenuto un momento di passaggio in cui questo gruppo, oramai molto compatto e con delle sue dinamiche specifiche, da ospite si sia trasformato un po' in oste. Penso che questo tipo di trasformazione, quando il gruppo diventa più indipendente e autonomo rispetto a chi lo ospita, renda possibile anche quella intensità di cui parlava Lek. Se, come e con quale ritmo potevamo all'inizio, appena conosciuti, creare una dinamica di spontaneità, credo sia invece dipeso dai singoli partecipanti, influenzati da scelte individuali.
Lek Gjeloshi: Sì, ma anche questo ragionamento è conseguenza del fatto che oggi abbiamo pranzato assieme – mentre una settimana fa non l'abbiamo fatto. C'è quindi qualcosa che va anche oltre la volontà delle persone. È semplicemente una sensazione che provi in un dato momento, che ti porta a sentire il desiderio di avvicinarti a qualcuno e accettare questa vicinanza, nell'atto concreto di condivisione.

Stefano Romano: Un altro elemento da considerare può essere anche il fatto che Art House School si avvia alla conclusione e, come diceva Alketa, ci domandiamo cosa faremo dopo. Se ora ci conosciamo di più dal punto di vista professionale, questo tipo di discussioni potranno avvenire in maniera più naturale ogni volta che d'ora in poi ci incontreremo, perché abbiamo creato una certa intimità rispetto al nostro lavoro, che prima ci mancava.

Lek Gjeloshi: Esatto, ma adesso si complicano anche un po' le cose, perché per quattro settimane questa esperienza è cresciuta in un contesto che ne ha protetto una certa vulnerabilità. Credo sia stata una membrana molto specifica, che è l'idea stessa del progetto e la sua natura: il fatto di trovarsi a vivere in una casa, che in realtà sono due, con un giardino in comune, di passeggiare insieme per le strade di questo paese, bere una birra in qualche bar. Tutto ciò è rimasto protetto da un involucro. Bene, ma nel momento in cui si esce da qui, tutta questa protezione, questa preziosa

membrana, intima, affettiva, definiamola come vogliamo, non c'è più.
Stefano Romano: Certamente, ma come diceva anche Alketa, questa preoccupazione del "cosa facciamo adesso" per me è importante perché è il primo passo di una volontà di procedere. Forse il desiderio, più che una volontà, di non interrompere qui le relazioni che abbiamo creato.

Bora Baboçi: Sono d'accordo, ora avverrà un cambiamento, ma quello che rimane è una memoria che non svanisce con questo cambiamento, una specie di rituale di passaggio oltre la membrana protettiva. Avviene cioè una sorta di dinamica di associazione che, ai fini della memoria, rimane anche quando abbandoni l'intimità. Credo anche Alketa parlasse di qualcosa di simile prima.

Lek Gjeloshi: Io oggi – sento di dovervelo raccontare – mi sono svegliato pensando a come tutto stesse finendo e per un attimo mi sono sentito molto triste.
Stefano Romano: Per me queste sono emozioni molto positive.

Remijon Pronja: Penso sia così per tutti...

Stefano Romano: Sì appunto, sono queste le emozioni che ci daranno la possibilità di continuare anche fuori da Art House School. Possiamo parlare al telefono e dirci, "Ehi, incontriamoci che ho un nuovo lavoro di cui ti vorrei parlare, che vorrei discutere con te". Ora abbiamo questa possibilità.

Lek Gjeloshi: Forse, diversamente da voi che venite da un'altra città, vivrò il cambiamento in maniera più strana, non soltanto perché resterò qui, ma perché qui è come se mi sentissi già a casa mia. Ci venivo molto spesso anche prima di questo progetto. Avendo le chiavi di casa ho avuto occasione di frequentarla anche quando non c'era nessuno, per scattare una fotografia... Il momento di tristezza che ho provato oggi ha dunque un valore speciale per me. Non so dare una risposta più complessa, semplicemente mi sento così.

Iva Lulashi: Io invece, da quando mi sono trasferita in Italia, non sono mai tornata in Albania per un periodo così lungo. Ogni volta che andavo a Tirana cercavo di chiamare a raccolta tutti gli artisti, ho sempre voluto una cosa come questa che abbiamo vissuto noi. Mi è sembrato molto importante che convivessimo e avessimo anche alcuni momenti di tensione. A volte sentivo un po' di distanza, ma non vedevo l'ora di incontrarci nuovamente per bere qualcosa assieme. In Italia, in altre circostanze, ho vissuto esperienze simili di collaborazione, ma in studi d'artista, e sempre solo con dei pittori.

Qui in questo senso è stato qualcosa di nuovo.

Adrian Paci: Mi ricordo che al tuo arrivo eri molto nervosa, emozionata.

Iva Lulashi: Sì, perché da un lato mi sembrava una cosa troppo nuova, sotto tutti gli aspetti, dall'altro però anche molto familiare, e ha risvegliato molti ricordi. Il fatto di non poter dipingere in ogni momento poi mi innervosiva, perché per me la pittura è una specie di calmante. Inizialmente mi sentivo in colpa, poi ho capito che non avrei dovuto dare tutta questa importanza alla cosa.

Fatlum Doçi: Dopo questa esperienza rimarrà la domanda "cosa e come": cos'è quella cosa che ci spinge a creare e qual è il modo in cui affrontiamo l'arte? Penso che sia stato il momento più interessante di Art House School. La diversità dei punti di vista con cui ognuno vede l'arte mi sembra un aspetto molto produttivo, che aiuta a capire il modo in cui gli uomini, cioè gli artisti in questo caso, vedono il mondo, come si approcciano, cosa cercano nell'arte, e le modalità con cui questi tentativi si realizzano. Penso sia molto bello perché questa domanda – cosa e come – è una domanda che non ci si smette mai di porre.

Adrian Paci: C'è un lavoro di Tania Bruguera che è soltanto una frase: "Until the unreachable victory" (fino alla vittoria inarrivabile). Anche noi ci siamo dati questo compito, sicuramente non da portare a termine con una risposta netta, ma da affrontare con un approccio che rimanesse aperto. Per concludere questo dialogo, vorrei ancora porre una domanda sulla mostra a Milano, un appuntamento nato dall'esperienza di Art House School. La mostra è quel momento in cui il lavoro, quello che abbiamo realizzato, arriverà a confrontarsi con gli occhi dello spettatore. Nel concreto si tratterà di una mostra in un contesto particolare, perché all'interno di una collezione, a sua volta all'interno di uffici. Cioè non una collezione museale. Da questo punto di vista volevo sapere cosa ne pensate. Sicuramente si può guardare il progetto come una possibilità per esporre a Milano, in una collezione importante, durante la settimana della fiera miart. Ma al di là di questo, il fatto di avere qui ospite Rischa, la curatrice della collezione, ci ha indotto a osservare da vicino il suo processo di creazione, così come la personalità del collezionista che, come dire, è il perno attorno a cui si raggruppano le opere. Il fatto che un'esperienza come Art House School finisca in mostra in una collezione ha sicuramente molti aspetti positivi, ma può nascondere anche una certa tensione, perché saremo in un contesto completamente diverso da quanto vissuto qui. Cosa ne pensate?

Stefano Romano: Naturalmente collezionare è un atto privato, nato nel momento in cui una persona o un'istituzione acquista un'opera d'arte per farla diventare parte di un complesso di altri lavori. In questo caso saremo di nuovo una sorta di ospiti, nel senso che non siamo parte della collezione, il collezionista non ha comprato i nostri lavori. Saremo quindi nuovamente quello che siamo qui, in un certo senso anche a Milano il nostro lavoro dovrà adattarsi ad una circostanza privata e questo mi sembra interessante.

Lek Gjeloshi: È interessante come ne "L'angelo malinconico", l'ultimo capitolo de *L'uomo senza contenuto*, Agamben[6] parli del collezionista paragonandolo a un rivoluzionario, che spezza l'andamento naturale delle cose trasformandole e investendole di un nuovo senso. Un rivoluzionario dunque che trasforma i valori tramite un rovesciamento.

Alket Frashëri: Penso al collezionista come ad un'entità completamente assente in Albania, almeno in queste proporzioni. Parlo anche della sua connotazione così antica, quella del mecenate, che da noi è completamente mancata. Mostrare i nostri lavori presso un collezionista che li conservi quasi come fosse un'istituzione mecenatesca mi sembra la migliore conclusione possibile dell'esperienza di Art House School. Presentare le nostre opere accanto a quelle di autori conosciuti e, proprio come diceva anche Stefano, di nuovo in veste di ospiti, è una possibilità straordinaria per ognuno di noi. Forse questa esperienza può essere utile anche come sorta di contributo alla creazione di un mecenatismo in Albania. Ci sono casi sporadici in questo paese, c'è il desiderio ma, anche da parte degli artisti, non sempre esiste un orientamento chiaro che aiuti quelle figure che sembrano avere il potenziale per diventare, un domani, collezionisti di un certo calibro.

Lek Gjeloshi: Pensando sempre al valore di estraneazione che effettivamente il collezionista possiede, vorrei dire un'ultima cosa. Credo sia un momento di generosità il fatto che il collezionista, non dico metta in discussione questa trasformazione, ma che in qualche modo la stimoli attraverso il confronto con le nostre opere.

Adrian Paci: Infatti, come diceva Adam Budak, dobbiamo continuare a produrre generosità. Mi sembra molto bello. In un certo senso credo che un'iniziativa come questa non soltanto non debba concludersi, ma debba continuare trovando nuovi supporti. Non posso non sottolineare il fatto che queste attività siano possibili grazie a diversi fattori che le supportano. Nell'ultima edizione abbiamo ricevuto in regalo un'opera di Anri Sala direttamente dall'artista. Alcuni collezionisti, nella loro benevolenza verso Art House, ma anche per il piacere di possedere un'opera di Anri, hanno acquistato il lavoro e i fondi ricavati sono serviti alle nostre attività. Questi sono, io penso, momenti molto positivi, considerando sempre il fatto di essere a Scutari e in Albania. L'entusiasmo di Adam, Emily, Yael, Rischa, Tommaso, o altri che hanno partecipato in precedenza, che questo tipo di esperienza genera, rivela il valore e il senso di farla accadere qui, in queste stradine, in queste due case, a Scutari, con quei pioppi di cui parlava Alket. Questi momenti, con tutte le loro particolarità, possono essere considerati importanti anche in un contesto più ampio, come ha dimostrato l'interesse di una collezione privata a Milano o il fatto che il direttore della Kunstverein di Salisburgo, che era qui con un gruppo di amici, mi scriva e mi dica che spera di collaborare con Art House School, o ancora, il fatto che Adam Budak[7] da Praga cerchi di rimanere in contatto con voi per fare qualcosa in futuro. Penso che questo non sarebbe potuto succedere per merito di un singolo, di una o due persone, ma è successo perché si è creato uno spirito generoso che va oltre. Credo sia qualcosa di assolutamente necessario.

1. Una varietà di lingua albanese parlata in Albania e nei paesi della ex-Jugoslavia.

2. Tommaso Sacchi (da ottobre 2021 Assessore alla Cultura del Comune di Mlano) Capo Segreteria Cultura Firenze, curatore del festival Estate Fiorentina e uno dei partecipanti di Art House School 2017.

3. Zef Paci, cugino di Adrian Paci, mentore di Art House School, storico dell'arte e curatore residente in Albania.

4. Emily Jacir, artista palestinese e una delle partecipanti di Art House School 2017.

5. Lo schermo dell'arte Film Festival e Art House hanno collaborato all'evento "Ekrani i Artit" tenutosi dal 7 al 9 luglio 2017 a Scutari, presso il Kinema Millennium con proiezioni di film d'artista e documentari dedicati a protagonisti della scena artistica internazionale.

6. Giorgio Agamben, "L'angelo malinconico" in *L'uomo senza contenuto*, Rizzoli, Milano 1970 (poi Quodlibet, Macerata 1994).

7. Adam Budak è Chief Curator alla Galleria Nazionale di Praga e uno dei partecipanti di Art House School 2017.

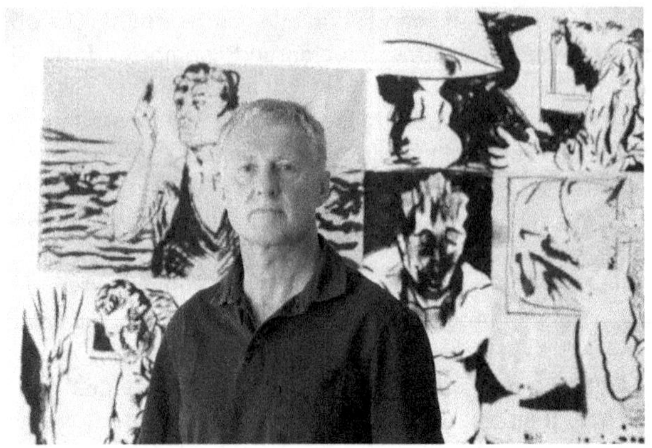

A David Zwirner va il merito di aver ribaltato il luogo comune che
vuole i figli dei galleristi degli epigoni quasi sempre non all'altezza
del nome di famiglia. La David Zwirner Gallery è conosciuta come
un'azienda di potere nel settore dell'arte, ma per cinquant'anni e tre
generazioni l'attività è rimasta un affare di famiglia. "Quasi tutti
i nostri viaggi in famiglia erano dedicati all'arte", racconta Lucas
Zwirner, figlio di David Zwirner e nipote del gallerista tedesco
in pensione Rudolf Zwirner. "Ciò che Rudolf ha fatto davvero per
David, e ciò che David ha fatto a sua volta per noi, è stato non solo
esporci all'arte contemporanea, ma incoraggiarci a guardare alla
storia dell'arte come fondamento di un'estetica". La storia artistica
della famiglia risale a Colonia negli anni Sessanta, allora epicentro
del mondo dell'arte. Rudolf Zwirner è stato co-fondatore della fiera
Kölner Kunstmarkt nel 1967 e ha gestito una galleria che è stata
tra i primi sostenitori di Joseph Beuys e Sigmar Polke. A David non
interessava entrare nell'azienda di famiglia e scelse di studiare musica
jazz all'Università di New York, ma vedendo che la sua carriera di
musicista non decollava, chiese al padre un consiglio su come avere a
che fare con l'arte. Sembra che Rudolf gli suggerì di aprire una galleria
d'arte a New York e oggi la David Zwirner Gallery è tra i più grandi
mercante d'arte al mondo, con otto gallerie tra New York, Los Angeles,
Londra, Parigi e Hong Kong.

David Zwirner. L'arte del gallerista

Randy Kennedy

David Zwirner tira fuori dalle tasche l'iPhone, lo accende come una torcia e illumina con luce spettrale un corridoio pieno di detriti e macerie. Dopo averci condotto verso una porta metallica, la apre e l'aria della sera ci avvolge mentre camminiamo su un tetto che domina il Regno di Chelsea, il più grande conglomerato di potere nell'arte contemporanea al mondo. A nord ci sono i principati di Gladstone, Cooper e Gagosian, mentre a sud si trova la galleria che Zwirner stesso ha costruito negli ultimi vent'anni fino a farla diventare una delle più formidabili realtà dell'ambiente.

Dritto con le mani sui fianchi, in una postura che ricorda un ragazzino che prende le misure di un campo di gioco più che un capitano d'industria, Zwirner ogni tanto ama gettare un'occhiata agli edifici sotto per ricordarsi dove si trova, un gesto che in effetti può voler dire diverse cose. Fino a due anni fa l'edificio in cui ci troviamo, un colosso in legno e cemento progettato seguendo i più alti criteri eco-sostenibili dall'architetta tedesca Annabelle Selldorf, non esisteva nemmeno. Al suo posto c'era un vecchio garage, una delle poche proprietà di discrete dimensioni ancora disponibili a Chelsea sul lato Ovest della Ventesima strada in un quartiere tutto sommato basso per essere Manhattan. Invece che adattarlo alle proprie esigenze come hanno fatto la maggior parte dei galleristi, Zwirner, una volta comprato, lo ha demolito per costruire una galleria da zero, con tanto di serra sul tetto e centinaia di metri quadrati di spazio espositivo da aggiungere ai quasi tremila che già aveva un isolato più a sud, sulla Diciannovesima. Nel frattempo apriva anche il suo primo avamposto europeo in un palazzo Settecentesco nel cuore di Mayfair a Londra e la stampa si occupava di lui con regolarità per un tipo di espansione ben diversa, quando cioè ha iniziato ad anellare personali di pesi massimi dell'arte, alcuni dei quali (Jeff Koons, Richard Serra e Yayoi Kusama) noti per l'associazione decennale con uno dei galleristi più potenti al mondo, Larry Gagosian. Mentre Koons e Serra sono ancora ufficialmente rappresentati da Gagosian, Kusama ha cambiato bandiera, e dopo vent'anni di solida e a volte feroce attività commerciale, le mire imperialistiche di Zwirner paiono annunciare un nuovo ordine nel firmamento dell'arte newyorkese. È chiaro che la sua ascesa non si ferma al livello di giganti come Pace, Acquavella, Hauser & Wirth, Matthew Marks e Marian Goodman, ma punta direttamente al trono dello stesso Gagosian.

Zwirner non è certo una persona con ambizioni modeste ma in un mondo dell'arte dove qualità e quantità sembrano viaggiare a braccetto (Gagosian ha una dozzina di gallerie in otto metropoli internazionali e sta per aprire un ristorante, Pace ha sette gallerie, tra cui una a Pechino), l'idea di espandersi su scala globale non lo sfiora nemmeno. "Non ho né l'intenzione né la necessità di aprire altre gallerie in giro per il mondo. Non capisco perché gli altri lo facciano. È stupido", dice schiettamente.

È lecito affermare senza ombra di dubbio che il quarantottenne Zwirner è uno strano amalgama di diverse scuole di pensiero. Da una parte ricorda Leo Castelli, il classico europeo sofisticato con occhio e una passione per l'arte che supera quella per i soldi. La cosa non sorprende, considerando che suo padre Rudolf, oggi in pensione, è stato uno dei primi galleristi a Colonia a organizzare mostre sul Minimalismo e l'Arte Concettuale quando neanche l'Europa era del tutto pronta per tali proposte. Zwirner è cresciuto circondato da quadri di Polke e Richter, e dopo una rapida esperienza giovanile nel mondo della musica (prima come batterista jazz e poi come PR per un'etichetta discografica ad Amburgo), ha superato il "complesso d'inferiorità paterno" (parole sue) per aprire uno spazio in Greene Street a SoHo che per gli standard odierni è poco più grande di un armadio. "L'ufficio di David era la reception", ha ricordato di recente Diana Thater, celebrata artista e filmmaker losangelina e una delle prime a unirsi alla galleria.

Ma a differenza di Castelli e di tanti altri galleristi che paiono imbarazzati a discutere gli aspetti finanziari del proprio mestiere, Zwirner sguazza negli intrighi e macchinazioni del mondo degli affari come un pesce, al punto

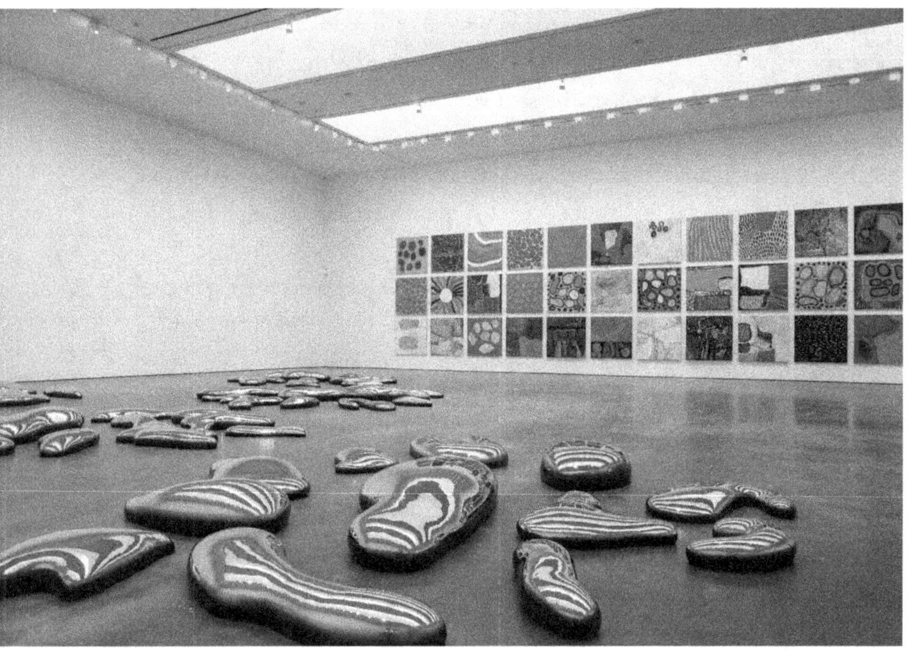

Particolare dell'installazione di Yayoi Kusama, *Every Day I Pray for Love*, alla David Zwirner Gallery, New York (9 novembre - 14 dicembre 2019).

che è facile scambiare la sua franchezza per arroganza. Ad Art Basel Miami Beach lo scorso dicembre è entrato nell'occhio del ciclone per aver difeso il collezionista miliardario Steven A. Cohen, la cui fortuna è al momento sotto inchiesta per pratiche fraudolente. "Spero ne esca fuori. Vorrei che fosse qui con noi" ha dichiarato Zwirner, un sentimento per un collezionista d'assalto il cui libretto degli assegni ha fatto felice più di un gallerista che molti condividono ma che pochi avrebbero avuto il coraggio di esprimere. Qualche settimana dopo, parlando di un accordo tra la sua galleria e quella ben più modesta di Michele Maccarone per co-rappresentare l'ambitissima scultrice Carol Bove, Zwirner ha precisato che certo, avrebbe potuto benissimo aggiudicarsi un rapporto di esclusiva, ma che senso avrebbe avuto prendere quella strada quando sul tavolo c'era la possibilità di avviare una fruttuosa collaborazione?

Tom Eccles, il direttore del Centro per gli Studi Curatoriali al Bard College spesso coinvolto in progetti a New York, sostiene che Zwirner "non è il tipico uomo d'affari senza scrupoli anche se a volte fa il duro. Di certo non vorrei averlo come avversario". Di persona Zwirner, la cui zazzera grigia lo fa più vecchio dei suoi quarantotto anni, non passa certo per un rapace capitalista. Dopo tanti anni a New York il suo accento tedesco è a malapena percettibile anche se a volte se ne intravedono degli scampoli. ("Antiamo in macchina, si?") Con i suoi jeans e giacca casual, sembra più un padre di famiglia che un lupo di Wall Street, e anche se viaggia spesso su una Lexus ibrida con autista, non è raro vederlo percorrere la strada che separa la sua casa dalla galleria in bicicletta. Dal vivo è molto brillante oltre che divertente.

Il collezionista Michael Horte, che con sua moglie Susan è uno dei suoi clienti più affezionati, ricorda un brindisi in onore di Zwirner dove "mi sono alzato e ho detto, 'Sai David, ogni volta che veniamo da te a vedere una mostra, io e Susan ce ne andiamo convinti di aver comprato il pezzo più bello. E la cosa incredibile è che ci sono almeno altre dieci persone in questa stanza che probabilmente pensano la stessa cosa".

Zwirner ha iniziato la sua attività correndo non pochi rischi. Una delle sue prime mostre era di Paul McCarthy, ai tempi ancora relativamente sconosciuto a New York per via di un lavoro divertente e terrificante al tempo stesso grazie alla sua miscela esplosiva di riferimenti scatologici, sessuali e politici. L'amicizia con McCarthy gli ha permesso di conoscere Jason Rhoades, altro artista californiano dal lavoro difficile che Zwirner ha sostenuto con la convinzione di un gallerista europeo anni Novanta, prima che la morte accidentale di Rhodes a soli 41 anni interrompesse tutto. Da allora la galleria si è mossa con una certa aggressività in un territorio ben più remunerativo come quello della pittura, aggiudicandosi il mercato di artisti sicuri come Donald Judd e Dan Flavin senza per questo negarsi punte di idiosincrasia, mischiando schegge vaganti come R. Crumb e Raymond Pettibon con tesori istituzionali come Stan Douglas e Francis Alÿs.

In un pomeriggio di febbraio di qualche tempo fa, con una tempesta di neve in arrivo, ho incontrato Zwirner nel suo spazio ancora in costruzione sulla Ventesima strada. Illuminate a giorno, si distinguevano due favolose serie di sculture in alluminio di Donald Judd fresche di installazione. Girando nervosamente per la galleria, Zwirner sembrava preoccupato per il rischio che l'opinione pubblica liquidasse il suo nuovo spazio come un capriccio esclusivamente destinato a certificare la ricchezza e la vanità del proprietario. "Non mi interessa se mi criticano per i soldi che ho e che spendo, fa parte del gioco. Quello che non capiscono", dice indicando il Judd come se fosse l'altare di una cattedrale, "è che opere come queste hanno bisogno di spazio per essere esposte nel modo migliore e per farlo ci vogliono soldi".

La sera dell'inaugurazione le cose sono andate stranamente male. Una serie di ritardi dovuti ai danni sofferti dalla galleria sulla Diciannovesima strada in seguito all'uragano Sandy ha fatto sì che lo spazio fosse pronto solo poche ore prima dell'apertura. Quando la folla di vip ha fatto ingresso (solo sotto la lettera "K" nella lista degli invitati si distinguevano Jeff Koons e il miliardario Henry Kravis) il riscaldamento non funzionava. Faceva più caldo fuori che dentro ma Zwirner sembrava non farci caso, correndo da una parte all'altra, esaltando il lavoro di Judd e il tramonto marziano generato dai neon di Dan Flavin. Più tardi, alla cena, ha arringato i 250 ospiti senza microfono, dilungandosi fin troppo sulle virtù di Judd e Flavin salvo poi chiudere con una commovente dedica a sua moglie Monica e i suoi figli in occasione del giorno di San Valentino per la gioia della folla.

Thater, che come tanti altri artisti è qui dai tempi degli esordi della galleria, sostiene che con Zwirner è come essere in famiglia, nel bene e nel male. "Credo di essere una degli artisti più invendibili con cui lavora, eppure non ha mai smesso di sostenermi. Anche quando abbiamo litigato, ed è capitato spesso, ha continuato a essere leale nei miei confronti come io nei suoi. Non mi ha mai detto di fare un quadro, una scultura o una fotografia per soldi. Capisce quello che faccio e mi lascia stare".

Stan Douglas, l'eclettico artista di Vancouver protagonista della seconda mostra di Zwirner nello spazio di Greene Street, ricorda come "io e David ci siamo messi d'accordo con una stretta di mano ed è così ancora oggi". Secondo Douglas una delle conseguenze del successo è che dopo tanti anni passati ad occuparsi della crescita della galleria e imbastire una delle più potenti operazioni di mercato secondario al mondo, Zwirner è finalmente in grado di occuparsi di altre cose. "Non ci sono dubbi sul fatto che la galleria è un business. David è un tipo ansioso ma adesso ha più tempo per concentrarsi sull'arte perché è stato abile a delegare alcuni compiti ad altri".

Delle oltre cento persone che lavorano da Zwirner, alcuni sono partner, per lo più donne che hanno collaborato con la galleria sin dagli inizi. Uno degli ultimi acquisti è Christopher D'Amelio, un veterano di Chelsea, che si è unito dopo aver chiuso la propria attività. D'Amelio sottolinea che un artista, per essere preso in considerazione, "deve piacere a me e a tutto il mio team. Se poi riusciamo a vendere il lavoro tanto meglio, ma che la gente ci creda o no, i soldi non sono la cosa più importante".

Come per tutte le gallerie di grandi dimensioni, il mercato secondario costituisce un'ancora finanziaria, sia sotto il profilo della vendita di opere storiche di artisti della scuderia o che di maestri del moderno e del contemporaneo. Si tratta di un settore dove Zwirner si è ritagliato uno spazio importante, arrivando a competere con i principali mediatori e case d'aste. "A volte è una seccatura. Capita di ricevere telefonate dove ti dicono: 'Ho un lavoro di un tuo artista. Hai 48 ore per decidere se lo vuoi, altrimenti lo metto all'asta'. È l'aspetto meno bello del nostro mestiere ma per fortuna non è sempre così." Al tempo stesso, Zwirner rimane scettico sul boom che sta vivendo oggi il mercato. Il ricordo del crack del 2007 dopo un periodo di eccessi e sfarzi è ancora nitido. "Stiamo vivendo un buon momento, ma quello che si dice sull'1% è tutto vero", dice Zwirner a proposito dell'accumulazione di capitali che sta guidando, e secondo alcuni distruggendo, il mondo dell'arte. "Chiaramente non è una cosa positiva ma non cambierà. La domanda è, cosa possiamo fare?". "E Gagosian?", chiedo. "Non ti capita mai di pensare a come sarebbero le cose se chiudesse?" Zwirner sorride ma non abbocca, nemmeno per scherzo. Il tarlo però evidentemente gli rimane, dato che qualche ora dopo mi ferma e dice: "Ricordati una cosa: Gagosian ha quasi vent'anni più di me. Io sono un pulcino in confronto".

"The Art of the Dealer", pubblicato da
The New York Times il 21 marzo 2013

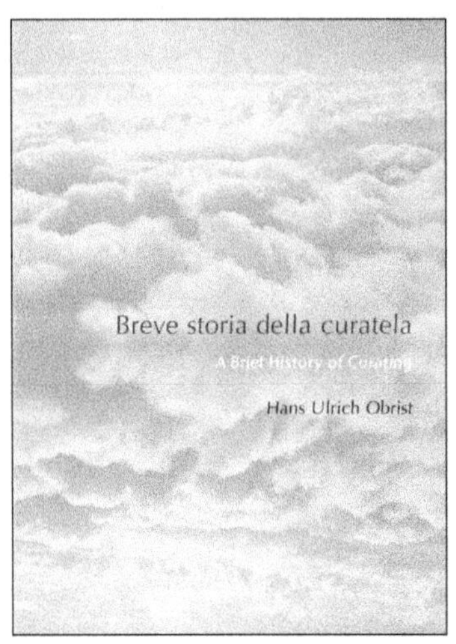

Breve storia della curatela

Hans Ulrich Obrist

Postmedia Books 2011
224 pp.
isbn 9788874900626

Questo libro è uno strumento straordinario e Hans Ulrich Obrist non è solo un archeologo, è anche una guida attraverso paesaggi artistici che devono ancora emergere.
dalla postfazione di Daniel Birnbaum

Obrist mette in evidenza che le mostre non sono state documentate con la consistenza e la profondità che la ricerca storica richiede, lasciando in ombra il lavoro e la fantasia dei curatori che hanno assorbito la tradizione dei predecessori e trasmesso in modo informale la loro esperienza alla generazione successiva. Solo comprendendo le genealogie possiamo capire come alcuni oggetti piuttosto che altri siano entrati nella storia dell'arte tradizionale.
Thomas Crow, *Artforum*, luglio 2009

L'impressione che si ottiene leggendo questo libro è di osservare la storia dell'arte del 900 dal backstage. Obrist si conferma grande intervistatore raccogliendo con precisione le preziose testimonianze dei primi grandi curatori del 900: Walter Hopps, Anne d'Harnoncourt, Werner Hofman, Jean Leering, Franz Meyer, Seth Siegelaub, Walter Zanini, Johannes Cladders, Lucy Lippard, Pontus Hultén, e naturalmente Harald Szeemann.
Le loro storie contribuiscono a creare una mappa degli sviluppi della pratica curatoriale, dai primi curatori indipendenti degli anni Sessanta e Settanta ai programmi istituzionali sperimentali nelle istituzioni americane ed europee o in alcune Biennali. Gli incontri con questi grandi personaggi si fanno apprezzare anche per l'inesauribile mole di aneddoti che li circonda: la ricerca di uno sponsor da parte di Szeemann all'epoca di *When Attitudes Become Form* e la nascita del concetto di intellettuale come "Gastarbeit"...

INDICAZIONI BIBLIOGRAFICHE

L'arte in mostra. Una storia delle esposizioni, Antonello Negri, Bruno Mondadori 2011

The Artist As Curator: An Anthology, Elena Filipovic (a cura di), Mousse Publishing e Koenig Books 2017

Art Power, Boris Groys, Postmedia Books 2012

"Being Curated", Dan Fox, *Frieze* n.154, aprile 2013

Breve storia della curatela, Hans Ulrich Obrist, Postmedia Books 2011

Curatorial Activism: Towards an Ethics of Curating, Maura Reilly, Thames & Hudson 2018

Curatorial Dreams: Critics Imagine Exhibitions, Shelley Ruth Butler, Erica Lehrer, McGill-Queen's University Press, 2016

Curating Subjects, Paul O'Neill, Open Editions, 2007

curating.org, Post-Graduate Programme in Curating, ZHdK, Dorothee Richter, online: www.curating.org

Curationism: How curating took over the art world and everything else, David Balzer, Pluto Press 2015 (trad. it. *Curatori d'assalto,* Johan and Levi 2016)

The Culture of Curating and the Curating of Culture, Paul O'Neill, MIT Press 2012

Documenta 13: Catalog II/3, The Logbook, Carolyn Christov-Bakargiev, Hatje Cantz, 2012

Dopo l'arte, David Joselit, Postmedia Books 2015

Esposizioni. Emergenze della critica d'arte contemporanea, Stefania Zuliani, Bruno Mondadori 2012

Fare una mostra, Hans Ulrich Obrist, Utet 2014

Harald Szeemann. Individual Methodology, Florence Derieux (a cura di), JRP|Ringier 2008

Il museo come spazio critico. Artista-museo-pubblico, Alessandro Demma, Postmedia Books 2018

Inside the White Cube. L'ideologia dello spazio espositivo, Brian O'Doherty, Johan & Levi 2012

In the Flow. L'arte nell'epoca della riproducibilità digitale, Boris Groys, Postmedia Books 2018

Museo S.p.A., Paul Werner, Johan & Levi 2009

Palais de Tokyo. Sito di creazione contemporanea, Paola Nicolin, Postmedia Books, Milano 2006

Post Critical Museology: Theory and Practice in the Art Museum, Andrew Dewdney, David Dibosa, Victoria Walsh (a cura di), Routledge 2013

Salon to Biennial - Exhibitions that Made Art History, Volume 1 e 2, Bruce Altshuler, Phaidon Press 2008

Il sistema dell'arte contemporanea, Francesco Poli, Laterza 2006

Thinking Contemporary Curating, Terry Smith e Kate Fowle (a cura di), Independent Curators International 2012

When Attitudes Become the Norm. The Contemporary Curator and Institutional Art, Beti Žerovc (a cura di), IZA Editions e Archive Books, 2012

ABOrigine. L'arte della critica d'arte, Antonello Tolve (a cura di), Postmedia Books, 2012- 2023

Become a Curator
a cura di Gianni Romano

postmedia books 2019
314 pp. 96 ill.
isbn 9788874902071
quarta edizione | 2023

Con saggi di:
Cecilia Alemani, Matteo Balduzzi, Cristina Casero, Alessandro Castiglioni, Fabio Cavallucci, Elena Filipovic, Massimiliano Gioni, Boris Groys, Francesca Guerisoli, Randy Kennedy, Hans Ulrich Obrist, Adrian Paci, Roberto Pinto, Domenico Quaranta, Andrea Quartarone, Dorothee Richter, Gabi Scardi, Roberta Valtorta

Finito di stampare nel mese di ottobre 2023
presso *Universal Books*

Postmedia Srl
Milano
www.postmediabooks.it